[개정판]

가치창조

조 직 론

-정부조직 진화론 관점에서-

이 상 철

도서출판 대영문화사

Value Creation

Organizations

-from the perspective of government evolution-

Sang-Cheoul Lee

개정판 머리말

이 책을 쓴 근본적인 동기는 대부분의 조직이론 서적들이 민간 부문 조직에 초점을 두고 정리되었기 때문에 이 책에서는 정부조직을 비롯한 공공 부문 조직의 관리에 중점을 두고 이론과 실제를 소개하려고 하였다. 이번 개정에서는 이러한 목적을 염두에 두고 변화되고 있는 우리나라의 행정기관뿐만 아니라 공공기관의 조직 체계의 특징과 발전 방향을 제시하려고 노력하였다.

최근 지방자치단체 산하 출자·출연 기관 등 공공기관이 급격히 증가하고 있는 점을 감안하여 책 제목을 '공공조직론'으로 바꾸려는 생각까지 했다. 필자가 기획재정부의 공공기관운영위원회 운영위원 및 평가위원장, 행정안전부의 지방공기업 정책위원 및 경영평가단장, 지방 출자·출연 기관 설립심사위원장 등을 맡아 공공기관의 실제를 들여다 볼 수 있는 기회를 가지면서 이제는 공적 임무를 순수 행정기관보다는 공공기관에서 더 많은 역할을 하고 있음을 관찰하였기 때문이다. 예산만 하더라도 행정기관에서 집행하는 규모보다 공공기관에서 집행하는 예산이 더 많은 것이 현실이다. 그러나 대부분의 공공조직들의 근원을 살펴보면 전통적인 행정기관에서 확장·변형된 기관들이 많기 때문에 그대로 '정부조직 진화론'으로 하기로 하였다. 다만 이 책에서 다루는 주제의 범위는 좁은 의미의 정부조직이 아니고 넓은 의미의 정부조직임을 밝혀 두고자 한다.

개정을 하였지만 여전히 정리하지 못해 아쉬움으로 남는 부문을 다음과 같이 적시하면서 계속적으로 보완해 나아가고자 한다.

첫째, 외국 조직이론이나 실무에서 사용하고 있는 새로운 용어들을 소개하면서 이에 대한 해석을 명확하게 하지 못하였다.

둘째, 공조직이나 사조직이나 현대의 조직관리에 있어서 갈등의 원인과 이에 대한 해결책이 필요한데, 제3장에서 이론을 부분적으로 소개했지만 실제 사례 소개가 부족했다.

셋째, 해외에서 성공적으로 운영되고 있는 조직 운영 방식을 국내 사례로 소개하고자 노력하였지만 여의치 않았다. 다방면에서 글로벌화되어 가고 있지만 여전히 나라마다의 환경과 문화의 차이로 조직 운영 실제는 차이가 있었기 때문이다.

개정 작업에는 부산대학교에서 같이 일하고 공부하고 있는 권영주 교수님, 박사과정의 양연희 선생님, 신희영 선생님, 석사과정의 김나연 선생님의 헌신적인 참여와 기여가 있었음을 밝혀둔다. 앞으로 이 분들을 위해서 도움이 될 수 있는 길을 찾아보고자 한다.

2019년 1월

금정산 자락 연구실에서

이상철

머리말

조직론을 강의하는 교수들은 급변하는 글로벌 조직환경에서 학생들을 가르치기 위해 무엇을 준비해야 할까?

작년 한 해를 미국 일리노이대학교 경영대에 체류하면서 조직론 관련 수업을 들을 기회가 있었다. 최근 조직론 수업에서는 전통적인 조직의 계층제, 관료제, 임용과 해임 같은 데에는 관심이 별로 없고 오히려 지적인 개념, 즉 파괴적인 기술 진보, 복잡한 환경 모델링, 진화 등을 통한 조직의 가치창조에 더 많은 시간을 투자하고 있는 것을 알게 되었다. 이제는 조직론 강의에서 이러한 전통적 조직 형태 파괴의 흐름을 이해하고 그런 환경 속에서 조직의 인력을 효율적으로 움직이게(activating) 함으로써 가치를 창조할 수 있는 방안을 모색할 때가 아닌가 하고 생각했다. 따라서 이 책은 정부조직을 중심으로 조직 내에서 일어나고 있는 가치창조 과정의 실제 모습과 이를 이해하는 데 필요한 이론적 배경을 설명하는 데 주안점을 두었다.

급변하는 환경 속에서 공·사 조직의 모습은 크게 바뀌어 가고 있다.

관료제의 전형으로 간주되었던 정부조직의 형태가 상업화·민영화 방향으로 진화되고 있다.

이런 속도로 조직의 모습이 변해 간다면 미래 조직에서는 궁극적으로 일과 사람만 있고 지금과 같은 조직의 틀이 없어지는 것은 아닐까?

최근 급속하게 진행되는 공조직과 사조직의 접근 현상이나 네트워크(network) 조직의 생성·성장 과정을 보고 있노라면 기존의 경직적인 조직이론에서 나아가 창의적이고 유연한 사고를 기를 수 있는 내용으로 구성된 조직론 수업이 필요함을 절실하게 느끼게 된다.

이 책은 이런 근본적인 물음에서 출발해 글로벌 시대에 부응하는 공공부문 조직의 형태와 조직 내 자원의 효율적인 운영 방법은 무엇일까에 초점을 두고 기존 교과서와는 다소 다른 방향으로 전개해 보았다.

첫째, 다양한 조직 형태 중에서 정부조직의 특징과 이에 필요한 이론의 접목에 초점을 두고 서술했다. 이 책을 쓰게 된 실질적인 동기 중의 하나는 지금까지 행정학 분야 혹은 정책학 분야에서 사용하는 조직론 교과서들이 대부분 경영학에서 사용하는 '조직이론'과 별다른 차이가 없었기 때문이다. 이 책에서는 정부조직의 전형인 전통적인 행정기관뿐만 아니라 현대 사회에서, 특히 우리나라에서 급속히 성장하고 있는 준정부 부문(semigovernmental sector) 조직의 역할과 미션, 그리고 이들의 관리에 필요한 이론을 소개하려고 노력했다.

둘째, 추상적인 개념인 조직의 실체(entity)를 학생들이 현실감 있게 이해할 수 있도록 서술했다. 복잡한 이론 소개보다는 정부조직 또는 준정부조직을 이해하는 데 필요한 실정법과 실질적인 모습을 소개함으로써 공공조직의 실체를 이해하는 데 도움을 주고자 했다.

셋째, 정부조직에서 생산하는 공공 서비스의 산출 과정을 일목요연하게 이해할 수 있도록 업무 수행 과정을 중심으로 책의 내용을 구성했다. 우선 제1장에서는 정부조직을 이해하는 데 필요한 기초적인 핵심 이론과 조직의 환경 변화에 따른 미션과 목표 및 전략의 수립 방법을 제시했고, 제2장에서는 조직의 목표를 수행할 조직의 설계와 구조에 중점을 두고 기술했다. 제3장에서는 구조화된 조직에서 일하고 있는 구성원들을 움직이게 하는 리더십(leadership)과 동기부여(motivation) 및 조직문화에 대해 살펴보았고, 제4장에서는 조직의 최종 산출물에 대한 평가와 조직의 새로운 가치창조를 위한 환류(feedback)와 혁신에 대해 서술했다. 마지막으로 제5장에서는 우리나라 정부조직의 실질적인 모습과 진화 과정을 중심으로 설명했다. 이 책을 정부조직론의 강의 교재로 활용하고자 한다면 제5장을 먼저 강의하도록 권하고 싶다. 학생들이 정부조직의 실제적인 모습을 먼저 이해하고, 그 다음에 조직의 이론을 공부하는 것이 오히려 더 바람직하리라고 생각하기 때문이다.

이 책을 쓰기 위해 자료를 모으는 과정에서 우리나라에 이미 많은 조직론 책이 있는 것을 보고 무척 놀란 적이 있다. 몇 번을 망설이다가 이 책을 출간하게 된 이유는 정부조직도 환경 변화에 따라 바뀌어야 하고, 그 방향은 단순히 권력을 행사하는 행정 주체적 입장이 아니라 일과 문제 해결을 위한 가치창조 조직으로 나아가야 한다는 것을 명확히 하고 싶었기 때문이다. 정부조직에서 이러한 흐름은 전 세계적인 큰 흐름(mega－trend)이 되고 있다. 이러한 변화를 현실감 있게 전달하기 위해 간단하고 좋은 영어 문장들은 번역하지 않고 원문을 그대로 인용했다. 학생들이 스스로 해독해 봄으로써 정부조직의 이론과 구조적 흐름을 새롭게 이해하는 계기가 되기를 기대한다.

이 책은 적지 않은 분들의 도움으로 빛을 보게 되었다. 어려운 여건 속에서도 꿋꿋하게 학문의 길을 걷고 있는 권영주 박사와 조정현 선생, 그리고 부산대 공공정책학부 석・박사 과정 고강인, 박진규, 최현묵 학생들의 알찬 토론과 꼼꼼한 교정으로 이뤄졌음을 밝힌다. 이 책을 구상하고 자료를 모을 수 있는 계기를 마련한 것은 한국연구재단의 해외 방문 교수 지원사업 덕분이다. 방문 교수 생활을 하는 동안 조직론 강의와 토론의 기회를 주고, 귀한 강의 자료의 활용을 허락해 준 일리노이대학교의 회트커(G. Hoetker) 교수와 르블레비치(H. Leblebici) 교수께 감사드린다.

비재한 저자가 주변을 돌보지 않고 한길을 걸을 수 있었던 것은 오로지 속 깊은 아내 권임연이 있었기 때문이다. 이번에는 이 책의 마지막 교정까지 맡아 주었다.

2012년 1월
금정산 자락 연구실에서
이상철

차 례

조직의 인간과 환경

Chapter 01

현대 조직을 둘러싸고 있는 환경은 급변하고, 이러한 환경에서 살아남기 위한 조직 간의 경쟁은 치열하다 못해 처절하다. 환경의 중요성을 새롭게 인식하고 있는 현대 조직에서 조직관리자들에게 주어진 가장 큰 미션 중의 하나는 조직구성원들이 환경의 요구를 정확하고 신속하게 이해하고 이를 조직의 전환과정을 거쳐 조직이 원하는 바람직한 가치를 창조하도록 하는 것이다.

제1장에서는 인간이 효율적인 조직을 만들기 위해 어떤 노력을 해 왔는지를 살펴보고 조직 속에서 활동하고 있는 구성원들을 어떤 시각에서 보는 것이 바람직할 것인지를 논의하고자 한다. 또한 조직의 환경과 관련해 조직의 미션–목표–전략–계획 수립의 가치와 구체적인 방법을 알아보기로 한다.

제1장에 들어가며

조직의 환경 변화

필자가 초·중등학교에 다닐 때쯤인 1960~1970년대에는 '고객은 왕(王)이다'라는 말을 자주 들었다.

대학과 대학원을 다닐 때쯤인 1970~1980년대에 경영학에서는 '고객제일주의(put the customer first)' 또는 '고객 지향 경영(customer oriented management)'이라는 말이 유행했다.

그런데 작년 일리노이대학교 경영대(Business School)에 있을 때 앞에서 말한 그러한 화려한 말들은 어느새 사라져 버리고 모두 '고객 몰입(customer obsession)'이라는 용어로 대체되어 있는 것을 보고 적이 놀란 적이 있다.

이렇게 용어가 인플레이션된다면 나중에는 어떤 말까지 나올 것인가?

사이클의 앞바퀴처럼 항상 앞서 나아가는 것이 고객의 속성이라지만 지나치지 않나 하는 생각까지 들었다. 그러나 아직 우리 대학 조직에서 고객에 대한 인식은 시장에서의 그것만큼 바뀌지 않은 것 같다.

얼마 전까지 필자는 혼자서 이런 생각을 해 보았다. '세상에서 돈 내고 꾸중듣고, 돈 낸 만큼 대접을 못 받는 사람은 학생들밖에 없지 않을까?'

요즈음 등록금 인상에 반대하고 오히려 대폭 인하해야 한다는 학생들의 목소리가 높다.

곁들여서 대학 교직원들이 학생들에게 친절하지 않다고 성토를 하고 있다.

우리 대학 교직원들의 학생에 대한 배려는 '학생 고객을 왕'으로 대접하는 수준인가? 아니면 '고객 지향' 정도의 수준인가?

아무리 생각해도 고객 몰입 수준은 분명히 아닌 것 같고…….

죽으라고 공부해도 취직 안 되는 학생들을 보면 민망하기조차 하다.

조직을 둘러싼 환경 변화 중에서 고객에 대한 인식 변화가 가장 크다고 하지만 대학 조직 제1의 고객인 학생의 가치 변화에 대한 인식은 그에 미치지 못하고 있는 것은 아닐까?

이상철(2011)

Chapter 01

조직의 인간과 환경

제1절 현대 사회와 조직

1. 조직의 의미

사람들은 왜, 그리고 어떻게 함께 일을 할까?[1]
왜 사람들만의 집단을 조직이라고 할까?
왜 동물의 집단은 조직이라고 하지 않을까?

현대 사회는 개인의 개별적 역할에 의해 움직이기보다는 조직에 의해 움직여지는 조직사회(organizational society)다. 현대 사회에서 인간은 사회의 일원인 동시에 조직의 한 구성원이기도 하다. 고도로 분화되고 복잡한 현대 사회에서 조직은 인간의 온갖 욕구를 합리적으로 달성할 수 있게 해 주는 인간의 집단이며 국가와 사회를 발전시키는 동태적 요인으로 인식되고 있다.

---

1) Why People Work Together and How? That's key question of organization (Leblebici, 2010).

현대인들은 인간의 욕구를 충족하기 위해 개인이 개별적으로 노력하는 것보다는 조직을 통해 목적하는 바를 얻는 것이 훨씬 효과적임을 잘 알고 있다. 조직은 인간이 자기가 가장 잘할 수 있는 분야에 집중하고 자기가 할 수 없거나 부족한 분야는 다른 사람이 하도록 함으로써 인간이 원하는 욕구를 가장 능률적·효율적으로 획득하게 하는 시스템이다.

조직은 이처럼 구성원 개개인이 가지고 있는 전문성에 따라 분업을 하면서도 전체적인 목표를 달성하기 위한 협동적인 작업을 가능케 한다.

인간이나 동물이나 모두 자기의 욕구 충족을 위해 행동하지만 인간은 합리적인 규칙에 바탕을 둔 조직을 만들고, 그 조직 내에서 제각기 개인이 가지고 있는 전문적 능력이 효과적으로 발휘될 수 있도록 각자의 노력을 유기적으로 결합할 수 있는 지능을 가지고 있다. 무엇보다도 인간은 조직을 통해 효율적으로 가치를 창조하는 것이 이상적인 방법임을 잘 알고 이를 실천하고 있다. 한편 현대 조직에서는 항상 이러한 선순환만 있기보다는 갈등으로 인한 부정적인 요소도 적지 않음을 염두에 두어야 한다.

2. 현대 조직의 개념

이처럼 현대 사회에서 살아가고 있는 인간과 불가분의 관계를 맺고 있는 조직의 실체는 무엇일까?

사실상 우리가 몸담고 있는 조직은 구성원들의 목표와 자아실현(self actualizing)[2] 욕구를 실현하는 장이 되는가 하면, 제한된 자원의 배분을 둘러싸고 구성원 간의 갈등이 끊임없이 일어나는 곳이기도 하다. 조직은 조직구성원 개개인 또는 조직 전체의 목표 달성을 통해 가치를 창조하는 사회적 단위이지만 내부적으로는 자원의 획득과 활용, 그리고 결과물을

2) 자아실현이란 조직 내에서 활동하는 인간이 자기가 가지고 있는 잠재 능력을 최대한 발휘할 수 있게 하는 욕구를 말하며, 머슬로(Abraham H. Maslow)의 욕구 5단계에서 최상의 단계를 말한다. 제3장에서 자세히 설명한다.

그림 1-1 조직의 가치창조

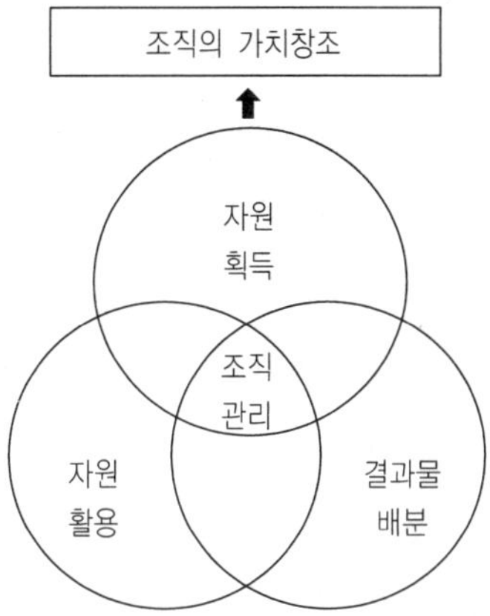

Fundamental Managerial Role In Value Creation of Organizing

- Who should contribute and how much to the collective resource pool? (Resource Acquisition)
- For which activities should the collective resources be used? (Resource Utilization)
- To whom should the benefits of the collective activities be allocated? (Outcome Allocation)

배분하는 인위적인 관리(management)를 필요로 한다.

현대 사회이론의 효시로 불리고 있는 베버(Weber, 1948)는 조직은 "닫혀 있거나 규칙에 의해 외부 사람들의 출입이 통제되는 분리 가능한 외부적 관계"라고 정의했다. 그는 조직 개념의 중요한 구성 요건으로 '규칙'과 '다른 집단과의 분리성'을 들고 있다.

공공행정조직론에서 많이 인용하는 에치오니(Etzioni, 1964)는 "조직을 일정한 목표를 달성하기 위해 사람들이 의도적으로 만들어낸 사회적 제도로서의 단위"라고 정의하고, 조직의 중요한 구성 개념으로 '목표', '인간의 의도', '사회적 단위'를 들고 있다.

또한 외부적인 측면에서 보면 조직은 우호적인 환경에 순응해 순조롭게 발전하는가 하면 어려운 환경에서 살아남기 위해 구성원들 모두가 안간힘을 써야 하는 투쟁의 장소이기도 하다. 급변하는 현대 조직관리에서는 내부조직 관리 못지않게 외부 환경관리가 중요해지고 있다.

앞에서 언급한 조직의 속성에 비춰볼 때 보는 관점에 따라 조직을 정의하는 방법이 다를 수 있으나 어느 경우에서나 [그림 1-2]에서 보는 바와 같이 조직의 개념을 구성하는 몇 가지 요소를 발견할 수 있다. 즉, 주어진 환경과 일정한 목표, 이를 달성하기 위한 조직구조, 구성원들의 견제와 협조를 통한 집행, 그리고 결과(성과) 평가와 환류(feedback)로 요약할 수 있다.

그림 1-2 조직의 개념 구성 요소

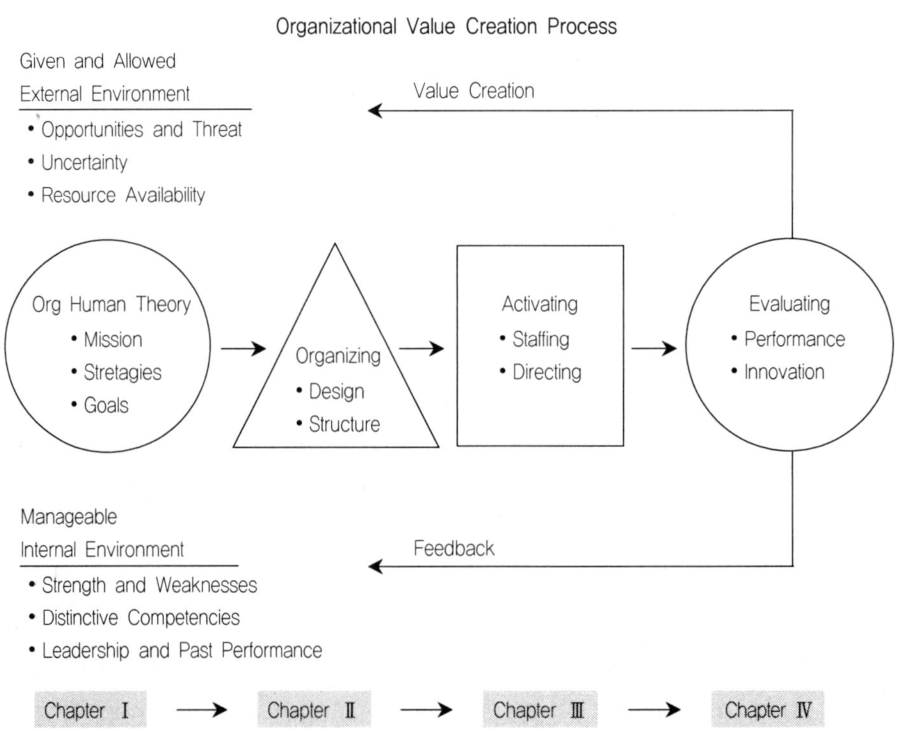

이러한 핵심적인 조직의 개념적 구성 요소를 고려해 이 책에서는 조직이란 "주어진 환경 속에서 일정한 목표를 달성하기 위해 인적·물적 자원 등을 유기적으로 결합해 가치를 창조하는 사회적 단위"라고 정의하기로 한다.

3. 정부조직의 개념

조직은 질서 있는 세계에서 인간의 욕구를 충족시킬 수 있는 하나의 수단이다. 따라서 조직은 인간의 욕구를 효과적인 방법으로 충족하기 위해 특정한 사회 속에서 인간이 만들어낸 일종의 체제(system) 또는 제도(institution)라고 할 수 있다.

많은 조직 중에서도 정부조직은 공익의 실현을 목표로 하는 점에서 경영의 효율화를 통한 이윤극대화를 추구하는 민간 경영조직과 구별된다. 정부조직(government organization) 또는 행정조직(administrative organization)은 국가 또는 지방자치단체의 행정사무를 수행하기 위해 설치된 행정기관의 체계적 기구를 의미한다.[3] 우리나라에서 정부조직을 넓은 의미로 사용할 경우에는 입법부(국회)·사법부(법원)의 조직을 포함하나 일반적으로는 행정부의 조직만을 지칭한다. 그리고 좀 더 좁은 의미에서는 지방자치단체를 제외한 중앙정부의 조직만을 일컫는 말이다.[4]

따라서 정부조직이란 "주어진 환경 속에서 국가 목표를 달성하기 위

3) 행정기관(行政機關)이란 국가나 공공단체의 행정사무를 담당하는 기관을 총칭하는 말이다. 중앙행정기관은 업무가 독자성과 계속성을 갖고 그 성질과 양에 따라 수개로 분류할 필요가 있을 경우 하부조직을 설치하게 된다. 이러한 하부조직은 계층상으로는 '장관-차관-실·국장-과장'의 순서를 갖고 그 성질에 따라 보조기관(차관·실장·국장·과장)과 보좌기관(차관보·정책관·담당관)으로 구분이 된다. 이러한 하부조직의 장은 관련 법령에 의해 차관보·실장·국장·정책관은 고위공무원으로 과장·담당관은 3급 내지 5급 공무원으로 보할 수 있다('정부조직법' 제2조(중앙행정기관의 설치와 조직 등) ③항, ⑤항, '행정기관의 조직과 정원에 관한 통칙(대통령령)' 제12조(보좌기관의 설치) ①항, ②항, 제14조(보조기관의 설치) ①항, ②항, ③항). 자세한 것은 제5장에서 설명한다.

4) '정부조직법'에서는 이러한 협의의 개념에 기초를 두고 있다.

한 다수 공무원(public employees)의 집단이 그 기능(function) 수행을 위해 일정한 체계적 구조(structure)를 지닌 사회 단위(social unit)"라고 할 수 있다. 따라서 행정조직의 3대 구성 요소는 일(행정사무), 기구(행정기구) 및 인력(공무원)이라고 한다(행정안전부, 2011a).

한편 행정조직에서 전환한 정부출연기관, 공단, 공사, 공공시설 등은 앞에서 규정하는 엄격한 의미의 정부조직에는 포함되지 않는다고 하더라도 행정조직처럼 많은 공적 업무를 수행하고 있다. 이와 같은 민간 경영조직과 행정조직의 중간적 성격을 지닌 혼합적(hybrid)인 조직을 이 책에서는 '공공조직'이라고 하여 그 특징을 살펴보고자 한다.

따라서 이 책은 좁은 의미의 정부조직 또는 행정조직에 중점을 두고, 때로는 넓은 의미의 공공조직을 포괄하는 측면에서 서술했다. 또한 책의 내용은 앞에서 언급한 조직의 몇 가지 개념적 구성 요소에 따라 편성했다. 조직이 가치를 창조하는 과정에서 필수적으로 등장하는 조직의 환경과 목표 – 조직 설계 – 구성원의 동작화 – 평가와 환류(feedback)가 그것이다. 다만 조직을 규명하는 기초 이론을 제1장에 추가하고 정부조직의 실제적인 형태와 진화 과정을 마지막 장에 별도로 기술했다. 따라서 제1장에서는 조직의 인간과 관련한 기초 이론을 중심으로 조직의 환경과 관

그림 1-3 조직의 유형

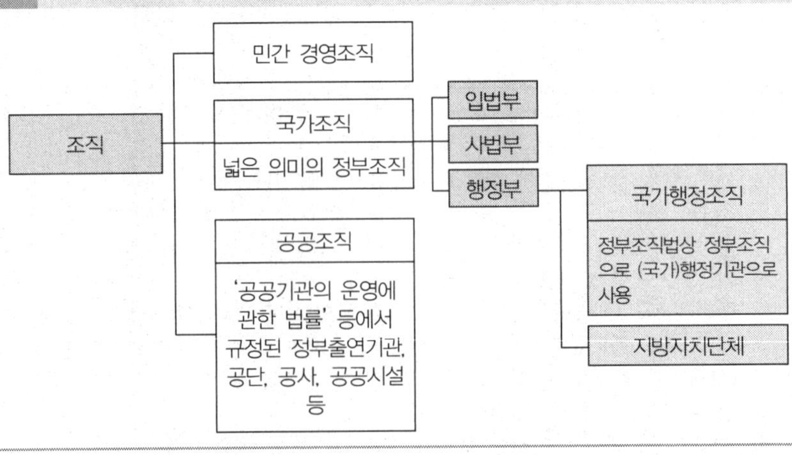

련한 전략 및 목표, 제2장에서는 조직의 기초 설계와 구조, 제3장에서는 조직 내 인간을 움직이게 하는(activating) 리더십과 동기부여, 제4장에서는 조직의 실행 결과에 따른 평가와 환류, 그리고 제5장에서는 정부조직의 실제 모습과 진화하는 과정을 중심으로 서술했다.

Org Contents

- Understanding of Organization Theory, Strategy & Objective(Chapter 1)
- Understanding of Organization Design and Structure(Chapter 2)
- Understanding of Dynamic Activating of Employees(Chapter 3)
  - Managerial Leadership
  - Decision Making
  - Individuals & Teams in Organizations
  - Organizational Culture
- Understanding of the Role of Evaluation and Feedback(Chapter 4)
- Understanding of Governmental Evolution(Chapter 5)

제2절 조직이론의 전개

역사적으로 가치창조를 위한 조직이론은 조직을 구성하는 여러 가지 요소 중에서 특히 어디에 관심을 두고 연구하고 관찰하느냐에 따라 달라져 왔다. 〈표 1-1〉에서 보는 바와 같이 고전적 조직이론은 기계적인 조직구조에, 신고전파 조직이론은 구성원들의 인간관계에, 현대적 조직이론은 조직 전체를 아우르는 체제에 초점을 두고 조직이론을 전개해 왔다.

표 1-1 조직이론의 전개 과정

시 기	~20세기 초	1930년대	1940년대	1950년대	1960년대	1970년대	1980년대	1990년대
시대 구분 (관점)	고전적 조직이론 (구조)	신고전적 조직이론 (인간)	현대적 조직이론(체제)					
행정이론	고전적 조직이론	인간관계론	행태론	생태론, 체제론, 상황이론	발전 행정론	신행정학 (NPA)	신공공 관리론 (NPM)	신공공 서비스론 (NPS)
패러다임	구조	인간	인간	환경	이념 (합목적성)	인간 (수혜자)	방식 (시장)	시민 (봉사)
주요 학자와 배경	과학적 관리론 (Fredric W. Taylor, 1856~1915), 행정관리론 (Henri Fayol, 1841~1925), 관료제론 (Max Weber, 1864~1920)	C. I. Barnard, E. Mayo, R. Likert, C. Argyris, F. J. Roethlis-berger	H. A. Simon (1916~2001)	F. W. Riggs, E. Easton, I. Schar-kansky, F. E. Fiedler	M. J. Esman, E. Weidner	F. Marini, G. Frederick-son	영국 대처 정부의 Next Steps, 미국 클린턴 정부의 GPRA (정부성과 및 결과법)	R. B. Denhardt, J. V. Denhardt

1. 고전적 조직이론

고전적 조직이론은 20세기 초부터 시작해 1930년대와 1940년대를 거치면서 조직이론의 주류를 이뤘다. 테일러(F. W. Taylor)를 중심으로 한 과학적 관리학파(scientific management school), 페욜(Henri Fayol)과 귤릭(Luther H. Gulick)을 중심으로 한 행정관리학파(administrative management school), 그리고 베버(Max Weber)를 중심으로 한 관료제이론(theory of bureaucracy)이 대표적이다.

고전적 조직이론은 농경사회의 핵심적 주제였던 '군사와 신학'이 산업사회로 접어들면서 '기술과 과학'으로 바뀌면서 시작되었다. 이들이 조직을 보는 공통된 패러다임(paradigm)은 조직의 능률성 향상에 주안점을 두고 조직에서 개인이나 비공식조직보다는 공식적 조직구조에 중점을 두고 있는 것이 특징이다. 또한 조직을 폐쇄된 체제(closed system)로 보고 조직의 외부적 환경문제에 비중을 두기보다는 조직 내 구성원들의 합리적이고 경제적 인간관(rational and economic man)에 역점을 두고 이론을 전개했다.

즉, 고전적 조직이론은 조직의 공식적인 구조, 조직의 능률, 폐쇄 체제, 합리적이고 경제적인 인간관에 기본 이념과 가치를 두고 있다.

1) 과학적 관리론

(1) 과학적 관리론의 배경과 테일러리즘

고전적 조직이론의 시작은 과학적 관리론에서 비롯되었다고 할 수 있다. 과학적 관리론의 등장은 역사적으로 전통적 농업사회에서 산업사회로 바뀌는 역사적 과정이 그 배경이 되고 있다(Clegg & Dunkerley, 1980). 1880년대부터 1910년까지 약 30년 간은 미국의 역사에서 가장 산업화가 비약적으로 이뤄진 시기다. 급속한 산업화는 적지 않은 사회적 부작용을 야기했다. 거대한 독점기업이 출현하면서 임금 인하와 이로 인한 노동쟁의가 발생하기 시작했고 때로는 공장폐쇄로 사회문제가 야기되기도 했다.

이러한 미국의 초기 자본주의는 무엇보다도 조직의 경영합리화를 요구하게 되었는데 이는 자본가와 근로자에게 모두 바람직한 방향인 '최소의 비용으로 최대의 생산 효과를 확보할 수 있는 최선의 방법과 도구(one best way and best implement)가 무엇인지'를 찾고자 하는 구체적 노력으로 이어졌다. 조직의 경영합리화는 과학적 관리법으로 달성할 수 있다고 생각했는데 그것은 바로 테일러(Frederick W. Taylor, 1856~1915)의 『작업장관리(*Shop Management*)』(1903)와 『과학적 관리의 원리(*Principles of Scientific Management*)』(1911)에서 일차적으로 결실을 맺게 되었다(김병섭 외, 2009).

일반적으로 테일러가 이 책에서 과학적 방법이라고 주장한 작업에 대한 '동작과 시간에 대한 연구'를 통상적으로 테일러리즘(Taylorism)이라고 한다. 그는 자기 친지가 운영하는 미드베일 철강공장(Midvale Steel Works)에서 말단 기사로 출발해 그 회사의 고문에 이르기까지 근무를 하면서 자기가 본 종업원들의 주먹구구식(rule of thumb) 작업 방법에 많은 낭비와 문제가 있다는 것을 발견하고 이를 해결하기 위한 방안으로 과학적 관리법을 주창하게 된 것이다.

삽의 실험

테일러는 광석을 옮기는 인부들이 아무런 생각 없이 기존에 사용하던 삽을 가지고 작업하고 있는 것을 보고, 처음에는 인부들로 하여금 한번에 30파운드를 옮길 수 있는 무거운 삽을 사용하게 하고 점차 그 무게를 줄인 다른 삽을 사용하게 한 결과 21.5파운드 삽을 사용할 때 인부들의 작업 효율이 가장 높은 것을 알 수 있었다. 그리고 그것보다 더 가벼운 삽을 사용하면서부터는 다시 작업 효율이 떨어지는 것을 발견했다. 따라서 그는 인부들이 사용하는 삽의 크기를 21.5파운드로 정했고, 그 결과 1일 1인당 작업량을 25톤에서 45톤으로 증가시킬 수 있었다.

슈미트 실험

현장 작업 인부인 슈미트를 통해 '선철 운반 작업실험'을 했다. 선철을 화물에 싣는 작업을 하고 있는 슈미트가 아무런 생각 없이 단순히 열심히 일만 하는 것을 보고 지나치게 많은 동작을 하고 있으면서 또한 너무 힘들게 장시간 작업을 하고 있는 것을 알게 되었다. 이를 본 테일러는 슈미트의 작업 방법 개선과 더불어 휴식 시간을 적당하게 제공한 결과 많은 생산성 향상과 함께 슈미트의 수입 증가를 도모할 수 있었다.

특히 그가 1880년 베들레헴 철강회사(Bethlehem Steel Company)에서 현장 인부들을 대상으로 실시한 '삽의 실험'과 '슈미트(Schmit) 실험'은 전형적인 과학적 관리법의 사례로 잘 알려져 있다(박연호, 1984).

이와 같이 테일러는 종래의 전통적인 작업 방식을 비판하고 개개인의 작업을 가장 간단한 요소 동작(elementary motion)으로 분해해 각 요소 동작의 형태 · 순서 · 소요 시간을 시간연구(time study)와 동작연구(motion study)에 의해 표준화함으로써 조직의 생산성 향상과 근로자의 이익 증대를 동시에 모색했다.

따라서 테일러는 과학적 관리법의 두 가지 큰 목적을 "근로자에게는 높은 임금(high wage)을 제공하고, 고용주에게는 낮은 노동비용(lower labor cost)을 통한 노동자와 자본가의 공동 번영"에 두었다.

테일러는 이를 구체적으로 실천하기 위한 수단을 다음과 같이 주장했다.

첫째, 모든 작업자에게 명확한 1일 작업량(daily task)을 부여할 것,

둘째, 작업자의 작업 조건을 표준화(standard conditions)할 것,

셋째, 작업자가 과업을 완수한 경우에는 높은 임금(high pay for success)을 지급할 것,

넷째, 작업자가 과업을 달성하지 못했을 경우에는 손해(loss in case for failure)를 물리도록 할 것,

다섯째, 과업은 최고의 작업자(a first class worker)가 달성할 수 있을 정도로 높은 목표를 제시할 것 등이다.

테일러는 작업자에게 작업량에 따른 직접적인 '차별적 성과급제도(differential piece rate system)'가 모든 근로자의 동기를 즉각적으로 부여할 수 있다고 믿고 있었다.

(2) 과학적 관리론의 기여와 한계

과학적 관리법은 조직이론의 발전에 크게 기여했다.

첫째, 과학적 관리법은 조직에 대한 과학적 · 계량적 연구의 기초를 제공했다.

과학적 관리법이 조직론에 기여한 것 중에 가장 중요한 것은 무엇보다도 주먹구구식 조직관리를 '과학적 · 양적 · 객관적'으로 관리하고 연구할 수 있는 계기를 마련했다는 점이다. 현대 조직관리에서 중요한 위치를 차

지하는 직무분석(job analysis)도 과학적 관리법의 연장선상에서 고안된 것이다. 또한 조직 내 인센티브 요인 중에서 경제적 금전적 동기가 조직 내 구성원들을 움직이게 하는 데 매우 중요한 작용을 한다는 실증적 연구의 결과도 과학적 관리법에서 연원해 이뤄진 결실이다.

둘째, 과학적 관리법은 정치 · 행정이원론과 기술적 행정학 성립의 배경이 되었다.

과학적 관리법은 산업자본주의의 발달과 더불어 민간기업을 중심으로 도입되기 시작했지만 시간이 흐르면서 점차 정부조직을 비롯한 공공 부문에서도 기본 패러다임으로 자리잡기 시작했다. 특히 행정은 권력적인 정치 과정과 비교할 때 비권력적 관리 요소를 많이 가지고 있을 뿐만 아니라 이러한 공조직에서는 오히려 민간기업 조직의 속성인 경영관리적 요소가 더 절실하게 요구되는 곳이다. 이런 의미에서 과학적 관리법은 정치 · 행정이원론에 바탕을 둔 기술적 관리론적 공공조직론 성립에 기초가 되었다고 할 수 있다.

셋째, 과학적 관리법은 공조직의 절약과 능률적 조직관리의 기초가 되었다.

과학적 관리법은 공조직도 민간기업과 같은 경영관리의 대상으로 생각하고 모든 조직관리의 기본 이념을 '능률성'에 두도록 하는 계기가 되었다. 공공 부문의 능률적 조직관리는 미국의 연방정부뿐만 아니라 주 · 시정부, 그리고 이와 같은 정부부처의 위탁을 받은 공공조직의 예산상 절약과 능률을 촉진시키는 원동력이 되었다. 대표적으로 1910년대 미국의 '능률과 절약에 관한 대통령위원회(President's Commission on Economy and Efficiency)'와 '뉴욕시정연구회(New York Bureau of Municipal Research)'의 예산 절감 노력이 그 구체적인 예다.

과학적 관리법은 초기의 공공 부문의 절약과 능률적 조직관리를 위한 이념적 기초가 된 것 외에도 공조직의 능률을 강조하는 측면에서는 1980년대 공공 부문의 큰 흐름(mega-trend)이 된 신공공관리론(new public management: NPM)의 배경이 되기도 했다. 이에 대해서는 제5장에서 다시 설명한다.

그러나 과학적 관리법은 후대에 많은 비판을 받기도 한다.

첫째, 과학적 관리법은 조직구성원들의 인간적·사회적 요인을 과소평가했다는 비판을 받았다. 과학적 관리론은 조직 내 구성원들을 하나의 유기체 내의 부분적인 부속기관으로 취급하는 순수한 기술적 합리성에 그 이론적 바탕을 둔다. 조직 내 인간의 사회심리적 요인인 개성이나 잠재력은 고려하지 않은 채 경제적 금전적 동기만을 강조했다는 것이다. 이러한 과학적 관리론이 가지고 있는 이론적 한계는 훗날 인간의 개성과 사회성을 강조하는 인간관계론의 비판을 받게 된다.

둘째, 과학적 관리법은 공조직에서 과잉 측정의 문제를 야기했다.

과학적 관리법이 공조직에 도입되면서 목표나 평가에서 지나치게 객관화·계량화하려는 과잉 측정(over measurement)의 문제에 직면하게 되었다. 조직의 주된 목적을 이윤 추구에 두고 있는 사조직과 비교할 때 공공조직의 목표는 이해관계자(constituents)들의 타협에 의한 목표나 공공성이 강한 목표를 설정하기 마련이다. 민간조직에 보편적으로 적용되는 계량화된 과학적 관리기법들을 공공조직에 그대로 활용하는 데에는 많은 한계가 따르게 된다.

셋째, 과학적 관리법은 노사 모두에게서 비난을 받을 가능성이 있다.

테일러는 과학적 관리법이 조직에서 사용자와 근로자 모두에게 이익이 있을 것이라고 전제했으나 자칫 노사 모두에게 비난을 받을 가능성이 있다. 먼저 근로자들은 조직의 구성원인 인간을 기계에 비유한 것은 비인간적이라고 비판한다(Mouzelis, 1975). 또한 근로자들은 생산 효율성 향상으로 인한 편익이 근로자보다는 항상 자본가에게 먼저 돌아간다고 불만이다.[5] 한편 사용자는 자본을 가진 기업가의 권위가 전문적 기술을 가

5) 테일러의 과학적 관리법은 헨리 포드(Henry Ford) 자동차의 이동식 조립공장에서 결실을 보았는데 1914년 당시 주급 11달러를 받던 근로자들이 30달러를 받을 수 있었다. 그러나 생산 방법의 개선은 나중에 알고 보니 주당 120달러를 지불할 수 있을 정도였는데 이것이 모두 주주에게 배당되었다는 비판을 받기도 했다. 따라서 과학적 관리법이 근로자에게보다는 사용자에게 더 많은 편익이 주어지는 이론이라는 비판을

진 작업자의 지식에 의해 대체된다고 비난한다.

이와 같은 과학적 관리법이 가지고 있는 강점과 약점을 정리하면 〈표 1-2〉와 같다.

표 1-2 과학적 관리론의 강점과 약점

강 점	약 점
• 조직에 대한 과학적 계량적 연구의 기초 제공 • 정치·행정이원론과 기술적 행정학 성립의 배경 • 행정조직의 절약과 능률적 조직관리의 기초 제공	• 조직구성원들의 인간적·사회적 요인에 대한 과소 평가 • 공조직에서 과잉 측정의 문제를 야기 • 노사의 공동 비난 가능성

2) 행정관리론

과학적 관리론이 작업자의 생산성을 강조한 이론이라고 한다면 행정관리론은 관리자의 능률을 중시한 이론이다. 따라서 고전적 조직이론 중에서 행정관리론은 과학적 관리론을 잘 보완하는 이론이라고 할 것이다. 또한 과학적 관리론이 공장 및 조직의 생산 수준에서 최선의 관리 방안을 제시한 미시적 접근(micro approach) 방법이라면, 행정관리론은 고차원적인 조직 경영적 수준에 적용할 수 있는 거시적 접근(macro approach) 방법이라고 할 수 있다.[6]

(1) 페욜의 행정관리론

행정관리론은 페욜(Henri Fayol, 1841~1925)이 한 광산회사에서 평생에 걸쳐 기술자와 경영자로서 경험한 조직관리 원칙을 그의 인생 노년에 정리한 『관리의 일반 원칙(*General Principle of Management*)』(1916)에서 비롯되었다.

받게 되었다. 또한 헨리 포드는 1929년 대공황이 발생하자 임금을 대폭 삭감하기도 했다(mindprogram.co.kr).

6) 1927년 윌로비(W. F. Willougby)의 『행정원리(*The Principle of Administration*)』 출간 이후 여러 학자에 의해 좀 더 세련된 거시적 조직이론들이 제시되었는데 마치(J. G. March)와 사이먼(Herbert A. Simon)은 이를 행정관리론이라고 했다(Batson, 1991).

페욜이 제시한 열네 가지 관리의 일반 원칙은 다음과 같다.

① 분업의 원리: 관심을 요하는 업무의 단위를 줄여 전문화가 필요하다.

② 권한과 위임의 원리: 권한이 있는 곳에 책임이 있고 위임에는 업무와 더불어 권한과 책임이 부여되어야 한다. 권한과 책임은 일치해야 한다는 '상응 원리(principle of correspondence)'와 같은 의미다.

③ 규율의 원리: 규율은 사용자와 근로자의 협약에 의해 이뤄진 것이므로 양자가 모두 지킬 의무가 있다.

④ 명령 통일의 원리: 작업자는 한 사람의 상관으로부터 명령을 받아야 한다.

⑤ 지휘 통일의 원리: 목적이 같은 활동은 한 사람의 책임자가 하나의 계획 아래에서 추진해야 한다.

⑥ 개인보다는 조직 전체의 이익 우선: 구성원 개인이나 일부 집단의 이익이 조직의 이익을 우선해서는 안 된다.

⑦ 보수의 원리: 일의 대가는 공정해야 하며 노력에 상응하는 수준에서 보상이 이뤄짐으로써 일에 대한 의욕이 생기도록 하되 합리적인 수준을 넘어서는 안 된다.

⑧ 집권화의 원리: 조직관리의 집권과 분권은 관리자의 경험에 의한다.

⑨ 계층의 연쇄 원리: 최고위층에서 최하위층에 이르기까지 이어지는 명령은 연쇄 관계를 이뤄야 하며, 의사소통은 여기에만 의존하기보다는 상급자의 이해를 전제로 하여 하급자 간에 직접적 수평적 의사전달도 가능해야 한다.

⑩ 질서의 원리: 물건이나 사람은 제자리가 할당되어 항상 자기 자리에 놓여 있도록 해야 한다.

⑪ 평등의 원리: 모든 근로자가 실제로 형평성을 느낄 수 있도록 해야 한다.

⑫ 직원 신분 보장의 원리: 근로자가 신규 업무를 익히기 위해서는 시간이 필요하기 때문에 안정된 인력 운영이 필요하다.

⑬ 솔선의 원리: 조직의 성공을 위해서는 구성원의 자발적인 솔선이

필요하다.

⑭ 단결의 원리: 조화와 단결은 조직의 큰 힘이다.

페욜은 조직의 활동에는 기술·영업·재무·보안·회계·관리활동 등 여섯 가지 요소가 있고, 이들 요소를 계획(planning)-조직(organization)-조정(coordination)-통제(control)하는 것을 관리 기능이라고 했다.

페욜의 행정관리 원칙은 그가 생산 현장에서 익힌 경험과 연구의 결과를 정리한 것으로서 그가 제시한 관리 원칙은 오늘날 조직관리에서도 그 보편적 유용성이 널리 인정되고 있다.

(2) 조직관리 과정론

행정관리론에서 가장 많이 인용되고 있는 것 중의 하나는 귤릭(Luther Gulick)과 어윅(Lyndall F. Urwick)의 POSDCoRB다. 또한 귤릭은 동질적인 업무는 한곳에 묶어서 하도록 하는 이른바 '부처주의(部處主義)를 강조했다. 그는 부처 구분 기준으로 유사한 '목표와 기능', '절차', '수혜자 또는 취급 물품', '지역' 등을 예시했다(Gulick, 1978).

페욜(Henri Fayol)과 베버(Max Weber)의 이론을 바탕으로 귤릭은 조직에서 최고관리자의 기능을 계획(Planning), 조직(Organizing), 인사(Staffing), 지휘(Directing), 조정(Coodinating), 보고(Reporting), 예산(Budgeting)이라고 하고, 이들 용어의 머리글자를 조합해 조직관리에 보편적으로 적용될 수 있는 신조어 POSDCoRB를 만들었다.

이러한 행정관리 원리에 영향을 받아 최근에는 많은 조직관리 과정론(management cycle theory)이 생겨나고 있다.

[그림 1-4]에서 보는 바와 같이 미국관리자협회(American Managers' Association: AMA)에서는 단계별 관리 주기(cycle)로 POOM(Planning; 계획-Organizing; 조직-Operating; 실시-Measuring; 측정)을 들고 있으며, 최근에는 조직관리 실무자들 사이에는 PECF(Planning; 계획-Ex-

그림 1-4 조직관리 과정론

제1단계		제2단계		제3단계		제4단계
Planning	→	Organizing	→	Operating	→	Measuring
Planning	→	Execution	→	Check	→	Feedback
Plan	→	Do	→	Check	→	Action

제1단계		제2단계		제3단계
Planning	→	Doing	→	Seeing

ecution; 집행－Check; 점검－Feedback; 환류), PDCA(Plan; 계획－Do; 실행－Check; 점검－Action; 구체적 실행), PDS(Planning; 계획－Doing; 실시－Seeing; 확인)와 같이 간략한 형태로 정리해 사용하기도 한다.

(3) 행정관리론의 기여와 한계

행정관리론이 공공조직론에 기여한 것은 무엇보다도 가장 실용적인 조직관리의 기법을 제시했다는 점이다. 경험과 관찰에서 이뤄진 조직관리에 필요한 여러 가지 원리와 원칙들은 오늘날까지도 다양한 조직의 관리에 활용된다.

그러나 이들 원리와 원칙은 과학성이 부족하다는 비판이 제기되고 있다. 또한 일부 행정관리의 원리와 원칙은 보편성이 부족하고 원리들 사이에 서로 모순되는 것도 있다는 것이다. 가령 페욜이 주장하는 분업의 원리는 그가 제시한 단결의 원리에 개념적으로 상치될 수 있다는 비판이 있다.

3) 관료제론

조직이론에서 가장 많이 인용되면서도 아직도 명확하게 정의된 개념이 없는 것이 바로 이 관료제(bureaucracy)다.[7]

지금까지 관료제에 대해 행정관리론적 입장에서 정의한 개념은 "어떤 구조적 특색을 지닌 대규모 조직"이라고 했고, 정치권력론적 입장에서는 관료제의 개념을 "특권을 가지고 있는 관료들이 정치권력의 장악자로서 지위를 가지고 있는 통치구조"라고 했다.

행정관리론의 입장에서 관료제를 좀 더 구체적으로 정의한다면 "권위에 바탕을 둔 위계 질서 아래에서 규범과 절차에 따라 조직을 관리하고 운영하는 조직 체계"를 말한다. 주로 정부조직, 군대와 같이 공공성이 강한 조직을 전제로 한다.

정치권력론적 입장에서는 다소 부정적인 의미로 관료제 또는 관료주의(官僚主義)를 정의하고 있다. 정치권력론적 입장에서 관료제란 "국민으로부터 유리되고 국민 위에 서 있는 특권적 인간의 집단인 관료를 통해 지배가 행해지는 중앙집권 국가에서 발생하는 특정의 행동양식과 의식 상태"를 가리킨다. 비밀주의, 번문욕례(繁文縟禮), 선례답습, 획일주의, 법규만능, 창의성 결여, 직위를 이용한 오만, 상명하복의 규율, 국민에 대한 봉사 부족 등을 특징으로 한다. 이러한 관료주의의 형태는 국가조직뿐만 아니라 정당·노동조합·기업·학교 등의 대규모의 조직에서도 나타난다(ko.wikipedia.org/wiki).

(1) 베버의 이념형 관료제이론

가장 지배적인 관료제의 개념은 베버(Max Weber)의 관료제에서 유래한다.[8] 즉, 근대 관료제이론의 원형은 베버의 이념형(ideal type)에서 유래되었다고 볼 수 있다.

그는 합리주의에 기초한 근대 국가의 사회 목적을 달성하는 데 가장

---

7) 관료제를 의미하는 bureaucracy=bureau(책상 또는 사무실)+cracy(통치)는 1745년 구르네(Vincent de Gournay)가 처음으로 사용한 용어로서 그 당시에는 군주제(monarchy), 귀족제(aristocracy), 민주제(democracy)에 대비되는 통치 유형으로 지칭되었다. 그 밖에도 독일의 행정제도(administrative arrangements)의 자체구조나 비능률적인 정부를 지칭할 때 사용되기도 했다(Albrow, 1970).

8) 베버(Weber, 1948)는 철저하게 피라미드로 구성되어 있는 군대조직이 근대 자본주의 조직에서 이상적이라고 했다.

이상적인 지배 형식을 관료제라고 했다. 그가 상정하는 관료제의 개념은 현존하는 관료제의 경험에서 비롯되었다고 하기보다는 고도의 사유 작용에 의해 구성된 추상화된 개념이다. 사실상 사회 현상은 너무나 복잡하고 유동적이어서 원래의 모습을 파악하는 것은 불가능하다고 판단했다. 따라서 그는 일반 사회 속의 관료제를 추상적·개념적으로 하나의 통일된 모습을 상정해 개념화했는데 통상적으로 이를 베버의 '이념형 관료제'라고 한다.

베버는 조직이 주어진 업무를 수행하는 데에는 세 가지의 권위 유형(type of authority)이 있다고 했다. 첫째, 명령과 복종은 전통이나 관습에 의해 정당화된다는 '전통적 권위(traditional authority)', 둘째, 개인이 가지고 있는 비범한 능력이나 특징은 조직구성원들의 믿음과 명령 정당성의 근거가 된다는 '카리스마적 권위(charismatic authority)', 셋째, 조직구성원들은 법규에 규정되어 있기 때문에 명령에 복종한다는 '합법적 권위(legal authority)'를 제시했다. 그는 이들 권위 중에서도 근대 사회를 특징짓는 것은 '합법적 권위'이며 이것이 바로 '관료제적 권위'라고 했다.

베버가 이념화한 관료제의 특징은 다음과 같다.

① 법규화: 모든 직위와 직무의 권한은 법규에 규정되어야 한다.

② 계층화: 모든 조직은 계층화되어 하위 계층은 상위 계층의 명령에 복종해야 하고, 상급자는 명확하게 규정된 법규에 의해 하급자의 결정을 관할하고 감독한다.

③ 문서주의: 조직의 업무는 서류에 의해 운영된다.

④ 전문화: 조직의 운영은 철저한 전문적 훈련에 기초한다.

⑤ 비인격적 전임성: 복종은 개인의 인격 때문이 아니라 그에게 이러한 권위를 부여한 비인격적 지시 때문이다. 과거에는 겸직 등으로 인해 사무실 일은 2차적인 경우가 많았으나, 근대 이념적 관료제에서 구성원들은 조직에 전념해 헌신하는 전임성(專任性)을 필요로 한다. 따라서 이념적 관료제에서는 구성원들의 종신제(tenure for life)를 이상적인 근무 형태로 상정한다.

(2) 베버 관료제의 수정이론

베버의 관료제는 합법적이고 합리적인 근대적 관료제가 가지고 있는 순기능을 지나치게 강조한 나머지 역기능 또는 병리 현상에 대해 간과했다는 지적을 받고 있다.

베버의 이념형 관료제의 원리와 원칙은 자체적으로 모순점을 가지는 경우도 있다. 가령 관료제 원리 중 계층제 논리에 따르면 조직의 권한은 수직적인 직위에 의해 결정된다고 하면서 또 다른 한편으로는 권한이 수평적인 전문적 기술적 능력에 달려 있다고 하여 논리적 모순점을 보여주고 있다. 모든 상관이 높은 전문성을 가진다면 이 문제는 해소될 수 있겠지만 그렇지 않는 경우에는 계층제에서 기인하는 권위와 전문성에서 유래하는 권위는 충돌할 수밖에 없다(Albrow, 1970).

이러한 관료제가 가지고 있는 논리적인 문제 이외에도 시대가 흐름에 따라 관료제가 가지고 있는 현실적인 한계점에 대한 비판이 제기되기도 한다.

1930년대의 사회적 인간관계론 학자들은 조직 내 비공식적인 자생집단이 가지고 있는 순기능을 지적하면서 조직의 효율성 향상을 위해서는 비공식적인 조직의 비합리적인 요소에도 주의를 기울여야 한다고 주장한다. 이러한 인간관계학파의 관료제에 대한 비판을 부분적 내지는 보완적 수정이라고 한다면, 1960년대의 발전론자의 비판은 전면적인 비판이라고 할 수 있다. 이들은 관료제 조직이 소극적으로 주어진 업무만 수행하기보다는 국가 발전에 주도적 역할을 해야 한다는 것이다.

또한 1970년대의 신행정학(new public administration)은 관료제가 가치 중립적인 것보다는 목적 지향적이 되어야 하고 고객 중심으로 전환되어야 한다고 한다. 1980년대 골렘비우스키(Robert Golembiewski)는 전통적 조직구조에서 일과 인간의 가치가 부조화를 이룬다고 하면서 권위주의적 관료제 조직은 업무와 인간적 관심이 함께 배려되는 목표 지향적 조직으로 전환되어야 한다고 주장하기도 했다(이상철, 1997). 신공공관리론(new public management theory)에서는 관료제가 앞으로 민간 부문의 경쟁 체제를 적극적으로 도입할 것을 주문하고 있다. 1990년대의 신공공서비스론(new public service theory)에서는 관료제가 주인인 시민에 대한 철저한 봉사를 소홀히 하고 있다고 비판하고 있다(우양호, 2009).

(3) 관료제의 역기능과 병리 현상

이상에서 설명한 바와 같이 관료제의 부정적인 의미로 사용되고 있는 관료주의가 가지고 있는 역기능과 병리 현상[9]을 정리해 보면 다음과 같다.

첫째, 지나친 형식주의를 들 수 있다. 관료제에서 핵심 요소가 되고 있는 공식적인 법규와 문서에 의한 사무 처리는 행정 형식주의를 초래하기 쉽다.

둘째, 인간성 상실과 무사안일주의를 들 수 있다. 관료제 조직 내 인간관계의 몰인간성(impersonality)은 조직구성원 간의 무관심과 불안을 야기할 수 있다. 또한 조직구성원들이 상관의 지시에는 무조건 동조하고 자기가 맡은 임무는 소극적으로 처리할 가능성이 있다.

셋째, 계층주의와 할거주의(sectionalism)의 폐단을 들 수 있다. 관료들은 자기가 소속하고 있는 부서만을 종적으로 생각하고 다른 부서에 대해서는 배려가 없기 때문에 결과적으로 조직 전체의 조정과 협조가 잘 이뤄지지 않는다. 이러한 관료제의 계층제와 부서할거주의는 조직구성원의 수를 늘리는 부작용을 낳기도 한다.

넷째, 행정 독선주의를 들 수 있다. 관료제의 계층제와 공적 권력성은 관료들로 하여금 독선적으로 업무를 처리하게 할 가능성이 있다.

다섯째, 환경 변화에 대한 저항을 들 수 있다. 관료들은 자기 자신과 자기 조직 유지 본능에 따라 본질적으로 변화보다는 안정적이고 보수적

9) 이를 통상 긍정적 의미의 관료제에 대한 부정적 의미의 '관료주의'라고 한다.

인 의사결정을 선호하게 된다. 따라서 관료제 내의 관료들은 외부의 환경 변화에 소극적으로 대응할 가능성이 높다.

이상과 같은 관료제의 역기능으로 발생되는 부작용을 관료제의 병리 현상이라고 한다. 관료제의 문제점은 대규모 조직이 가지고 있는 조직의 본질적 특성에서 비롯된 것도 있지만 관료들의 개인적인 이해관계나 상대적으로 증가하고 있는 관료들의 권한에서 유래하는 것도 적지 않다. 이러한 관료제의 병리 현상을 치유하기 위해 행정혁신이나 개혁이 필요하다.

(4) 관료제의 혁신

관료제의 혁신(innovation)을 위해서는 전술한 조직이론의 전개에서 설명한 바와 같이 조직을 보는 관점에 따라 조직의 '구조적 측면', '인간적 측면', '환경적 측면'에서 살펴볼 필요가 있다.

구조적 측면에서는 우선 집권화된 조직을 일부 분권화하고 일방적인 상의하달적인 의사소통을 쌍방적인 방법으로 전환해야 한다. 그리고 조직 내에서 팽배하고 있는 부서할거주의를 조직 전체 관점에서 효율적으로 운영될 수 있도록 통합·조정의 역할을 강화해야 한다. 관료제 조직을 혁신하기 위해서는 조직이 법규에 얽매이기보다는 문제 해결 능력과 변화 대응 능력을 높일 수 있도록 조직 발전을 도모할 필요가 있다.

인간적 측면에서는 관료들의 개인적 이해보다는 국민에게 봉사한다는 의식과 사명감을 높일 수 있도록 행정윤리를 확립해야 한다. 그렇게 하기 위해서는 조직 내 구성원들에게 최소한의 신분을 보장해 줌으로써 안정감을 가지도록 해야 한다. 안정된 근무 여건을 바탕으로 조직구성원 스스로가 관료제의 혁신에 동참할 수 있도록 해야 한다. 또한 관료제 혁신을 확산하기 위해서는 변동 역군(change agent)을 양성해 이들 발전 엘리트들로 하여금 조직의 변화를 적극적으로 추진할 수 있도록 해야 한다.

환경적 측면에서는 사회 환경과 비교하여 지나치게 비대해진 관료들의 권력을 제약하거나 균형화시키는 노력이 필요하다. 권력화한 관료들의 부패를 방지하기 위해서는 외부의 세속적인 유혹에 물들지 않도록 하는 근무환경을 조성해야 한다. 그렇게 하기 위해서는 관료들의 부패 방지와 행정윤리를 확보할 수 있는 제도적 보장과 더불어 역설적으로 관료들의 사기를 높일 수 있는 보수제도와 상벌제도를 함께 마련해야 한다.

(5) 관료제의 공과

이념적 관료제는 지금까지 수없이 많이 제기되고 있는 부작용에도 불구하고 현 시점에서 현실적으로 정부조직이나 대규모 기업조직에서 가장 많이 활용하고 있는 시스템이다.

절대군주 시대를 벗어나 민주 체제로 진입하면서 조직의 관리층이 빈번하게 바뀜에도 불구하고 영속적으로 조직을 유지·운영할 수 있는 근거는 바로 문서와 법규에 의해 비인격적으로 조직을 운영한 관료제가 근간이 되었기 때문이다. 관료제는 비합리적인 정실주의와 개별주의를 배제하고 일반적인 법규에 의한 법 앞의 평등을 추구함으로써 민주주의 발전에도 크게 기여했다. 전문적인 지식과 능력에 의거한 관료의 임용은 고용의 기회 균등을 촉진시키는 계기가 되었다. 발전론자들은 관료들의 소극적인 행태를 비판하기도 하지만 발전도상국에서는 관료제가 민주주의와 함께 국가의 경제적·사회적 발전의 원동력이 되었다고 주장하기도 한다.

이상적인 관료제 운영이란 국가 정책은 민주적인 정치 과정을 거쳐 결정하되 그 시행은 전문화되고 기술적으로 우수한 관료들에 의해 실행되어야 한다는 것이다.

사실상 관료제가 가지고 있는 많은 강점을 고려할 때 관료제에 대한 비판은 전면적이라고 하기보다는 부분적인 것에 지나지 않는다. 즉, 지금까지 있어 온 관료제에 대한 비판은 관료제 시행 과정에서 부분적으로 발생하는 문제점에 대한 수정에 그치는 정도이지 관료제를 대체할 만한 전면적인 수준은 아니라고 판단된다.

관료제는 그러나 불가피하게 제도적으로 계층제의 상위에 있는 소수

관리자에게 권력과 권한이 집중되게 되어 있고, 이러한 권력의 집중 현상은 민주주의 질서를 확보하는 데에는 적지 않은 부작용을 낳고 있다.

심지어 대중 사회에서 구성원들의 자유의사에 의해 결성된 조직조차도 처음에는 조직의 설립 목적에 맞게 운영되다가 시간이 점차 지남에 따라 조직이 관료화되어 많은 부작용을 낳기도 한다. 관료제로 인해 권력화된 상위 계층의 소수 관리자는 조직의 원래 목적보다는 파생 목표나 내부 운영 목표에 더 치중하는 경향으로 조직을 운영하게 된다.[10] 우리나라에서도 많은 시민 참여 조직이 당초의 순수했던 조직의 설립 목표를 달성하기 위해 노력하기보다는 더 많은 예산을 확보하고 더 많은 권력을 추구하는 이른바 조직의 정치권력화 현상을 보여 주고 있다. 이러한 일부 관료화된 조직의 사례는 관료제의 한계를 여실히 보여 준다고 할 것이다.

2. 신고전적 조직이론

조직의 생산성과 효율성을 높이기 위해서는 조직의 구조보다는 오히려 구성원들의 인간관계가 조직 생산성에 더 결정적인 영향을 미친다고 하는 것이 신고전적 조직이론의 핵심이다. 인간관계론을 과학적 관리론이나 행정관리론에 대한 비판적 의미에서 볼 때에는 신고전적 조직이론이라고 하지만, 후기 인적자원이론(동기이론)의 입장에서 볼 때에는 이를 고전적 조직이론이라고 부르기도 한다.

1) 호손 공장 실험

호손 공장 실험(Hawthorne Experiment)은 공장 작업자들을 대상으로 실험했는데, 이 실험은 조직의 생산성은 작업 조건과 같은 물리적인 요소보다 인간관계와 같은 인간의 태도에 더 많은 영향을 받게 된다는 것을 실증적으로 증명했다.

---

10) 파생 목표와 내부 운영 목표에 대해서는 제4절에서 다시 설명한다.

호손 공장 실험은 미국의 서부전력회사(West Electric Company)의 호손 공장의 작업자들을 대상으로 1927년부터 1932년까지 실시한 일련의 인간관계에 대한 연구였다. 이 연구는 그 회사의 조사연구부와 메이요(George Elton Mayo)가 중심이 된 하버드대학교 경영대학원의 조사연구실에 의해 이뤄졌다.[11]

1927년 하버드대학교 연구팀이 본격적으로 이 연구에 참가하기 전인 1924년에 서부전력회사와 국립학술조사연구회가 공동으로 '조명도의 밝기와 종업원의 생산 능률의 상관관계'에 대한 선행 연구가 진행되었다. 이 실험의 결과 조명도의 밝기와 생산성과는 특별한 상관관계가 없음이 밝혀졌다(박연호, 1984).

과학적 관리론 관점에서 물리적인 작업 조건과 생산 능률 간에는 함수

조명도 실험

작업자들을 실험집단과 통제집단으로 나눠 실험집단에는 조명도를 24촉광으로부터 46촉광, 76촉광으로 서서히 높인 작업장에서 일을 하게 하고 통제집단에는 조명도의 변화가 없이 16촉광 내지 28촉광을 고정해 작업을 시켜 보았다. 그 결과 실험집단은 가설에서 기대한 대로 조명도가 밝아짐에 따라 생산량이 증가했다. 한편 조명도를 고정시킨 통제집단에서도 생산량이 증가했으며 실험집단과 별로 차이도 없었다.

다시 통제집단에는 조명도를 10촉광으로 고정시키고 실험집단에는 조명도를 3촉광까지 내려 보았다. 그 결과 실험집단은 조명도를 낮춤에도 불구하고 생산 능률은 점차 증가했으며 통제집단 역시 실험집단과 같이 생산 능률이 향상되었다. 이러한 결과는 기존 가설에서 기대한 것과는 정반대의 결과로 나타난 것이다.

또한 작업자들에게 조명도를 변화시키지 않고 조명도를 높인 것처럼 인식하도록 하면서 일을 시켜 보았다. 그 결과 작업자들은 조명 조건에 대해 개선되었다고 심리적으로 만족감을 표명했으나 실제 생산 능률에는 아무런 변화가 없었다. 또한 반대로 조명도를 변화시키지 않고 조명도가 저하된 것처럼 암시를 주면서 일을 시켜 보았다. 그 결과 조명 조건에 불

11) 이 연구를 위한 재정은 록펠러재단(Rockfeller Foundation)에서 지원했다.

만은 있었지만 생산 능률에는 아무런 변화를 보이지 않았다.
마지막으로 조명도를 0.06촉광까지 낮춰 보았다. 그러나 이 역시 생산량에는 주목할 만한 변화를 보이지 않았다. 이 연구의 결과는 조명도가 일의 능률에 도움을 줄 것이라는 가설을 기각하게 했다.

관계가 있다는 가설 검증에 실패한 후 연구자들은 메이요를 중심으로 세 가지 실험을 재차 실시했다.

첫째, 계전기 조립작업 실험(relay assembly test room experiment)에서 작업자에 대한 근로 조건 개선이 다음과 같이 생산 능률에 큰 영향을 미치지 못한다는 것을 발견했다.

계전기 조립작업 실험

1927년부터 1929년까지 계전기 조립작업에 종사하면서 평소 사이가 좋은 6명의 여자 작업자를 하나의 소집단으로 구성해 실험을 실시했다. 그들에게 근무 시간 단축, 휴식 시간 부여, 간식 제공 등의 작업 환경을 개선하는 자극을 주어 보았지만 생산 능률에는 큰 변화를 보이지 않았다.

둘째, 면접실험(interviewing program)에서 생산성을 향상시키는 데에는 물리적 작업 조건뿐만 아니라 인간관계가 중요한 역할을 하며, 다음과 같이 작업자들은 개인적인 감정과 더불어 집단적 감정을 가지고 있다는 것을 발견할 수 있었다.

면접실험

면접 대상을 처음에는 1,600명으로 시작했으나 나중에는 21,126명으로 늘려 일일이 면접을 실시했다. 개인별 비밀을 보장하면서 직무, 작업 조건, 감독자, 회사에 대한 감정, 권태감 등을 항목별로 조사했는데 작업 조건 못지않게 상관 및 동료 작업자와의 인간관계가 생산 능률 증대에 중요한 영향을 미치고 있음을 발견했다.

셋째, 배전기 권선작업 관찰실험(bank wiring observation room experiment)에서 작업자들은 다음과 같이 공식적인 집단에서 정한 목표보다는 비공식집단에서 정한 목표를 더 존중한다는 것을 발견했다.

배전기 권선작업 관찰실험

자동전화기에 사용하는 배전판을 조립하는 남자 작업자 14명을 대상으로 주로 집단과 개인 간의 관계에 대한 실험을 실시했다. 집단 내 인간관계에 관한 세밀한 관찰을 실시한 결과 작업자들은 공장 생산량을 감독하는 관리자가 육체적으로 가능하다고 정한 일일 과업량 목표를 따르기보다는 그들 나름대로의 자생적인 비공식집단에 의해, 즉 일종의 다른 사회적 규범을 따라 정한 목표량에 따라 생산량을 조정하고 있다는 사실을 발견했다.

이와 같이 메이요를 중심으로 한 초기 인간관계론자의 연구에 의해 생산 능률은 작업자의 태도나 감정과 밀접한 관련성이 있고, 작업자의 태도는 그가 속한 비공식적인 소집단 내의 인간관계와 연관되어 있으며, 작업량은 작업자의 육체적 능력보다는 사회적 능력에 더 많은 영향을 받고 있음을 인식하는 계기가 되었다. 호손 공장 실험은 조직의 생산성은 근로자의 태도 · 감정 · 가치관 · 비공식조직 등이 중요한 매개변수로 작용한다는 것을 확인하는 계기가 되었다.

2) 버나드의 관리론

행정관리론 측면에서 인간관계론적인 접근 방법을 제시한 사람은 버나드(Chester I. Barnard, 1886~1991)다. 버나드는 초기 행정관리론을 주장한 페욜과 같이 조직 상위직의 관리 방법에 관심을 가지고 관찰했지만 공식적 측면보다는 비공식적인 측면에 더 많은 비중을 두고 효과적인 행정관리 방식을 모색하려고 노력했다.

버나드는 조직목표와 개인목표 간의 상호 균형을 추구하는 소위 협동체계론을 주창하였다. 이는 조직이 그 목적을 달성하기 위해서는 구성원 간의 상호 협동이 필수적이라는 고찰로부터 비롯된 것이다. 전화회사 벨(Bell)의 사장을 지냈을 뿐만 아니라 후반기 공기업과 비영리단체에서도 탁월한 관리 능력을 발휘한 버나드는 1938년 『관리자의 기능(*The Functions of the Executive*)』이란 책을 통해 다음과 같이 세 가지 조건을 충족할 때 비로소 조직이 존립할 수 있다고 강조했다.

첫째, '의도적으로 조정된 2인 이상 힘(forces)의 체계'인 조직에서 무엇보다도 도덕적인 공동의 목표(common purpose)가 있어야 한다.

둘째, 조직구성원들은 공동의 목표를 달성하기 위해 구성원들 간의 '협동 의지(willingness to contribution)'가 있어야 한다.

셋째, 공식적인 조직뿐만 아니라 조직의 윤활유 역할을 하는 비공식적 조직을 통한 '의사소통(communication)'이 유지·조장되어야 한다.

이를 위해 조직의 관리자는 다음과 같은 기능과 역할을 해야 한다고 강조했다.

첫째, 조직의 통제 권한을 가진 관리자는 조직 커뮤니케이션을 활성화하기 위해 적절한 의사전달 네트워크를 설계해야 한다. 조직의 관리자는 조직 내 원활한 소통을 위해 조직구조의 분화와 직무 권한의 책임 배분뿐만 아니라 종업원들의 설득에도 관심을 가져야 한다.

둘째, 조직의 관리자는 조직 목표에 공헌을 약속한 구성원들로 하여금 조직 목표를 위해 헌신할 수 있도록 노력해야 한다. 그러기 위해 조직의 관리자는 구성원들의 사기, 인센티브, 교육, 감독 등에 관심을 가져야 한다.

셋째, 조직의 관리자는 조직 목표의 구체화 작업이 최고관리자에서 말단 직원에 이르기까지 상호 의견 교환 과정을 통해 이뤄지도록 해야 한다. 이러한 과정을 통해 때로는 조직의 목표가 변경되기도 한다.

그는 조직과 개인의 관계에 대해 "조직은 합리적인 반면, 개인은 그렇지 못하므로 조직이 개인보다 항상 우월한 위치에 있어야 한다"고 주장했다. 또한 조직의 목표와 개인의 목표는 일치하기 어렵다고 전제하고 조직의 관리자는 조직의 공동 목표를 구성원들에게 주지시켜 조직의 공동 목표 달성을 통해 개인의 욕구가 충족될 수 있도록 노력해야 한다고 강조했다.

베버가 조직을 보는 기본적인 관점은 경직적 권위를 띤 기계적 생산 중심의 조직이라면, 버나드의 관점은 환경에 적응하는 고용자 중심의 유기적 체계라고 할 수 있다. 그리고 조직관리자에게는 복합적인 도덕성과 책임성이 요구될 뿐만 아니라, 조직구성원들이 준수할 창조적 도덕성(creative morality)을 항상 개발·유지해야 한다고 했다(Harmon & Mayer, 1986).

버나드의 창조적 도덕성

버나드는 인간은 조직적 인격과 개인적 인격이라는 이중인격을 가지고 있다고 보았다. 조직은 합리적인 반면, 개인은 그렇지 못하기 때문에 조직이 갖는 합리성은 조직적 인격에서 나오며 개인은 조직을 통해서만 합리적 의사결정을 할 수 있다고 하였다. 그리고 이러한 조직의 목표는 도덕적이어야 한다고 강조하였다. 예로서 외딴 섬에서 근무하는 여자 교환수 사례를 제시하였다.

거동을 못하고 누워 계신 병든 홀어머니를 부양하며 외딴 섬에서 혼자서 근무하고 있는 여자 교환수가 있었는데, 어느 날 출근하여 일을 하는 도중 집에 화재가 난 것을 발견하였다. 여자 교환수는 어머니를 구하러 가야 한다는 개인적 도덕성과 조직의 업무를 수행해야 한다는 조직적 도덕성 사이에서 흔들리지 않고 도덕적 용기를 발휘하여 전화 교환이라는 본연의 업무를 수행하였다. 이는 조직 법규를 지키려는 그녀의 높은 책임성 때문에 가능한 일이라는 것이 버나드의 설명이며, 조직구성원이 이렇게 조직목표에 몰입하게 만드는 것이 관리자의 역할이라 강조하였다.

3) 인간관계론의 기여와 한계

지금까지 초기 인간관계학파에 대한 비판에도 불구하고 고전적 인간관계론이 조직 내 인간이 가지고 있는 감정과 태도에 바탕을 둔 사회적 요인의 중요성을 발견한 것은 조직이론 발전에 획기적으로 기여한 것이라는 평가를 받고 있다. 그 밖에도 인간관계론이 공조직에 미친 영향을 정리하면 다음과 같다.

첫째, 민주적 리더십과 의사전달의 중요성을 인식하는 계기를 마련했다.

고전적 인간관계론은 조직구성원들이 조직의 목표에 헌신할 수 있도록 하기 위해서는 구성원 개개인의 인격을 존중하는 민주적 리더십이 필요하다. 나아가 구성원들로 하여금 심리적·사회적 욕구를 충족시킬 수 있도록 관리자와 종업원은 양방향 커뮤니케이션을 활성화해야 하며 근본적으로 관리자는 근로자의 인정감·귀속감·참여 의식이 살아나도록 해야 한다고 주장했다. 최근 조직 내에서 보편화되고 있는 인사상담제도, 고충처리제도 및 제안제도는 이런 인간관계학파의 주장이 그 바탕이 되고 있다.

둘째, 비공식조직과 사회적 능률의 중요성을 인식하는 계기가 되었다.

대규모 조직은 대부분 여러 가지 형태의 비공식적인 소집단으로 구성되어 있다. 이 같은 소집단은 합리적인 사고보다는 감정의 논리에 지배될 가능성이 높으므로 조직관리자는 이에 대해 주목할 필요가 있다. 인간관계학파들은 조직의 공식적 목표를 원활하게 달성하기 위해서는 구성원의 합리적인 효율성 못지않게 인간관계에서 기인하는 사회적 능률성에 대한 중요성을 인식해야 한다고 했다.

셋째, 환경과 경험주의의 중요성을 인식하는 계기가 되었다.

인간관계학파는 비록 내부적 환경에 한정되기는 하지만 조직과 환경과의 상호작용의 중요성을 인식하는 계기를 마련했고, 조직 연구에서 경험주의(empiricism)의 중요성을 부각시켰다.

그러나 신고전적 조직이론은 후대에 다음과 같은 비판을 받기도 한다.

첫째, 지나치게 관리자의 이익에 편향된 논리라는 점이다.

메이요(George Elton Mayo)를 비롯한 인간관계론자의 연구 기초는

"조직관리자는 합리적인 행동을 하고 조직에서 비합리적인 행동을 하는 사람은 근로자"라는 전제에서 출발했다. 따라서 인간관계론은 자칫 지나치게 관리자의 이익을 대변하는 입장에서 근로자의 사고와 행동을 조작하는 논리로 전개될 위험이 있다.

둘째, 외부 환경에 대한 인식이 부족하다는 비판을 받고 있다.

인간관계론이 조직 내의 환경에는 부분적으로 관심을 가지고 있으나 외부 환경 변화에 대해서는 근본적으로 인식이 부족하다. 조직 내부의 사회적 집단뿐만 아니라 조직 외부의 정치적 · 사회적 환경 변화에 대한 조직 대응전략에는 미흡한 점이 있다.

셋째, 조직구성원의 욕구 충족과 조직 생산성 향상에 관련성이 있다는 주장에 의문이 제기되기도 한다.

초기 인간관계론자들이 조직 내 구성원들의 사회적 인간적 욕구를 밝힌 것은 의미가 있으나 조직구성원들의 사회적 · 심리적 요구가 충족되었다고 해서 과연 조직 전체의 생산성이 향상될 수 있을지에 대해서는 근본적인 의문이 있다. 또한 구성원들의 요구와 관리자의 목표 사이에 갈등이 발생했을 경우 어떻게 대처해야 할지에 대한 명확한 해답을 제시하지 못하고 있다.

4) 과학적 관리론과 인간관계론의 관계

초기의 과학적 관리론과 인간관계론은 조직의 생산성 · 효율성을 높이기 위한 방법으로 적지 않은 공통점을 가지고 있지만 논리를 전개하는 기본 시각에서 다소 차이점을 보인다.

우선 두 이론이 가지고 있는 공통점을 정리하면 다음과 같다.

첫째, 과학적 관리론과 인간관계론은 조직 내부의 폐쇄적인 측면을 강조했고 조직 외부의 환경 변화에는 관심이 부족했다.

둘째, 과학적 관리론과 인간관계론은 모두 근로자보다는 조직관리자의 논리를 중시하고 있다. 조직의 목표를 달성하기 위해서는 근로자들의 욕구를 충족시킬 수 있도록 근로자의 행동을 인위적으로 조작하거나 설득하는 노력이 있어야 한다고 주장한다.

셋째, 조직 목표를 달성하기 위해서는 구성원들의 만족이 우선되어야 한다는 논리에서 공통점을 찾을 수 있다. 다만 조직구성원들의 만족도를 높이기 위해 과학적 관리론에서는 경제적 욕구 충족에 우선을 두고 인간관계론에서는 구성원의 심리적·사회적 욕구에 중점을 두고 있다.

그러나 두 이론은 다음과 같은 차이점을 가지고 있다.

첫째, 과학적 관리론이나 인간관계론은 조직 내 구성원을 보는 근본적인 시각, 즉 인간관이 다르다. 과학적 관리론은 인간을 생명 없는 기계로 파악하고 있는 반면에, 인간관계론에서는 인간의 사회성과 민주성에 중점을 두고 논리를 전개한다.

둘째, 과학적 관리론과 인간관계론은 조직구성원들의 동기부여 방법에 차이가 있다. 과학적 관리론에서는 금전적·경제적 욕구가 구성원들의 주된 동기부여 요인이고, 인간관계론에서는 구성원들 간의 심리적 안정과 조화가 주된 동기 요인이다.

3. 현대 조직이론

과학적 관리론과 인간관계론은 1940년대 이후 이들 양자를 종합해 포괄적인 조직이론으로 발전하게 되는데, 이를 우리는 현대 조직이론이라고 한다.

1) 행태론적 조직이론

현대 조직관리이론의 하나로 자리잡은 조직행태론에서는 '인간이나 집단의 가치관, 사고, 태도, 의견 등의 행태(behaviour)'에 중점을 두고 조직이론을 전개한다. 즉, 행태론이란 '전통적·거시적인 이념·구조·제도보다는 인간이 어떤 가치관·태도·동기를 가지고 있는가를 면접이나 설문조사와 같은 사회심리학적 방법론을 통해 개인의 표출된 행태를 객관적·실증적으로 분석하는 논리실증주의(logical positivism)적 방법론'을 택하고 있다.

1940년대에 사이먼(Herbert A. Simon, 1916~2001)은 버나드가 『관리자의 기능』(1938)에서 주장한 "조직관리란 특정 목표 달성을 위한 구성원의 협동적 집단행동"이라는 '구성원 간의 협력'에 초점을 두고 이를 계승해 조직이론을 체계화했다. 1940년대 중반부터 대두된 행정행태설은 공조직과 사조직을 구별하지 않고 조직관리를 하나의 사회적 집단행동으로 파악하며, 제도보다는 인간의 행동에 연구의 주된 관심을 두는 것이 특징이다. 또한 이것은 가치 판단을 배제하고 순수한 과학성을 추구한다는 점을 주목할 필요가 있다.

공·사 조직의 본질적인 차이를 인정하지 않는다는 점에서 행태이론은 행정관리설과 유사하나, 행정관리설이 행정관리 과정에서의 효율성에 중점을 둔 반면에, 행태이론은 과학적으로 인간의 행정 행태를 연구한다는 측면에서 차이가 있다. 행태론은 또한 조직의 구성원이 제한된 합리성을 추구하는 인간임을 가정해 과학적 관리론 등이 가정하는 경제인이나 경제적 합리성의 비현실성을 비판하기도 했다. 행태론은 명백한 자극과 반응으로 볼 수 있는 행위 또는 행동만을 연구 대상으로 하는 '심리학적 행동주의'와는 달리 특정 질문에 따른 반응을 통해 파악해 볼 수 있는 인간의 태도·의견·개성 등도 행태에 포함시킨다는 점에서 심리학적 행동주의와도 근본적으로 차이가 있다.

행태론은 조직이론의 과학성을 확립하는 데 기여했으며, 구체적으로 집단 및 개인의 의사결정, 갈등관리, 리더십과 권위, 동기부여 등의 문제를 연구하는 데 공헌했다.

2) 생태론적 조직이론

생태론(ecology)적 조직이론이란 리그스(Fred W. Riggs)를 중심으로

1940년대 후반부터 1950년대에 걸쳐 유행한 조직이론으로, 조직을 하나의 유기체로 파악하고 조직과 환경과의 상호작용 관계를 중심으로 조직 현상을 연구하는 학파다. 공공조직 연구에서 유기체란 행정 주체인 행정 조직은 환경과 교호작용을 하는 것을 말하는데, 여기서 환경이란 조직을 둘러싸고 그 영향을 주고받고 있는 정치, 경제, 사회, 문화 등 외부적 여건을 총체적으로 포괄하는 개념이다.

생태론은 조직이란 목표 달성을 위해 존재하는 단순한 내적인 업무 분업 체제가 아니라 살아 움직이는 생명체 또는 유기체로 인식하고, 이러한 유기체로서 조직이 환경이나 문화로부터 어떤 영향을 받는가를 연구하는 학파다. 생태론은 조직과 환경의 상호작용 관계를 밝히는 일종의 생물학적·개방적 이론이라고 할 수 있다. 생태론은 환경에 대한 조직의 종속변수적 측면을 강조한 이론으로서, 조직에 영향을 미치는 환경과의 관계를 처음으로 연구한 거시적 접근법이라는 점에 새로운 의미를 부여할 수 있다(mybox.happycampus.com).

3) 체제론적 조직이론

체제론(system theory)이란 조직은 상호 관련된 하위 체제(sub-system)로 구성되어 있다는 개념에 기초해 단위 조직을 분석하는 이론이다. 체제란 손으로 만져볼 수 있는 구체적인 실체가 아니라 일련의 요소들을 매개로 하여 서로가 맺고 있는 상호관계(interrelation)를 의미한다(이태종, 1995). 이스턴(David Easton)과 샤칸스키(Ira Sharkansky)는 [그림 1-5]에서 보는 바와 같이 "조직은 환경으로부터 투입(input)된 요구와 지지를 받아 전환(conversion) 과정을 거쳐 산출(output)하고 이를 다시 환류(feedback)하는 체제"라고 했다(이종수, 2009).

체제론에서 조직은 환경의 영향을 받지만 환경도 조직의 영향을 받는다는 전제에서 출발한다. 따라서 체제론은 생태론에 비해 조직과 환경의 상호작용 관계를 한층 더 강조한 이론이라고 할 수 있다. 조직 체제의 산

그림 1-5 조직 체제의 구성

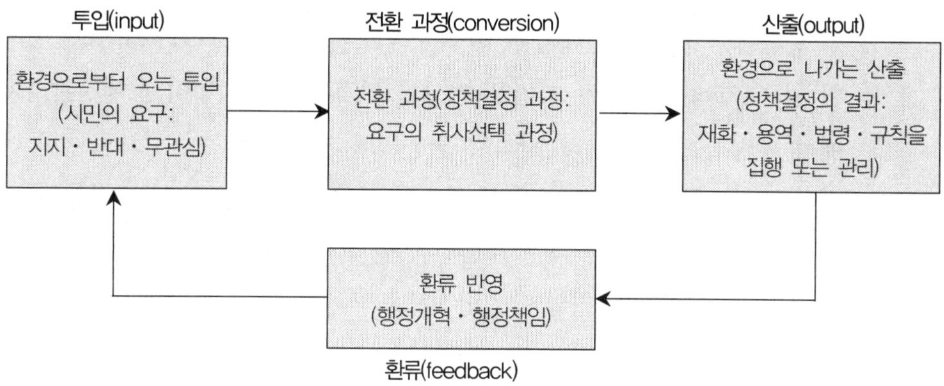

자료: 김기태(1997: 86).

출은 환류 과정을 통해 체제 속으로 흘러 들어가고 또 다른 일부는 환경으로 흘러 들어가기 때문이다(강신택, 1987). 이러한 측면에서 체제론은 조직이라는 유기체를 그 환경과의 상호작용 관계에서 파악함으로써 생태론의 한계점인 조직은 환경의 종속변수라고 하는 조직문화결정론을 극복했다.12)

그러나 체제이론은 자기 유지 기능이나 내부의 조화적인 균형이론에 치우침으로써 체제의 내부적 혁신이나 변화를 설명하기에는 부적절하다는 지적이 있다. 따라서 변동이 심한 조직보다는 안정적이고 점진적인 변화를 도모하는 조직을 설명하기에 적합한 이론이다.

4) 상황론적 조직이론

1950년대부터 등장하기 시작한 상황이론(contingency theory)은 때와 장소를 불문하고 적용될 수 있는 보편적인 조직관리 원리와 유일한 최선의 관리 방법은 없다고 주장한다. 상황론자들이 강조하는 기본 전제는

12) 인간은 대체로 자신이 자란 문화권의 규범대로 산다. 문화결정론자들은 이것을 규범의 내면화라고 한다.

"바꾸기 힘든 환경보다는 변화하는 환경에 따라 조직의 구조를 변경하는 것이 바람직하다"는 것이다.

상황이론이 전개된 배경은 1953년 우드워드(John Woodward)가 영국의 한 지역에 소재하는 기업을 대상으로 과학적 관리법이나 행정관리론에서 주장하는 조직관리 원칙이 적용되고 있는지를 실증적으로 검증해 보려고 시도하면서 시작되었다. 그러나 그는 어느 조직에서도 공통된 관리 원리와 원칙이 적용되는 것을 찾아볼 수가 없었다.

오히려 그는 해당 기업이 일반적으로 기술 수준에 적합한 조직구조를 가질수록 생산성이 높게 나타난다는 것을 발견했다. 그의 뒤를 이어 페로(Perrow, 1986)는 정형화된 기술을 가진 조직은 비정형화된 기술을 가진 조직보다도 복잡성(complexity)은 낮고, 공식화(formalization)는 높으며, 통솔 범위(span of control)가 넓다는 것을 검증했다. 그는 "정형화된 기술을 가진 조직은 집권화가 용이하나 비정형화된 조직에서는 분권화가 바람직하다"는 가설을 실증적으로 증명하려고 노력했다. 그러나 이러한 평범한 논리조차도 뒤에 비판의 대상의 되곤 했다. 가령 정형화된 기술조직이라고 하더라도 공식화가 덜되어 있는 경우에는 집권화가 필요하지만 공식화가 잘되어 있는 경우에는 오히려 분권화하는 것이 더 통제의 효율성을 높일 수 있다고 한다(Hage & Aiken, 1969).

한편 블라우와 쇤허(Blau & Schonherr, 1971)는 기술보다는 규모가 조직구조에 더 많은 영향을 미친다고 했고, 차일드(Child, 1972a)는 조직의 규모가 커질수록 전문화, 계층화, 문서화, 공식화, 규칙화가 심화된다고 했다.

로빈스(Robins, 1974)는 조직 규모와 조직구조의 관계를 일반화하려고 노력했는데, 그는 "조직의 규모가 커지면 수직적·수평적 분화가 확대되고 공식화되며 집권화보다는 분권화가 일어나기 쉽다"고 주장했다. 이러한 논리 역시 일반화하는 데에는 많은 제약이 있음이 후속 연구에서 밝혀지고 있다. 심지어는 조직 규모가 조직구조에 영향을 미친다고 하기보다는 조직구조가 조직 규모에 더 많은 영향을 미친다는 역설적 주장이

제기되기도 했다(Aldrich, 1979). 가령 조직의 공식화가 확대되어 조직의 운영 탄력성이 떨어진다면 조직 규모는 커질 수밖에 없다는 논리다.

5) 발전론적 조직이론

발전행정(development administration)은 1950년대의 비교행정의 한 분야로 출발해 1960년대 유행했으나 1970년대 신행정학이 대두되면서 다소 약화된 이론이다.

에스만(Milton J. Esman)과 와이드너(Edward Weidner)는 행정을 수행하는 공조직은 사회를 발전시키고 변화를 유도하는 역할을 수행해야 한다는 입장이다.

발전론자에 따르면, 공공조직의 관료제가 강조하고 있는 좁은 분야에 전문적인 지식을 가진 관료는 사회 변화에 신속하게 적응하는 것을 어렵게 한다고 한다. 법령에 의한 행정이 존중되어야 하지만 그 해석에서는 형식적 합리성보다는 국가 발전 목표에 초점을 둔 합목적적인 적용이 요청된다는 것이다. 또한 계층제도 조직의 상하 구성원의 명령·복종 관계로 볼 것이 아니라 분업을 통해 직원들의 동기를 부여하는 수단으로 이해하고 활용할 것을 강조했다.

6) 신행정학적 조직이론

1970년대에 마리니(F. Marini)와 프레드릭슨(Horace Frederickson) 등을 중심으로 소장 행정학자들은 행정의 현실 참여를 통한 사회적·시대적 문제의 적극적인 처방을 주장하는 신행정학(new public administration)을 주장했다. 그들은 공공조직 특히 관료제는 조직 지향적인 것보다는 수혜자 지향적이 되어야 하고 가치중립적인 것보다는 목적 지향적이 되어야 한다고 강조했다.

신행정학은 행태론의 인식론적 근거가 되는 논리실증주의를 비판하면서 당시의 사회문제인 빈곤과 형평의 문제를 해결하기 위해서는 현실 적합성(relevance)과 실천성(action)을 가지는 처방적 조직이론이 필요하다고 했다. 신행정학은 근본적으로 공공조직은 고객의 가치를 인정하고 고객에 대한 능동적이고 적극적인 관심을 강조했는데, 실증주의 조직이론에서 벗어나 가치와 규범을 중시하고, 사회적 형평을 추구하는 조직이론으로 발전할 것을 주문했다.

7) 신공공관리론적 조직이론

1980년대 정부재정 적자가 가속화되고 사회적 가치가 전면적으로 변화되는 것을 계기로 신공공관리론(new public management theory)이 등장하면서 전통적인 관료제 조직의 행정은 또 다른 비판을 받게 된다. 신공공관리론은 관료제가 강조하고 있는 조직의 능률적 운영에는 동의하면서도 정부를 비롯한 모든 공공조직은 민간 부문의 기본 패러다임인 경

표 1-3 관료제와 신공공관리론

전통적 관료제	신공공관리론
명확한 법령 및 규칙에 의한 관리	목표와 업적에 의한 관리
단일 직무에 특화된 분업 · 전문화	조직 통합 원칙과 업무 수행의 유연성 제고
철저한 계층제 시스템(하향식 통제 원리)	느슨한 네트워크 시스템(업적평가의 단위인 소규모 조직 간의 계약에 의한 관리)
내부 규제(통제) 메커니즘	시장경쟁 메커니즘
고객(국민 · 이용자)에 대한 온정주의적 관계	공급 측면보다는 고객 수요를 반영한 관리
미시적 관리	거시적 전략 경영적 관리
단일적 행정 이념(능률성)	다양한 이념(능률성 · 생산성 · 효율성 · 효과성)
관료의 노젓기(rowing)	관료의 방향잡기(steering)
현실주의적 인식	신자유주의적 인식[13]

13) 신공공관리론은 신자유주의의 사상적 배경을 가지고 있지만 신자유주의는 정부의 역할을 시장으로 대폭 넘길 것을 주장하는 데 비해, 신공공관리론은 시장경쟁 원리가 관료제의 계층제적 통제를 대체해야 한다고 강조한다.

쟁과 동기유발 메커니즘을 적극적으로 도입해야 한다고 주장했다. 즉, 공공관료제는 〈표 1-3〉에서 보는 바와 같이 규칙보다는 목표, 엄격한 분업화보다는 유연한 통합관리, 하향식 계층제보다는 네트워크 시스템, 내부 통제보다는 수요자 중심의 고객관리, 기술적 능률성만이 아닌 효과성 등 다양한 행정 이념 추구, 신자유주의적 인식에 바탕을 둔 관료들의 거시적 방향잡기(steering)[14]와 전략적 경영관리를 강조하고 있다. 한마디로 전통적인 엄격한 관료제에서 벗어난 탈관료적 행정관리가 절실하다고 주장했다.

8) 공공서비스론적 조직이론

덴하트와 덴하트(Denhardt & Denhardt, 1999)는 전통적 관료제 조직은 정치적 중립성, 집권적·폐쇄적 환경, 하향적 통제, 능률을 지나치게 강조한 나머지 시민에 대한 민주적 봉사와 시민의 적극적 참여를 지원하는 데 적합한 모형이 아니라고 비판하면서 신공공서비스론(new public service theory)을 주장했다. 이 이론에서 관료제 조직은 주인으로서의 시민, 적극적인 시민 의식(citizenship), 다양한 세력과의 협력, 시민에 대한 관료의 봉사 등을 특별히 강조한다(우양호, 2009).

공공서비스론의 이념과 방향을 명확하게 이해하기 위해서는 지금까지 논의한 전통적 행정이론이나 신공공관리론과 비교해 볼 필요가 있다. 〈표 1-4〉에서 보는 바와 같이 신공공서비스론은 다른 이론에 비해 공공조직의 시민에 대한 봉사, 의사결정 방법으로서 전략적 합리성에 바탕을 둔 민주적 담론,[15] 지역 커뮤니티와 연계한 협동적인 리더십을 특징으로 한다.

---

14) 신공공관리론에서는 관료들이 단순히 행정 업무의 집행을 의미하는 노젓기(rowing)에 집중할 것이 아니라 거시적 전략적 경영을 의미하는 방향잡기(steering)에 더 많은 관심을 가져야 한다고 주장한다.

15) 담론은 담론의 보증(warrants for discourse)이 준수되는 정도에 따라서 세 가지로 분류된다. 첫 번째 형태의 담론은 '엘리트 중심의 독단적 조작(elite-dominated monologic manipulation)'이다(소수 담론, few-talk). 그 반대의 경우로 '무질서한 토론(anarchistic expressionism)'이 있다(다수 담론, many-talk). 두 가지 모두 담론의 보증에

표 1-4 신공공관리론의 특징

구 분	구 행정이론	신공공관리론	신공공서비스론
이론의 토대	초기 사회과학	경제이론: 실증적 사회과학에 기초	민주주의 이론: 실증주의·담론이론을 포함한 다양한 접근
의사결정의 합리성	개괄적 합리성	기술적·경제적 합리성	전략적 합리성: 정치적·경제적·조직적 합리성의 다양한 검증
공익에 대한 입장	법률로 결정된 정치적 결정	개인들의 총이익 향상	공유 가치에 대한 담론의 결과
정부의 역할	노젓기(정치적으로 결정된 단일 목표에 초점을 맞춘 정책의 입안과 집행)	방향잡기(시장의 힘을 이용한 촉진자나 촉매자)	봉사(시민과 공동체 내의 이익을 협상하고 중재해 공유가치 창출)
관료의 반응 대상	고객과 유권자	고객	시민
행정재량	관료에게 제한된 재량만 허용	기업적 목적을 달성하기 위해 넓은 재량 허용	재량은 필요하지만 제약과 책임 수반
조직구조	계층적 관료제 조직	기본적 통제를 수행하는 분권화된 공공조직	조직 내·외적으로 공유된 리더십을 갖는 협동적 구조
동기유발	임금과 편익: 공무원 보호	기업가 정신: 정부 규모를 축소하려는 이데올로기적 욕구	공공 서비스: 사회에 기여하려는 욕구
행정책임	계층제에 의해 행정인은 민주적으로 선출된 정치지도자에 반응 및 책임	시장 지향적인 고객에게 바람직한 결과 창출	다면적(공무원은 법, 지역공동체 가치, 정치 규범 및 시민들의 이익에 대한 책임)

자료: Denhardt & Denhardt(2007).

비춰볼 때 만족할 만한 담론이 되지 못한다. 그래서 세 번째 담론의 형태로 적정한 인원이 참여하는 담론이 바람직한 것으로 받아들여지고 있다(적정수 담론, some-talk). 소수 담론은 설문조사, 시민 패널이나 정책분석 등이 있다. 그런데 이러한 시민참여는 '담론의 보증'의 기준에 비춰보았을 때 우선 익명성으로 인해 참여자들의 진실성을 확인할 수 없다. 설문조사의 경우에 대부분 참여자들은 문제의 복잡한 상황을 제대로 이해하지 못하고 무관심하게 된다. 결과적으로 소수의 엘리트들이 정책의 목표와 방향을 결정하고, 시민들은 이것을 정당화시켜 주는 역할밖에 하지 못한다. 반대로 다수 담론은 초점이 없이 산만하게 많은 사람이 참여하는 담론이다. PC통신에서 대화방이나 게시판, 신문 독자의 의견 등이 다수 담론의 예가 될 수 있다. 다수 담론은 담론의 보증 기준에서 보면 우선 대화의 규범이 없기 때문에 진실성 있는 토론을 기대할 수 없다(mybox.happycampus.com/.../483002).

9) 지식관리론

지식관리론은 경제학과 경영학에서 도입된 이론으로 1990년대 이후 지식정보화가 급격히 진전되고 지식과 정보가 전통적인 자본과 노동의 생산 요소를 대체함으로써 지식과 정보의 경제적·시장적 가치에 관심을 기울이면서 등장했다.

거시적으로는 지식에 기초한 경제 체제를 지식기반 경제라 하며, 조직 수준에서는 지식의 창출, 활용, 공유, 확산 등의 관리적인 측면을 강조하고 있다. 이는 정부로 하여금 정보기술을 활용해 국민을 위한 양질의 행정 서비스를 제공할 수 있는 전자정부로의 전환을 가능하게 하였으며, 현재에는 빅데이터를 기반으로 한 지식정부의 기반이 되는 이론이 되었다.[16)]

지식관리론은 지식에 대한 가치 인식, 지식이 시장에서 거래될 수 있다는 신념, 지식 창출과 공유를 위한 조직화된 노력 등을 포함한다. 특히 지식의 창출, 저장, 공유, 확산, 활용 등을 위해서는 이를 지원하는 조직문화가 대단히 중요하며, 이러한 점에서 지식의 창출, 공유, 확산은 하나의 문화 현상이라고 이해할 수 있다(박우순, 2002: 254-255).

10) 사회자본이론

사회자본은 개인 또는 집단 사이의 관계, 즉 네트워크에서 비롯된 이론으로 조직학의 고유영역은 아니다. 사회학, 정치학, 경제학, 지역사회개발 등에서 발달한 개념을 조직학 분야에 도입한 것이다.

사회자본은 사회관계의 네트워크, 특히 약한 유대와 구조적 공백의 가외성을 최소화함으로써 정보 확산의 능률성을 증가시켜 준다. 높은 수준의 신뢰를 가진 사회자본은 비용이 많이 드는 감독의 필요성을 감소시켜

16) 전자정부는 정보기술의 활용에 초점을 두고 있는 반면, 지식정부는 개인과 기업을 비롯한 사회가 더 많은 지식을 창출하고 활용할 수 있도록 지식을 확산시키는 정부라는 점에서 차이가 있다.

주며 창의성과 학습을 촉진한다. 또한 제도적 역할, 혁신, 가치창출 등에서 핵심적인 위치를 차지하며, 조직시민 행태를 고양시켜 조직 수준의 성과를 제고할 수 있다(Bolino, Turnley, & Bloodgood, 2002).

이러한 사회자본의 긍정적인 기능들이 조직이론가들이 사회자본에 대한 연구에 관심을 가지게 만들었다. 그러나 사회자본의 거래는 구체화되지 않은 의무, 불확실한 시간적 경계, 호혜성의 기대 등과 같은 조건이 작용하기 때문에 불분명하다는 한계를 안고 있다.

제3절 공공조직 내의 인간을 보는 관점

지금까지 조직이론을 역사적 종단면적인 측면(longitudinal approach)에서 살펴본 결과 조직에서 일하는 구성원들의 성향을 이해하는 관점이 조직이론에 따라 달라져 왔음을 알 수 있다. 가령 초기 과학적 관리론에서는 조직의 구성원을 조직의 공동 목표를 달성하기 위한 하나의 수단으로 본 반면에, 초기 인간관계론과 이의 영향을 받은 행태이론에서는 조직의 구성원을 궁극적으로 자기의 성취 동기(self actualization)를 가진 자발적 인간관에 초점을 두고 이론을 전개했다.

그렇다면 횡단면적 측면(transactional approach)에서 살펴보았을 때 조직에서 일하는 구성원들을 어떤 관점에서 보는 것이 바람직할 것인가?

조직에서 일하는 사람들은 자기 자신의 이익과 효용을 극대화하기 위해 일을 하고 있을까? 아니면 조직의 공동 목표 달성을 위해 자신의 욕구를 희생해 가면서 헌신하고 있을까? 물론 개인의 이익과 조직의 이익을 병행할 수 있으면 가장 이상적이지만 많은 경우에 개인의 이익과 조직의 이익은 상충하는 경우가 많다.

여기서는 조직이론에서 인간을 바라보는 기본적 입장들에 대해 먼저 살펴보고, 공공조직 내에서 일하는 사람들을 바라보는 시각들에 대해 설명하고자 한다.

1. 조직 내 인간에 대한 기본적 시각

1) 경제적 인간과 사회적 인간

테일러(F. W. Taylor)의 과학적 관리에서는 인간이 물리적·경제적 욕구 충족을 위해 기계적으로 행동하는 것으로 파악하고, 물리적인 요인, 즉 임금을 수단으로 근로자를 통제할 수 있는 것으로 보았다. 근로자들이 임금이라는 금전적 자극에 의해 동기가 부여되어 행동한다고 보는 견해가 바로 경제적 인간관 또는 기계적 인간관이다.

경제적 인간관에서는 인간을 합리적 판단을 하는 주체로 보고 경제적 유인에 따라 움직이는 수동적·기계적 실체(entity)로 생각하고 있다. 즉, 사람은 주로 경제적 유인에 의해 자극을 받으며 매우 합리적으로 자신의 경제적 이익을 극대화하려는 행동을 한다고 보고, 조직의 통제 하에 있는 경제적 유인을 통해 조직이 인간의 동기를 유발하고 통제할 수 있다고 본다. 이러한 인간관에 해당하는 근로자의 관리 방식으로서 통제에 의한 관리가 가장 효과적이라는 것이다. 그리고 인간의 감정과 같은 요소들을 기본적으로 비합리적인 것으로 보고, 이러한 인간의 비합리적 요소가 매우 합리적인 인간의 모습을 방해하지 않도록 조직을 관리해야 한다고 주장한다.

반면에 메이요(George Elton Mayo)의 인간관계론에서는 종업원의 동기부여를 위해 물리적·금전적 유인보다는 심리적·사회적 유인이 더 효과적이라고 주장한다. 조직구성원의 사회적·정신적 욕구의 충족 정도가 구성원의 행동과 과업의 성과에 더 큰 영향을 미친다고 보는 것이 사회적 인간관 또는 정서적 인간관이다.

사회적 인간관에서는 인간의 비합리적 측면을 강조하면서, 인간의 사회적 욕구를 중시해야 한다는 입장이다. 즉, 사람은 기본적으로 사회적 욕구에 의해 자극을 받고 타인과의 관계를 통해 일체감을 가지며, 기계적이고 효율성을 추구하는 업무 자체보다 일을 하는 과정에서 발생하는 다른 사람과의 사회적인 관계에서 의미를 찾으려 한다는 것이다.

2) 공익적 인간과 이기적 인간

스미스(Adam Smith) 시대까지 대부분의 사회적 담론은 기본적으로 도덕적인 성격을 띠었다. 사업가 · 관료 · 정치가 · 세습 군주 등 모든 개인은 도덕적으로 옳은 것을 교육받고 이를 실천하도록 강요받았다. 모든 사회 구성원은 반드시 공익의 극대화에 기여해야 한다는 점이 항상 내재되어 있었다.

흄(David Hume)은 이러한 공익적 관점에서 비판을 한 첫 번째 사람이다. 그는 대부분의 사람은 공익에 기초하기보다는 자신들의 행동에 의해 개인 이익을 추구한다는 분명한 견해를 제시했다. 나아가 스미스는 개인은 매우 이기적이라는 주장과 함께 이를 경제학 영역에 적용해 근대 경제학을 성립시켰다. 그리고 이러한 흐름이 이어져 19세기와 20세기에 걸쳐 경제학자들은 개인은 일차적으로 자신의 이익에 관심이 있다고 가정하고 이를 현실에 적용했다.

반면에, 정치학은 플라톤(Platon)과 아리스토텔레스(Aristoteles) 시대 이래로 오로지 도덕적으로 정당한 정책을 산출하는 데 관심을 가졌다. 이들의 사상을 이어받은 슈트라우스(L. Strauss)와 같은 정치학자는 정치학은 올바른 행동에 관한 과학이라고 주장했다. 정부가 도덕적이고 윤리적인 기초 밖에서 행동하는 것에 관한 공식적인 이론은 존재하지 않는다고 한다. 이들의 견해에 따르면 슈퍼마켓에 있는 사람은 가격을 고려해 자신과 가족에 이익을 주는 식품과 물건을 구입하지만, 일단 정치가로 당선되면 발전적인 모습으로의 변화가 일어나는 것으로 간주했다. 정치인의 공익적 행동을 주장하는 정치학자들의 주장에 따르면, 정치가들은 자신의 재선에 도움이 되는 정책이나 자기를 지지하는 이익집단을 만족시키는 행동노선을 따르기보다는 더 광범위한 관점에서 도덕적으로 정당한 결정을 하게 된다는 것이다.

3) 합리적 인간과 협동적 인간

오랫동안 어느 조직의 구성원들이 공통된 이해관계나 목적을 가지고 있고, 이러한 공동의 목표가 성취됨으로써 구성원들이 좀 더 행복해질 수 있다고 믿어왔다. 따라서 합리적이고 자기 이익에 따라 움직이는 개인이 공동의 목표를 성취하기 위해 행동하는 것은 당연한 것으로 여겨왔다. 즉, 개인이 조직의 이익을 위해 행동하는 경향이 있다는 생각은 합리성과 자기 이익 추구라는 가정의 논리적인 귀결인 것이다.

그러나 캠벨(R. Campbell)은 『합리성과 협동의 역설』의 서문에서 합리적 인간이 합리적 결과를 성취하게 된다는 뿌리깊은 신념에 대해 의문을 제기하며 합리적 인간들 사이에서는 협동이 불가능하다고 주장했다. 이 역설은 우리가 공동의 합리성을 이해하는 방식에 의문을 가지게 하는 계기를 만들었다. 죄수의 딜레마[16] 상황에서 합리적 인간들 사이에 협동이 불가능함을 보여 준다.

또한 올슨(Mancur Olson)은 집단적인 이득의 가능성이 있을 경우 집합행동을 불러일으킬 수 있지만, 개인이 집합재의 편익에서 배제될 수 없다면 개인은 이러한 집합적 편익의 생산에 자발적으로 기여할 아무런 인센티브를 갖지 않는다고 주장하면서 무임승차의 문제를 제기했다. 즉, 무임승차에의 유혹이 개인의 선택을 지배하게 되어 결국은 누구도 원치 않았던 비합리적인 결과를 초래하게 된다는 것이다. 그리고 구성원의 수가 아주 적거나 구성원들에게 공동의 이익을 위해 행동하도록 강제할 장치가 없는 한, 합리적으로 사적 이익을 추구하는 개인은 공익 혹은 집단 이익을 위한 행동을 하지 않을 것이라 보았다. 이는 공유재의 비극으로 알려진 목초지의 비극으로 설명된다.

---

16) 죄수의 딜레마 게임의 심오한 매력은 이 게임에 대한 학술 논문의 숫자가 잘 증언해준다. 1975년 한 해 동안 대략 2천 편의 논문이 이 게임을 다룬 바 있다.

목초지의 비극

목동 각자는 자신이 목초지에 풀어 놓은 가축들로부터 직접적인 이익을 얻지만 과잉방목으로 인한 손실을 당장 겪지는 않는다. 자신의 가축들로부터는 바로 이익을 얻지만, 과잉방목으로 인한 손실은 그 일부만 부담하므로, 각 목동은 될 수 있는 한 많은 가축들을 초지에 내보내려고 한다.

바로 여기에 비극이 있다. 목동들은 제한된 목초지에 가축을 무제한으로 증대시키지 않을 수 없는 시스템 속에 갇혀 있다. 공유지는 누구나 자유롭게 사용할 수 있다고 믿고 각자 자신의 이익만 추구하여 파국을 향해 달린다(Hardin, 1968).

이러한 합리적 인간이 합리적 결과를 초래할 수 없다는 생각에 반론을 제기한 사람이 내쉬(John Nash)다. 내쉬는 "인간은 항상 합리적인 존재가 아니며 경쟁보다는 협동이 인간에게 더 많은 행복을 안겨 줄 수 있다"라고 주장한다. 그는 스미스가 얘기했던 사회구성원 개개인이 최선을 다하면 사회 전체의 모두에게 이롭다는 주장과 합리적 인간은 협동할 수 없다는 죄수의 딜레마 상황 모두에 대해 반박했다.

내쉬는 다음과 같은 예로서 협동적 인간이 합리적 결과를 도출하는 상황을 표현한다.

주어진 조건에 따라 자신의 이익을 극대화하는 선택점을 찾을 때 모두에게 우월한 전략의 쌍을 찾았다고 하며, 이러한 선택을 내쉬 균형(Nash–equilibrium)이라고 한다. 즉, 어떻게 자신의 선택이 상대방의 결정에 영향을 미치고 역으로 상대방의 전략이 자신에게 어떤 영향을 미치는지를 감안해 참여자가 의사결정을 하게 되고, 이러한 과정을 통해 참여자들 모두가 상대방이 내린 선택에 따라 자신의 선택이 최선이라고 여기는 결과에 이르면 이를 내쉬 균형에 도달했다고 한다. 이러한 내쉬 균형은 합리적 인간들 사이의 협동의 가능성을 보여 주며, 이는 현재 공공 거버넌스(governance)와 공유재의 관리 등에서 유용한 관점으로 활용되고 있다.

내쉬의 데이트

내쉬와 두 명의 친구들은 여자랑 데이트를 하며 즐거운 시간을 갖기 위해 학교 근처 술집에 갔다. 그리고 그 술집에 예쁜 금발 여자와 그 여자의 친구들이 들어왔다. 여기서 스미스의 합리적 인간을 적용하게 되면, 남자들이 모두 예쁜 여자에게 데이트 신청을 하게 되고(개개인의 최선), 그 결과 모두가 이로워져야 한다.

그러나 현실은 불행하게도 한 남자만 선택을 받게 된다. 그리고 그 한 명을 제외한 남자들이 예쁜 여자 친구들에게 다시 다가가면 다른 여자에게 먼저 갔다 온 것을 봤기 때문에 자존심이 상해 받아 주지 않을 것이므로 나머지 두 명은 최악의 결과(데이트를 하지 못하는)를 얻게 된다.

그렇다면 처음부터 예쁜 여자에게 몰려가지 말고 사전에 친구들끼리 의견을 조정(협동)하든지 아니면 차라리 그 여자를 다 같이 포기하고 그저 평범한 여자들한테 다 같이 다가가는 것이 낫지 않을까? 그렇게 된다면 대부분의 남자는 자신들의 목적(여자와 즐거운 데이트)을 이룰 수 있게 된다. 물론 최대 이익(예쁜 여자와의 데이트)은 얻지 못하더라도 이득이 제로(어떤 여자와도 데이트를 못하는)인 것보다는 나은 결과를 얻을 수 있다.

4) 샤인의 인간관

샤인(Edgar H. Schein)은 기존의 인간에 대한 가정들에 관한 이론들을 다음의 네 가지 관점, 즉 합리적 · 경제적 인간관, 사회적 인간관, 자기실현적 인간관, 복잡한 인간관으로 분류하면서 이 중 가장 현실적인 인간관은 복잡한 인간관이라 하였다(민진, 2009).

합리적 · 경제적 인간관은 인간 스스로 이익을 극대화하도록 행동한다는 것으로 인간은 합리적 · 기계적으로 움직이며, 경제적 유인에 의해 동기부여되고 인간의 감정은 비합리적이기 때문에 통제되어야 한다는 것 등을 내용으로 한다. 관료제론, 과학적 관리론, 맥그리거(Douglas McGregor)의 X이론, 아지리스(Chris Argyris)의 미성숙인, 머슬로(Abraham H. Maslow)의 생리적 욕구 · 안전적 욕구의 추구자 등이 여기에 해당된다.

사회적 인간관은 인간의 사회적 욕구와 귀속 욕구를 강조한 인간관으로 인간은 조직 속에서 자연스럽게 비공식적 인간관계를 형성하고 거기에서 심리적 안정을 얻으며 조직과 자신을 일체화시킨다. 인간관계론, 머슬로의 애정의 욕구 또는 관계 욕구 등이 사회적 인간관에 해당된다.

자기실현적 인간관은 인간의 자아실현을 강조하는 인간관으로 머슬로의 자아실현, 맥그리거의 Y이론, 아지리스의 성숙인 등이 해당된다.

복잡한 인간관은 위의 세 가지 인간관들이 지나치게 인간을 단순화하거나 일반화하였기 때문에 현실적인 인간에게 적용하기가 부적합하다는 것으로 인간은 그의 욕구와 조직의 관리전략이 상호작용하면서 변화한다는 것이다. 따라서 복잡한 인간관에서는 개인차를 진단하고 이에 의거하여 조직구성원을 관리하는 상황조건적 관리전략이 요구된다.

2. 인간에 대한 공공조직론적 시각

이러한 조직 내 인간에 대한 기본적인 시각들을 바탕으로 공공조직 내에서 일하고 있는 사람들의 입장을 가장 대조적으로 잘 설명해 주는 이론으로 대리인이론(agent theory)과 청지기이론(stewardship theory)이 있다. 그리고 공공조직에서 일하는 관료들이 공공의 목적보다는 자기의 사적 이익 추구를 위해 보이고 있는 행태를 비판적인 입장에서 설명하는 공공선택이론(theory of public choice)이 있다.

1) 대리인이론

주인－대리인 관계란 젠슨(M. C. Jensen)과 메클링(W. H. Meckling)에 의해 1976년 제기된 이론으로서 먼저 사기업의 업무 위임과 책임 관계에 대한 연구에서 출발한 개념이다(Jensen & Meckling, 1976).[17]

---

17) 대리인이론은 주인과 대리인의 이해관계를 일치시키기 위해 두 가지의 제도, 즉 보상체계(compensation schemes)와 지배구조(governance structure)에 관심을 둔다(Jensen & Meckling, 1976).

한 개인 또는 집단이 자신의 이해에 직결되는 일련의 의사결정 과정을 타인에게 위임할 때 대리인 관계가 성립된다. 가령 회사에서 주인인 주주가 전문 경영인에게 회사를 경영하게 하는 것이 전형적인 예다.

공조직에서는 이러한 주인-대리인 관계가 훨씬 더 복잡하게 나타난다. 공조직의 대리인 문제는 크게 환경과 관련된 외부적 대리인 관계와 조직 내부의 업무 수행 과정에서 일어나는 내부적 대리인 관계로 나눠 볼 수 있다.

먼저 [그림 1-6]에서 보는 바와 같이 공조직에서 외부 환경과의 관계에서 일어나는 주인인 국민과 대리인인 국회나 정부의 관계를 '거시적 · 외부적 대리인 관계'라고 한다.

그림 1-6 **외부적 주인-대리인 관계**

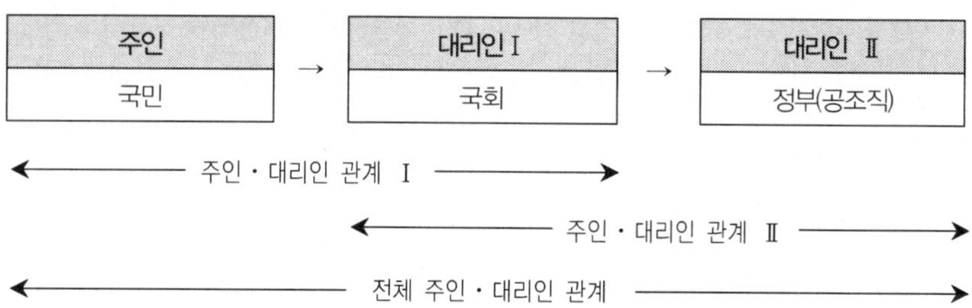

또한 [그림 1-7]에서 보는 바와 같이 대규모 조직의 관리에서 발생하는 감독자와 부하, 직원과 직원 등 조직 내부적 관계를 '미시적 · 내부적 대리인 관계'라고 한다.

대리인이론에서는 어떻게 하면 주인이 대리인을 효과적으로 통제할 수 있는가에 초점을 두고 있다. 이는 주인과 대리인 사이에는 불가피하게 대리인 문제가 발생하기 때문이다. 이러한 대리인 문제는 대리인이 가지고 있는 다음 네 가지 기본 가정에서 출발한다.

그림 1-7 **내부적 주인-대리인 관계**

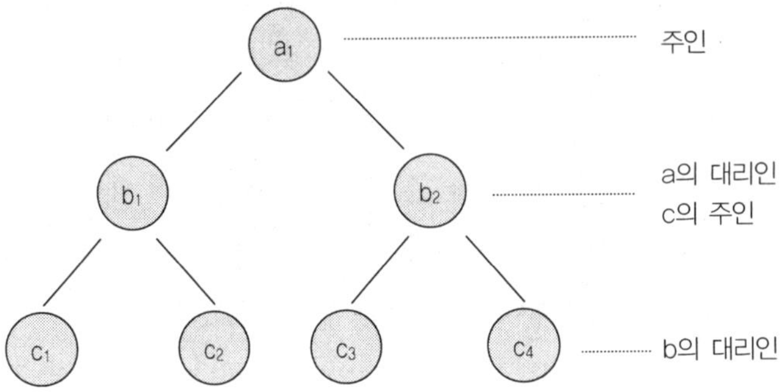

첫째, 주인과 대리인의 이해관계는 상충하는 경우가 많다는 것이고, 둘째, 주인과 대리인은 모두 자신들의 이익, 즉 효용을 극대화하는 존재라는 것이며, 셋째, 주인은 대리인이 알고 있는 정보를 알고 있지 못하거나, 대리인의 행동을 관찰할 수 없다는 것이며, 넷째, 주인과 대리인은 불확실한 환경 속에서 서로 업무에 대한 계약을 체결한다는 사실이다(윤성식, 1994: 547-549).

대부분의 대리인 관계는 미래의 불확실한 상황을 대상으로 하여 이뤄질 뿐만 아니라, 대리인의 행위 일체를 관찰한다는 것도 현실적으로 거의 불가능하다고 전제한다. 왜냐하면 주인의 입장에서 볼 때 대리인이 어느 정도의 불확실한 상황에서 어느 정도의 노력을 기울이고 있는가에 대한 정보는 지극히 한정될 수밖에 없기 때문이다. 대리인 관계에서 이와 같은 정보의 비대칭성으로 인해 양질의 대리인이 시장에서 축출되는 역선택(adverse selection)과 대리인의 직무 수행의 태만으로 인한 도덕적 해이(moral hazard)가 대리인 문제(agent problem)의 핵심이다.[18]

18) 정보의 비대칭은 '역선택'과 '도덕적 해이(解弛)'의 두 가지 유형이 있다. 이 두 개념은 모두 보험 분야 이론에서 도입된 것으로서 전자는 대리인이 위임인이 가지고 있지 않은 정보를 소유하고 있을 때 나타나는 현상으로 위임계약 체결 단계에서 나타나는 정보의 비대칭성(pre-contractual information asymmetry)이고, 후자는 위임계약 체결 후 위임자가 대리인의 행동을 관찰할 수 없을 때 나타나는 정보의 비대칭성(post-contractual information asymmetry)이다. 역선택은 의료보험계약에서 흔히 나타나는

대리인이론은 근본적으로 주인과 대리인과의 효용과 이익은 서로 다르기 때문에, 주인은 권한을 위임받은 대리인을 통제해 주인의 효용과 이익에 일치하도록 함으로써 책임성을 확보한다는 논리에 기초를 두고 있다. 따라서 대리인이론에서는 대리인의 책임성을 확보하기 위한 방안으로 철저한 정보공개와 외부 통제를 강조한다.[19]

그러나 대리인이론에서는 어떻게 하면 주인이 대리인을 통제할 수 있는가에 초점을 두고 있을 뿐이지, 주인 자체의 책임성은 상대적으로 경시되고 있다. 주인의 대리인에 대한 통제는 대리인 비용을 감소시킬 수 있는 하나의 방안이 될 수 있지만, 조직 전체적인 비용을 감소시킬 수 있는 방안인지에 대해서는 회의적인 시각이 많다. 특히 공조직 내에서 구성원들의 자발적인 참여와 일의 보람을 강조하는 청지기이론에서는 대리인이론과 다른 입장에서 조직 내 인간을 보아야 한다고 주장한다.

2) 청지기이론

대리인이론에서는 경제적 관점(economic perspective)에 뿌리를 두고 부하를 개인주의, 기회주의, 이기주의로 묘사하는 반면, 청지기이론(stewardship theory)에서는 사회학적 · 심리학적 접근에 뿌리를 두고 부하를 집단주의자, 친조직, 그리고 신뢰할 만한 가치 있는 것으로 묘사한다.[20]

현상으로 주인인 보험회사는 대리인인 피보험자가 건강한 사람이라고 상정하고 계약을 체결하나, 건강하지 못한 사람이 건강한 것처럼 속이고 보험에 가입하는 경우이고, 도덕적 해이는 자동차보험에서 보험회사는 피보험자가 보험에 가입했더라도 평소와 같이 성실한 안전 운전을 할 것으로 기대하지만, 피보험자는 보험에 가입했으므로 보험에 가입하기 전보다 안전 운전에 소홀히 하는 경우를 예로 들 수 있겠다(이상철, 2007).

19) 일반적으로 주인과 대리인 사이의 정보비대칭성을 완화할 수 있는 방안으로 signaling, screening, reputation, multiple agents, knowledge pool, performance-based incentive 등이 제시되고 있다. 자세한 것은 권순만 · 김난도(1995)를 참고하기 바란다.

20) Stewardship theory is a theory that managers, left on their own, will indeed act as responsible stewards of the assets they control. This theory is an alternative view of agency theory, in which managers are assumed to act in their own self interests at the expense of shareholders. In American politics, the Stewardship

이는 조직 내 인간을 보는 관점이 마치 과학적 관리론 시각이냐 인간관계론적 시각이냐의 차이와 같은 것이다.

최근까지 공조직과 정책이론은 주로 경제학적 관점의 대리인이론에 의해 주인과 대리인의 이해는 상충한다는 전제에서 출발하고, 주인의 손실은 대리인에게 통제구조를 명확하게 함으로써 억제될 수 있다고 보았다. 따라서 주인과 대리인 사이의 명확한 성과 계약과 평가를 강조했다.

청지기이론은 주인과 대리인 간 서로의 이해가 제휴될 수 있는 원인이 무엇인가를 설명하려고 한다. 즉, 조직의 구성원이 개인의 이기적 목적에 의해 동기화되지 않고 주인의 목적과 연결될 수 있는 상황을 전제한다. 청지기이론에서의 인간모형은 친조직적이며 동기부여적 이타주의(motivational altruism)를 모색하고 있다. 이타적 동기가 생성될수록 공공 서비스에 대한 책임감이 유발된다고 주장한다. 〈표 1-5〉에서 보는 바와 같이 이타적 동기는 정부 및 기업 동기와는 전적으로 다른 특징을 가지고 있다.

표 1-5 정부 · 기업 및 이타적 동기

정부 동기	기업 동기	이타적 동기
• 평등성과 공정성 • 법적, 민주적, 절차적 책임 • 정의 • 대표성 및 대응성	• 효율성과 효과성 • 경쟁과 소비자 만족 • 전문성 • 생산성 및 이윤	• 독립성과 청렴성 • 공동체에 관심 • 미션 추구 • 도덕적 책임성과 사랑

자료: Dicke & Ott(2002)에서 정리.

청지기이론은 대리인이론에서와 같은 이기주의적 행태보다 더 높은 효용성을 발휘하게 된다는 '청지기(忠僕) 정신'에 근거를 두고 있다. 조직은 단기적인 효율성 못지않게 장기적인 안목에서의 지속가능한(sustainable) 조직 운영이 중요한 과제이며, 개인주의 문화보다는 집합주의적인 조직문화가 오히려 조직 전체의 비용을 줄이고 조직구성원들의

theory is where a president practices a governing style based on belief they have the duty to do whatever is necessary in national interest, unless prohibited by the United States Constitution(From Wikipedia, the free encyclopedia).

표 1-6 대리인이론과 청지기이론의 비교

구 분		대리인이론	청지기이론
인간형		경제적 인간	자아실현적 인간
행위 유형		자기 중심적	이타적
심리적 기제	동기부여	경제적 욕구	고차원적 욕구(자아실현)
	정체성	가치 몰입 수준이 낮음	가치 몰입 수준이 높음
	권력 형태	보상 및 강압성	전문성의 상호 존중
상황적 기제	관리철학	개인 중심적 통제 중심	조직 친화적 신뢰 중심
	리스크관리	단기적 비용통제 중심	장기적 자율 권능 부여
	관리 목표	단기적 비용 절감	장기적 교육
	조직문화	개인주의	집합주의

자료: Davis, Schoorman, & Donaldson(1997)에서 정리.

만족도를 높일 수 있을 것이라고 한다. 대리인이론과 청지기이론이 가지고 있는 메커니즘의 차이를 정리하면 〈표 1-6〉과 같다.

청지기(stewardship)

초기 조직론을 가르칠 때 공·사 조직을 막론하고 조직은 주어진 목표를 효율적으로 달성하는 적절한 수단이 되어야 한다고 믿어 왔다. 조직의 구성원들을 효율적으로 관리하기 위해서는 "인간은 조직의 목표보다는 자기의 목표 달성을 위한 자기만의 효용함수를 가지고 있다는 대리인 이론"에 입각해 관리해야 한다고 생각했다.

최근에 다른 동료들보다도 괜찮은 학벌과 인품을 갖췄음에도 불구하고 소위 인간관계적인 사회성이 부족해 말단 경찰공무원으로 정년퇴임한 사람을 본 적이 있었다. 공조직에서는 어떤 동기 요인보다도 승진이 조직구성원들에게 가장 큰 동기(motivation)임을 잘 알고 있는 필자는 그 사람이 자기 조직에 대한 실망감으로 다시는 경찰조직을 돌아보지도 않을 것이라고 생각했다. 그러나 그 사람은 경찰조직이 언론의 비판을 받을 때 누구보다도 안타까워하는 것을 보았다.

정년퇴임을 하고 난 뒤에도 자기가 몸담았지만 자기에게 많은 실망감을 주었던 조직에 대한 그분의 애정을 어떻게 이해해야 할까?

조직의 구성원들은 조직 목표보다도 자기의 효용극대화에 더 관심이 있다는 대리인이론이 과연 조직관리의 기본적인 이론적 배경이 될 수 있을까?

> 오히려 조직구성원들은 자기가 일하고 있는 조직에서 특별한 보상이 없더라도 무조건적으로 헌신하고 싶어하는 청지기이론이 더 강한 바탕이 되고 있지는 않을까?
>
> 오늘도 어느 조직에서나 드러나지 않게 자기의 조직을 위해 희생하고 있는 청지기는 분명히 있을 것이다. 세인트 존(Saint John) 이태석 신부님이 돌아가실 때까지 그분이 인류와 사회를 위해 희생한 것을 우리가 미처 일찍 알지 못했던 것과 같이, 우리는 자기의 조직을 위해 헌신하고 있는 청지기를 단지 찾아내지 못하고 있을 뿐이다.
>
> 이상철(2011)

전통적으로 공공조직의 관리에서 청지기이론보다는 대리인이론이 더 현실적이라는 전제에서 조직관리 기법과 조직평가가 이뤄졌으나 최근에는 여러 실증분석에서 오히려 청지기이론이 오히려 더 설득력이 있다는 논문들이 다수 발표되고 있다(Donaldson & Davis, 1991).

3) 공공선택이론

앞에서 설명한 대리인이론이나 청지기이론은 공조직뿐만 아니라 사조직에서도 적용될 수 있는 조직 내의 인간을 보는 시각들이지만 공공선택론은 공조직, 특히 정부부처에 근무하는 관료들의 행태에 대한 특징적인 문제점을 지적한 이론이다.

공공선택론의 주창자들에 의하면, 정치인과 관료들의 행태는 이윤 동기가 결여되어 있을 뿐만 아니라 예산의 극대화, 위험의 회피, 바람직하지 못한 곳에 투자, 불필요한 인원의 유지 등으로 경영의 비효율을 초래하고 있다고 주장한다. 이러한 지적은 공공선택론이 나타나기 오래전부터 있어 왔다. 예를 들어, 파킨슨(Cyril N. Parkinson)은 공조직에서 업무 증가와 관계없이 예산과 공무원 수가 지속적으로 늘어나고 있다고 했다.[21]

---

21) 파킨슨 법칙(Parkinson's law)에 대해서는 제5장 제2절의 주 9)를 참고하기 바란다.

공공선택론자에 따르면 공조직의 관료들의 행태는 공익 달성보다는 자기이해(self-interest)에 의해 직업 안정, 금전적 및 부수적 혜택에 더 많은 관심을 두는 무임승차, 지대 추구 등의 문제점을 가지고 있다고 주장한다.

제4절 조직의 환경과 목표

1. 조직의 환경

1) 환경에 대한 시각의 변화

조직의 환경은 날이 갈수록 점차 복잡하고 불확실해지고 있다. 과거 조직 연구의 역사는 대체로 단순한 조직환경을 염두에 두고 조직 내부 문제만을 그 연구 대상으로 했지만 최근에는 변화하는 조직환경에 어떻게 대응해야 하는지에 더 많은 관심을 가지게 되었다.

이러한 맥락에서 과거 조직에 대한 연구가 조직 내 주어진 자원의 효율적인 사용에 중점을 두었다면, 현대의 조직에 대한 관심은 급변하는 조직환경에 어떻게 조직이 적응하고 지속적으로 성장하느냐에 더 많은 의미를 두게 되었다. 따라서 현대에서 조직이 성공하려면 무엇보다도 지속적인 변화에 적응할 수 있는 탄력적인 구조를 가져야 한다.[22]

조직 내부문제 해결에 중점을 두었던 과거의 조직이론이 폐쇄적이고 미시적인 관점이었다면, 현대 조직이론은 개방적이고 거시적이라고 할 것이다.

조직이론에서 환경에 대한 관심의 방향을 공공 행정에 접목시켜 본다

22) Successful organizations learn to create flexible architectures that can accommodate constant change(Leblebici, 2010).

면 행정학에서 생태론(ecology)이 대두되기 전까지 환경이라는 요소는 거의 거론되지 않거나 기껏 논의된다고 하더라도 내부 환경에서 인간적인 상호 관련성에 대한 문제를 다뤘을 뿐이다. 그러나 조직의 기능이 점차 확대되고 조직의 외적인 요소와 상호작용(interaction)해야 할 필요성이 증대되면서 조직의 환경문제에 본격적인 관심을 갖게 되었다. 조직은 이를 둘러싸고 있는 환경문제를 스스로 해결해 나아가고자 하는 적극적인 환경관리 관점이 성립되기 시작했다.

초기 공공조직이론의 기초가 되었던 과학적 관리론을 근간으로 하는 기능적 조직이론은 조직의 환경에 대해 무관심했지만 행정행태론을 중심으로 하는 사회적 조직이론이 등장하면서 서서히 환경에 대해 관심을 갖게 되었다.

초기 소극적 환경조직이론에서 조직은 주어진 환경에 반응하는 하나의 기관(器官, organ)에 불과하다고 했다. 조직의 환경은 '주어진(given, allowed) 것'이지 조직이나 그 구성원이 환경을 '조작(manipulate)할 수 있는 것은 아니다'라고 생각했다(Herzberg, 1966).

그러나 공공 부문에서 좀 더 적극적이고 능동적인 발전행정이론이 등장하면서부터 조직은 환경으로부터 영향을 받을 뿐만 아니라 조직도 능동적으로 환경에 영향을 주는 것으로 인식하기 시작했다.

조직에서 환경을 보는 시각의 변화는 [그림 1−8]에서 보는 바와 같이

그림 1-8 **환경관의 변천**

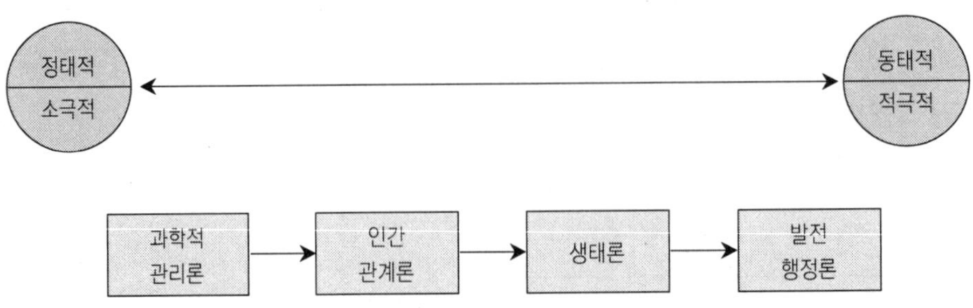

조직이론은 역사적으로 과학적 관리론에서 인간관계론, 생태론 및 발전행정론으로 발전해 가면서 정태적이고 소극적인 입장에서 점차 동태적이고 적극적인 방향으로 인식을 새롭게 하게 되었다.

2) 거시환경과 과업환경

조직의 전략을 전제로 환경을 분석해 보면 '거시환경'과 '과업환경'으로 나눠 볼 수 있다.

'거시환경'이란 〈표 1-7〉에서 보는 바와 같이 모든 조직에 공통되는 환경을 말한다. 일반 정치와 경제, 인구와 기술 진보 및 법률 등 일반적인 환경이 그것이다. '과업환경'이란 〈표 1-7〉에서 보는 바와 같이 조직 운영상 특정한 제품이나 서비스와 관련된 구체적 환경을 말한다(Miles, 1980).

표 1-7 거시환경과 과업환경

구분	내용
거시환경	일반 정치·경제나 기술 진보와 같이 모든 조직에 공통적으로 적용되는 환경
과업환경	조직 운영상 특정한 제품이나 서비스와 관련된 해당 조직의 구체적 환경

거시환경과 과업환경은 항상 같은 방향으로 조직에 순기능을 하거나 역기능을 하는 것은 아니다. 거시환경은 조직에 순기능을 하는 반면에 과업환경은 역기능을 하는 것이 있고, 과업환경은 조직에 순기능을 하는 반면에 거시환경은 역기능을 하는 경우도 있다.

가령 도로공사에서 고속도로를 건설할 때 세계 경제와 국내 경기가 호황을 누리고 있다면 분명히 고속도로 수요도 늘어나고 고속도로 통행료도 증가하기 때문에 순기능으로 작용할 것이다. 그러나 도로공사가 수행하는 신규 고속도로를 건설하는 동안은 건설 인부의 임금이 증가하는 등 조직의 운영 측면에서 오히려 역기능으로 작용할 가능성도 있다. 즉, 도로공사의 경우 거시환경인 경기 호황이 조직에 순기능으로 작용하는 반면, 과업환경에서는 조직에 역기능으로 작용할 수 있는 것이다.

따라서 환경을 예측할 때에는 거시환경과 과업환경은 다를 수 있다는 전제에서 접근하는 것이 필요하다.

3) 환경예측 방법

조직을 효율적으로 운영하기 위해서는 급변하고 있는 환경을 정확하게 예측하는 것이 무엇보다도 중요하다. 조직의 환경 적응문제를 다루는 전략경영에서 환경예측과 분석은 전략경영 계획의 전제가 된다. 어느 조직이나 환경과 관련된 정보 수집 채널을 다원화해 신속하게 정보를 수집·분석함으로써 현재, 그리고 미래의 인적·물적 자원을 절약할 수 있기 때문이다.

일반적으로 환경을 예측하는 방법으로는 다음과 같은 몇 가지를 들 수 있다.

첫째, 탐색적 예측법으로서 과거부터 현재까지의 추세를 장래에 투영해 현재의 입장에서 미래를 예측하는 방법이다. 미래 수요를 과거부터 현재까지 추세치를 평균하거나 연도별 비중을 달리하여 예측하는 방법이다(이상철, 2007).[23]

탐색적 예측법은 공공조직에서 미래 수요를 예측하는 방법으로 가장 많이 활용된다. 그러나 이 방법은 공공 부문에서 일하고 있는 구성원들의 업적 과시 또는 예산 확보 방법으로 잘못 인식되어 지나치게 과장된 수요 예측으로 남용될 가능성이 있다. 우리나라뿐만 아니라 일본 등 여러

---

23) 추세치에서는 연도별 평균이 보편적으로 사용되기는 하나 직전 연도 실적에 많은 비중을 두는 경우가 많다. 이를 베타분포 방식이라고 하는데 베타분포는 직전 연도 실적에 많은 비중을 두고 과거 실적치 중 최하위 실적치와 최상위 실적을 근거로 하여 미래 예측치를 계산한다. 베타 방식에 의한 표준치를 Y로 표시하면 공식은 다음과 같다.

$$Y = \frac{Y_a + 4Y_m + Y_b}{6}$$

(Y_a: 과거 실적치 중 최하위 실적치, Y_b: 과거 실적치 중 최상위 실적치, Y_m: 평가 직전 연도 실적치)

나라에서 실수요보다 훨씬 많이 건설되어 있는 지방자치단체의 공항과 항만 등의 부작용이 그 전형적인 사례라고 할 수 있다. 미래의 공항이나 항만 등 사회간접자본(SOC) 사업의 수요를 산출할 때 미래의 환경에 대한 면밀한 고려 없이 단순히 과거의 실적에 비춰 미래의 예측치를 산정함으로써 과다한 시설 건설로 인해 불필요한 공적 비용을 지불하고 있는 것이다. 가령 과거 10년 간 해당 도시의 인구가 몇 % 증가했으니까 앞으로도 그렇게 될 것이라는 전제에서 미래 건설 수요를 책정한 우를 범한 결과다. 대부분의 지방자치단체의 현실은 과거의 인구증가율에 비해 미래에는 과거의 실적에 못 미치거나 오히려 줄어들 가능성이 훨씬 큰 것이 현실이다.

둘째, 규범적 예측법은 미래의 입장에서 현재를 보는 방법이다. 탐색적 예측법이 과거의 실적에 비춰 미래를 예측하는 귀납적 방법이라고 한다면, 규범적 예측법은 미래에 어떤 요구가 발생될 것인지를 미리 연역적으로 탐색하는 방법이다. 탐색적 예측법이 객관적이라고 한다면, 규범적인 방법은 주관적인 방법이다. 흔히 탐색적 방법으로 예측된 미래 예측의 정확성을 확인하는 방법으로 많이 활용된다.

셋째, 시나리오 예측법은 주어진 상황 조건의 변화에 따라 환경 변화를 예측하는 방법이다. 이를 민감도 분석(sensitivity analysis)이라고도 하는데, 가령 공항을 필요로 하는 어떤 지역에 앞으로 10년 후의 항공 승객을 예측할 경우에 그 지역의 인구가 현재보다 5% 늘어날 경우, 10%가 늘어날 경우 등으로 상황 조건 변화에 따라 수요 예측을 달리하는 것을 말한다.

환경분석과 예측에는 흔히 브레인스토밍(brain storming) 방법과 델파이(delphi) 방법이 활용된다.

브레인스토밍 방법은 어느 집단이 자유스러운 분위기에서 서로가 제한 없이 의견을 개진해 미래 환경을 예측하는 방법인데 참가자 서로가 상대방의 의견에 대해서는 비판을 삼가는 것이 중요하다.

델파이 방법은 전문가 합의법이라고도 하는데, 직관적 예측 방법의 하나로서 해당 분야 전문가들의 의견이나 판단을 종합해 미래를 예측하는 기법이다.

이 방법은 처음부터 여러 사람이 한 자리에 모여 토론하는 데서 오는 비효율성을 줄이고, 영향력 있는 소수에 의해 의사결정이 이뤄지는 것을 막기 위해 고안되었다. 델파이 방법은 면전에서 동료들의 의견에 반대하기 어려운 점을 극복할 수 있는 장점도 있다. 델파이 방법은 구체적으로 몇 단계로 진행된다. 제1단계에서는 예측하고자 하는 주제를 구체화해 질문지를 작성하고 이에 관련된 전문가들의 의견을 정리한다. 제2단계에서는 1차 응답 내용을 정리해 최초의 응답자들에게 알려 주는 후속 질문지를 개발해 그들의 의견을 다시 조사한다. 제3단계에서는 각종 통계 기법들을 활용해 일련의 조사 과정에서 얻은 내용들을 최종적으로 정리하고 결과를 해석함으로써 미래를 예측하게 된다.

4) 조직의 환경 적응 방법

조직이 급변하는 환경에 적응하면서 문제 해결 능력을 향상시켜 나가는 과정을 셰인(Shein, 1987)은 "조직의 환경에 대한 적응과 대응"이라고 했다.

소용돌이의 장(turbulent field)이라고 할 만큼 급변하고 있는 환경 속에서 조직이 안정성을 확보하고 지속적으로 발전해 나가기 위해 모든 조직은 다양한 방법을 강구하고 있다. 즉, 환경 변화에 대해 모든 조직은 대내·외 전략을 동시에 강구한다.

우선 조직 내적인 전략으로는 예기치 못한 환경 변화에 대응하기 위해 인적·물적 자원의 양을 미리 조정함으로써 환경 변화에 대비해 완충하거나 균등화하는 방안을 마련한다. 때로는 할당전략을 활용하기도 한다.

미래에 대비해 물자를 미리 준비하는 것은 완충전략이라고 할 것이며, 계절별 수요의 진폭이 심한 물품에 대해 비수기에 할인정책을 폄으로써 계절별 집중 수요를 분산시키는 것은 균등화전략이라고 할 것이다. 전염

병의 확산으로 갑자기 많은 의약품이 필요할 경우에는 지역별 할당전략을 활용하게 된다.

조직이 환경에 대응하는 대외적인 전략 방법은 크게 경쟁(competition)하는 방법과 협조(cooperation)하는 방법이 있다(Thomson & McEwen, 1958).

경쟁은 주로 해당 조직이 주어진 환경에 유리하게 대응할 수 있을 경우에 사용하는 방법이다. 하지만 경쟁은 해당 조직이 일방적이고 자의적인 조직 목표를 선정하는 것을 방지하는 효과를 제공하기도 한다.

그 밖에도 조직이 환경에 적응하는 방법으로서 협동하는 관계는 협상과 연립 및 흡수(호선)의 방법을 들 수가 있다.[24)]

협상(bargaining)이란 두 조직 간에 상호 교섭을 통해 문제를 해결하는 메커니즘을 말한다. 경쟁전략을 두 조직 간에 직접적인 상호작용이 없는 간접적인 관계라고 한다면, 협상전략은 양자 간의 접촉을 통한 직접적인 관계라고 할 수 있다. 경쟁은 제3자의 지지를 얻기 위한 환경에서 존재하는 데 반해, 협상의 경우에는 제3자의 개입 없이 환경과 조직이 직접 상호작용하게 된다.

연립(coalition)이란 공동 목표를 위해 두 개 이상의 조직이 제휴관계를 맺는 것을 말한다. 조직이 환경과의 관계에서 아주 어려운 상황에 처해 독립적으로 문제를 해결하기 어려울 때 활용하는 방법이다. 복잡하고 급변하는 환경에서 두 개의 정당조직이 연립내각을 구성해 정권을 획득하거나 승계하는 경우가 이에 해당된다.

적응적 흡수 또는 호선(adaptive co–optation)이란 조직이 존립의 위협을 느끼게 될 때 환경으로부터 조직의 의사결정 구조에 새로운 요소를 받아들이는 것을 말한다. 가령 공공기관에서 해당 조직에 비판적인 입장에 있는 언론기관의 인사를 이사로 영입해 조직의 홍보를 담당하게 하는 것을 흔히 볼 수 있는데 이것이 호선(co–optation)의 예다.

---

24) If you can't beat them, join them!

흡수 또는 호선에는 공식적인(formal) 것과 비공식적(informal)인 방법이 있다. 공식적인 흡수란 조직의 지도적인 상위 직위에 지역사회의 유력인사를 참여시킴으로써 해당 조직의 권위를 정당화하거나 주민들로 하여금 조직에 친근감을 느끼게 하는 것을 말한다. 비공식적인 흡수란 적대적 이해관계를 가지고 있는 집단에 대해 비공식적으로 그들의 의견을 고려하거나 타협하는 방법을 모색하는 것을 말한다. 적응적 흡수는 일반적으로 조직의 운영을 활발하게 하는 장점도 있으나 이것이 지나치게 확대되면 리더십의 훼손과 조직 목표의 변화를 가져오기도 한다.

그 밖에도 시장에서는 조직의 환경 적응전략으로 상대조직의 사업을 방해하기 위해 원자재를 독점한다든지 또는 은밀하게 노사의 분쟁을 유도하는 방해전략(disruptive strategy)을 쓰기도 한다. 권력을 가지고 있는 공조직에서는 경제 안정을 위해 이자율이나 세율을 조정하는 조종전략(manipulative strategy)을 활용하거나, 조직 간의 갈등을 지배적 권위에 의해 규제하는 권위전략(authoritative strategy)을 활용하기도 한다(Benson, 1975). 가령 지방자치단체 간의 갈등을 중앙부서에서 조정하는 방법이 그 예라고 할 수 있다.

조직이 가지고 있는 내·외부 환경 적응전략을 정리하면 〈표 1-8〉과 같다.

그러나 이러한 조직이 환경에 적응하기 위한 전략적 선택이론은 현실적인 측면에서 적지 않은 비판에 직면하고 있다. 이러한 조직의 구조적 적응 노력은 조직의 환경 적응전략에 의해 결정된다고 하기보다는 오히려 조직구조가 전략을 결정하는 경우도 있다는 것이다. 가령 어떤 조직에서 기득권 세력이 강한 경우에는 조직 내에서 그들의 기존 권력을 유지하기 위해 환경 변화에 적응하고자 하는 조직구조의 변화를 가져오는 전략을 선택하기보다는 현 조직의 체제를 유지하려는 전략을 선호하게 된다.

표 1-8	조직의 내 · 외부 환경 적응전략
내부 환경 적응전략	완충전략, 균등화전략, 할당전략
외부 환경 적응전략	경쟁전략, 협조전략(협상, 연립, 흡수 · 호선), 방해전략, 조종전략, 권위전략

5) 환경의 불확실성과 정보

조직구조에 영향을 미치는 환경의 주요 변수에는 어떤 것이 있을까? 지금까지 조직과 환경과의 관계에서 가장 많이 거론되고 연구된 것이 바로 이 환경의 불확실성과 정보에 관한 문제다.

로렌스와 로쉬(Lawrence & Lorsch, 1967)는 환경의 불확실성이 높을수록 조직의 분화는 심화되고, 공식화는 약해지며, 복잡성은 낮아진다고 했다. 그러나 이러한 주장은 모든 조직에 보편적으로 적용되기는 어려울 뿐만 아니라 특수 환경에 적응하는 개별적 조직 단위의 대응 능력과 전략은 상황에 따라 달라질 수밖에 없다는 비판을 받고 있다. 환경이 불확실한 만큼 이에 대응하는 조직 적응 형태도 다양해지기 때문에 이를 정형화하는 것은 불가능하다는 것이 이들 비판론자들의 주장이다.

현대 조직에서 환경 변화의 핵심은 정보다. 드러커(Peter Drucker)는 인류의 1차 전환기를 르네상스 시대, 2차 전환기를 산업혁명 시대, 그리고 제3의 전환기인 현재를 지식사회라고 불렀다. 미래학자 나이스비트(John Naisbitt)는 과거 산업사회와 가장 크게 차이가 나는 것은 정보화의 문제라고 하며, 이를 큰 흐름(mega-trend)이라고 부르기도 했다. 또 벨(Daniel Bell)은 과거와 다른 현재의 후기산업사회에서 사회적 가치는 '자본에서 정보'로 이전했다고 한다. 우리에게 가장 잘 알려진 토플러(Alvin Tofler)는 제1의 물결인 농업혁명과 제2의 물결인 산업혁명 시대를 거쳐 지금은 제3의 물결인 정보혁명이 대세를 이루고 있다고 한다.

미래 사회는 전통적인 노동, 토지, 자본과 같은 생산 요소들의 이동이 점차 쉬워지고, 새로운 생산 요소인 지식과 정보의 희소성이 사라지며, 공간적 가치보다는 시간적 가치가 증가함에 따라 규모의 경제보다는 '스피드(speed) 경제'의 중요성이 증가할 것이다. 따라서 대규모 조직보다는 환경 변화에 민첩하게 적응할 수 있는 소규모 조직이 유리할 것이라는 주장이 설득력을 얻고 있다. 또한 정보화로 인해 거래비용이 줄어들고 조직에서는 필요로 하는 모든 기술을 가지는 것보다는 외부에 위탁하는 아웃소싱(out-sourcing)이 활성화될 것이라고 한다. 대부분의 미래 조직은 급속한 환경 변화 속에서 조직사슬(organization chain)을 통해 정보를 얻는 네트워크 조직 형태가 대세를 이루게 될 것이라는 예측도 있다(김병섭 외, 2009). 네트워크 조직 형태는 미래 사회의 환경 변화를 전제로 한 새로운 조직의 환경 대응 방안 중의 하나로 모색된 것이라고 할 수 있다.

후기정보화사회

한적한 일리노이 주 삼페인 시의 시립 도서관에 근무하는 안전요원(library security guard) 제임스 커치울라(James Cuciulla)가 점심 시간에 기타를 매만지고 있었다. "연주할 줄 아느냐?" 물으니 '알람브라 궁전의 회상'을 악보도 없이 기가 막히게 들려 주었다. 알고 보니 명문 일리노이 대학교에서 기악을 전공한 재원이었다.

요즈음 자녀들이 대학을 다니고 있는 우리 또래 친구들이 만나면 "우리는 이럭저럭 먹고 살아왔는데 아이들은 앞으로 뭘 하며 어떻게 먹고 살아갈까?"라고 걱정을 한다.

흔히 인류의 역사는 '농업사회-산업사회-정보화사회-후기정보화사회'로 발전한다고 한다.

일손이 있으면 있는 대로 쓰이는 때가 농업사회였다면, 큰 돌은 큰 돌대로 작은 돌은 작은 돌대로 선택적으로 쓰이던 때가 우리가 겪어오고 또 살아가고 있는 산업사회와 정보화사회의 특징이라고 할 것이다.

그러나 미래 학자들은 "후기정보화사회에서는 빌 게이츠(Bill Gates)와 같은 창조적인 소수가 생산을 독점하고 나머지는 다 같이 정부의 연금으로 먹고 사는 분배 중심의 사회로 흘러갈 것이다"고 예언하고 있다.

작금 우리나라뿐만 아니라 미국에서도 청년 일자리 창출 때문에 오바마 정부는 골머리를 앓고 있다. 대학을 졸업한 졸업생들이 시간당 25달러를 주는 초중등학생 과외(농구, 야구, 미식축구, 기악 등)활동 지도교사 자리에 지원자가 넘친다고 한다.

국내에서는 청년 실업책으로 정부에서 내어놓고 있는 것이 공공 인턴

제도가 고작인 것 같은데, 학생들은 평생직장이 될 수 없는 그것을 차라리 없애라고 아우성이다.

도서관 안전요원 제임스를 보면서 국내에서 수업 시간에 취직에 목을 매고 있는 학생들에게 안타까운 마음에 궁여지책으로 하던 말이 생각이 난다.

"앞으로 누구나가 모두가 부러워하는 좋은 직장은 제한되어 있을 뿐만 아니라 지속된다는 보장도 없다.

첫째, 미래 환경 변화에 적응할 수 있는 탄력성을 가져라.

둘째, 직장의 개념을 평생 직업의 개념으로 바꿔라.

셋째, 지금부터라도 자기가 평생 즐길 수 있는 취미를 가져라.

여러분이 살게 될 후기정보화사회에서는 정부가 기본적으로 먹고 사는 것은 해결해 준다. 여러분 세대에는 잘사는 것보다 즐겁고 재미있게 사는 것이 더 중요할 것이다."

삼페인 도서관에는 어린이를 돌보는 안전요원, 장애인이나 노인들을 도와 주는 안전요원, 출입문을 지키는 안전요원이 모두 따로 있다. 그것도 요일별로 교대근무를 한다고 한다. 이런 시스템이 공공 부문에서 일자리 늘리기의 한 방안으로 시작되었는지 모를 일이다.

이상철(2010)

6) 환경과 네트워크 조직

'조직의 특성은 환경에 영향을 받는다'는 상황이론에 비판적인 입장에서는 대표적인 학자들은 '전략적 선택이론'과 '네트워크 조직이론'을 연구하는 사람들이다.

'전략적 선택이론'에서는 조직의 구조는 온전히 환경의 지배를 받는다고 하기보다는 조직관리자의 전략이 오히려 조직구조를 결정할 수 있다고 주장한다.

'네트워크 조직이론'에서는 조직의 구조는 시장도 아니고 계층적 관료제도 아닌 제3의 조직 형태로서 조직 간의 상호관계인 호혜성(reciprocity)에 영향을 받는다고 한다(Granovetter, 1985).

네트워크 조직에 대한 관심은 1970년대와 1980년대에 걸쳐 관료제적 질서를 갖춘 대규모 조직들보다는 분산적이고 느슨한 형태를 가진 중소

표 1-9 계층제와 네트워크 조직

	계층제	네트워크 조직
조직 질서	규칙과 관행	호혜적 신뢰와 의무
커뮤니케이션	명령과 보고	평판과 관계
조직 충성도	강한 충성심	상호 존중

규모의 조직들이 성공을 거두면서 본격화되었다. 이들 조직의 역량은 단일조직의 구조나 질서보다는 오히려 조직 간의 연결이 더 중요한 역할을 하고 있다는 것을 강조하고 있다. 이러한 새로운 조직 유형은 새로운 정보기술(new information technologies)이 발전하면서 가속화되었다.

파월(Powell, 1990)은 〈표 1-9〉에서 보는 바와 같이 전통적인 계층적 관료제 조직은 규칙과 관행, 명령과 보고, 철저한 조직과 상관에 대한 충성심에 기반을 두고 있다면, 네트워크 조직은 조직 간 평판과 관계, 호혜성, 조직 간의 상호 존중에 기반을 두고 있다고 한다.

네트워크 조직 간에는 시장보다도 정확하고 풍부한 정보들이 더 많이 전달되기 때문에 서로 간의 학습에 도움을 주고 이 연결망이 이들 조직 혁신의 진원지 역할을 한다. 이러한 조직 간의 네트워크를 통한 관계 강화는 서로에게 자원 의존의 원천(sources of dependance)이 될 뿐만 아니라 조직 존립 정당성의 근거가 되기도 한다. 네트워크 조직 간에는 전통적으로 시장에서 관행화되어 온 계약 관계나 계층제의 규칙 못지않게 상호간의 신뢰에 의존하게 된다.

네트워크 조직은 [그림 1-9]에서 보는 바와 같이 신뢰할 수 있는 구성원, 참여동기가 된 공동 목적, 구성원들의 이해를 반영하거나 공동의 이익을 수렴하는 데 필요한 정보자원, 이를 바탕으로 한 구성원 간의 상호작용을 구성 요소로 한다(Jackson & Stainby, 2000).

네트워크 조직은 조직의 구성원들이 자신의 정체성을 잃지 않으면서 공동의 목표를 추구하기 위해 서로가 신뢰할 만한 정보를 주고받는 학습조직(learning organization)이다. 이 네트워크 조직이론은 조직의 집합

그림 1-9 네트워크 조직의 구성 요소

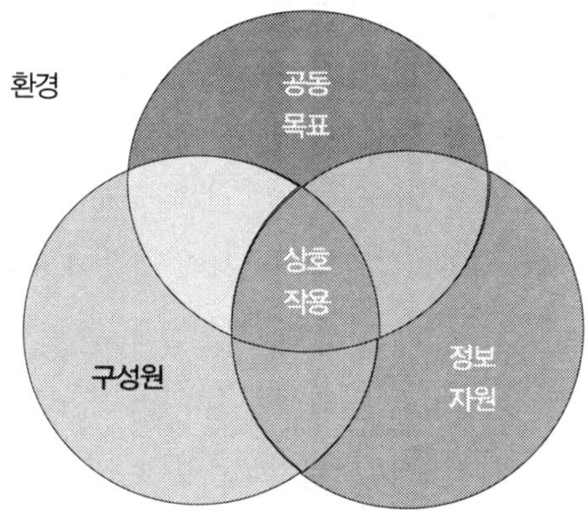

또는 조직 간의 관계를 연구하는 정책 네트워크 이론으로 확대되고 있다.

네트워크 조직이론은 기존의 시장이나 계층적 관료제의 이분법적 연구 방식에서 제3의 방향을 제시한 획기적인 조직이론이다. 그러나 조직 간 네트워크의 신뢰가 허물어졌을 때에는 어떤 문제를 해결하기보다는 오히려 갈등과 문제의 심각성을 증폭시킬 수 있다는 비판을 받고 있다.

7) 환경과 병렬조직 구조

급변하는 조직의 환경 속에서 효율적으로 조직을 운영하기 위해 정확한 정보를 빨리 획득하는 것은 매우 중요하지만 이것은 대단히 어려운 일이다. 민간 중소 규모의 기업에서는 앞에서 설명한 바와 같이 네트워크 조직을 활용해 기업에 필요한 정확한 정보를 조속히 확보하려 노력하고 있다. 반면에 제록스(XEROX)와 같은 일부 대기업의 경우에는 환경의 정보에 탄력적으로 적응하기 위해 계층적인 수직적 결제 단계를 과감히 없애고 작업자로 하여금 자기가 맡은 생산품에 대해 모든 과정에서 권한과 책임을 지는 '미니 기업제도'를 운영하기도 한다(김병섭 외, 2009).

그러나 정부를 비롯한 공공조직에서는 빠른 정보 못지않게 오히려 정확한 정보를 더 필요로 한다. 따라서 공공조직에서는 민간기업에 비해 중첩된 조직을 가짐으로써 효율적으로 환경에 적응하고 정확한 정보를 확보하려고 노력하고 있다. 가령 대통령이 국정을 수행하는 데 필요한 정확한 정보를 얻기 위해 경찰서뿐만 아니라 국가정보원이나 국군기무사령부(Defense Security Command)와 같은 유사 정보 업무를 수행하는 조직을 만들어 이들 기관의 자료를 동시에 활용하고 있다. 즉, 공공 부문에서는 민간 부문의 조직과는 달리 가외적으로 부가 조직을 만들어 정확한 정보를 확보하고 행정의 신뢰성을 높이려고 노력하고 있다. 이와 같이 공공조직의 수평구조에서 나타나고 있는 가외성(redundancy)과 중첩성(duplication)은 공공조직이 정확한 정보를 바탕으로 안정성과 신뢰성을 확보하는 데 필수적인 요소다.

[그림 1-10]에서 보는 바와 같이 민간조직은 비용 절감과 탄력적인 업무 집행을 위해 직렬조직을 선호하지만 공공조직에서는 비용이 다소 많이 들더라도 정보의 정확성과 행정의 신뢰성을 동시에 확보하기 위해

그림 1-10 직렬조직과 병렬조직

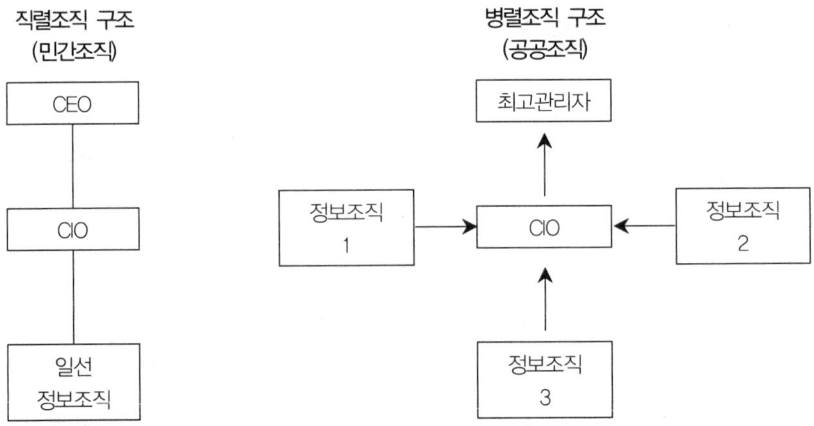

주) CEO: Chief Executive Officer, CIO: Chief Information Officer.

병렬조직을 불가피하게 보유하게 된다.

조직에서는 수평적 가외성 외에도 때로는 수직적 중첩성도 필요하다. 일반적으로 조직에서는 어떤 직위에 있는 한 사람이 단독으로 책임을 지는 것보다는 부서에 있는 모든 사람이 집단적으로 책임을 지는 조직구조를 만들려고 노력하고 있다. 조직구성원들의 공동 책임을 강조함으로써 구성원 간의 협동 체제를 유지하려고 한다. 리커트(Likert, 1967)는 조직의 관리자는 연결핀(linking pin)과 같아서 자기 부서에는 리더로서의 책임을 지지만 상위 부서에 대해서는 하위 구성원으로서 책임을 지게 된다고 한다. 조직 전체의 신뢰성은 조직구성원 및 조직관리자들의 중첩된 책임의 합(合)에서 이뤄진다.

2. 조직의 미션과 전략

1) 조직의 미션

이러한 조직환경 변화에 대응한 조직의 미션은 조직의 목표와 함께 조직이 존재하는 정당성의 근거가 된다. 현대 조직이론에서 공조직과 사조직의 구분이 어려운 것은 사실이지만 공·사 조직의 미션에서는 많은 차이가 있다는 것이 일반적인 견해다(Bozeman, 1987).

사조직의 미션은 조직구성원들의 합의로 도출될 수 있지만 공조직의 미션은 반드시 공적인 절차를 거쳐서 설정된다. 즉, 공조직의 미션은 구체적으로 법률에 의하든 아니면 법률에서 위임된 규정에 의하든 국회나 정부의 공식적인 입법화·규정화 절차를 거쳐야 한다. 따라서 공조직은 법률이나 규정에 의해 지정된 임무를 수행하게 된다.

공조직의 미션 운영에서 가장 중요한 것은 공조직이 반드시 '해야 할 일'과 '하지 않아야 할 일'을 명확하게 구분하는 것이다. 공조직은 대체로 사조직이 할 수 없거나 하지 않는 일을 해야 하고 사조직이 할 수 있는 일은 하지 않도록 하는 것이 공조직의 미션을 설계하는 데 가장 중요한 기본 전제다. 가령 사조직이 잘할 수 있는 영역에 공기업을 설립해 시장을 독점하게 하는 것은 공조직 미션 설계에서 가장 잘못된 것 중 하나다. 가령 오늘날의 주택건설사업은 민간이 잘할 수 있음에도 불구하고 국가공기업인 LH공사(한국토지주택공사)나 각급 지방자치단체 소속의 개발공사에서 수행하도록 하는 것은 공조직 미션 설계에서 잘못된 것이라고 할 수 있다. 이들 기관은 사실상 설립 당시에는 우리나라 영세민들의 주거환경 개선을 위해 설립되었지만 현재에는 그 필요성이 희박해졌음에도 불구하고 이들 조직의 유지 차원에서 주택건설 업무를 계속 수행하게 하고 있는 것이다. 민간조직이 할 수 있는 영역에는 공공조직이 참여하지 않는 것이 공·사 조직 미션 배분의 원칙에 부합한다고 할 것이다.

2) 조직의 전략과 전략과제

(1) 전략과 유사 개념

미션을 구체적으로 실행하려는 방법을 모색하는 것이 전략이다. 상황이론에서는 환경이 조직관리 방향을 제시한다고 하지만 현실적으로는 조직관리자들이 수립한 전략과 그들이 선택한 방침이 조직관리에 영향을 미치게 된다. 어느 조직이든지 조직의 전략은 조직의 시스템이 구체적으로 성과를 낼 수 있도록 그 설계의 방향을 제시하는 가장 강력한 수단이 된다. 조직의 구조는 관리자가 선택하는 전략에 따라 차별화(differentiation)와 통합화(integration)의 강도가 결정된다.[25]

전략(strategy)은 당초 늘 불확실한 상황에서 움직여야 하는 군대에서 자주 사용되던 용어다. 그러나 급변하는 환경 변화에 직면한 오늘날 일반조직에서도 환경에 어떻게 하면 잘 적응할 것이냐에 관심을 갖게 되었고, 이에 대처해 나가는 방법으로서 전략을 생각하게 된 것이다.

따라서 전략이란 "조직이 미래에 도달하려고 하는 구체적인 목표를

25) 조직구조의 차별화와 통합화에 대해서는 제2장에서 자세히 설명한다.

정하고 그 목표를 달성하기 위한 수단으로서, 보유하고 있는 자원을 어떻게 배분할 것인가를 결정하는 원칙 또는 기준"이라고 할 수 있다. 르블레비치(Leblebici, 2010)는 전략을 "더 나은 성과를 내기 위한 논리(the logic of superior performance)"라고 했다. 전략은 구체적으로 '조직이 목표를 향해 나아가는 방향'을 제시해 주는 역할을 한다. 조직구조는 궁극적으로 수립된 전략의 실행이 가능하도록 설계되어야 한다.[26]

조직 운영에서 일상적인 의사결정은 하부에 위양되지만 불확실한 환경에 대응하는 전략적인 의사결정은 조직의 계층구조상 고위층에서 결정되는 것이 일반적이다.

그림 1-11 **전략과 유사 개념**

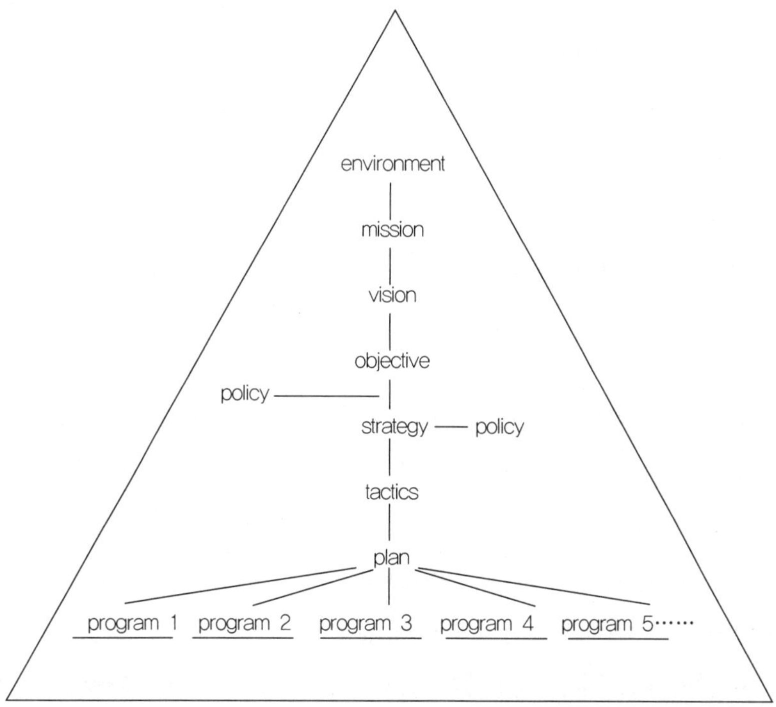

26) Designing the organization is setting the practices that make execution of strategy possible.

흔히 전략은 전술(tactics) 또는 방침(policy), 그리고 계획(plan)과 혼동되어 사용된다. 엄격한 의미에서는 개념상 서로 차이가 있고, 이러한 개념은 [그림 1－11]에서 보는 바와 같이 이들을 계층화해 분석해 보면 더 쉽게 이해할 수 있다.

일반적으로 전술은 '배분된 자원의 활용에 관한 구체적인 계획'이라고 할 수 있고, 방침은 '어떤 예측하지 못한 상황이 발생될 때마다 대응해야 할 일들을 고위관리층에서 사전에 만들어 놓은 의사결정 틀'이라고 할 수 있다. 한편 계획은 '조직이 앞으로 할 일의 방법이나 절차 등을 미리 생각하여 안(案)을 세우는 것'을 말한다. 전략은 조직활동의 방향(direction)을 설정하는 데 반해, 계획은 개념적이고 다소 추상적인 전략을 현실로 구체화시키기 위한 조직활동이라고 할 수 있다. 계획은 사업을 언제 실시할 것인지의 적절한 시간(timing)을 결정하는 것으로 프로그램의 집합적인 의미를 가진다.[27)]

일반적으로 사회 통념에서는 전략도 계획의 하나로 이해하는 경향이 있으나 조직이론에서는 양자 간의 의미에 차이를 둔다.

첫째, 계획은 '내가 어떻게 할 것인가'에 초점을 둔 반면에, 전략은 '상대방이 어떻게 나올 것인가'에 초점이 주어진다.

둘째, 계획은 통상적으로 '실행 가능한 계획'과 '실행 불가능한 계획'으로 나눠지는 데 비해, 전략은 '이기는 전략'과 '지는 전략'으로 구분한다.

셋째, 계획은 몇 개의 활동 방안을 제시하는 데 그치는 반면에, 전략은 가능한 대안을 발견하고 그중에 최선의 안을 선택해 자원을 집중하는 과정을 말한다. 전략은 상황 대응적 · 선택적 · 집중적인 의미를 가진다.

넷째, 계획은 미래 상황을 예측하고 현재의 다양한 방안에 초점을 둔 반면에, 전략은 유일한 방안밖에 없는 상황에서도 그 방안을 실행해야 할지 말아야 할지를 결정하는 것을 말한다(김병섭 외, 2009).

공공조직보다 민간조직에서는 전략에 대한 개념을 계획 등의 유사한

---

27) Program is plan of things to do.

다른 용어와 좀 더 명확하게 구분해 사용하고 있다.

이런 맥락에서 본다면 전술이나 계획, 그리고 프로그램은 전략의 하위 개념이라고 할 수 있다. 다만 방침은 때로는 전략의 상위에 위치하기도 하고 때로는 동급 또는 하위에 위치하기도 한다. 이는 조직의 최고관리자가 얼마나 조직의 의사결정에 리더십을 발휘하느냐에 달려 있다. 조직의 전략에까지 조직의 최고관리자가 영향을 미치는 조직이 있는가 하면, 결정된 조직의 전략 범위 내에서 조직관리자의 방침을 설정하는 조직도 있다.

전략과 목표와의 관계에 대해서는 다음 항에서 자세히 설명하기로 한다.

What is strategy?

- A (competitive) strategy explains how you will do better than your rivals.
- And, in what ways you do things differently compared to your competitors.
- Organizations achieve superior performance when they are unique
  - when they do something no other business does, or
  - no other organization can duplicate easily.
- When all companies offer the same products and services to the same customers by performing the same kinds of activities (in perfect competition), there will be no differences among organizations' performance.

Leblebici(2010)

(2) 전략과제 수립 방법

조직의 전략과제를 선정할 때 염두에 두어야 할 것은 전략과제 사이에는 긴장과 갈등이 있다는 사실을 충분히 인식해야 한다. 조직이 지속적으로 가치창조를 할 수 있도록 하기 위해 미래의 전략과제를 수립할 때 각각의 과제가 '수익성과 성장성', '단기성과 장기성', 그리고 '일부 조직과 전체 조직'의 영향이 어떻게 조화될 수 있는지에 대해 충분히 검토해야

Strategic Tensions in Organizations

- Profitability Versus Growth
  - Swinging between a growth push and a productivity push
  - Giving priority to reducing costs in difficult times and to boosting growth in boom times
- Short Term Versus Long Term
  - Swinging between a focus on strategy and a focus on execution
  - Increasing reliance on profitability rather than growth to achieve earnings growth or vice versa
  - Difficulty in hitting earnings targets without delaying investments
- Whole Versus Parts
  - Swinging between centralization and decentralization
  - Debates about accountability versus authority versus ownership
  - Strong separate cultural identities across organizational units or functions

Leblebici(2010)

한다.

환경 변화에 따른 조직의 전략을 수립하는 방법에는 여러 가지가 있으나 여기서는 가장 보편적인 방법으로 사용되고 있는 벤치마킹(benchmarking) 방법과 SWOT 방법을 살펴보기로 한다.

① 벤치마킹

벤치마킹이란 유사한 업무를 수행하는 조직 중에서 최고의 경쟁력을 가지고 있는 조직의 제품・서비스・프로세스의 질적 수준을 자기 조직의 그것과 비교・분석해 그 격차를 극복하도록 조직의 전략을 수립하는 것을 말한다.

벤치마킹 방법은 중국의 『손자병법』에서 사용된 '지피지기 백전불태(知彼知己 百戰不殆)' 전략과 일본의 'The best of the best(王中王)' 사상에서 유래되었다.

벤치마킹의 사전적 의미는 도로나 토지를 측량할 때 측량기사가 미리 표준점을 정해 놓고 그 표준점을 기준으로 다른 지점을 측량하는 것을 말한다. 이와 같이 벤치마킹은 우리의 역할 모델이 되고 있는 가장 앞선 조직을 기준으로 삼아 그 최고 수준의 조직과 우리와는 어느 분야에서 얼마만큼 격차가 있는지를 먼저 파악하고 우리가 가지고 있는 자원과 구성원들의 역량을 최대한 활용할 때 우리의 조직이 수행할 수 있는 목표를 수립하게 된다. 그리고 역할 모델 조직의 목표와 그 조직이 실행한 전략들을 참고해 해당 조직의 자체 전략과 프로그램들을 구체화하게 된다.

② SWOT 방법

어느 조직이나 나름대로 유·무형의 자원을 바탕으로 문제를 해결할 수 있는 내부 능력을 가지고 있다. 예산 및 보유 설비와 같은 물적 자원, 인력과 노사관계와 같은 인적 자원, 그리고 조직문화나 이미지와 같은 무형의 자산을 가지고 있다. 이러한 조직의 자산은 다른 조직과 비교해 볼 때 상대적으로 강점(strengths)이 될 수도 있고 약점(weaknesses)이 될 수도 있다.

한편 조직을 둘러싸고 있는 환경 인자들은 조직에 기회(opportunities) 요인이 되기도 하지만 때로는 위협(threats) 요인이 되기도 한다.

통상적으로 조직에서 전략을 수립할 때에는 먼저 거시환경과 과업환경에 대한 정보를 철저하게 파악해 환경의 기회 인자와 위협 인자를 미리 정리하고, 앞에서 설명한 조직이 가지고 있는 내부 능력으로서의 강점과 약점을 고려해 조직의 전략을 수립하게 된다.

SWOT 분석에서는 수집된 환경 인자가 해당 조직에 어떤 영향을 미칠지에 대한 적합성을 평가해 조직에 유효한 영향을 미치게 될 환경 인자를 먼저 추출하고, 이러한 환경 인자가 조직이 가지고 있는 내부 강·약점에 비춰볼 때 유리하게 작용할지 또는 불리하게 작용할지를 평가해 전략과제를 도출하게 된다.

그림 1-12 SWOT 매트릭스와 전략과제

내부 능력 / 환경 인자		강점(S)	약점(W)
		S_1 S_2 S_3 ⋮	W_1 W_2 W_3 ⋮
기회 (O)	O_1 O_2 O_3 ⋮	SO 전략과제 A(O_1, S_1, S_2) 전략과제 B(O_1, S_1, S_2)	WO 전략과제 C(T_1, W_3, W_2) 전략과제 D(O_2, T_2, W_3)
위협 (T)	T_1 T_2 T_3 ⋮	ST 전략과제 E(T_1, T_1, S_2) 전략과제 F(T_2, S_1, S_2)	WT 전략과제 G(T_1, W_3, W_4) 전략과제 H(T_2, T_3, W_3)

환경분석과 예측을 통해 주요한 기회 및 위협 인자가 정리되고 내부 능력의 평가를 통해 강점과 약점이 파악되면, 그 다음에는 [그림 1-12]에서와 같은 매트릭스(matrix) 방법을 통해 전략과제를 도출하게 된다. SWOT 분석을 통한 전략과제의 도출은 이론적으로 정교한 방법이라고 할 수는 없으나 실질적인 유용성이 크기 때문에 많은 공・사 조직에서 자주 활용한다.

3. 조직의 목표

1) 조직 목표의 개념

일반적으로 조직의 목표(objective)는 "조직활동을 통해 달성하고자 하는 결과를 의미하며, 장기 목표는 비전을 구체적인 형태로 표현한 것"이라고 할 수 있다.

목표는 전략을 이끌어내기 위한 지침이고, 전략은 목표를 달성하기 위한 수단이자 방향을 제시하는 역할을 한다. 목표가 없으면 전략을 도출하기가 어려워지므로 목표는 명백하게 구체적으로 제시해야 한다. 그러나 정부를 비롯한 공공조직의 목표는 부서 간에 상호 대립적이고 무형적이어서 측정하기 어려운 것이 많다. 가령 사회복지를 책임지고 있는 보건복지부에서는 다양한 복지정책 목표를 제시하고 있지만 국가 재정을 책임지고 있는 기획재정부에서는 건전한 국가재정 운영을 조직의 목표로 하고 있어 상호간에 갈등 요인이 되고 있다.

목표만 있고 전략이 없으면 그만큼 조직의 업무 효율성과 성과는 떨어질 수 있다. 명확한 목표에는 이를 실천할 수 있는 전략이 구비되어야 한다. 그런데 목표와 전략은 상호 교환될 수 있다는 점에 유의해야 한다. 즉, 조직의 계층이 다를 경우에는 전략이 목표로 또는 목표가 전략으로 활용될 수 있다. 다시 말해, 전략의 계층구조에서 상위 계층의 전략들 중 하나가 하위 계층의 목표가 되고, 다시 하위 계층의 전략은 차하위 계층의 목표가 됨으로써 목표와 전략이 서로 연계되어 조직 전체의 목표와 일관성을 이루게 된다. 이는 뒤에서 설명하게 될 목표와 수단이 서로 계층을 이루고 있으나 이들은 서로 상하로 밀접하게 연계되는 것과 같은 논리다.

2) 올바른 목표 설정 기준

(1) 도전적인 목표

일반적으로 목표는 무난하게 달성할 수 있는 수준을 넘어 조직구성원들의 모든 지혜와 역량을 동원해 도달할 수 있는 도전적인 것이 바람직하다. 도전적인 목표를 달성하기 위해서는 조직의 모든 구성원이 자기의 역량을 최대한 발휘할 수 있도록 해야 한다. 그러한 노력의 결과 각각의 구성원들이 소기의 목적을 달성했을 때 성취감을 얻을 수 있고 또다시 더욱 도전적인 목표(stretched goal)에 도전할 수 있게 된다.

(2) 합리적인 목표

도전적인 목표라고 하여 실현 불가능한 목표를 제시해서는 안 된다. 조직의 모든 구성원이 합리적이라고 생각할 수 있는 실천 가능한 최상의 목표를 제시해야 모든 구성원이 포기하지 않고 적극적으로 목표 달성을 위해 노력하게 된다.

(3) 상위 목표와 하위 목표의 정합성

목표의 계층구조에서 중장기적인 상위 목표와 이에 대한 수단 역할을 하는 단기 목표는 서로 일관성이 있어야 한다. 또한 중장기 목표와 단기 목표는 그 수준에 맞는 내용으로 구성되어야 한다. 이러한 상위 목표와 하위 목표의 일맥 연결성을 목표의 정합성(alignment)이라고 한다. 목표와 전략 사이에도 이와 같은 정합성이 요구된다.

(4) 참여를 통한 목표 수립

조직 전체 또는 부서의 목표 수립에는 구성원들이 모두 참여하도록 함으로써 목표 수립에서부터 그 실천력을 확보할 수 있어야 한다. 조직의 미션과 방침은 상의하달(top down) 방식으로 이뤄지더라도 조직의 목표와 구체적인 실천 방안은 하의상달(bottom up) 방식을 통해 목표를 수립해야 한다. 이렇게 함으로써 조직의 전체 구성원이 상호 신뢰하는 분위기 속에서 공동의 목표 달성을 위해 매진하게 된다.

3) 목표의 기능과 역할

에치오니(Etzioni, 1964)는 조직의 목표란 "조직이 미래에 달성하고자 하는 바람직한 일의 상태"라고 했다. 조직의 목표는 조직에서 다음과 같은 조직의 현실과 미래를 연결해 주는 기능과 역할을 한다.

첫째, 조직의 목표는 미래의 실현하고자 하는 소망을 담고 있기 때문에 조직 운영의 방향을 결정하고 조직활동의 지침을 제공하는 역할을 한다. 따라서 목표는 조직설계의 초석 역할을 한다.

둘째, 조직의 목표는 조직의 활동과 그 존재 자체를 정당화하는 조직 존립 정당성의 근거가 된다. 따라서 조직의 목표는 조직구성원들로 하여금 동질감(identity)과 자부심을 느끼게 하고, 나아가 조직에 몰입할 수 있게 하는 원천이 된다.

셋째, 조직의 목표는 조직의 구성원이나 외부 이해관계자로 하여금 조직의 성취도(degree of goal attainment), 즉 효과성을 측정하는 기준이 된다.

4) 목표의 본질적 특징

그러나 조직 목표가 조직 운영에 중요한 역할을 함에도 불구하고 조직 목표가 가지고 있는 본질적인 속성 때문에 실제 조직 운영에서 목표를 설정하고 이를 공유하는 데에는 적지 않은 어려움이 있다.

첫째, '누구를 위한 조직의 목표 설정이냐'를 결정하는 것은 현실적으로 어려운 일이다. 실질적으로 공공조직에서는 조직과 관련된 많은 이해관계자가 있고, 이들의 목표는 서로 일치하기보다는 상충하는 경우가 많다. 가령 공기업에서 주인인 국민이나 그 소유권을 위임받은 정부는 공기업의 효율적 운영과 이를 바탕으로 한 책임 경영에 공기업조직의 목표를 두고 있지만 공기업 내부의 직원들은 임금 향상과 복지 개선에 공기업조직의 목표를 두고자 할 것이다. 따라서 정부를 비롯한 공공조직은 단일 목표를 설정하기가 어렵고, 또한 어떠한 목표를 설정하고 수행하더라도 비난을 받을 수밖에 없는 존재라고 한다(Drucker, 1980).

둘째, 어느 조직이나 하나의 단일한 목표보다는 복수의 목표를 가질 가능성이 많고 몇 개의 조직 목표에는 공식적 목표와 실질적 목표가 다르게 존재할 수 있다. 따라서 누구나 쉽게 조직의 목표를 관찰하고 측정하는 것은 대단히 어려운 일이다.

이러한 조직 목표의 특징을 고려할 때 목표는 가능하면 추상적인 것보다는 구체적이고 명확한 것이 바람직하다. 또한 목표를 수립할 때에는 가능하면 이해관계자 모두가 참여하여 조직의 목적을 수립함으로써 조직의 모든 구성원이 같은 방향으로 나아갈 수 있도록 하는 것이 중요하다.

5) 상 · 하위 목표와 대치 현상

(1) 상위 목표와 하위 목표

조직의 수준과 계층에 따라 조직의 목표는 달라진다. 가령 공기업의 경우 본사의 목표와 지방 사업소의 목표는 다를 수 있다. 대부분 지방 사업소의 목표는 본사의 목표를 구체화하는 수준에서 설정된다. 이러한 조직 유형을 사이먼(Simon, 1957)은 상위 목표(super goals)와 하위 목표(sub goals)라고 했다.

조직에 몸담고 있는 모든 구성원은 오늘 당장 많은 활동과 실적을 내고 가까운 미래에 자기 조직이 없어지는 것을 바라지는 않을 것이다. 그래서 기업에서는 지속 영업(going concern)을 전제로 경영을 하고 있고, 공공조직에서도 지속적으로 고객이나 국민들로부터 좋은 평판을 받으면서 안정적인 성장을 하도록 바라고 있다. 따라서 공 · 사 조직을 막론하고 조직의 최상위의 목표는 '지속적인 성장'이라고 할 수 있을 것이다. 지속 가능한 성장을 목표로 하는 일반 조직에서 지속 영업은 조직 목표의 계층적 의미에서 볼 때 모든 조직의 최상위 목표라고 할 수 있다.

(2) 목표 · 수단 계층제

최상위의 목표인 '지속적인 성장'을 지향하고 있는 모든 조직에서는 이를 달성하기 위해 각 계층조직마다 이와 연계된 고유의 목표를 가지게 된다. 결국 이들 하위 계층의 목표는 궁극적으로 조직 전체의 지속적인 성장의 수단이 된다. 이를 논리적인 측면에서 요소 분해(factoring)를 해 보면 하나의 목표를 달성하기 위해 여러 가지 수단이 나타나고, 이 수단들을 목표로 하여 제2의 수단이 도출되는 연쇄 관계로 이뤄진다. 이를 흔히 '목표－수단 연쇄(means－ends chain)'라고 하고, 이러한 수준별 단계를 '목표－수단 계층제(means－ends hierarchy)'라고 한다.

[그림 1－13]에서 보는 바와 같이 어느 전력회사의 최상위 목표는 고객의 사랑을 받으면서 지속적으로 성장·발전하는 것이라고 할 수 있는데, 이를 위해 이 회사는 수익성을 높이고(M1－1), 비용은 절감하는 수단(M1－2)을 선택하게 된다(M1: 수단 1). 그런데 이 수단 1은 다시 수단 2인 심야전력 판매 제고(M2－1), 산업용 전력 판매 제고(M2－2), 생산성 향상(M2－3), 인건비 감소(M2－4)의 목표(E1)가 된다. 이러한 목표－수단 연쇄작용은 수단 3(M3)과 목표 2(E2)에서도 일어나고 수단과 목표의 계층이 확대되면서 지속적으로 확산되는 것을 알 수 있다.

이와 같이 조직에서는 어느 계층에서 보느냐에 따라 목표가 수단이 될 수도 있고 수단이 또다시 목표로 승격될 수도 있다.

그림 1-13 목표-수단 계층제

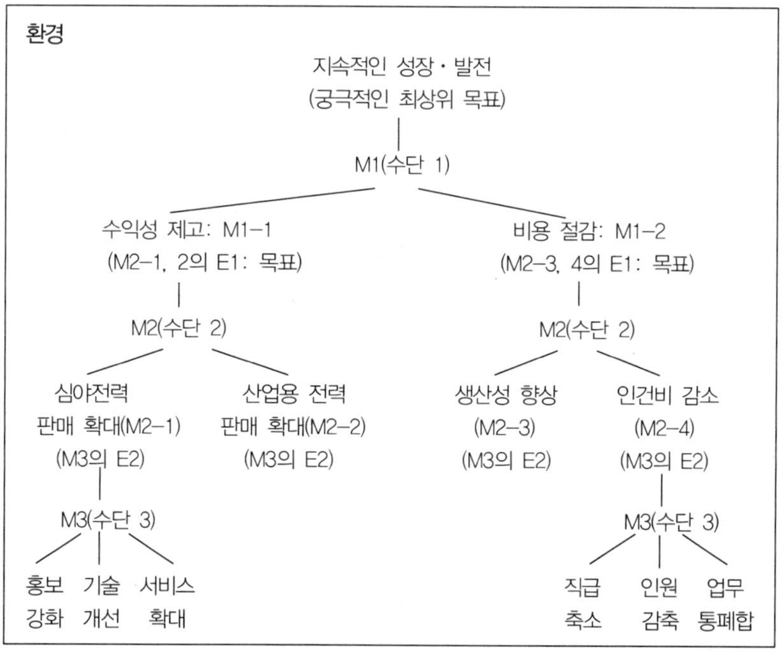

(3) 목표의 대치 현상

하위 조직에 근무하는 구성원들은 자기가 소속한 하위 조직의 목표에 몰입한 나머지 자기 조직 전체의 목표를 망각하는 경우가 종종 있다. 조직의 모든 구성원은 조직 전체의 목표를 효과적으로 달성하기 위해 하위 조직의 목표는 상위 조직 목표의 수단임을 항상 염두에 두고 있어야 한다. 조직에서 하위 목표가 상위 목표를 대신해 하위 조직활동에 사실상의 기준이 되는 것을 '목표의 대치(displacement of goals) 현상'이라고 한다.

경찰조직에서 성과관리를 강화하는 한 수단으로 각 일선 경찰서에 '기소중지자 검거율 제고'를 연간 평가 기준으로 제시했을 때, 각 경찰서에서는 오직 이 목표 달성만을 위해 매진함으로써 국민들을 불편하게 하는 경우가 있다. 연간 성과관리에서 좋은 성적을 받고 싶어하는 일선 경찰서장의 입장에서는 자기가 맡고 있는 지역의 기소 중지자 검거율을 높이기 위해 해당 경찰서 내에서 또다시 부서별로 강화된 검문검색 단속 목표를 제시하게 되면 국민의 불편은 더 가중될 수 있다. '기소 중지자 검거율 제고'는 "국민들이 편안하게 생업에 종사할 수 있도록 치안을 유지해야 한다"는 경찰 본연의 목표에 비춰볼 때에는 작은 하나의 수단에 지나지 않는다. 이와 같이 상위 목표의 입장에서 볼 때 하나의 작은 수단에 불과한 목표에 경찰의 자원을 집중하는 것은 그 경찰서 입장에서는 성과관리에서 좋은 성적을 거둘 수 있을지 몰라도 국민의 입장에서는 경찰 최상의 목표가 훼손되고 있는 것처럼 보이게 된다.

이러한 목표 대치 현상은 오래전부터 있어 온 관료제의 병폐 중의 하나로 간주되어 왔다. 일찍이 머턴(Merton, 1940)은 "관료제에서는 규정과 절차를 지나치게 강조한 나머지 이러한 역기능이 자주 발생한다"고 지적한 바 있다.

6) 목표의 변동 현상

(1) 목표의 전환과 승계

일반적으로 조직에서 정당하게 추구해야 할 법적 목표(legitimate goal) 또는 당초 목표(original goal)가 조직 운영 과정에서 전환(conversion)되거나 다른 목표로 승계(succession)되는 경우도 있다.

1930년대 미국의 불황기에 타운센드(Townsend) 조직은 당초 노인들의 퇴직연금 지불을 목적으로 설립되었으나 사회보장법(Social Security Act)이 제정되어 더 이상 조직 존립의 목적이 없어지게 되자 이 조직은 사회운동단체 또는 노인 사교클럽으로 목표를 전환한 적이 있고, 미국의 소아마비재단(Foundation for Infantile Paralysis)이 설립될 당시의 당초 공식 목표는 소아마비 예방과 치료에 있었으나 소아마비 백신이 개발되어 더 이상 그 목적을 위해 재단이 존재할 이유가 없게 되자 일반인의 불치병 치료를 위한 새로운 목표를 승계함으로써 기존의 조직을 존속할 수 있었다(김병섭 외, 2009).

이러한 조직 목적의 전환이나 승계는 기존에 보유하고 있던 물적 자원을 그대로 활용함으로써 예산을 줄이고 그간 근무해 온 숙련된 직원들의 노하우를 활용할 수 있는 장점이 있는 반면에, 설립 목적을 달성해 사회적으로 불필요한 조직이 계속 존속함으로써 예산만 낭비하는 폐단도 있을 수 있다. 가령 설립 목적을 다한 공기업들이 내부 직원들의 퇴출을 막기 위해 그대로 존속하면서 민간 부문의 영역을 침범하는 사례를 종종 볼 수 있다. 앞에서 설명한 LH공사의 경우 주택공사 부문은 많은 민간부문 건설 회사의 성장과 저소득 영세민용 주택 수요가 대폭 줄어들어 유용성이 감소되었음에도 불구하고 합병된 조직 형태로 그대로 지속되고 있는 것이다.

(2) 파생 목표와 내부 운영 목표

조직의 참된 모습을 이해하기 위해서는 공식적 목표(official goal)보다는 '파생 목표(derived goal)'나 '운영상의 목표(operational goal)'를 살펴보는 것이 더 중요할 수 있다. 흔히 공기업 경영평가에서 우수한 성적을 받으려고 하는 공기업의 공식적인 목표는 '직원들의 인센티브 향상'에 있지만 오히려 내부적으로는 공기업 경영평가에서 좋은 성적을 받음으로써 조직을 확대할 수 있는 '조직 확장의 기회'로 삼으려는 경우가 종종 있다. 이와 같이 조직에서 공식적으로 제시하고 있는 목표와는 달리 조직에서 공식적인 목적을 수행하는 과정에서 실질적으로 얻고자 하는 목표를 파생 목표라고 한다.

고아원이나 사회수용시설을 운영하는 조직의 경우 공식적인 목적은 고아들이나 사회적으로 소외된 사람들의 보호에 있지만, 실질적으로는 그 조직의 공식적 설립 목적 때문에 정부나 사회단체로부터 지원되는 예산을 활용해 교육사업에 진출하는 경우도 있다. 정부 보조금을 내부 교육시설 확장에 활용한다고 하지만 이러한 시설을 활용해 언젠가 신규 교육사업에 진출하려는 내부 목적을 가지고 있는 것이다. 이러한 운영상의 목표는 조직이 운영하는 예산 내역을 면밀히 살펴봄으로써 파악할 수 있다.

4. 조직의 미래 환경과 리더십

불확실하고 급변하는 미래의 조직환경에서 조직 체제의 궁극적인 목표인 조직의 지속 발전에 대해 무한 책임을 져야 할 사람은 조직의 최고관리자다. 미래의 조직관리자는 다양한 이해관계자의 목적을 융합할 수 있어야 하고 공식적인 계층제의 병폐를 버릴 수 있어야 한다. 조직의 구성원들을 관리할 때에는 전통적인 규율이나 상관에 의한 지시보다는 개개인의 창의성을 존중하고 동료들의 평가에 귀를 기울일 줄 알아야 한다. 무엇보다도 조직의 자원 확보를 위해서는 내부 조직구성원들의 마음을 움직일 수 있어야 한다.

다음에서 소개하는 하멜(G. Hamel)의 『21세기 경영 도전』(2000)은 주로 민간기업에 초점을 두고 미래 조직의 리더십에 대해 지적한 것이지만 정부를 비롯한 공공조직의 관리자도 참고할 만한 내용이다.

Managerial Challenges for the 21st Century

－What are the new managerial challenges we face in the future? How can we overcome these challenges? －

Ensure that the work of management serves a higher purpose. Most companies strive to maximize shareholder wealth …… a goal that is inadequate in many respects. As an emotional catalyst, wealth maximization lacks the power to fully mobilize human energies. It's an insufficient defense when people question the legitimacy of corporate power.

Eliminate the pathologies of formal hierarchy. While hierarchy will always be a feature of human organization, there's a pressing need to limit the fallout from top－down authority structures. Typical problems include overweighting experience at the expense of new thinking, giving followers little or no influence in choosing their leaders, perpetuating disparities in power that can't be justified by differences in competence, creating incentives for managers to hoard authority when it should be distributed, and undermining the self－worth of individuals who have little formal power.

Reinvent the means of control. Traditional control systems ensure high levels of compliance but do so at the expense of employee creativity, entrepreneurship, and engagement. To overcome the discipline－versus－innovation trade－off, tomorrow's control systems will need to rely more on peer review and less on top－down supervision.

Expand the scope of employee autonomy. People at the bottom and middle of organization pyramids often feel powerless to initiate change. Rigid policy guidelines, tight spending limits, and a lack of self－directed time limit their autonomy. Companies must redesign management systems so they facilitate local experimentation and bottom－up initiatives.

Create internal markets for ideas, talent, and resources. Funding decisions in corporations are usually made at the top and are heavily influenced by political factors. That's why companies overinvest in the past and underfund the future. By contrast, resource allocation in a market－based system like the New York Stock Exchange is decentralized and apolitical.

Humanize the language and practice of business. The goals of management are usually described in words like "efficiency," "advantage," "value," "superiority," "focus," and "differentiation." Important as these objectives are, they lack the power to rouse human hearts.

Hamel(2000)

Chapter 02 조직의 구조화

조직의 구조화(organizing)는 조직이 수행해야 할 일과 이에 소요되는 자원을 적절하게 배분하는 것을 말한다. 조직은 각각의 부서와 개인이 유기적으로 움직일 수 있도록 먼저 조직의 틀(frame)을 설계(design)하고, 나아가 개인과 부서에 배분된 일과 자원 등 조직의 구성 요소들이 서로 협동적으로 결합해 조직 목표를 효과적으로 달성할 수 있도록 효율적인 조직구조(structure)를 유지하도록 해야 한다.

제2장에서는 조직의 기본 틀이 되고 있는 조직설계에서부터 지금까지 개발되어 온 다양한 조직의 형태에 대한 장·단점을 점검해 보고, 미래 조직의 모습은 어떤 방향으로 발전할 것인가를 살펴보고자 한다.

제2장에 들어가며

정부부처 조직의 전문성과 조직설계

최근 장관 자녀의 특채 비리문제로 홍역을 겪은 외교부가 마련한 조직 및 인사 쇄신안을 보면 공직에서 인사의 공정성이 얼마나 중요시되어야 하는지를 확인하는 계기가 되었다.

공・사 조직을 막론하고 조직의 목표 달성을 위해서는 조직의 인적 자원을 효율적으로 배분할 수 있는 조직의 틀을 만들고, 각각의 직위에 맞는 인력을 적절히 배치해야 한다. 이런 측면에서 우리나라에서 정부조직은 전체 시스템이 잘 작동될 수 있도록 하기 위해 고위직은 주무부처인 행정안전부에서 총괄적으로 직제를 제정해 관리하고, 중・하위직은 해당 부처에 위임하는 체제로 운영되어 왔다. 지금까지 외교부에서는 하급직은 해당 국가의 언어에 능통하고 그 나라의 전문적인 지식을 갖춘 인재를 활용해야 한다는 명분으로 자체적으로 운영하다가 장관의 자녀를 특채하는 어이없는 정실 인사문제가 불거지게 된 것이다.

정부조직 운영에서 전문성과 공정성이 충돌할 때에 아무래도 공정성에 더 비중을 두어야 할 것으로 보인다. 혹여 조직의 생산성이 조금 떨어진다고 하더라도 공정한 인사 절차가 우선시되는 조직관리가 국민의 신뢰를 받을 수 있기 때문이다.

그런 맥락에서 본다면 외교부에서 "5급 이상 특채는 행정안전부로 이관한다"는 등의 몇 가지 외교부 조직 및 인사 쇄신안은 일단 외교부가 투명하고 공정한 조직관리를 하겠다는 의지로 보여 긍정적으로 평가할 수 있다.

차제에 모든 부서의 하급 직원도 아예 행정안전부가 주관하는 공채로 선발하는 것이 더 바람직하지 않을까 하는 생각이 든다. 신규 채용의 대부분을 차지하는 하위직의 인사는 5급 이상 고위직의 인사보다 외부에 잘 드러나지 않는 맹점을 안고 있기 때문이다.

그렇다고 해서 정부의 인사를 모두 공채로 해야 한다는 이야기는 결코 아니다. 업무의 성격상 하급직은 공정성에, 상급직은 전문성에 더 비중을 두는 것이 바람직한 것이 아닐까 하는 생각을 말하고 싶을 뿐이다.

경제・통상 분야와 같이 진정으로 국제법과 절차에 정통한 전문성이 필요한 분야에서는 당당하게 외부 특채를 시행해야 한다. 목적이 뚜렷하고 절차가 공정하다면 특채라고 나무랄 국민은 아무도 없을 것이다. 우리 국민은 정부부처 조직에서 공정성을 필요로 하는 자리와 전문성이 강조되어야 하는 자리를 분간할 만큼 성숙되어 있음을 알았으면 한다.

앞으로 국가 간의 경쟁이 심화되고 있는 정부조직 환경을 고려한다면 정부의 많은 직위에 더 많은 전문성이 요구될 것으로 기대된다. 정부조직에서 공정한 인사를 실천하기 위해서는 전문성이 요구되는 직위를 명확하게 지정하고 그 운영 절차를 분명하게 디자인하는 조직설계가 선행되어야 한다. 공정한 인사는 완벽한 조직설계에서 비롯된다.

Chapter 02

조직의 구조화

제1절 조직설계

1. 조직설계의 의의

조직이 주어진 목표를 달성할 수 있도록 일과 인적 자원 및 물적 자원을 결합하는 기본 구조를 만드는 것을 조직설계(organizational design)라고 한다. 조직의 업무 수행 과정에서 본다면 전략의 실행이 가능하도록 조직의 틀을 만드는 것이다.[1)]

조직의 설계는 부서별 개인별 업무를 확정하고 업무 수행에 필요한 조직의 자원과 권위를 적절하게 배분하는 차별화(differentiation)와 부서별・개인별 업무를 조정하고 감독하는 통합화(integration) 작업으로 구성된다. 즉, [그림 2-1]에서 보는 바와 같이 조직의 업무와 자원 및 권한을 조직구성원 개인과 부서에 배분하는 차별화 작업과 배분된 조직의

1) Designing the organization is setting the practices that make execution of strategy possible.

그림 2-1 **조직설계**

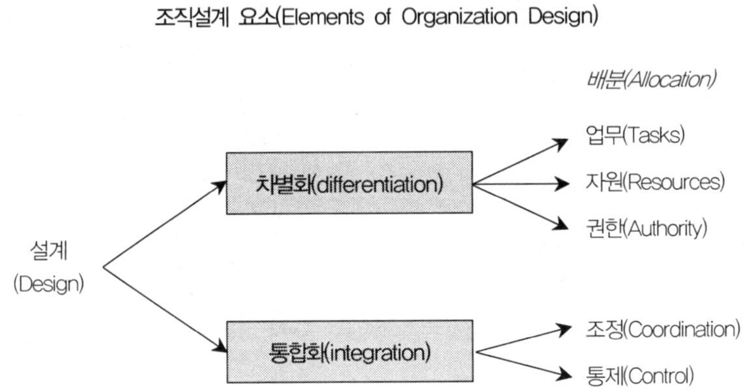

구성 요소들을 조직의 주어진 목표를 달성하는 한 방향으로 조정하고 통제하는 통합화 과정을 거치게 된다.

조직설계의 차별화를 좀 더 구체적으로 설명하면 일의 실행과 전문화를 확정하고(defining work activities and specialization), 조직의 권위와 명령 체계를 결정하며(decision making authority and chain of command), 조직의 자원과 부서 인력을 구체적으로 배분(allocation of resources and departmental groupings)하는 것을 말한다.

이에 비해 조직설계의 통합화란 분업화·차별화된 조직의 일과 자원 및 권위가 전체 조직 목적을 달성할 수 있도록 일정한 방향으로 조정하고 통제하는 것을 말한다.

조직설계는 조직 설립 단계에서 주로 일어나지만 기존 조직의 운영 과정에서도 발생한다. 전통적인 계층제조직은 시간이 흐름에 따라 그 규모가 커지게 되는데, 대규모화된 조직은 점차 공식화·복잡화·분권화하게 된다. 조직이 공식화되고 복잡해지며 분권화된 조직에 대해서는 수시로 조직의 건강성을 진단하고 환경 변화에 맞도록 새롭게 조직을 설계할 필요가 있다.

What happens when organizations get larger in the Hierarchic Bureaucracy?

- Formalization: rules, procedures, manuals
- Complexity: expansion of departments and positions
- Decentralization: decision making authority

Leblebici(2010)

2. 조직설계의 두 가지 기본 축

조직설계에서 사용되는 두 가지 기본 축은 수직적 조직구조와 수평적 조직구조다.

전통적인 계층적 관료제 조직설계에서는 수직적 조직구조가 조직의 기본적인 틀로서 검토된다. 수직적 조직구조는 일원화된 명령 계통을 통해 책임 있는 조직 목표 달성을 가능하게 하는 구조이기 때문이다. 수직구조는 엄격한 계층과 규칙으로 이뤄지고, 상의하달적 커뮤니케이션과

표 2-1 수직적 조직과 수평적 조직

수직적 조직	수평적 조직
장기조직	바둑조직
권위적 계층적 구조	비권위적 네트워크 구조
책임지는 누군가가 있다.	책임지는 사람이 없다.
조직의 본부(Head Quarter)가 없어지면 조직은 죽는다.	조직의 본부가 존재하지 않는다.
명확한 노무부서(division of labor)가 있다.	노무부서는 아주 제한적으로 운영되고 인력은 시장을 통해 활용된다.
조직의 한 단위(unit)를 없애면 조직은 훼손된다.	조직의 한 단위를 없애더라도 조직은 전반적으로 영향을 받지 않는다.
지식과 권력은 집중되어 있다.	지식과 권력은 분산되어 있다.
조직구조는 엄격하다.	조직구조는 탄력적이다.
조직의 각 단위는 전체 조직에서 예산이 주어진다.	조직의 각 단위는 자체적으로 예산을 만들어 사용한다.
일하는 그룹들은 중간 매개자를 통해 커뮤니케이션한다.	일하는 그룹들은 직접적으로 커뮤니케이션을 한다.

자료: http://www.starfishandspider.com/

일원화된 보고 시스템, 그리고 집권적인 의사결정이 주를 이룬다.

그러나 조직 업무 수행 시에 업무와 자원 배분에서 탄력성이 강한 조직은 수평적 구조다. 수평적 조직구조에서는 조직구성원들의 전문성에 따라 일이 분산되고 그들이 자체적 의지로 업무를 수행할 수 있도록 많은 권한이 부여된다. 수평적 조직구조에서는 수직적 구조에 존재하는 계층제적 요소와 엄격한 규칙보다는 오히려 수평적인 대면적 커뮤니케이션이 주를 이룬다. 이러한 수평적 조직구조는 팀제 또는 태스크 포스(task－force)와 같은 자기완결성이 강한 조직 형태를 선호하게 된다.

흔히 수직적 조직구조는 계층제조직, 거미(spider)조직 또는 장기조직이라고 한다. 이에 비해 수평적 조직구조는 네트워크(network)조직, 불가사리(starfish)조직, 또는 바둑조직이라고도 한다. 이러한 별칭은 각 조직의 형태가 지니고 있는 특징을 비유적으로 잘 나타내고 있기 때문이다.

수직적 조직과 수평적 조직의 특징을 비교해 보면 앞의 〈표 2－1〉과 같다.

그림 2-2 효율성과 탄력성을 위한 조직설계

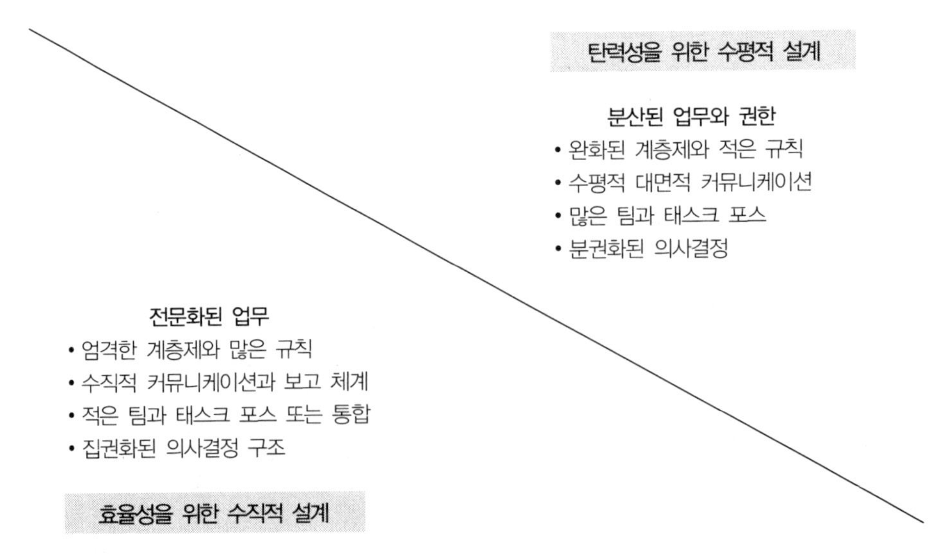

오늘날 개방된 환경에 적응하려는 조직은 [그림 2-2]에서 보는 바와 같이 항상 조직 내부의 자원을 효율적으로 이용할 뿐만 아니라 외부 환경에 대해 탄력적으로 대응할 수 있도록 설계되어야 한다.

그러나 [그림 2-3]에서 보는 바와 같이 조직의 내부 효율성을 강조하다 보면 외부 환경의 탄력성이 약화되기 쉽고, 외부 환경 적응력을 강조하다 보면 내부 효율성이 훼손될 수가 있다. 조직설계는 내부적 효율성과 외부적 탄력성이 함께 우측 방향으로 이동하도록 함으로써 조직 전체의 효과성을 높일 수 있도록 해야 한다.

그림 2-3 조직설계의 효과성(Design Effectiveness)

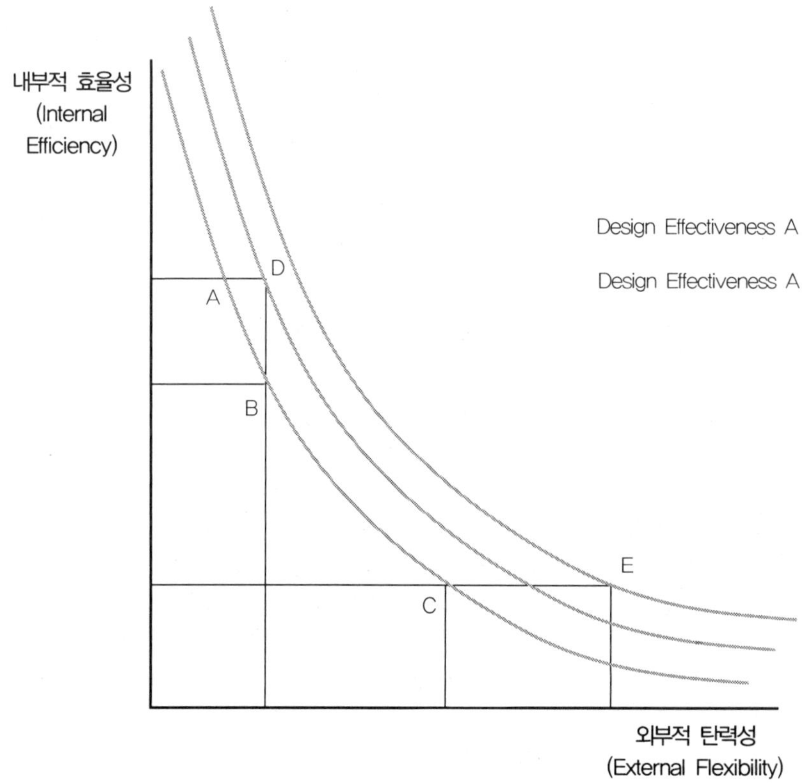

3. 전통조직과 미래조직의 설계

전통적인 조직구조 설계의 관점은 '업무의 효율성'에 있었다. 수직적으로 계층제에 의한 명령 통일의 원칙을 바탕으로 하여 수평적으로 분업과 전문화 및 조정이 그 핵심이 되는 관료제적 직능별 조직이 주류를 이뤘다.

그러나 조직의 환경이 변화되면서 계층적 계선(line)조직에 전문성을 갖춘 참모(staff)조직이 추가되었고, 민주적 의사결정을 요구하는 곳에는 기능별 · 직능별 조직과는 다른 위원회조직이 자리를 잡기 시작했다.

최근에는 조직의 환경이 급변함에 따라 우리가 미처 상상하지 못했던 다양한 새로운 형태의 조직이 나타나고 있다. 우리는 이러한 환경에 탄력적으로 적응하기 위한 새로운 조직 형태를 관료제(bureaucracy)에 대비해 애드호크라시(adhocracy)라고 한다. 특히 직급과 직위에 따른 철저한 역할과 권한 분담보다는 조직의 전체 구성원들이 같은 역할과 권한을 가지는 것을 홀로크라시(holocracy) 조직이라고 한다. 굳이 비유하자면 전자인 관료조직을 전형적인 장기조직이라고 한다면, 후자인 홀로크라시는 일종의 바둑조직이라고 할 수 있을 것이다.

홀로크라시(holocracy)를 통해 바라본 미래조직

'홀로크라시'란 그리스어인 holos와 통치를 뜻하는 cracy가 합쳐진 말로 권한과 의사결정이 상위 계급에 속하는 게 아닌 조직 전체에 걸쳐 분배되어 있는 조직의 형태를 말한다.

이는 조직 차원에서 관리자 직급을 없애고 조직원 모두가 동등한 위치에서 의사결정과 업무를 수행하는 형태를 의미하는 것으로써 기본적으로 '역할'에 기반을 둔 '서클(circle)'이라는 단위 조직으로 구성되는 것이 특징이다. 홀로크라시는 분산화된 역할과 책임구조 덕분에 내 · 외부 환경 변화에 민첩하고 유연한 대처를 가능케 한다.

> 미국 최대 온라인 신발 쇼핑몰 '자포스(ZAPPOS)'는 이전과는 전혀 다른 조직의 모습으로 바뀌었다. 모든 직원은 나이, 성별, 연차 등에 상관없이 그 누구도 직위가 없으며 직원들은 각자가 팀과 자신들의 성과를 '스스로' 관리하며 업무를 책임지게 되었다. 이 조직에서는 독립적인 권한과 책임을 질 수 있는 자기주도식 조직문화가 가장 큰 충성심과 성과에 대한 동기부여가 된다고 믿고 있기 때문이다.
>
> 홀로크라시 조직이 기존 조직의 문제점을 완벽하게 해결해주는 가장 이상적인 시스템이라고 단정할 수는 없다. 하지만 이제까지 조직이 고수해온 조직 운영 방식의 성과와 한계를 돌아보고 새로운 세대를 위한 최선의 조직구조가 무엇인지를 돌아보게 하는 단초를 제공하였다.

자료: https://blog.naver.com/koasv6/221146459065, http://ibr.kr/3002

그런데 지금과 같이 조직의 형태가 급변해 간다면 미래조직의 구조는 어떤 모습일까?

미래에는 극단적으로 조직에 일과 사람만 있고 지금처럼 조직의 구조, 즉 틀(frame)은 없어지는 것은 아닐까? 아메바(amoeba) 조직이라는 말이 있는 것처럼 조직의 전형이 없어지는 것이 아닐까?

상황이론자들은 "조직구조는 상황에 따른다"고 했고, 전략결정론자인 차일드(J. Child)는 "조직의 구조는 관리자의 전략에 따른다"고 했다. 조직의 구조와 특성은 환경에 의해 자동적으로 결정된다고 하기보다는 환경이 매개가 되어 조직 내 의사결정 과정을 거친 전략적 선택의 산물로 보아야 한다. 아마존(Amazon)에서는 '피자 두 판의 법칙'에 기인하여 새로운 개발업무 전담 조직을 만들었다. '피자 두 판의 법칙'이란 개발조직은 피자 두 판을 먹을 정도의 인원이 적정한 팀의 구성 인원이라는 논리이다. 대략 8명의 인원들이 팀을 이뤄 독립적으로 마이크로 서비스를 개발하고 있다. 이런 조직구조는 고객의 니즈와 시장 변화에 빠르게 대응할 수 있는 가장 좋은 구조로 알려져 있다.

[그림 2-4]에서 보는 바와 같이 인터넷에서 시장을 선도하는 기술 기업 조직들은 환경에 적극적으로 대처하기 위하여 자기들의 목적을 전략적으로 달성하기 위한 독특한 조직구조를 생성하고 있다.

그림 2-4 **새로운 형태의 조직구조**

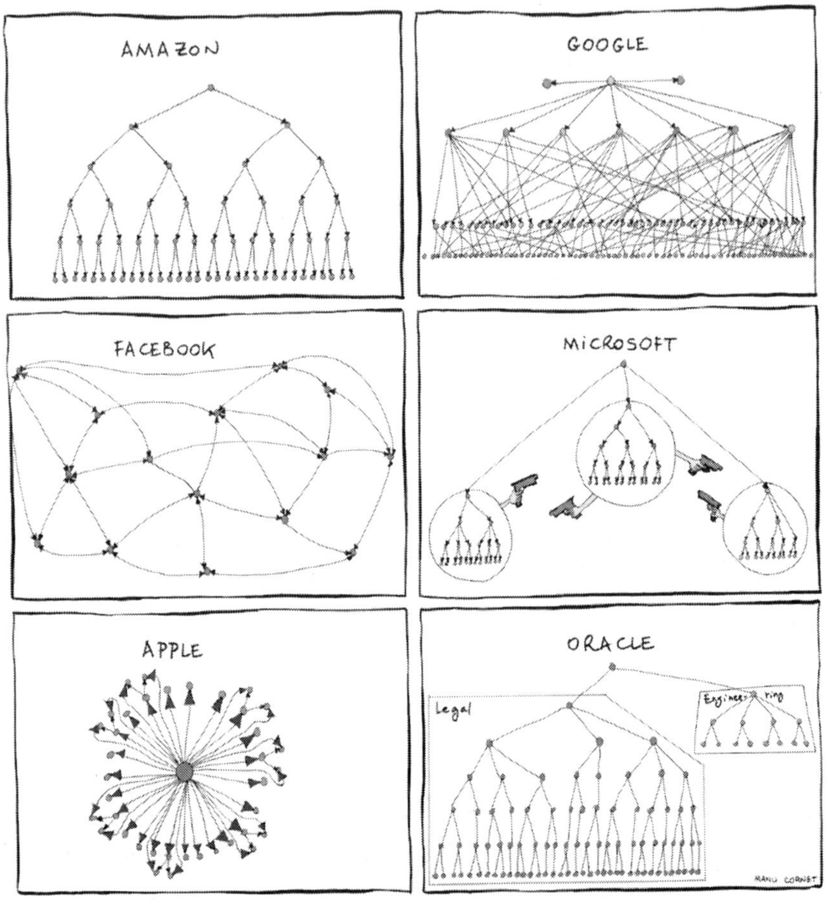

자료: http://coolinfographics.com/blog/2011/6/30/humor-corporate-organizational-charts.html

이런 관점에서 본다면 이른바 관료제의 전형으로 간주되었던 정부를 비롯한 공공조직의 모습은 앞으로 어떻게 변할 것인가?

현재 정부부처 형태의 조직이 업무 효율성 향상과 고객만족도를 높이기 위해 탄력화(elasticity) · 상업화(commercialization) · 민영화(privatization) 방향으로 조직의 구조를 변형(transformation) 또는 진화(evolution)해 나아간다면 궁극적으로 이들 조직은 미래에 어떤 모습으로 귀결될 것인가?

'행정조직의 탄력화'란 궁극적으로 조직이 경성화 조직(hard organization)에서 연성화 조직(soft organization)으로 전환하는 것을 말하는데, 크게 '내부적 탄력화'와 '외부적 탄력화'로 구분할 수 있다.

'행정조직 내부적 탄력화'란 행정조직의 인력 및 예산 운영에 자율성을 부여해 조직의 자기 완결적 의사결정 체제를 강화하는 것을 말한다.

'행정조직 외부적 탄력화'란 행정조직에서 엄격한 법규 및 규정에서 벗어나 민간에서 활용하고 있는 여러 가지 시장적 제도를 활발하게 도입하는 것을 말한다.

구체적으로 '행정조직 내부적 탄력화'의 예를 들면, 여러 나라에서 영국의 넥스트 스텝(Next Step) 조직 형태를 본받아 행정기관을 책임운영기관(executive agency)으로 전환해 조직의 내부적인 인력 및 예산 운영의 탄력성을 강화한 조치를 들 수 있다. 또 다른 '내부적 탄력화'의 예는 행정기관에서 계층제를 바탕으로 한 독임제 체제로 이뤄지던 의사결정 시스템을 새로운 법인을 만들고, 이 법인 내에 스스로 조직의 의사를 결정하도록 하는 것이다. 전통적으로 행정기관 국·과에서 수행해오던 환경 업무를 환경공단이라는 공법인을 만들어 이 기관 내에 별도의 이사회를 설치해 여기에서 조직의 주요 정책을 심의하고 의결하도록 하는 것을 들 수 있다.

'행정조직 외부적 탄력화'의 예를 든다면, 행정조직에서 엄격한 법규와 규정에 따라 승진 및 보수 체계를 연공서열제(seniority)로 운영하던 시스템을 민간조직에서 활용하고 있는 외부 개방 인사와 성과에 상응하는 상여금(incentives on the performance) 제도를 확대하는 것을 말한다.

'행정조직의 탄력화'는 넓은 의미에서 '상업화'나 및 '민영화'까지 포함하는 개념이다. '상업화'와 '민영화'의 개념은 제5장 제3절 '정부조직의 상업화와 민영화'에서 자세하게 설명하기로 한다.

제2절 계선조직과 참모조직

1. 계선조직과 참모조직의 의의

일반적으로 행정조직의 내부구조는 [그림 2-5]에서 보는 바와 같이 명령 및 보고, 그리고 책임을 대변하는 계선(line)조직과 그 계선조직에 전문적인 조언을 하는 참모(staff)조직으로 이뤄져 있다.

그림 2-5 계선조직과 참모조직

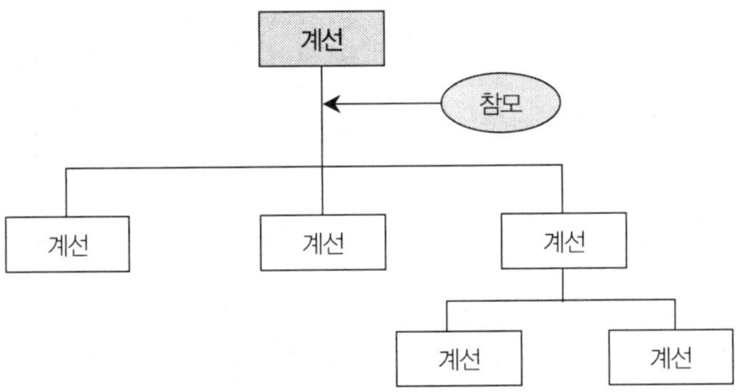

계선조직은 부하의 업무 수행에 대해 무한의 권한을 행사하지만, 참모조직은 자기가 맡은 전문 영역 내에서 제한된 권한만을 행사한다. 따라서 각 부서의 운영에 관한 직접적인 의사결정의 책임을 지는 구성원들의 집단을 계선조직, 그의 의사결정에 조언하고 협조하는 구성원들의 집단을 참모조직이라고 한다.

조직 상하의 명령 · 복종 관계를 가진 수직적 조직 내에서 조직의 목표 달성에 직접적으로 책임을 지는 계선조직은 조직관리자를 정점으로 하여 최고관리층, 중간관리층, 실무진으로 구성된다.

이와 같은 계선조직이 가지는 장점으로는 ① 권한과 책임의 소재를 명확히 할 수 있고, ② 조직 전체의 의사결정을 신속히 할 수 있으며, ③ 철저한 명령 · 복종의 질서에 바탕을 두고 강력한 통제력을 행사할 수 있으며, ④ 조직의 안정을 기할 수 있다.

반면에 계선조직이 가지는 단점으로는 ① 조직의 권한이 상위 직위에 집중되어 있어 조직관리자의 주관적이고 독단적인 의사결정으로 흐르기 쉽고, ② 환경 변화에 따른 전문적인 기술과 지식을 충분히 활용할 수 없으며, ③ 부서 간의 경쟁으로 인한 협조가 어려워질 가능성이 있고, ④ 전반적으로 조직이 경직화되어 탄력성이 약화될 수가 있다.

참모조직은 흔히 스태프(staff) 조직이라고 하여 '계선조직이 그 기능을 원활하게 수행할 수 있도록 이를 지원 · 조성 · 촉진하는 역할을 담당하는 조직'을 말한다. 참모조직은 전문적 지식을 가지고 조직이 목표를 달성하는 데 간접적인 기여를 하는 집단을 말한다.

계선조직에 대비해 참모조직의 특징을 잘 설명한 사람은 과학적 관리법의 운동에 적극적으로 참여한 에머슨(H. Emerson)이다. 그는 참모란 특수화된 직능을 담당하는 전문가에 의해 구성되고 전문적인 기능을 하면서 계선 부문에 대해 조언적 권한을 가질 뿐, 지휘 · 명령권은 없는 형태라고 했다. 즉, 참모는 조직의 전문화 요청에 응하도록 계선 부문을 지원하는 부문일 뿐이라고 했다.

참모조직이 가지는 장점은 ① 전문적 지식과 경험을 가지고 조직이 합리적인 의사결정을 할 수 있도록 하고, ② 계선조직 상위 관리자의 과중한 업무를 도와 조직 운영의 능률성을 높일 수 있으며, ③ 계선조직 상위 관리자의 전문성을 보완해 줌으로써 통솔 범위를 확대시킬 수 있고, ④ 계선조직 간의 갈등이나 알력의 조정을 용이하게 할 수 있다.

한편 참모조직이 가지는 단점은 ① 조직 권한이나 자원 배분을 둘러싸고 자칫 계선조직과의 대립 관계가 형성되기 쉽고, ② 조직 운영에 많은 비용이 소요될 수 있으며, ③ 참모는 조직 운영에 책임을 지지 않으므로 모든 결과에 대해 책임을 계선에 전가하기 쉽고, ④ 참모의 기능이 지나치게 강화될 경우 조직이 불안정해질 염려가 있다.

이상에서 설명한 계선과 참모조직의 특징을 비교하면 〈표 2-2〉와 같다.

표 2-2 계선조직과 참모조직의 특징

구 분	계선조직	참모조직
기능	명령과 복종에 의한 집행	전문적 조언
권한과 책임	직접적	간접적
의사결정	신속	느림
분위기	경직적	탄력적

2. 현대 조직에서 참모의 역할과 기능

현대 국가에서는 정부조직을 운영할 때 업무 수행의 전문성이 요구되고, 정책결정에서 정보의 중요성이 커짐에 따라 공공 부문에서 참모의 역할이 필요하게 되었다. 더욱이 국가 발전에서 행정이 주도적 역할을 해야 한다고 주장하는 발전행정론이 대두되면서부터 공공조직의 기획 분야에 개혁적·쇄신적 아이디어를 제공할 수 있는 참모의 역할이 크게 요구되기 시작했다. 물론 계선조직에 근무하는 사람들도 다양한 전문적인 지식과 쇄신적인 마인드가 필요하지만, 그들은 고정적이고 반복적인 업무 수행으로 인해 새로운 아이디어를 제시할 절대적인 시간이 부족한 것이 현실이다. 따라서 창의적이고 지적인 활동을 필요로 하는 현대 국가에서 계선조직을 보완해 줄 참모의 필요성이 점차 증대되고 있다.

구체적으로 현대 조직에서 참모의 기능을 살펴보면 다음과 같다.

첫째, 조직행위의 일부를 구성하고 있는 조정 업무의 질을 향상시킨다. 통상적으로 계선의 관리자는 조직의 조정 및 통제를 일반적인 표준적 절차에 따라 경직되게 처리하는 경향이 있다. 이와는 달리 참모는 전문성과 다양한 정보에 바탕을 두고 계선의 관리자가 수준 높은 조직의 통제와 조정을 가능하게 도와주는 기능을 한다.

둘째, 참모는 조직의 창설과 발전, 존립을 위해 필요한 자원을 계속적으로 획득하는 데 도움을 준다. 조직의 외부 환경과 관련성이 많은 참모는 외부 자원의 소재를 쉽게 파악하고 이를 동원하는 데 유리한 위치에 있기 때문이다.

셋째, 참모는 다양한 외부 정보원을 통해 수집하고 분석한 정보를 바탕으로 조직의 기본 방침이나 전략을 수립하는 데 유의미한 조언을 할 수 있다. 그리고 조직의 환경 변화에 따라 조직의 목표와 전략을 적기에 수정할 수 있도록 도와주는 기능을 한다.

넷째, 참모는 조직관리자로 하여금 조직이 환경 변화에 적응해 합리적으로 의사결정을 할 수 있게 한다. 이 밖에도 참모는 계선조직의 관리자가 필요로 하는 분야에서 전문적 지식과 외부 정보력을 바탕으로 의미 있는 다양한 조언과 서비스를 제공하는 기능을 한다.

3. 참모조직의 종류

조직에서 계선조직의 역할과 참모조직의 역할이 혼재되어 오다가 전문성에 기반을 둔 참모조직과 조직관리의 최종적인 책임을 지는 계선조직으로 분리된 것은 군대조직에서 시작되었다고 한다. 근대적 의미의 참모조직은 17세기 덴마크 군대가 그 직제 편성을 할 때 참모본부를 실전부대인 계선조직과 분리하면서 비롯되었다고 한다(서태윤, 1985).

전쟁이 소규모일 때는 군대조직이 계선조직만으로도 가능했으나 전쟁규모가 확대되어 감에 따라 지휘관은 전문적인 업무를 보좌해 줄 참모들이 필요하게 되었다.

이러한 요청에 따라 18 · 19세기 이후 프로이센 군대에서 본격적으로 참모조직이 도입되기 시작했고, 1903년 미국 육군성에서 이 시스템을 획기적으로 발전시킴으로써 오늘날과 같은 참모조직이 형성되기 시작했다.

참모조직은 필요에 따라 여러 가지로 분류할 수 있다. 그러나 어떠한 분류이든 참모조직은 계선조직에 대응적 관계를 명확히 하는 방향에서 분류할 필요가 있다. 계선조직이 없는 참모조직은 생각할 수 없기 때문이다.

일반적으로 참모조직의 유형은 [그림 2-6]에서 보는 바와 같이 개인참모, 전문참모, 일반참모로 분류할 수 있다.

개인(personal)참모는 조직관리자의 보좌역으로서 그가 조직을 관리하는 데 필요로 하는 개인적 지원을 하는 사람을 말한다. 군대의 전속부관, 공공조직의 최고관리자 수행비서관 등을 그 예로 들 수 있다.

그림 2-6 **군대의 참모조직**

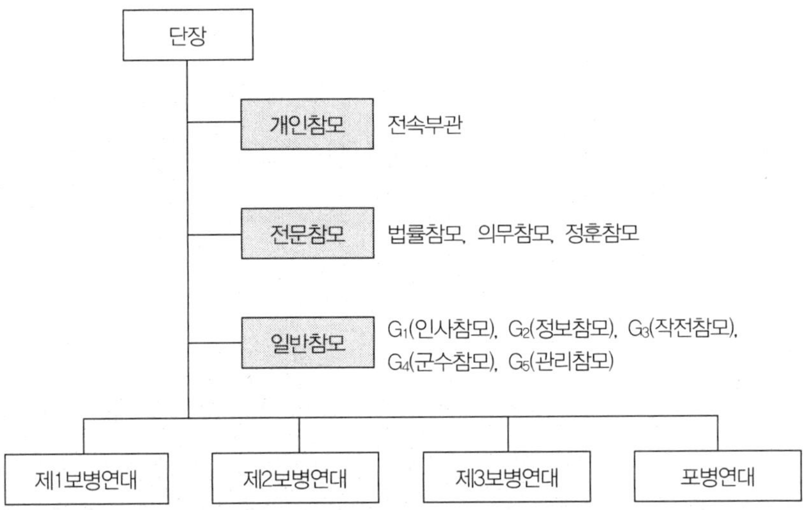

전문(special)참모는 어느 특정 부서의 문제 해결을 위한 전문적인 기술적 서비스를 제공하는 사람을 말한다. 기업 경영에 필요한 법률 자문이나 광고 전문참모 등이 그 예라고 할 수 있다.

일반(general)참모는 조직 전체의 목표 달성을 위해 계선조직을 지원하는 참모를 말하는데, 우리가 흔히 참모라고 하면 이 일반참모를 의미한다. 기획, 예산, 인사 등의 참모가 그 예다.

4. 계선조직과 참모조직의 관계

전통적인 견해에 따르면 계선조직은 결정·집행·명령 등 조직의 본질적인 기능을 수행하고, 참모조직은 조언·권고·서비스 등 조직의 보완적 기능을 수행한다고 한다. 그러나 계선과 참모의 기능을 이론적으로 구분하는 것은 가능할지 몰라도 실제로는 그 구분이 모호한 경우가 많다. 사실상 현대 조직에서 계선 기능과 참모 기능을 같은 부서에서 수행하거나 동일인이 같이 담당하는 경우도 적지 않다. 따라서 계선 기능과 참모 기능을 지금까지 설명한 것처럼 명확하게 구분할 수 있는 것은 아니다.

그러나 계선 기능과 참모 기능 또는 계선조직과 참모조직의 구분을 전제로 한다면 계선조직과 참모조직은 업무 수행 과정에서 서로 마찰을 일으키는 경우도 적지 않다. 이론적인 측면에서 계선조직과 참모조직은 서로 보완적인 관계를 가지는 것이 이상적이긴 하지만 현실은 그렇지 못하다. 조직 최고관리자의 의사결정에 누가 더 큰 영향력을 행사할 것인가 또는 서로 의존 관계에 있는 양자 간에 누가 더 많은 조직의 자원을 확보할 것인가에 대한 갈등 소지를 늘 안고 있다.

일반적으로 계선조직과 참모조직 갈등이 일어나는 주된 원인은 참모가 가지고 있는 전문적인 권위가 종종 계선조직의 계층적·직권적 권위를 훼손하기 때문이다. 그 밖에도 사실상 계선과 참모 사이에는 앞에서 언급한 것처럼 본질적으로 많은 갈등의 원인을 안고 있다.

첫째, 계선조직과 참모조직 사이에는 법규에 의한 명확한 권한과 책임의 한계를 가지고 있지 않기 때문에 갈등이 일어날 가능성이 있다.

둘째, 참모는 본질적으로 현실 비판적이고 개혁 지향적이며, 계선은 현상 유지적이고 변화 저항적인 마인드를 가지고 있기 때문에 늘 갈등 가능성을 안고 있다.

셋째. 계선은 참모가 좁은 전문가의 시각에 집착한다고 비판하고, 참모는 계선이 권위적인 행태를 벗어나지 못한다고 비난한다.

넷째, 계선은 참모가 조직 최고관리자의 친분을 배경으로 그의 권한을 활용해 자신에게 명령을 내리는 것을 싫어하는 심리적 요인도 있다.

5. 계선조직과 참모조직의 갈등 해소 방안

계선과 참모는 조직의 목표 달성을 위해 필요한 명령 체계와 전문적 의사결정에 도움을 주는 조직의 근간을 이루는 양대 축이라고 할 수 있다. 조직의 관리자는 계선과 참모가 서로의 장점을 살려 보완적으로 조직의 성과 창출에 제 역할을 할 수 있도록 노력해야 한다.

첫째, 계선과 참모의 권한과 한계를 법규에서 명확하게 규정함으로써 각자가 자기 직무를 충실하게 수행할 수 있도록 해야 한다.

둘째, 무엇보다도 계선과 참모가 서로 자주 접촉해 스스로 갈등의 원인이 무엇인지를 파악하고 즉각 해소할 수 있도록 노력하는 것이 중요하다.

셋째, 다양한 교육을 통해 참모는 좁은 전문가적 시각에서 벗어나 조직 전체의 목표 달성에 유익한 권고와 조언을 할 수 있도록 하고, 계선은 참모의 전문적 지식과 경험을 최대한 조직 발전에 활용할 수 있도록 해야 한다.

넷째, 조직의 최고관리자는 계선의 직무 책임성과 참모의 전문적 조언이 조직의 전체 목표 달성으로 승화될 수 있도록 양 조직의 조화에 늘 관심을 가지고 있어야 한다. 계선조직과 참모조직의 제도적 장점을 살려서 조직의 목표를 효과적으로 달성할 수 있는 사람은 궁극적으로 조직의 최고관리자이기 때문이다.

제3절 집권조직과 분권조직

1. 집권조직과 분권조직의 의의

조직의 효율적인 운영과 관련해 중요한 개념 중의 하나가 집권화다. 집권화는 조직 내 권한 및 자원의 배분과 관련해 조직의 구조적 특징을 파악하는 데 매우 중요한 지표다(Hall, 1966).

집권(centralization)이란 "의사결정의 권한이 중앙정부, 상급기관, 상위 계층에 집중되어 있는 것"을 말하고, 분권(de-centralization)이란 "의사결정 권한이 지방정부, 하급기관, 하위 계층에 분산되어 있는 것"을 말한다. 일반적으로 집권과 분권은 장소적인 의미에서 중앙과 지방으로 이해하고 있으나, 최근에는 흔히 의사결정의 집중·분산 여부를 기준으로 구분하고 있다.

조직이 지향하는 이념적인 측면에서 볼 때 집권은 능률성에, 분권은 민주성에 초점을 둔 것이라고 할 수 있다. 현실적으로 어느 조직에서나 조직의 환경과 목표를 고려해 자기 조직에 가장 바람직한 집권과 분권, 능률성과 민주성 양자의 적절한 접점을 찾으려고 노력하고 있다.

정치적 의미에서 집권과 분권은 '중앙집권'과 '지방분권'으로 이해할 수 있다.

중앙집권은 중앙정부에 권한이 집중되어 좀 더 광범위한 통제권을 지방정부에 대해서 행사함으로써 지방정부의 자주성이 제한되고 있는 경우를 말한다.

지방분권은 지방정부에 권한이 위임·분산되어 중앙정부의 통제력이 미약하며 지방정부가 좀 더 광범위한 자주성을 행사하는 경우를 말하며, 구체적으로 지방자치를 실시하는 것을 뜻하기도 한다.

지방자치를 실시하는 국가에서는 보통 지방자치단체에서 지방의 업무를 수행하는데 비해, 지방자치를 실시하지 않는 중앙집권 국가에서는 중앙정부 행정기관의 일선기관[2]에서 그 업무를 집행하고 있다.

따라서 지방자치단체에서 지방 주민의 업무를 수행하는 지방자치를 실시하는 국가의 지방분권과 자주성은 그렇지 않은 국가보다 높은 것이 일반적이다. 그러나 지방자치를 실시하면 중앙집권이 약해지고 지방분권이 이뤄지기 쉬운 점은 있으나 지방자치가 바로 지방분권을 의미하는 것은 아니다. 진정한 의미의 지방분권은 지방자치와 더불어 예산을 비롯한 자원이 지방으로 이전되고 그 배분에 대한 의사결정권이 지방에 이양되어야 실현될 수 있는 것이다.

2. 집권화와 분권화의 장 · 단점

조직의 집권화는 조직 전체를 아우를 수 있는 통일된 기준에 따라 조직을 통일적으로 안정되게 운영할 수 있는 장점이 있다. 또한 새로운 기술적 환경 변화에 조직 전체가 신속하게 대응할 수 있고 조직 운영에 따른 비용을 절감할 수 있다.

반면에 조직의 집권화는 중앙부서의 과중한 업무 부담으로 조직의 능률성이 떨어지는 단점이 있다. 통상적으로 집권화된 조직의 구성원들은 조직의 권위주의적 관료주의를 조장함으로써 조직의 민주성을 약화시킨다. 또한 현장의 문제 해결보다는 공식화된 규범에 얽매인 형식적인 조직관리 형태로 흘러갈 가능성이 많으며, 집권화된 부서의 감독과 통제로 일선 업무부서의 창의적인 조직관리를 저해할 우려가 있다.

---

2) 지방분권에서 해당 지역 주민과의 접점에서 업무를 수행하는 조직을 '일선기관'이라고 한다. 일선기관(field office)은 국가행정사무를 지방에서 처리하는 행정기관을 의미한다. 이때의 일선기관은 지방자치단체가 아니고 국가의 지방행정조직으로서 국가의 정책이나 계획을 지역적 실정과 특수성에 적합하게 집행 · 수행하기 위해 설치된 행정기관을 말한다. 우리나라 환경부 산하의 지방환경청이 일선기관의 전형적인 예라고 할 수 있다. 우리나라 '정부조직법' 제3조(특별지방행정기관의 설치)에서는 "① 중앙행정기관에는 소관 사무를 수행하기 위해 필요한 때에는 특히 법률로 정한 경우를 제외하고는 대통령령으로 정하는 바에 따라 지방행정기관을 둘 수 있다"고 규정하고 있다.

지금까지 설명한 조직 집권화와 분권화의 장·단점을 정리하면 〈표 2-3〉과 같다.

표 2-3 집권화와 분권화

구 분	집권화	분권화
조직관리 비용	저비용	고비용
조직 분위기	권위주의적	민주적
업무 처리	공식화·규정화	비공식적·창의적

3. 집권화와 분권화의 촉진 요인

조직이 얼마나 집권화되고 분권화되느냐 하는 것은 지극히 상대적인 개념이다. 이는 조직이 당면한 환경이나 목표, 그리고 조직 내·외의 여건에 따라 다르게 평가될 수 있기 때문이다.

그러나 일반적 의미에서 조직의 집권화를 촉진하는 요인을 적시하면 다음과 같다.

① 조직의 업무량이 적고 단순하며 조직의 규모가 작을 때에는 집권화가 촉진된다. ② 업무 처리의 선례가 확립되어 있지 않은 신설된 조직은 집권화가 촉진된다. ③ 조직 운영이 불안해 특정한 개인의 리더십에 의존할 경우 집권화는 촉진된다. ④ 조직이 긴급한 위기 상황에 직면할 경우에는 집권화가 촉진된다. ⑤ 하급 조직의 능력이 부족하거나 상급 조직이 하급 조직의 능력을 과소평가할 때 집권화가 촉진된다. ⑥ 교통수단이나 통신이 발달할수록 집권화가 촉진된다.

조직의 분권화 요인은 조직의 집권화 요인과 반대로 생각할 수 있다. 구체적으로 조직의 분권화를 촉진하는 요인을 적시하면 다음과 같다.

① 조직의 최고관리자가 조직의 장기 비전(vision)이나 정책적인 문제와 같은 비상규적인 업무(non routine work)에 비중을 두고자 할 때 일상 업무(routine work)는 하위 계층으로 분권화되는 경향이 있다. ② 현

장에서 업무를 신속히 처리해야 할 경우에 분권화가 촉진된다. ③ 조직의 상위직 관리자가 부하의 사기 앙양과 더불어 업무 처리 능력을 제고하고자 할 때 분권화는 촉진된다.

쳇바퀴 스스로 만들기

구글(Google)의 수석기술 임원인 토마스 윌리엄스(Thomas Williams)는 조직의 분권화, 즉 권한 위임의 훌륭한 사례를 제시한다. 그는 직원들이 다람쥐 쳇바퀴 같이 반복적인 업무를 지속하게 만드는 대신 그들에게 자율성을 부여한다. 윌리엄스는 이것을 '자기의 쳇바퀴를 스스로 만드는 일'이라고 부른다. 모든 직원은 자신의 업무 속도에 맞춰 실험과 혁신을 수행할 권한을 제공받는다. 그는 이렇게 말한다. "당신에게 일하는 속도가 늦다고 말하는 사람은 아무도 없다. 당신 자신만이 스스로에게 그렇게 말할 수 있을 뿐이다." 이렇게 직원들에게 적절히 권한을 위임하면 창의적인 모험을 유도하고 업무에 대한 즐거움을 배가함으로써 조직 전체에 혜택을 안겨 줄 수 있다.

조엘 피터슨 · 데이비드 캐플런(2017)

4. 신중앙집권화

신중앙집권화(new centralization)란 "교통과 과학기술의 발달로 지역 간의 거리감이 축소됨에 따라 오히려 새롭게 중앙집권화 경향이 나타나는 것"을 말한다. 행정구역이 광역화되면서 나타나기 시작한 신중앙집권화 경향은 지방재정으로는 감당하기 어려운 많은 지역문제가 발생하면서 더욱 촉진되는 경향이 있다. 일반 민간조직에서도 통신 및 교통의 급속한 발달로 이러한 조직의 신중앙집권화 현상은 확산되고 있다. 지역에서 일어난 문제라고 하더라도 재원과 우수한 인력을 가진 중앙조직에서 문제를 일괄적으로 해결하는 방법을 택하게 되면서 민간조직 및 공공조직의 새로운 집권화 현상은 확대되고 있는 실정이다.

조직환경이 새로운 중앙집권화를 촉진하고 있다고 하지만 우리는 신중앙집권화의 한계와 부작용을 반드시 짚고 넘어가야 한다.

첫째, 지역문제를 조직의 자원을 가진 중앙부서에서 해결하기 시작하면서 어떤 사소한 문제가 발생하더라도 항상 중앙부서에서 해결해야 한다는 타성이 조직 전반에 생길 수 있다. 지역문제나 분권화된 조직의 문제는 해당 조직에서 스스로 해결하도록 해야 분권화된 조직에 몸담고 있는 구성원들의 창의성과 문제 해결 능력을 높일 수 있다.

둘째, 신중앙집권화는 조직의 권한과 책임을 불분명하게 할 수 있다. 지방의 문제와 분권화된 조직의 문제는 그들 스스로 조직 안에서 가용자원을 최대한 활용해 문제를 해결하도록 함으로써 조직구성원의 책임감을 고취할 수 있을 것이다.

셋째, 새로운 중앙집권화는 불가피하게 조직 내의 새로운 보고와 지시의 과정을 만들게 하고, 이에 따라 불필요한 업무 증가와 업무 처리 지연의 원인이 될 수 있다. 문서과다주의(red tape)는 조직의 비용을 증가시키게 된다.

넷째, 신중앙집권화는 지방조직이 중앙조직에, 분권화된 하위조직이 집권화된 상위조직에 지속적으로 종속하게 하여 그 조직의 구성원들로 하여금 상위조직에 더욱 의존하게 하는 악순환을 거듭하게 한다. 이러한 상위조직에 대한 의존성은 우수 인력이 분권화된 조직에서 능력을 발휘해 인정감을 얻기보다는 무조건 상위조직에서 일해야 한다는 고정 관념을 가지게 할 우려가 있다. 이러한 새로운 조직의 중앙집권화에 따른 문제점을 고려할 때 조직의 미래 관리자 육성 측면에서라도 분권화된 조직에서 문제 해결 능력을 키운 사람을 전체 조직의 관리자로 성장할 수 있도록 보직 경로를 마련해 주는 등의 다각적인 노력이 필요하다.

제4절 관료제 조직과 애드호크라시 조직

앞서 설명한 관료제(bureaucracy) 조직에 대비되는 개념으로 '애드호크라시(adhocracy)[3] 조직이 있다.

전통적으로 전문화와 엄격한 계층제, 명확한 규칙과 절차, 연공서열과 업적에 따른 승진, 직무에의 전념화,[4] 몰인간성[5]을 특징으로 하는 베버(Max Weber)의 관료제는 규모가 큰 공공부문을 관리하는 데 있어서 가장 효율적이고 이상적인 조직 형태라고 생각해 왔다. 인간생활의 모든 영역에서 합리성이 지배하는 것을 이상적이라고 생각하고 있는 서구 사회에서 조직은 인간의 감정이 완전히 배제된 규칙이나 절차에 의해 관리되어야 한다고 믿어 왔기 때문이다.

1. 관료제 조직의 구조적 특징

전통적으로 관료제 조직에 적용되는 원리 · 원칙들을 살펴보면 관료제와 애드호크라시의 구조적 차이점을 더 쉽게 이해할 수 있다.

일반적으로 조직 원리를 강조하는 사람들은 "조직을 관리하는 데 지배하는 보편적인 원칙(principle)이 존재한다"는 전제 하에서 그러한 원칙을 탐색하고 적용하기 위해 노력한다. 보편적인 원리란 어떤 조직이든 일반적으로 조직을 관리하는 데 필요한 통일된 원칙을 말한다.

조직 원리는 초기 행정관리학파가 주장하는 '정치 · 행정이원론' 또는 '공 · 사행정일원론'에 기반을 두고 있다. 조직의 원리들은 과학적 관리론을 중심으로 한 기술적 조직이론이 발달한 시기에 유행했던 이론들인데 이러한 조직의 원리를 연구한 학자로는 페욜(Henri Fayol), 무니(James D. Mooney), 라일리(A. C. Reiley), 귤릭(Luther Gulick) 등이 대표적이다.

3) 여기서 'cracy'라는 용어는 '통치 또는 관리 체제'를 말한다.
4) 관료의 업무 시간은 명확히 제한되어 있다 하더라도 직무상 수행하게 되는 활동은 관료의 모든 노동력의 투입을 요구한다.
5) 몰인간성은 조직에서 엄격한 공 · 사의 구분을 의미한다. 조직활동의 합리적 · 비개인적 수행을 방해하지 않도록 하기 위해 사적인 요구와 관심이 조직활동과 완전히 분리되어야 한다는 것을 뜻한다.

조직 원리에 대한 평가는 다양하게 나뉘고 있다. 사이먼(Simon, 1957)은 이러한 조직 원리들을 두고 "검증을 거치지 않은 하나의 격언(proverb)에 지나지 않는다"고 폄하했다. 하지만 왈도(Dwight Waldo)는 "전통적인 조직 원리가 과학성이 부족하기 때문에 소박하게 보일지 모르지만 조직관리에서 경제성과 합리성을 추구하는 방향으로 나아가는 한 그 생명력을 잃지 않을 것"이라고 주장한다(Waldo, 1971).

조직의 원리는 아직도 조직 목표를 효율적으로 달성하고자 하는 조직관리 실무자들로부터 많은 관심의 대상이 되고 있다. 조직 원리는 조직의 주어진 목표를 가장 경제적이고 합리적으로 달성할 수 있는 방법을 제시해 주고 있기 때문이다.

조직의 주요 원리에는 계층제의 원리, 통솔 범위의 원리, 전문화의 원리, 명령 통일의 원리, 조정의 원리 등이 있다.

1) 계층제의 원리

(1) 계층제 원리의 의의

계층제의 원리(hierarchy principle)는 "조직이 효율적으로 운영되기 위해서는 권한과 명령 및 통제가 조직의 정점으로부터 하부에 이르기까지 수직적으로 이뤄지는 피라미드 형태가 조직의 근간이 되어야 한다"는 것을 말한다. 몇 개의 업무 단위는 좀 더 큰 감독 단위의 통제 하에 소속되고, 그 단일 감독자는 그 상위의 고위감독자의 통제 하에 통합적으로 편성되어야 한다. [그림 2-7]에서 보는 같이 하위관리자(lower manager)는 실무자(rank and files)를 관리하고, 상위관리자(higher manager)는 몇 명의 하위관리자를 관리하는 시스템을 말한다. 조직의 업무는 상위직으로 올라갈수록 비상규적인 업무(non-routine work)를 수행하게 되며, 하위직으로 내려갈수록 상규적인 업무(routine work)를 수행하는 형태다.

그림 2-7 **계층제조직**

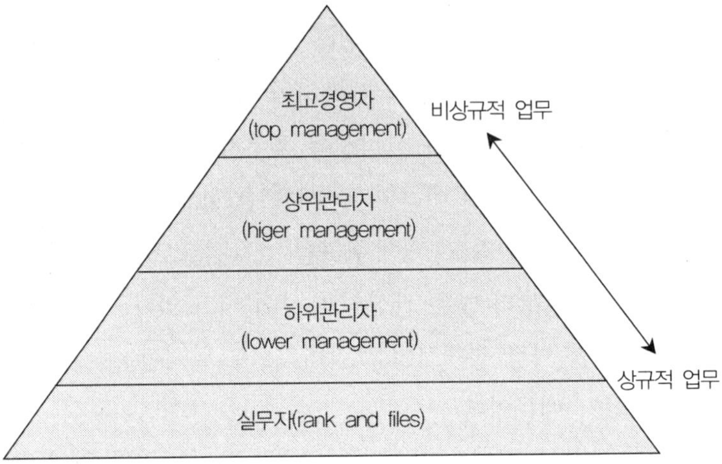

계층제는 가톨릭의 교권 제도에서 유래한 용어이지만 오늘날에는 군대와 정부조직 및 대규모 기업조직에서 보편적으로 활용되고 있다. 베버(Max Weber)의 관료제는 근본적으로 계층제를 전제로 하고 있다. 따라서 관료제 조직과 계층제조직은 동의어로 쓰이기도 한다.

(2) 계층의 기능과 계층화 과정

계층은 명령의 하달 및 보고와 같은 공식적인 의사전달의 통로가 될 뿐만 아니라 조직의 목표를 달성하기 위해 권한을 위임하고 업무를 분담하는 단위가 된다. 또한 계층은 조직 내 상하 간 리더십을 발휘할 수 있는 통로가 되며 부서 간 분쟁과 갈등을 해결하는 수단이 된다.

무니(Mooney, 1939)는 이러한 조직 내 계층이 가지는 기능을 바탕으로 업무는 계층을 통해 구체화된다고 했다. 그 과정은 ① 리더십 형성(formation of leadership), ② 권한의 위임(delegation of authority), ③ 직무의 결정(functional definition)이라고 했다.

계층제조직의 가장 중요한 성공 요인은 일차적으로 리더십의 형성과 배분, 즉 최고관리자가 리더십을 어떻게 발휘하고 활용하느냐에 달려 있다. 르블레비치(Leblebici, 2010)는 계층제조직의 리더는 항상 다음과 같은 자기 의문을 가지면서 리더십을 발휘해야 한다고 한다.

Being a Leader and the Challenges of Leadership Execution in Hierarchy

- Why is it hard to be a leader?
- What are some of the myths and realities of managing?
- What are some of the strategic tensions in organizations?
- Why is power important to get things done?

(3) 계층제의 장·단점

관료제의 계층제가 현대의 급변하는 환경에서 적지 않은 비판을 받지만 전통적으로 다음과 같은 장점을 가지고 있다.

첫째, 명확한 지휘 명령 채널을 통해 조직의 모든 구성원을 통합하는 데 용이하다.

둘째, 분업과 전문화를 통해 업무의 능률성과 정확성을 보장할 수 있을 뿐만 아니라 직위에 상응하는 책임과 권한의 행사를 보장할 수 있다.

셋째, 상하 간 명령과 보고가 신속하게 전달되어 즉각적인 의사결정을 할 수 있다.

반면에 계층제가 가지고 있는 핵심적인 역기능과 단점은 다음과 같다.

첫째, 계층의 수가 많아지면 의사전달의 왜곡이 발생할 뿐만 아니라 변동하는 환경에 즉각적으로 대응하기 힘든 상황을 초래할 수 있다.

둘째, 계층제는 통상적으로 엄격한 규정과 문서에 의해 운영되는 시스템이기 때문에 지나친 절차와 문서주의로 인해 업무의 지연을 초래할 수 있다.

셋째, 계층제의 경직된 조직 분위기는 하위에 있는 구성원들의 사기를 저해하고 이들이 창의성을 발현할 기회를 빼앗을 우려가 있다.

특히 예로부터 권위주의적 행정문화가 뿌리를 내리고 있는 우리나라의 정부 및 공공조직의 경우 직무상 상하 관계가 신분 및 사회활동에도 연장되는 경우가 많다. 이는 계층제가 가진 일반적인 역기능 중에서도 특히 우리나라 정부조직에 존재하는 독특한 공공조직 문화라고 할 수 있다.

(4) 불완전 계층제

계층제의 많은 장점과 순기능에도 불구하고 조직의 환경 변화에 따라 많은 비판을 받고 있을 뿐만 아니라 일부 수정이 불가피한 측면이 있다. 뒤에서 설명하게 될 애드호크라시 조직은 계층제를 근간으로 하는 관료제의 단점을 보완하고자 생성된 것인데, 여기서는 전통적 관료제와 애드호크라시의 중간 형태 조직인 '불완전(또는 결점) 계층제(defective hierarchy)'를 소개하고자 한다. 애드호크라시 조직이나 불완전 계층제는 모두 계층제조직의 단점을 보완하기 위해 발생한 조직 형태다.

메이어(M. W. Meyer)는 관료제의 경직성을 피하면서 조직의 안정성도 함께 추구할 수 있는 불완전 계층제를 주장한다(Meyer, 1982). 불완전 계층제는 조직의 한 단위가 최고관리층의 영향력을 벗어나 자율적으로 업무를 수행하는 수직적으로 분권화된 조직을 말한다. 이러한 조직 시스템은 조직구성원의 사기를 증진시킬 수 있을 뿐만 아니라 이익대표나 전문가들의 의견을 용이하게 통합할 수 있는 장점이 있다. 또한 이러한 수정된 계층제는 기존의 조직구조를 크게 흩뜨리지 않으면서 조직의 탄력성을 확보하고 조직 운영의 효율을 도모할 수 있는 장점이 있다고 주장한다. 최근에 유행하고 있는 책임운영기관이나 사업부제 조직은 이와 같은 불완전 계층제의 한 예라고 할 수 있다.

그러나 불완전 계층제도 여전히 비판의 대상이 되고 있다. 공공조직의 경우 정치적 통제를 약화시키는 요인이 될 수 있으며, 의사결정이 지체되고 운영상 비용이 많이 드는 단점을 가지고 있기 때문이다. 불완전 계층제는 완전한 계층제를 일부 보완 수정하고자 시도된 형태이지만 자칫하면 계층제가 가지고 있는 근본적인 장점을 훼손할 우려가 있다.

2) 통솔 범위의 원리

계층제는 조직의 상급 지위에 있는 사람이 하위 직위에 있는 사람을 적절히 통제·감독한다는 전제에서 출발한다. 여러 조직 원리 중에서 계층제의 원리가 통솔 범위의 원리와 같은 맥락에서 설명되는 경우가 많은데 그 이유도 이 때문이다.

통솔 범위(span of control)는 한 사람의 상관 또는 감독자가 효과적으로 통솔할 수 있는 부하의 수를 말한다. 즉, 이는 개인이 효과적으로 통솔할 수 있는 부하의 수 또는 조직 단위의 수는 한 감독자가 효과적으로 지휘·통솔할 수 있는 범위를 넘어서는 안 된다는 점을 강조한 원리다.

한편 통솔 범위는 심리학적으로 개인이 다른 사람에게 기울일 수 있는 관심의 범위(span of attention)에 그 근원을 두고 있다. 인간이 관심을 가지고 통솔할 수 있는 범위는 한계가 있다는 전제에서 출발한다.

페욜(Henri Fayol)은 "한 사람의 상급자가 통솔할 수 있는 적정한 부하 직원 수는 5~6명이다"라고 했다. 해밀턴(A. Hamilton)은 "평균적인 사람이 효과적으로 관리할 수 있는 사람의 수는 3~6명이며, 조직의 최고 관리층에 접근할수록 그 범위는 3명으로 줄어들고, 하위층으로 내려갈수록 6명에 접근한다"고 했다. 어윅(L. E. Urwick)은 "상위 직급 감독자에게는 4명, 하위 직급 감독자에게는 8~12명이 적정하다"고 했다. 그레이커너스(V. A. Graicunas)는 "상위직 관리자에게는 5~6명, 그리고 말단 직원 관리자에게는 20명이 한도"라고 했다. 데이비스(J. H. Davis)는 "일선 감독과 관리감독을 구분해 일선감독자에게는 10~30명, 관리감독자에게는 3~8·9명이 적정하다"고 했다.

이들이 주장하는 것은 과학적인 근거를 가지고 있다기보다는 경험에서 얻는 귀납적 사실에 입각해 적정한 통솔 범위를 제시하고 있을 뿐이다. 그들은 "권한과 책임의 정도가 계층적인 피라미드 계층제에서 하위 조직으로 내려갈수록 통솔 범위가 순차적으로 넓어진다"는 점을 강조한다.

일반적으로 통솔 범위는 수평적으로 감독 폭이 넓어지거나 수직적인 계층이 많아질수록 그 수가 줄어든다고 할 수 있다. 한편 통솔 범위는 조직의 환경이나 개인 감독자의 능력에 따라 달라질 수 있다. 또한 각 계층에서 수행하는 업무의 복잡성이나 전문성에 의해서도 달라질 수 있다.

이런 점을 고려한다면 통솔 범위는 ① 감독자의 조정 능력, ② 업무의 기능적 동질성, ③ 조직과 업무의 안정성, ④ 감독 방법의 발달 정도 등이 클수록 넓어지고, ① 업무의 종류, ② 업무의 복잡성과 곤란성, ③ 업무의 전문성과 책임성, ④ 감독자와 부하의 거리 등이 멀고 클수록 좁아진다고 할 수 있다. 이와 같이 통솔 범위를 결정하는 전자의 정비례 요소와 후자의 반비례 요소를 정리하면 〈표 2－4〉와 같다.

표 2-4 통솔 범위의 결정 요소

정비례 요소	반비례 요소
• 감독자의 조정 능력 • 업무의 기능적 동질성 • 조직과 업무의 안정성 • 감독 방법의 발달 정도	• 업무의 종류 • 업무의 복잡성과 곤란성 • 업무의 전문성과 책임성 • 감독자와 부하의 거리

사이먼(Herbert A. Simon)은 적정한 통솔 범위를 마술적 숫자(magic number)라고 하면서 아무도 그 수를 알 수 없다고 했다. 그는 통솔 범위가 여러 가지 가변적 상황을 종합적으로 고려해 정해지는 것이지 어떤 기계적 원리에 의해 정해지는 것은 아니라고 했다. 그는 조직에서 감독자의 통솔 범위는 인간의 경험과 창조적 적응력에 따라 그 범위가 달라진다고 했다.

3) 명령 통일의 원리

(1) 의의

명령 통일(unity of command)의 원리는 "계층제조직에서 일하는 구성원은 오직 한 사람의 상관으로부터 명령을 받고 그 상관에게만 보고해야 한다"는 조직 원리를 말한다. 귤릭(Luther H. Gulick)은 "여러 사람으로부터 명령을 받는 부하는 혼란을 일으키고 무책임한 데 비해, 한 사람의 상관으로부터 명령을 받는 부하는 체계적이고 능률적이며 책임을 가지고 업무를 수행한다"고 했다.

명령 통일의 원리를 지키기 위해서는 [그림 2-8]에서 b_1이 d_5에게 지시할 경우 b_1은 d_5의 상관인 b_2에게 먼저 협조를 구하고, b_2는 다시 c_3에게 명령해 최종적으로 d_5에게 전달되도록 해야 한다는 것이다. 보고는 반드시 그 역의 순서로 전달되어야 한다. 만약에 b_1이 b_2의 협조를 얻지 못할 경우에는 a_1에게 보고해 a_1이 $b_2 \rightarrow c_3 \rightarrow d_5$에게 지시되도록 해야 한다.

그림 2-8 명령 통일의 원칙

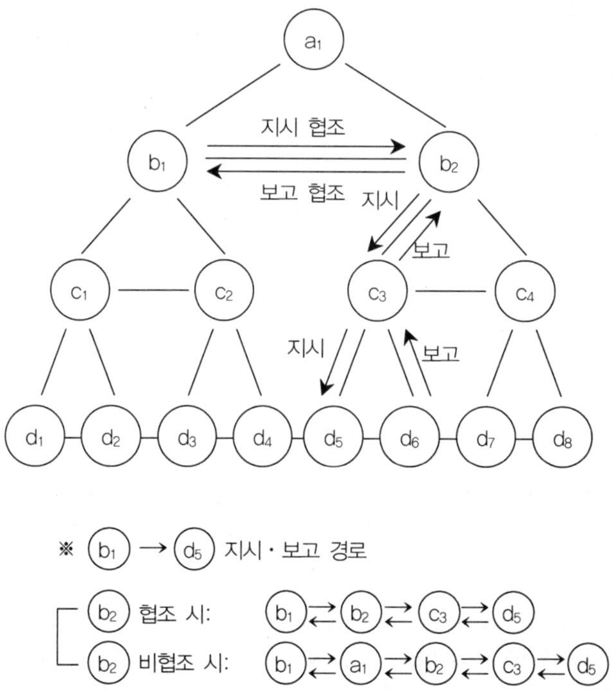

(2) 명령의 사슬

이 명령 통일의 원리가 적용되려면 [그림 2-8]에서 보는 바와 같이 예외 없이 명령의 사슬(chain of command)로 구성된 계층화된 조직이 먼저 설치되어 있어야 한다. 모든 조직의 권위는 한 사람의 최고관리자([그림 2-8]에서 a_1)로부터 나와야 하고, 이것이 피라미드의 하부조직([그림 2-8]에서 $a_1 \rightarrow b_1$, b_2, $b_1 \rightarrow c_1$, c_2 등)으로 확대되어야 한다.

명령의 사슬과 명령 통일의 원리

명령의 사슬(scaler chain)은 조직 내에서 권위, 커뮤니케이션, 그리고 책임의 공식 라인(line)을 의미한다. 명령의 사슬은 흔히 조직도(organizational chart)에서 묘사되는데 상관과 부하의 종속 관계를 가장 선명하게 보여 준다. 고전적 조직이론에 따르면 조직도는 조직구조 내에서 권위와 커뮤니케이션의 흐름을 시각적으로 가장 잘 보여 줄 뿐만 아니라 조직의 의무와 책임이 어떻게 배분되는지를 명확하게 알려 준다. 명령의 사슬과 거기에 나타난 권위 관계를 철저하게 활용함으로써 명령 통일의 원리가 유지될 수 있는 것이다. 명령 통일의 원리는 '부하는 항상 한 사람의 상관에게 보고하는 것'을 뜻한다.[6)]

자료: http://wiki.answers.com/Q/What_is_the_unity_of_command_principle#ixzz1Doq30CB6

6) The chain of command, sometimes called the scaler chain, is the formal line of authority, communication, and responsibility within an organization. The chain of command is usually depicted on an organizational chart, which identifies the superior and subordinate relationships in the organizational structure. According to classical organization theory the organizational chart allows one to visualize the lines of authority and communication within an organizational structure and ensures clear assignment of duties and responsibilities. By utilizing the chain of command, and its visible authority relationships, the principle of unity of command is maintained. Unity of command means that each subordinate reports to one and only one superior. Read more: http://wiki.answers.com/Q/What_is_the_unity_of_command_principle# ixzz1Doq30CB5

(3) 한계

명령 통일의 원리는 조직 내에서 부하는 누구에게 명령을 받고 누구에게 보고해야 하는지를 명확하게 하고, 상관은 전체적인 조직관리의 측면에서 부하의 업무와 권위를 어떻게 조정해야 하는지를 명확히 하는 장점이 있다.

그러나 조직의 환경이 급변함에 따라 명령 통일의 원리는 적절한 조직원리가 아니라는 주장이 제기되기도 한다. 가령 조직에서 급박하게 해결해야 할 문제가 발생했다고 하자. [그림 2-8]에서 최고관리자 a_1은 그 문제를 해결의 적임자인 d_1에게 해결을 지시할 경우 $a_1 \rightarrow b_1 \rightarrow c_1 \rightarrow d_1$ 계통으로 명령하고 보고받는 것보다는 바로 a_1이 d_1에게 바로 지시하고 결과를 보고 받는 것이 훨씬 시간을 단축하고 효과적일 수 있다. 이런 측면에서 본다면 명령 통일의 원리는 불필요한 커뮤니케이션의 부담을 야기하고 업무 처리의 지연을 초래할 수 있다.

또한 최근에는 명령 통일의 원리가 조직의 전문화 원리와 어떻게 조화되어야 하는지에 대한 의문도 제기되고 있다. 조직의 특정한 문제를 해결하기 위해 매트릭스 조직에서 일하고 있는 조직의 구성원은 복수의 전문가와 상관으로부터 지시를 받게 되는데, 이럴 경우 그는 한 사람의 상관에게 지시를 받고 보고하기 어려운 현실적인 어려움에 직면하게 된다.

이런 점을 고려해 사이먼(Herber A. Simon)은 현대 조직에서 명령 통일의 원리는 하나의 환상에 지나지 않는다고 지적한 바 있다.

4) 전문화의 원리

(1) 의의

전문화(specialization)란 "조직에서 해당 업무에 전문성이 있는 개인 혹은 집단에게 그 고유의 업무를 배분해 이를 처리하도록 하는 것"을 말한다. 전문화는 업무의 분담이라는 점에서 분업(division of work)이라고도 하며, 공공조직의 대표적인 형태인 행정조직의 근간인 '부처주의(departmentation, departmentalization) 원리'의 기초가 된다.

조직에서 전문화 또는 분업을 하는 근거로 사람은 누구나 고유의 재능에 맞는 능력을 가지고 있으므로 이러한 개인의 차이를 고려해 업무를 분담하는 것이 조직의 효과를 높일 수 있다는 것이다.

인간은 누구나 능력에 한계가 있지만 자기 나름대로 비교 우위의 재능을 가지고 있기 때문에 본인 능력의 부족한 점은 다른 사람이 보완하고 자기가 잘할 수 있는 분야에 장기를 살려서 업무를 수행하는 것이 조직의 시너지 효과를 얻을 수 있다는 것이 전문화 원리의 근거다. 전문화는 조직구성원들에게 그가 가장 잘할 수 있는 업무에 전념하게 함으로써 조직 전체의 효과성을 높이는 것을 전제로 한다.

또한 사람은 같은 시간에 여러 가지 일을 할 수 없으며, 동시에 여러 장소에서 일을 할 수도 없는 물리적 한계도 있기 때문에 전문화가 필요하기도 하다.

앞에서 설명한 사람마다 가지고 있는 고유의 재능에 초점을 두는 것을 '사람의 전문화'라고 한다면, 해당 업무에 의한 전문성 확보를 '일의 전문화'라고 한다.

'사람의 전문화'와 '일의 전문화'

'사람의 전문화'란 조직 내 구성원이 전문적 기술과 지식을 습득하는 것을 말한다. 조직의 구성원은 누구나 다른 사람이 할 수 없는 일과 다른 사람보다 더 잘할 수 있는 업무에 전념함으로써 조직 내에서 권력과 영향력을 가지게 된다.

'일의 전문화'란 업무를 세분화해 반복적 · 기계적 업무로 단순화시키는 것을 말한다. 이는 고전적 조직이론의 관점을 반영한 것으로 일의 전문화를 기계적 업무 처리 과정으로 파악했다.

전문화 원리의 관점에서 본다면 조직에서는 일을 수행하는 사람과 일 자체를 동시에 전문화하려고 노력한다.

(2) 기준

정부조직에서 부처조직(department)의 기준은 1918년 영국의 홀데인 위원회(Holidane Committee)에서 '업무의 기능'에 따를 것을 건의한 이후 다양한 기준이 제시되고 있다. 귤릭(Gulick, 1978)은 공공조직에서 부서별 전문화 또는 분업의 기준으로 ① 주요 목적(major purpose), ② 과정(process), ③ 고객 또는 설비(clientele or materials), ④ 지역(place)을 들고 있다.

일반적으로 공공조직의 분업화는 1차적으로 목적별 · 기능별로 분류하고, 2차적으로 행정과정론자들이 주장하는 과정 또는 지원 업무를 분업화한다.

목적별 · 기능별 분류는 정부의 기능 중에서 동일한 목적 및 기능의 업무를 같은 부처에 귀속시키고, 그 부처는 다른 부처의 업무에 대해 관여하지 않도록 하는 것이다. 예를 들어, 군대 문제는 국방부에 맡기고 국토에 관한 문제는 국토교통부에서 처리하도록 하는 것이다.

과정 또는 지원에 의한 분류는 행정 절차에 따라 수평적으로 분업화하는 것을 말한다. 목적 및 기능별로 분류된 행정조직에서 업무의 과정 절차에 따라 동일한 업무를 수행하는 조직을 하나의 부처로 형성하는 것을 말한다. 가령 목적 및 기능별로 분류된 행정조직에서 필요로 하는 정확하고 신속한 자료를 제공할 목적으로 통계청을 만들거나, 물품의 조달을 위해 조달청을 만드는 것과 같은 것이다. 과정별 · 절차적 조직은 목적별 · 기능별 조직에 비해 주로 낮은 단계의 2차적 수단으로 활용되고 있다.

행정조직은 계층제에 의해 수직적으로 업무를 분업화하기도 한다. 수직적 분업화는 계층제의 상위직에 있는 사람에게는 기획이나 정책적인 업무를 배분하고 일상적인 기계적 업무는 하위직에서 처리하도록 한다. 중앙정부 공무원들은 기본 방향이나 정책적인 문제를 전담하고, 직접적인 행정수요에 대응한 업무는 고객별 · 지역별로 만든 별도의 현장 행정조직 공무원들이 수행하게 된다. 외교부의 본부에서는 우리나라 외교의 기본 방향을 설정하고 각국에 주재하는 대사관에서는 해당 국가에 거주하는 교민과 그 지역 현장 업무를 수행하도록 하는 것이 그 예라고 할 수 있다.

공공조직에서는 수평적 분업화와 수직적 분업화를 동시에 활용한다.

행정조직은 행정의 능률을 높이기 위해 가능한 한 행정부의 자율적인 결정에 위임해야 한다는 입장과 민주적인 통제를 위해 국회가 관여해야 한다는 주장이 있다. 우리나라의 경우 정부조직은 국민의 생활이나 이해관계자에 미치는 영향이 크기 때문에 그 중심이 되는 행정조직 설치 및 개폐는 원칙적으로 국회에서 정하는 법률에 의하도록 하고 있다. 이를 일명 '정부조직 법정주의'라고 한다. 다만 정부조직의 세부 조직은 행정환경에 탄력적으로 대처하고 행정의 능률을 제고하기 위해 행정부의 재량에 맡기는 방향으로 운영되고 있다.[7] 즉, 우리나라의 '정부조직법'은 정원의 범위 내에서 과 단위 기구 설치는 총리 및 각부 장관에게 위임하여 조직운영의 자율성을 확보하고 있다.

우리나라에서 시행되고 있는 행정조직의 근거 법령은 〈표 2-5〉에서 보는 바와 같이 '헌법'에서 행정부 조직의 근거를 마련하고 '정부조직법'에 의해 중앙행정기관, 각종 '해당 법률'에 의해서 합의제 행정기관(위원회)의 설립 근거를 마련하고 같다. 그리고 국 단위의 직제는 대통령령으로, 과 단위의 직제는 총리령 또는 부령으로 정하고 있다.

---

7) '정부조직법' 제2조(중앙행정기관의 설치와 조직 등) ① 중앙행정기관의 설치와 직무범위는 법률로 정한다. 제8조(공무원의 정원 등) ① 각 행정기관에 배치할 공무원의 종류와 정원, 고위공무원단에 속하는 공무원으로 보하는 직위와 고위공무원단에 속하는 공무원의 정원, 공무원 배치의 기준 및 절차 그 밖에 필요한 사항은 대통령령으로 정한다. 다만, 각 행정기관에 배치하는 정무직 공무원(대통령실에 배치하는 정무직 공무원은 제외한다)의 경우에는 법률로 정한다. ② 제1항의 경우에, 직무의 성질상 2개 이상의 행정기관의 정원을 통합해 관리하는 것이 효율적이라고 인정되는 경우에는 그 정원을 통합해 정할 수 있다.

표 2-5 행정조직의 근거 법령

법 령	내 용
헌법	행정 각부의 설치 근거,[8] 국무위원 등 행정부의 기본 사항 규정[9]
법률	중앙행정기관(정부조직법), 합의제 행정기관(각종 위원회 개별 법률),[10] 독임제 행정기관[11] 등 설치 근거 규정
대통령령	통칙(행정기관의 조직 및 정원에 관한 통칙), 각 부처 직제(국 단위 이상 하부조직, 특별지방행정기관·부속기관 및 기능 등 규정(예: 기획재정부와 그 소속기관 직제), 법률시행령
총리령·부령	각 부처 시행규칙과 단위 하부조직, 직급별 정원 등 규정 (예: 기획재정부와 그 소속기관 직제시행규칙)

자료: 행정안전부 정부조직관리정보시스템(2018).

(3) 수직적 전문화와 수평적 전문화

흔히 전문화는 동일 계층 사이에 분업을 전제로 한 '수평적 전문화(horizontal specialization)'만을 생각하기 쉬우나 계층구조에서 '수직적 전문화(vertical specialization)'도 매우 중요한 역할을 한다.

'수직적 전문화'는 조직의 상하 계층 간의 분업을 말한다. 상위 계층에서는 비정형적이고 비상규적(non routine)인 업무와 의사결정에 중점을 두게 되고, 하위 계층에서는 정형적이고 상규적(routine)인 업무 처리에 비중을 둠으로써 수직적 계층 간에 분업이 이뤄진다.

우리나라 행정조직에서 수평적 분업화는 너무 극단적으로 잘 이뤄지고 있어 문제로 지적되고 있고, 수직적 분업화는 너무 이뤄지지 않는 문제점을 노출하고 있다. 가령 우리나라의 대규모 공공조직에서는 부서 간

8) '헌법' 제96조 행정 각부의 설치·조직과 직무 범위는 법률로 정한다.
9) '헌법' 제88조 ① 국무회의는 정부의 권한에 속하는 중요한 정책을 심의한다. ② 국무회의는 대통령·국무총리와 15인 이상 30인 이하의 국무위원으로 구성한다. ③ 대통령은 국무회의의 의장이 되고, 국무총리는 부의장이 된다.
10) 현행 합의제 행정기관(위원회): 국가인권위원회('국가인권위원회법', 독립기관), 방송통신위원회('방송통신위원회 설치 및 운영에 관한 법률', 대통령 소속), 공정거래위원회('독점규제 및 공정거래에 관한 법률', 국무총리 소속), 금융위원회('금융위원회 설치 등에 관한 법률', 국무총리 소속), 국민권익위원회('부패 방지 및 국민권익위원회 설치와 운영에 관한 법률', 국무총리 소속).
11) 현행 독임제 행정기관: 행정중심복합도시건설청('신행정도시 후속 대책을 위한 연기·공주지역 행정중심복합도시 건설을 위한 특별법', 국토교통부 소속).

의 엄격한 업무 분장으로 인해 야기된 부서이기주의와 부서할거주의(sectionalism)가 큰 문제점이 되고 있다.

높은 부서 간 장벽, 사일로 효과

부서 간 커뮤니케이션이 잘 안 된다는 것은 단순히 두 개의 부서 간 문제를 넘어, 회사 전체의 손실이 된다. 실제로 잡코리아에서 실시한 '부서 간 갈등'에 대한 설문조사에 따르면 설문에 응한 직장인 1,745명 중 96%가 현재 근무하고 있는 회사 내에서 부서 간 갈등이 존재한다고 답했고, 이 중 86%가 이로 인해 회사에 손실이 발생하고 있다고 응답했다.

부서 간 협업, 그리고 커뮤니케이션과 관련된 용어로 사일로 효과(Silo Effect)라는 단어가 있는데, 부서들 간에 서로 담을 쌓고 자기 부서만의 이익을 추구하는 것을 일컫는 경제용어이다. 사일로란 곡물이나 시멘트, 가스, 석유, 가축의 사료 등을 저장해두는 원통형의 저장고를 의미한다. 이 사일로가 일반 창고와 구분되는 특징이라 하면, 무엇보다 독립적으로 존재한다는 것이다. 예를 들어, 창고라고 하면 이곳저곳에 여러 가지 물건을 저장하고 꺼내 쓸 수 있는데, 사일로는 해당 목적에 맞는 것만 적재를 해놓고 관리한다. 이렇게 사일로는 독립적으로 존재하고 저장물들은 서로 섞이지 않도록 관리되는데, 이것이 서로들 간의 높은 장벽과 비슷하다는 데서 사일로 효과라는 용어가 생겼다.

기획의 그레셤 법칙(Gresham's Law of Planning)에서 지적하는 바와 같이 조직의 상위직에서 해결해야 할 비정형적 의사결정이나 업무를 지나치게 하위직에 위임함으로써 수직적 분업화의 문제점을 드러내고 있다. 조직의 환경 변화와 관련한 조직의 전략과 기획적인 문제들은 상위관리자가 미래 지향적인 안목을 가지고 집중적으로 다뤄야 할 조직의 과제다. 그러나 우리나라의 공공조직에서는 모든 업무를 하위직에서 기안하고 상위직은 결재만 하는 것으로 잘못 인식하고 있어 조직의 비정형적인 의사결정과 업무가 소홀하게 다뤄지고 있다. 또한 조직의 환경문제와 관련된 핵심적인 과제들이 상규적인 업무에 비해 비중 있게 다루어지지 못하는 난맥상도 조직 내부에서 수직적 분업화가 적절히 이루어지지 않고 있기 때문에 일어나는 경우가 많다. 조직의 방향과 관련된 기획 업무에도 물론 하위직 구성원의 참여가 필요 하지만 미래 지향적인 조직의 생존 문제에 대해서는 상위직에서 책임감을 가지고 직접 처리하는 것이 바람직하다.

기획의 그레셤 법칙

경제에서 '악화가 양화를 구축(驅逐, ousting)하는 것'과 같이 '조직에서 상규적인 의사결정이나 업무가 비상규적인 의사결정이나 업무를 구축'하게 되는 것을 의미한다. 사이먼(Herbert A. Simon)은 만약 조직에서 상규적인 의사결정이 자동화된다면 의사결정의 그레셤 법칙은 더 크게 나타날 수 있다고 한다. 즉, 조직에서 누구나 손쉽게 처리할 수 있는 자동화된 상규적인 업무만 취급하려고 하고, 고도의 지적 능력과 판단력을 요구하는 비상규적인 업무를 기피하게 된다. 그는 조직의 계층적 구조에는 ① 기본적 작업 과정(basic work process), ② 상규적(routine) 의사결정 과정, ③ 비상규적(non routine) 의사결정 과정 등 세 가지 과정으로 구성되어 있는데, 의사결정의 자동화가 아무리 심화된다고 하더라도 이와 같은 조직의 세 가지 기본적 구조를 변화시키지 못할 것이라고 한다. 이 중에서 상규적인 의사결정에 의해 구축되기 쉬운 비상규적인 의사결정을 적절하게 다루기 위해서는 이 부분을 상위직에서 책임감을 가지고 처리해야 함을 강조하고 있다.

(4) 문제점

전문화 또는 분업은 도구 및 기계의 발달을 가져옴으로써 조직의 능률을 제고할 뿐만 아니라 개인 능력의 단순한 합(合) 이상으로 조직의 시너지를 확대시키는 효과를 가져온다.

그러나 조직의 구성원이 한 가지 일만을 반복적으로 수행함으로써 일에 대한 흥미를 상실해 권태감을 유발할 수 있고, 인간을 한정된 업무에 묶어 둠으로써 자아실현 욕구를 저해하는 부작용이 있다. 또한 개인과 부서의 권한과 책임의 한계를 분명히 함으로써 부서할거주의를 조장하게 하며, 과도한 전문화는 조직구성원 사이에 커뮤니케이션의 장애를 불러

일으키기도 한다. 무엇보다도 전문화는 자기가 맡고 있는 부분 업무에만 몰입함으로써 조직구성원들로 하여금 조직 전체를 볼 수 있는 시야를 차단해 조직 발전을 저해하는 문제점을 유발할 수 있음을 유념할 필요가 있다.

5) 조정의 원리

(1) 의의

일반 조직에서 언급하고 있는 조정이란 "조직의 목표를 효율적으로 달성하기 위해 조직 단위 및 구성원의 노력과 행동을 질서 있게 배열하고 통일하는 작용"을 말한다.

공공행정학자인 셀즈닉(Selznick, 1949)은 조정이란 "명령 계통을 확정하고 기능적 행정의 통합이 가능하도록 직위와 직책을 조직적으로 질서화 하는 것"이라고 했다.

무니와 라일리(Mooney & Reiley, 1939)는 앞에서 언급한 조직의 원리들은 조정을 위한 하나의 수단에 불과하기 때문에 조정의 원리가 '조직의 제1의 원리'가 되어야 한다고 주장했다. 조정은 하나의 독립된 활동 또는 작용이 아니라 모든 관리작용 속에 포함되어야 할 중요한 요소이기 때문에, 이것 없이는 효율적 목적 달성이 불가능하다는 것이다. 오케스트라에서 지휘자와 같은 역할이 바로 조정이라고 할 수 있다.

조직의 조정과 통합 메커니즘에는 수직적인 방법과 수평적인 방법이 있다. 수직적인 방법에는 상위 계층에 문의하기(hierarchical referrals), 조직의 조정 방법을 미리 규칙 · 계획 · 표준운영절차(SOP)에 명시하기, 새로운 지위 만들어 조정하기, 통합적 수직적 정보 체계를 만들기 등이 있다. [그림 2-9]에서 보는 바와 같이 이러한 수직적 조정 메커니즘은 우측으로 나아갈수록 이동되는 정보의 양이 많은 반면에, 비용도 많이 드는 단점이 있다.

그림 2-9 수직적 조정 메커니즘

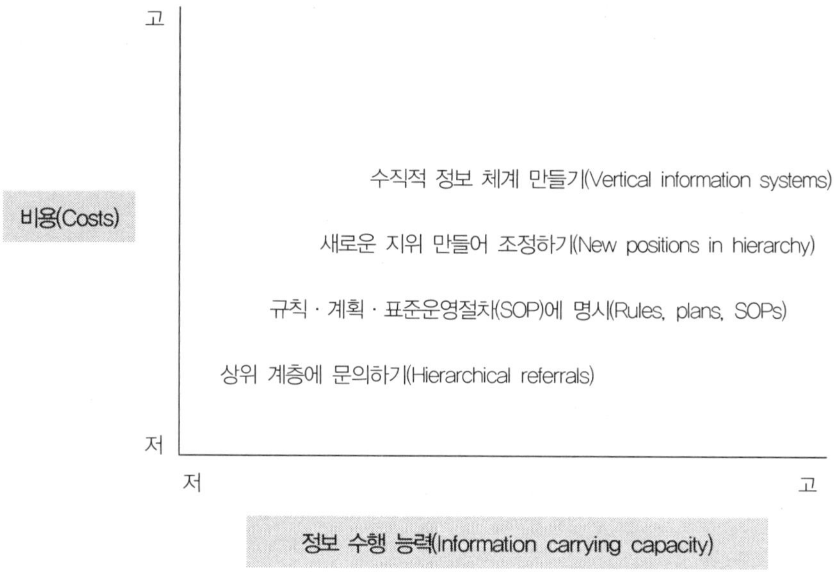

자료: Leblebici(2010).

수평적 조정 메커니즘에는 문서에 의하는 방법, 직접적인 접촉 방법, 연락관의 역할에 의존하는 방법, 태스크 포스(task-force)에 의하는 방법, 전임 조정관에 의하는 방법, 영구적인 조정 팀에 의하는 방법이 있다. [그림 2-10]에서 보는 바와 같이 오른쪽으로 갈수록 조정되는 정보의 양이 증가하고 비용은 많이 드는 경향이 있다.

(2) 현대 조직과 조정의 중요성

현대의 공공조직은 날로 대규모화되고 다양한 고객의 요구로 인해 점차 복잡화·전문화되어 가고 있기 때문에 전체적인 조직의 통제가 점차 어려워지고 있다. 더욱이 공공조직이 가지고 있는 업무의 속성상 각 부서 간의 목표와 의도하는 정책이 다르기 때문에 통일된 방향으로 조직을 이끌어 가기가 힘들어진다. 가령 국토교통부에서는 원활한 교통시설을 조기에 설치하여 국민들에게 좋은 평가를 받고 싶지만, 이에 대한 예산을

그림 2-10 수평적 조정 메커니즘

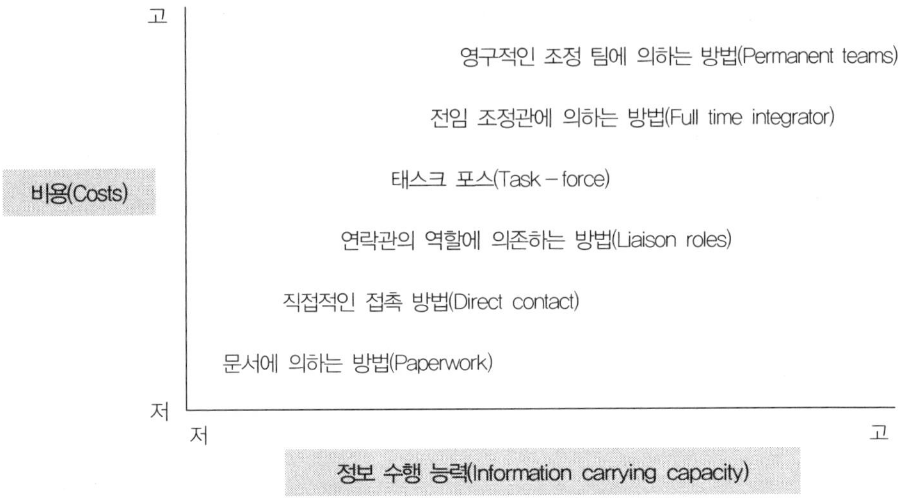

자료: Leblebici(2010).

책임지고 있는 기획재정부에서는 다른 부처의 요구와 형평성을 감안해야 하고 궁극적으로 국가의 재정건전성을 유지하기 위하여 가능하면 예산을 줄이거나 교통시설 건설을 늦추려고 한다.12)

앞으로 공공조직은 계속적인 변화와 조정을 요구하는 급변하는 환경에 처할 뿐만 아니라 다양한 가치를 가진 고객들의 요구에 부응해야 한다. 또한 전문화를 요구하는 공공조직 내부의 개별 조직은 계속해서 그들의 활동을 분화시키려고 할 것이다. 이러한 환경 변화와 행정수요에 직면하게 될 미래 공공조직의 복잡성은 심화될 것이다. 앞으로 행정조직의 통합과 조정의 문제는 공공조직의 성공 여부를 결정하는 핵심적인 요인이다. 각 행정부처 내 부서 간의 업무 조정뿐만 아니라 각 행정부처 간의 업무 조정이 미래 공공조직 성공의 열쇠가 될 것이다. 우리나라에서 부서

12) 어느 나라에서나 예산·재무부서(budget and finance ministry)에서는 재정건전성 때문에 예산의 효율적(efficient) 운영에 초점을 두고 있고, 집행부서에서는 국민들의 만족도에 관심이 높기 때문에 정책의 효과성(effectiveness)에 비중을 두고 있다. 따라서 두 부처에서는 늘 견제와 균형(check and balance) 측면에서 충돌과 긴장이 있다.

간의 업무 조정을 맡고 있는 각 부처의 기획조정실이나 행정부처 간의 업무 조정을 맡고 있는 국무총리실 및 대통령실의 역할이 점차 확대되고 있는 것은 이러한 이유 때문이다.

앞에서 언급한 바와 같이 공공조직 내에서 부서 간의 업무를 통합해 조직 전체적인 목적 및 방향과 일치하도록 하고, 모든 공공조직 간의 조화를 위한 업무의 조정은 공공조직 관리에서 가장 중요한 조직 원리가 되고 있다.

(3) 조정의 기능과 방법

공공조직에서 조정은 개별 조직이 조직 전체가 지향하는 목표에 대해 유기적인 관계를 유지하도록 균형(balance)과 적시성(timing)을 부여하는 기능을 한다. 또한 조정은 개별 조직 간의 커뮤니케이션을 가능하게 하여 개별 조직의 분산된 에너지를 하나로 모아 조직 전체의 생산성을 극대화하도록 하는 기능을 한다.

점차 고객의 요구는 다양해지고 전문화되어 가고 있다. 또한 민주화가 성숙됨에 따라 정치 세력과 연계된 고객들의 이해관계는 조정을 더욱 어렵게 하는 요인이 되고 있다. 한편 공공조직의 수와 규모가 양적으로 확대됨에 따라 자원 배분을 둘러싼 공공조직 간 또는 부서 간 경쟁이 강화되면서 부서할거주의는 더욱 심화되고 있다.

이러한 문제를 해결하기 위해 앞에서 설명한 수직적 · 수평적 조정 방법 외에 공통적으로 많이 활용되고 있는 조정 방법을 소개하면 다음과 같다.

첫째, 조직의 목표를 명확히 해서 이를 각 조직의 단위와 구성원에게 깊이 인식시킴으로써 원활한 조정을 도모할 수 있다. 흔히 목표관리(Management by Objectives: MBO) 방식을 통해 조직 전체의 목표와 조직구성원 개개인의 목표를 구체화하고 이에 따른 권한과 책임을 명백히 하기도 한다.[13]

13) Management by Objectives(MBO) is a process of defining objectives within an organization so that management and employees agree to the objectives and

목표관리(MBO)

목표관리(Management by Objectives: MBO)란 조직의 관리자와 구성원들이 함께 조직의 목표 설정과 실행계획 수립에 참여함으로써 그들이 조직의 목표 달성을 위해 책임감을 가지고 업무를 수행할 수 있게 하는 방법이다. 조직의 관리자와 구성원들이 함께 참여해 설정한 목표는 조직 구성원 개인들의 조직 목표 달성의 척도로 활용된다. 따라서 MBO는 조직의 최종 목표를 조직의 최고관리자−중간관리자−담당자 모두가 조직의 전체 체계 안에서 유기적으로 달성할 수 있도록 하는 장점이 있다.

그러나 중간 목표 간에는 이해의 상충과 갈등이 많기 때문에 합의된 목표의 수립이 어려울 수 있다. 또한 목표관리가 조직의 통제 기준을 표준화함으로써 조직의 목표 달성을 위한 조직구성원들의 적극적인 참여를 오히려 방해할 가능성도 적지 않다.

목표의 계량화가 어려운 공공조직에서는 정치적으로 임명되는 최고관리자와 직업관료인 중간관리자 사이에서 합리적인 목표 설정 자체가 어려운 경우도 있다. 최고관리자의 빈번한 교체로 공공조직에서 한번 설정된 목표가 지속적으로 유지되기 어려운 것도 MBO의 정착을 어렵게 하는 요인이 되고 있다.

둘째, 계층제의 권위나 회의에 의해 조정하는 방법이다. 계층제에서는 하위 직급에서 갈등이 있을 때 상급자가 권위로써 이를 조정하는 것이 전통적인 방법이다. 그러나 대부분의 경우에 상급자가 직접 조정에 임하기보다는 관련자 간의 회의를 통하거나 위원회를 구성해 사전에 이견을 조정하는 절차를 먼저 거치게 된다. 행정 각 부처의 조정을 위해 국무회의, 차관회의 등이 있고 때로는 위원회를 만들어 조정을 하기도 한다. 공공조직에서는 아예 조정기구를 두는 경우도 있는데, 이 조직은 통상 갈등

understand what they are in the organization. The term "management by objectives" was first popularized by Peter Drucker in his 1954 book 'The Practice of Management.' The essence of MBO is participative goal setting, choosing course of actions and decision making. An important part of the MBO is the measurement and the comparison of the employee's actual performance with the standards set. Ideally, when employees themselves have been involved with the goal setting and choosing the course of action to be followed by them, they are more likely to fulfill their responsibilities(en.wikipedia.org/.../Management_by_objectives).

을 일으키는 조직보다는 상위의 조직으로 만들어진다. 우리나라는 행정 각 부처의 조정을 위해 국무조정실에 규제, 경제, 사회조정실 등을 두고 있다.[14)]

셋째, 계획과 환류에 의한 조정 방법이다. 사이먼(Simon, 1975)은 조직의 환경이 안정되어 있을 때에는 사전에 수립된 계획의 수정을 통해 조정을 꾀하고, 조직의 환경이 가변적일 때에는 환류에 의한 조정이 바람직하다고 한다.

넷째, 앞에서 설명한 바와 같은 공식적인 조정 방법 외에 오히려 비공식적인 조정 방법이 더 좋은 결과를 가져올 수도 있다. 귤릭(Gulick, 1978)은 조직구성원 서로 간의 자연스러운 비공식적 모임을 통해 조직목표와 가치에 대한 공통된 인식을 갖는 것이 좋은 조정 방법이라고 한다. 비공식적인 접촉을 통해 갈등이 생기고 있는 문제에 대한 공동의 창의적인 해결 아이디어를 구해 조정하는 방법이 최선이라고 한다.

2. 애드호크라시 조직의 구조적 특징

1) 애드호크라시 조직의 의의

전통적인 관료제 조직은 조직의 업무를 표준화된 규정에 따라 수행하도록 설계된 조직 형태이기 때문에 급변하는 조직의 환경 변화에 대응해 새로운 혁신을 수행하는 데에는 효율적이지 못한 단점이 있다. 따라서 각기 다른 분야에 전문성을 가지고 있는 사람들을 특별한 업무 프로젝트팀에 모아 통합적으로 새로운 업무를 수행하게 하는 것이 필요하게 되었다. 특정한 문제 해결을 위해 각 분야의 전문적인 지식이나 기술을 가진 사람들로 구성된 '환경 적응적이고 일시적인 문제 해결 중심 조직'을 애드호크라시라고 한다.

---

14) '정부조직법' 제18조(국무총리실) ① 국무총리의 직무를 보좌하고 각 중앙행정기관의 행정의 지휘·감독, 사회위험·갈등의 관리, 심사평가 및 규제개혁에 관해 국무총리를 보좌하기 위해 국무총리 밑에 국무총리실을 둔다.

조직구조적인 측면에서 볼 때 애드호크라시는 복잡하지 않은 조직구조, 형식주의나 공식성에 얽매이지 않는 구조, 의사결정이 분권화되어 있는 구조를 특징으로 한다. 이것을 조직구조의 핵심 변수인 '복잡성', '집권화', '공식화'에 비춰보면 '낮은 수준의 복잡성', '낮은 수준의 집권화', '낮은 수준의 공식화'를 특징으로 하는 조직이라고 할 수 있다.

2) 애드호크라시 조직의 형태

애드호크라시는 어떤 정형적인 표준 형태를 갖춘 조직은 아니다. 애드호크라시는 제2차 세계대전 때 군의 특수 임무를 수행했던 태스크 포스에서부터 최근 국가적 현안을 해결하기 위해 설치한 임시위원회에 이르기까지 다양하게 운용되고 있는 조직 형태를 총칭하는 말이다.

다만 수직적 명령 통일을 원칙으로 하는 관료제 조직에 비해 구성원들의 전문적 의사가 존중되는 수평적 조직이며, 조직 내에 명확한 규율과 규제 같은 것이 없기 때문에 공식성이 지극히 낮은 조직이라고 할 것이다.

넓은 의미의 애드호크라시에는 위원회 구조(committee structure), 프로젝트 조직(project organization), 매트릭스 구조(matrix structure), 태스크 포스(task-force), 팀(team)제, 동료 구조(collegial structure) 등이 모두 포함된다.

여기서는 위원회조직, 태스크 포스, 동료 조직 형태의 구조를 설명하고, 프로젝트 조직과 매트릭스 조직은 다음 절에서 설명하기로 한다. 프로젝트 조직과 매트릭스 조직은 그 조직의 특성이 기능적 직능구조(functional structure) 조직과 잘 대비되는 특징을 가지고 있기 때문에 기능조직이나 직능조직과 비교해 설명하는 것이 바람직하기 때문이다.

(1) 위원회조직

① 계층제와 위원회제

위원회라는 말은 애드호크라시라는 용어가 등장하기 훨씬 전부터 활용된 조직 형태다. 조직이론의 역사적 측면에서 위원회제의 비중을 고려한다면 오히려 계층제나 관료제에 대비되는 개념으로서 위원회제를 언급하는 것이 그 위상에 걸맞을 것이다. 왜냐하면 [그림 2-11]에서 보는 바와 같이 수직적 조직의 전형적인 모형이 계층제라고 한다면 수평조직의 전형적인 모형이 위원회제이기 때문이다.

위원회제는 계층제의 단점을 보완하는 방법으로 자주 활용된다. 가령 독임제로 운영되는 계층제 구조는 불가피하게 몇 단계의 절차를 거쳐 지시와 보고가 이뤄지는 조직구조이기 때문에 커뮤니케이션에 많은 시간과 비용이 소요되는 단점이 있다. 또한 계층제조직은 최고관리자의 의사결정으로 전체 조직이 움직이는 시스템이기 때문에 구성원들이 창의성을 발휘할 공간이 줄어들 뿐만 아니라 조직의 민주적 운영에도 많은 문제점을 노출하고 있다.

그림 2-11 계층제와 위원회제

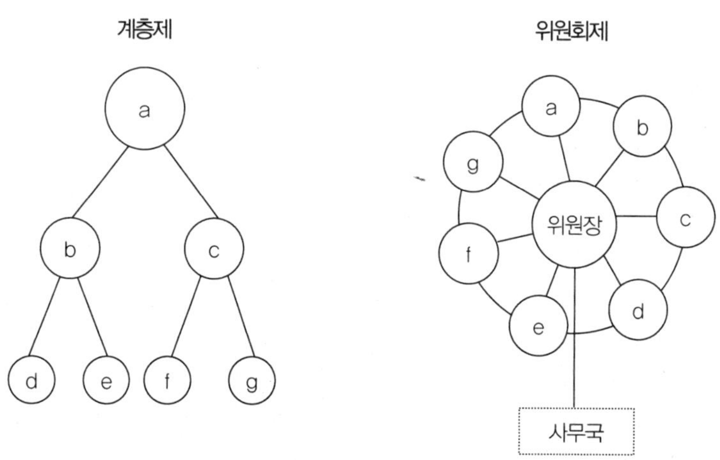

주) ○크기는 권한의 크기.

최근에 조직환경이 급변함에 따라 일반 조직에서는 이전에 경험하지 못했던 새로운 문제에 직면하게 되면서 위원회제의 필요성이 강조되고 있다. 즉, 조직에 각 분야별로 깊은 지식과 경험을 가진 전문가의 의견이 필요하게 된 것이다. 한편 여러 사람 또는 다양한 집단의 이해관계자가 관련되는 어떤 정책을 수립하게 될 때 조직에서는 그들의 의견을 정확하게 대변(representation)할 사람이 필요한 경우도 있다. 이럴 때에는 계층제조직에서 전통적인 방법인 내부 규정과 절차에 따라 문제를 해결하기보다는 외부 전문가와 이해 당사자들을 한 자리에 모아 정책을 검토하는 것이 훨씬 효과적일 뿐만 아니라 정책 시행 후 관련자들의 수용성(acceptance)을 제고하는 데에도 도움이 된다.

그러나 위원회제는 운영에 많은 비용이 드는 조직구조다. 위원들의 소집에서부터 회의 진행에 이르기까지 많은 예산이 소요될 뿐만 아니라 위원 간에 의견이 대립될 경우에는 의사결정에 많은 시간이 드는 단점이 있다. 무엇보다도 위원회제는 위원회에 참가한 위원들의 책임이 분산되는 약점을 가지고 있다. 위원들의 의견보다는 위원회 전체의 의사결정에 따라야 하는 위원회제 구조에서 의사결정에 참여한 개별 위원들의 책임은 따지기 어려운 시스템이다. 때로는 이해관계자 간의 이해가 첨예하게 대립되거나 의사결정으로 인해 피해를 볼 사람이나 집단이 있는 경우에는 위원회에서 의사결정을 하도록 하는 경우도 적지 않다. 위원회제는 의사결정에 참여한 개별 위원들의 익명성이 잘 보호되기 때문이다. 우리나라의 공공조직에서 행정관료들이 자기가 맡고 있는 사안에 대해 책임을 회피하는 방안으로 위원회제를 활용하는 경우도 적지 않다. 이러한 이유로 우리나라에서는 일회성에 그치는 유명무실한 위원회가 너무 많이 운영되고 있어 행정비용만 낭비한다는 지적도 적지 않다.

② 위원회제의 종류

어느 나라에서나 다양한 이름의 수많은 위원회를 운영하고 있다. 그 대부분이 전문가들의 의견을 구하는 자문위원회(advisory committee)이다. 그러나 예민한 사안에 대해서는 법적 구속력을 가지는 의사결정을 하는 의결위원회(legislative committee), 의사결정뿐만 아니라 집행권까지 가진 집행위원회(executive committee) 또는 행정위원회(administrative committee)가 있다. 각 위원회의 특징을 정리하면 〈표 2-6〉과 같다.

표 2-6 위원회의 종류 및 특징

	자문위원회	의결위원회	집행(행정)위원회
구성	전문가 중심	전문가+이해관계자	전문가+이해관계자+집행 담당자
권한	자문+심의+조정+협의 (법적 구속력 없음)	의결 (법적 구속력)	의결+집행 (법적 구속력 및 집행권)
사례	부처 정책자문위원회	부처 징계위원회	국가인권위원회, 방송통신위원회, 금융위원회, 공정거래위원회, 국민권익위원회 등 합의제 행정기관

'행정위원회'는 행정기관 소관 사무의 일부를 독립하여 수행할 필요가 있을 때 법률이 정하는 바에 따라 설치되는 합의제 행정기관을 말한다. 국가의 의사를 결정하고 대외적으로 이를 표시할 권한이 있으며, 사무국 등 필요한 최소한의 하부조직을 설치할 수 있다. 또한 법률이 정하는 바에 따라 행정 기능과 함께 규칙을 제정할 수 있는 준입법적 기능과 이의의 결정 등 재결을 행할 수 있는 준사법적 기능을 가지기도 한다.

법령에서 규정된 위원회의 기능과 성격에 따라 위원회 결정이 행정기관을 법적으로 기속하는 위원회[15]와 위원회 결정이 행정기관을 법적으로 기속하지 않는 위원회[16]가 있다.

정부위원회제, 무엇이 문제인가?

정부가 국정개혁을 추진할 때 각종 위원회에 무게 중심을 두고 있는 이유는 무엇인가? 그 이유 중의 하나는 기존의 국정 운영 방식으로는 정

15) 법령상 '의결', '재결', '결정' '심판', '심사', '분쟁 조정' 등으로 규정된다.
16) 법령상 '심의 · 자문', '심의 · 조정', '평가', '조정' 등으로 명시된다.

부가 의도하는 개혁의 효과적 추진이 어렵다고 판단하기 때문이다. 즉, 통상적으로 국정 운영은 소위 계층제를 근간으로 하는 독임제적 행정조직들에 의해 주도되었으며, 여기에 극히 제한적으로 개혁을 강조하는 일부 자문위원회가 간접 참여하는 방식으로 이뤄져 왔다.

그러나 실질적으로 변화와 혁신은 기존의 지배적 구조의 목소리가 아닌 다른 구조와 안목에서 비롯된다. 즉, 기존 구조와 질서에서 나오는 목소리는 그것이 아무리 변화와 혁신을 주장하는 것이라 하더라도 내재적 한계가 있다. 기존 구조가 갖고 있는 문제와 모순을 제기하고, 이것이 제대로 해결되기 위해서는 기존의 지배 질서에서와는 다른 목소리를 내고 또 들을 수 있고, 수용될 수 있어야 한다. 기존의 폐쇄적 계층구조는 위원회와 같은 수평적·개방적 구조와 비교하여 변화와 혁신의 목소리를 허용하고 수용하는 데 한계가 있을 수밖에 없다. 이런 측면에서 보면, 일부 언론이나 정치권에서 정부위원회의 무능에 근거해 위원회제 자체의 무용론을 제기하고, 나아가서 폐지를 주장하는 것은 문제가 있다.

그러나 제 기능을 발휘하고 있는 위원회가 없다는 측면에서 언론에서 비판하고 있는 주장을 경청할 필요가 있다. 과연 위원회 설치의 취지에 맞게, 충분한 권한을 부여하고, 제대로 그 기능을 수행하는 곳이 얼마나 될까? 대부분 눈가림용, 장식용, 생색용으로 만들어 놓은 것은 아닌가?

많은 정부위원회의 설치에도 불구하고 여전히 우리의 국정 운영은 계층제로 구성되어 있는 정부 각 부처가 중심이며, 위원회들은 변방을 겉돌고 있을 뿐이다.

지금 재검토되어야 할 것은 위원회의 기능과 역할을 가로막고 무력화시키는 최대 장애물의 하나인 행정 각부의 각종 위원회와 비교할 수 없을 정도로 막강한 권한과 기능이다. 다른 것을 보고 개혁을 할 수 있도록 하기 위해 정부위원회를 만들었다면, 그에 걸맞은 역할을 부여하고, 위상을 재정립해 주어야 할 것이다.

윤태범(2005)에서 수정 정리

(2) 태스크 포스

태스크 포스(task-force)는 특수 임무가 부여된 군대조직, 즉 기동부대라는 군사적 용어에서 시작되어 일반 조직이론에서도 널리 쓰이게 된 조직 형태다. 조직의 환경이 급변하면서부터 조직에 관련되는 새로운 문제를 해결하기 위해 문제 해결 중심으로 만들어진 조직을 말한다. 따라서 일명 프로젝트 팀(project team)이라고 하기도 한다. 태스크 포스는 일정한 목적이나 성과를 달성하면 해체하고 새로운 과제를 해결하기 위한 새로운 태스크 포스를 만드는 동태적 조직 형태다. 태스크 포스에서는 전문가 간의 커뮤니케이션을 원활히 하기 위해 직위나 권한보다는 기술이나 지식에 바탕을 두고 조직을 구성하고, 구성원 간에는 밀접한 협동 관계를 유지해 주어진 과제나 업무를 책임성 있게 달성하는 것이 목적이다. 따라서 조직의 목표달성도가 높고 조직구성원들의 책임감과 직무만족도가 매우 높은 조직 형태다.

행정기관의 태스크 포스는 새로운 프로그램이나 사업계획이 발생하거나 여러 부서에 관련되는 업무를 해결할 필요가 있을 때 기관장이 임의로 설치 · 해산할 수 있는 임시조직이다. 당초 태스크 포스를 설치할 당시 목표였던 한 과제가 달성되면 그 구성원들은 다른 태스크 포스 또는 프로젝트 팀으로 이동하거나 본래의 소속 부서로 복귀하게 된다.

'정부조직법'에서 규정하고 있는 행정기관의 팀은 관련 법규가 바뀌지 않는 한 장기적으로 존속하는 직제인 데 비해, 태스크 포스는 대체로 존속 기간이 짧고 한시적으로 운영되는 임시조직이다.

(3) 팀제

조직이 환경 변화에 빠르게 적응하기 위하여 철저한 수직적 계층제조직보다는 의사결정을 신속하게 하고 자기 완결성이 강한 좀 더 수평적인 조직이 필요하게 되었다.

이러한 취지에서 시작된 팀(team)제 조직은 오늘날 〈표 2-7〉에서 보는 바와 같이 다양한 이름으로 사용된다. 이러한 팀조직은 반드시 실제로 존재하는 조직이 아닐 뿐만 아니라 단지 해당 팀의 구조적 특성을 나타내기 위해 적정한 이름을 붙인 것에 불과하다.

표 2-7 다양한 이름의 팀제 형태

팀의 형태	내 용
부서 팀 (departmental team)	직능 조직구조에서 유사한 기술과 능력을 가지고 있는 구성원들이 한 단위(unit)에 소속된 집단을 말한다. 흔히 기존의 계층제조직을 변형해 팀제로 전환할 경우 이 형태의 팀을 가지게 된다.
리더십 팀 (leadership team)	조직 내 주도적 위치에 있는 구성원들로 구성해 집합적으로 공동의 생산품이나 서비스를 산출하거나 의사결정을 하는 다양한 재능을 가진 집단을 말한다.
자기 지휘 팀 (self directed team)	상호 연관되어 있는 조직의 업무를 수행 과정에서 특별히 어떤 업무를 완수하기 위해 실질적인 자율성을 가지고 업무를 수행하도록 구성된 집단을 말한다.
조언 팀 (advisory team)	위원회, 자문단, 업무평의회(work council), 검토 패널(review panel)과 같이 조직의 의사결정자에게 조언적 아이디어를 추천(recommendations)하는 집단을 말한다.
태스크 포스(task-force) (project team)	조직의 현안 문제를 해결하거나 조직환경의 기회를 인식하고 생산품이나 서비스를 설계하도록 일시적으로 구성한 팀을 말한다.
스컹크 업무단 (skunk works)	물품이나 서비스를 디자인하기 위해 기존 조직과는 떨어진 장소에서 계층제 조직과는 달리 비교적 자유롭게 업무를 수행하는 다양한 재능을 가진 업무 수행 집단을 말한다.
가상 팀 (virtual team)	조직의 과업을 수행하기 위해 공간, 시간, 조직의 경계에 구애받지 않고 기술정보와 관련된 업무를 수행하는 팀을 말한다.
실행 커뮤니티 (communities of practice)	특정한 활동이나 이익을 위해 전문성과 열정을 나눠 갖는 비공식적 전문가 집단을 말한다.

자료: Leblebici(2010)에서 수정 정리.

다양한 이름의 팀제 중에서 가장 많이 활용되고 있는 것이 부서 팀제(departmental team)이다. 부서 팀은 조직의 환경변화에 따라 기존 인력을 신축적으로 배치 활용하기 위해서 사용되기도 한다.

환경 변화와 부서 팀제

'대한무역투자진흥공사(KOTRA)의 부서 팀제'

우리나라의 공기업으로는 대한무역투자진흥공사가 2000년에 처음으로 팀 조직을 도입하였다. 즉, 기존의 처 · 부 단위 체제에서 탈피하여 팀 책임경영제와 성과연봉제를 도입하였다. 이러한 조직개편 과정에서 계층적으로 구성되어 있던 본사 조직을 슬림화하여 이들을 해외 팀으로 배치하였다. 이러한 조치로 비중이 증가하고 있는 해외 업무를 성공적으로 수행하고, 내부적으로 인사적체라는 애로사항도 함께 해결할 수 있었다. 초기에 작은 인원으로 구성된 많은 팀의 관리 문제가 발생하였기 때문에, 이후 작은 규모의 팀들을 통·폐합하여 핵심 기능 중심의 대팀제를 도입하였다.

진종순(2017)에서 수정 정리

일반적으로 행정이나 실무적인 조직관리에서 사용하고 있는 팀제는 기본적으로 다단계의 계층제보다는 '팀장－팀원'이라는 2단계 계층을 기본 골격으로 한다. 팀제는 조직의 성과와 팀원의 자율적인 책임성을 강조하는 조직 형태다.

[그림 2－12]에서 보는 바와 같이 팀제의 기본형은 각각의 단위 업무별로 담당자 1명씩 단위 업무를 독립적으로 수행하는 조직 형태다. 담당자가 업무를 자기 완결적으로 수행함으로써 직무만족도를 높일 수 있는 장점이 있으나, 업무 경험이 적은 직원들로 구성된 조직에서는 활용하기 어려운 조직 형태다.

파트형 팀제(part team)는 단위 업무를 2명 이상으로 구성된 파트에서 공동으로 수행한다. 그러나 파트장은 공식적인 중간 결재나 협조를 하지 않고 조언하거나 업무 지도에 그친다. 파트형 팀제는 새로운 업무를 맡게

그림 2－12 팀제의 기본형 · 혼합형 · Part형

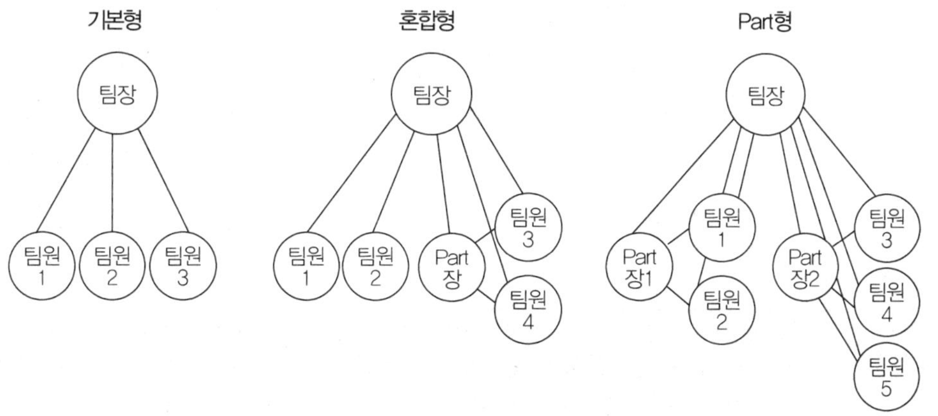

되는 직원이 많거나 업무 숙련을 요하는 업무에 적합한 조직 형태다. 또한 파트형 팀제는 기존의 전통적인 계층제를 다소 변형해서 활용할 수 있는 장점이 있는 반면에, 계층제의 조직문화가 강한 조직에서는 기존의 관료조직과 동일한 방식으로 업무를 추진할 가능성이 있다.

혼합형 팀제는 팀의 단위 업무를 독립된 팀원이나 파트에서 공동으로 수행하는 조직 형태를 말한다.

조직 내에서 팀원들의 전문성을 제고하고 책임 있는 업무 추진을 도울 수 있는 팀제는 현대 조직의 환경 변화에 적절한 조직 형태로 우리나라에서도 많이 활용된다. 현실적으로 팀 구성원 간에 오랫동안 함께 일한 경험이 있는 작은 팀이 구성원 사이에서 많은 업무 성과를 나타낸다고 한다. 또한 훌륭한 인사 부서(human resource department)를 가지고 있는 대규모 조직은 팀의 활동보다는 조직구성원 개인의 능력 향상에 초점을 두기 때문에 효과적인 팀 운영에는 바람직하지 않는 방향으로 움직이는 경향을 보이기도 한다. 즉, 좋은 인사 부서를 가지고 있는 조직에서는 오히려 팀제의 성과가 적게 나타난다고 한다.[17)]

무엇보다도 팀제에서는 자칫 팀장에게 업무가 과다하게 몰릴 가능성이 있고 팀 간의 커뮤니케이션이 부족해 부서할거주의의 폐단이 나타날 수 있음을 유념해야 한다.

해크먼(Hackman, 2002)은 팀제가 성공하기 위해서는 다음과 같은 몇 가지 사항을 주의해야 한다고 제안한다.

첫째, 팀은 추상적이 아니라 현실적(real)이어야 한다. 팀의 리더는 조직구성원들로 하여금 누가 팀원인지 아닌지를 명확하게 해 주어야 한다.

둘째, 팀은 명확한 방향을 가지고 있어야 한다. 팀 내에서 각자가 자기 나름대로의 방향을 가지고 업무를 수행한다면 곧 위험에 처하게 된다. 팀

17) 경험적으로 팀원이 20명 이상일 때에는 팀원 간에 협조 체제가 약화된다고 한다. 팀제는 팀의 규모가 클수록(large size), 구성원의 성분이 다양할수록(diversity), 가상 참여자가 많을수록(virtual participation), 교육 수준이 높을수록(high education level) 통합력이 떨어진다고 한다(Hackman, 2002).

의 리더는 구성원들이 함께 추진해야 할 방향을 제시해야 한다.

셋째, 팀은 팀이 활동할 수 있는 일과 구조를 가져야 한다. 팀이 잘못 선정된 일을 하게 되거나 적절하지 못한 인원으로 구성될 경우 곧 어려움에 처하게 된다. 팀을 디자인할 때에는 팀의 미션과 활용 가능한 자원에 대한 구체적인 계획을 가지고 있어야 한다.

넷째, 팀은 지원 시스템을 필요로 한다. 팀은 적절한 보상 및 정보 시스템의 지원을 받아야 한다.

다섯째, 팀은 전문적인 지도를 필요로 한다. 대부분의 조직관리자는 개인의 업적에 초점을 두기 쉽다. 팀제가 성공하기 위해서는 팀 활동의 시작과 중간, 그리고 끝날 때까지 조직구성원들의 활동을 지도할 수 있는 전문가가 있어야 한다.

우리나라의 중앙행정기관에서는 각 행정기관의 의사결정 또는 판단을 보조하거나 보좌하기 위해 하부조직을 두고 있는데, 수행 기능의 성격에 따라 의사결정 등을 직접 보조하는 '보조기관'과, 행정기관의 기능을 원활하게 수행하도록 지원하는 기능을 수행하는 '보좌기관'으로 분류된다. 기본적인 하부조직 구성은 보조기관의 경우 '실·국－과', 보좌기관의 경우 '관－담당관' 체제로 되어 있다. 대국제(大局制)에 따른 하부조직을 구성할 때 신중한 의사결정이 필요한 정책 수립·조정 업무를 수행하는 경우에는 '실(국)－관－과' 체제를, 사업 단위별로 자기 업무 완결이 가능하며 정책집행, 지원적 업무를 수행하는 경우에는 '본부－단－팀' 체제[18]를 활용하고 있다.

우리나라 행정조직에서 때로는 팀제와 태스크 포스가 서로 혼동되어 사용되기도 하나 엄밀한 의미에서는 〈표 2－8〉과 같은 차이가 있다. 즉, 협의의 팀제는 각 부처의 직제 및 직제시행규칙에 명시된 공식적으로 제도화된 조직을 말하며, 태스크 포스는 기관장이 임의로 설치·해산할 수 있는 각 부처의 직제에 반영되지 않은 한시적 조직을 말한다.

18) 대국(大局)의 명칭은 '실' 또는 '본부'로 하고, 대국이 아닌 '일반 국'에서는 실·본부 명칭의 사용을 제한한다.

표 2-8 팀제와 태스크 포스

협의의 팀제	태스크 포스
• 직제에 반영된 공식적으로 제도화된 조직 • 장기간에 걸쳐 조직 전반적인 업무를 처리하는 상설 조직 • 일종의 수직적 계층조직	• 직제에 반영되지 않은 비공식적 조직 • 한시적으로 특정 목표 달성을 위해 설치된 임시 조직 • 팀장 중심의 수평조직

(4) 동료 조직

동료 조직(the collegial organization)은 관료제 조직과 극단적으로 대조가 되는 조직 형태를 말한다. 상하 관계가 명확한 조직을 관료제 조직이라고 한다면 직급보다는 동료들의 적극적인 참여를 강조하는 형태가 동료 조직이다. 동료 조직의 관리자는 팀이나 개인의 성과에 집착하기보다는 직원들이 일을 잘할 수 있도록 도와주는 코치의 역할을 한다. 새로운 아이디어나 창의성이 요구되는 시장개척이나 연구개발 등 새로운 접근이 요구되는 분야에 필요한 조직 형태이다.

The collegial model of organization

The collegial model is based around teamwork – everybody working as colleagues (hence the name of the model).
The overall environment and corporate culture need to be aligned to this model, where everybody is actively participating — is not about status and job titles — everybody is encouraged to work together to build a better organization.
The role of the manager is to foster this teamwork and create positive and energetic work places. In much regard, the manager can be considered to be the "coach" of the team. And as coach, the goal is to make the team perform well overall, rather than focus on their own performance, or the performance of key individuals.
The collegial model is quite effective in organizations that need to find new approaches — marketing teams, research and development, technology/software — indeed anywhere the competitive landscape is constantly changing and ideas and innovation are key competitive success factors.

자료: http://www.myorganisationalbehaviour.com/five-models-of-organisational-behaviour

우리나라의 일부 민간기업 조직에서는 분야에 관계없이 이러한 동료 조직의 개념에 기초한 직급파괴 현상이 일어나고 있다. 조직 의사결정의 민주성을 확보할 수 있을 뿐만 아니라 종전 관료제 조직에서 소외되기 쉬웠던 하위 직원들의 자긍심을 높이고 대외 업무 시 협상력을 높일 수 있는 장점이 있는 것으로 알려지고 있다.

직급 파괴

민간기업들에서는 직급 파괴 바람이 불고 있다. 기업들의 해외 진출 확대와 내부적으로 팀제의 도입과 함께 자연스러운 변화가 일고 있다. SK텔레콤, 포스코 등에서는 과장·부장 같은 호칭 대신 매니저라는 명칭으로 통합해 부르고 있다. 역할이나 성과에 따라서 일하고 보상을 받을 수 있도록 새로운 직급 운영방식이 도입된 것이다. 이러한 직급 파괴 조치는 구성원 모두가 매니저이기 때문에 회의할 때나 의견을 개진할 때 상당히 자유롭게 얘기할 수 있는 장점이 있고 승진을 못했어도 외부에서 인식하지 못하는 이점이 있다. 이러한 직급 파괴는 내부적으로 기업조직이 부제에서 팀제로 바뀌면서 점차 확산되는 추세다(http://www.imnews.com).

(5) 프로젝트 조직 및 매트릭스 조직

이론적인 측면에서 본다면 프로젝트 조직과 매트릭스 조직은 전통적인 관료제 조직에 비해 앞서 설명한 애드호크라시 조직의 한 형태에 속한다고 할 수 있다. 그러나 프로젝트 조직과 매트릭스 조직은 그 특징적인 측면에서 기능적 직능조직과 잘 대비되는 특징을 가지고 있다. 전통적인 관료제 조직을 수직적 계층화와 수평적 전문화에 초점을 두고 본다면 기능 중심의 직능조직은 업무의 분업화를 바탕으로 각 기능별 부서의 전문성을 최대한 발휘할 수 있도록 만든 조직 형태이다. 전통적으로 조직의 내부 효율성을 강조하는 조직구조라고 할 수 있다. 반면에 일(project) 중심의 프로젝트 조직은 주어진 목표를 단기간에 달성하는 데 가장 적합한 조직 형태로서 조직의 외부 환경 변화에 가장 빠르게 적응할 수 있는 외부효과성을 강조하는 조직 형태다. 매트릭스 조직은 직능조직과 프로젝트 조직의 장점을 살린 혼합조직 형태로서 양 조직이 가지고 있는 장점인 조직의 내부 효율성과 외부 효과성을 동시에 달성하고자 시도된 비교적 새로운 조직 형태라고 할 수 있다.[19]

① 직능조직

직능조직(functional structure)이란 기능 중심의 조직구조다. [그림 2-13]에서 보는 바와 같이 전통적인 계층구조를 유지하면서 전문 영역에 따라 총무, 인사, 재무, 구매 등 수평적 업무에 따라 나눈 기능별 부서로 구성되며, 기능 부서의 책임자가 주로 의사결정을 한다. 조직을 "주어진 환경 속에서 특정한 목표를 달성하기 위한 다수인(employees)의 집단으로서, 그 기능(function) 수행을 위해 일정한 체계적 구조(structure)를 지닌 사회 단위(social unit)"라고 정의하는 전통적인 조직 개념에 가장 잘 부합되는 조직 형태다. 직능조직은 '기능별 업무 분장'과 '기능별기구 형성' 및 '기능별 인력 배치'라는 조직의 3대 구성 요소를 충실하게 반영한 조직 형태다.

그림 2-13 직능조직

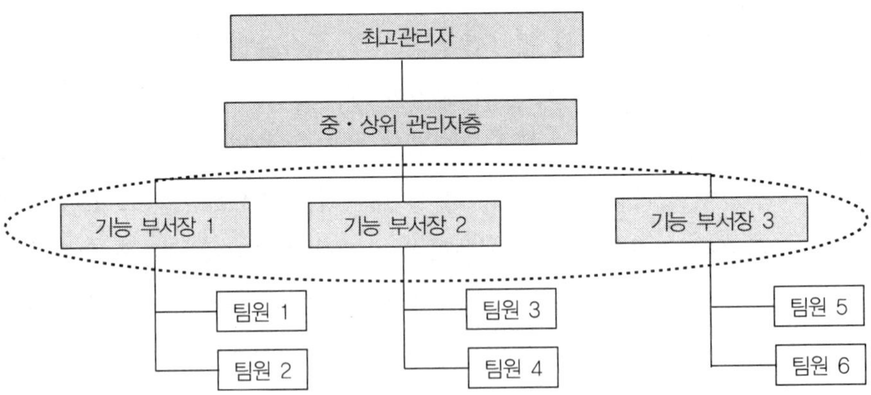

19) 직능조직은 조직구성원들의 직급에 따라 역할이 각각 다르기 때문에 '장기조직'이나 '수직적 거미(spider) 조직'에 비유될 수가 있고, 프로젝트 조직은 팀 구성원들의 직급에 관계없이 역할이 모두 같기 때문에 '바둑조직'이나 '수평적 불가사리(starfish)' 조직'과 비슷하다.

직능 중심의 조직에서 프로젝트를 수행하는 경우에는 직능부서장의 권한이 프로젝트 관리자의 권한보다 강하다. 직능조직에서 프로젝트 관리자의 역할은 프로젝트에 대한 전적인 권한을 가진 상위관리자를 지원하는 역할을 수행하고 스스로 결정할 수 있는 일은 매우 적으며 상위관리자에게 조언하는 수준에 그치고 있기 때문이다.

직능조직은 부서별 업무 범위가 명확하다. 또한 직군별 전문성이 높아 기능별로 계획적인 기술 및 인력 개발을 가능하게 한다. 조직구조가 단순해 부서 내 직원 간 커뮤니케이션이 간단하고 부서 간에는 그 역할과 책임이 명확한 장점이 있다. 직능조직은 안정적인 작업환경을 선호하는 조직에 유리한 조직구조다.

그러나 직능별 조직은 직원들이 부서별 업무에 우선함으로써 부서 간 경쟁과 갈등을 유발할 가능성이 높다. 또한 부서 관점에서 이뤄지는 편협한 의사결정으로 조직 전체 프로젝트의 실행을 어렵게 하고, 다수의 프로젝트를 동시에 수행할 경우 자원 배분에 대한 갈등이 발생할 가능성이 높다. 직능조직은 즉각적인 고객 대응에 부적절할 뿐만 아니라 구성원들의 전체 목표 달성을 위한 동기부여가 약한 단점이 있다.

표 2-9 직능조직의 장 · 단점

장 점	단 점
• 조직구조가 단순해 이해가 쉽다. • 기능부서가 계획적으로 기술을 지원하고 인력 개발을 지속적으로 수행할 수 있다. • 담당자별 업무 범위가 명확해 부서 내 권한과 책임이 명확하다. • 부서 내 의사소통 경로가 간단하다. • 구성원들에게 직업의 안정감을 부여할 수 있다. • 조직 내 규모의 경제를 실현할 수 있고 개인의 기술 개발이 용이하다. • 안정된 환경과 상규적인 기술을 필요로 하는 조직에 유리하다.	• 부서 간 업무의 책임이 분산되어 조직 전체 측면에서 갈등을 유발하기 쉽다. • 부서 간 지나친 경쟁으로 부서 업무에만 몰입하게 할 수 있다. • 부서 관점의 편협된 의사결정을 하기가 쉽다. • 다수의 프로젝트 수행 시 자원 배분에 대한 갈등이 발생할 수 있다. • 상규적인 업무를 수행하는 조직구성원들의 조직 최종 목표 달성을 위한 동기부여가 약해질 수 있다. • 환경 변화에 대한 혁신 및 고객 대응력이 부족하다.

자료: 이상철(2007)에서 수정.

이상에서 설명한 직능조직의 장·단점을 요약하면 〈표 2-9〉와 같다.

② **프로젝트 조직**

프로젝트 조직이란 특수한 사업 또는 일(project)을 수행하기 위해 일정한 기간에 걸쳐 업무를 수평적·대각적으로 배열하고 조직의 인적·물적 자원을 탄력적으로 운용하는 동태적 조직을 말한다. 즉, 프로젝트 조직은 [그림 2-14]에서 보는 바와 같이 프로젝트 수행을 위해 필요한 자원을 가진 독립된 조직으로 운영되며 프로젝트에 대해 완전하고 직접적인 책임을 지게 된다. 일에 대한 프로젝트 관리자의 권한은 기능부서장의 권한보다 강하다. 통상적으로 프로젝트 인력들은 해당 프로젝트를 전담하기 위해 동일 장소에 모여 업무를 수행하게 된다. 프로젝트 조직은 수단적 전문화보다는 목적의 전문화에 중점을 두고 있으므로 조직구성원들이 프로젝트에 몰입할 수 있도록 동기를 부여한다. 이 조직은 신속한 의사결정을 바탕으로 하는 전형적인 일 중심의 과업 지향적인 조직이라고 할 수 있다. 그러나 이 조직은 프로젝트 관리자의 독립성과 권한이 보장

그림 2-14 **프로젝트 조직**

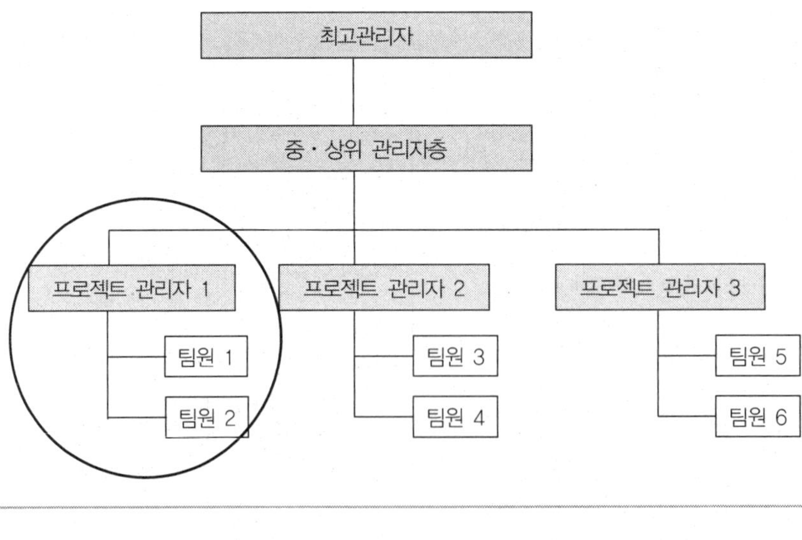

됨으로써 단일 프로젝트에 대한 과도한 집착 현상이 발생해 조직 전체적인 측면에서의 조정이 잘 이뤄지지 않을 경우에는 조직 자원의 중복 배정과 낭비가 발생할 우려가 있다.

이상에서 설명한 프로젝트 조직의 장·단점을 정리하면 〈표 2-10〉과 같다.

프로젝트 조직의 원리는 다양하게 부문별 구조(divisional structure) 조직에 응용되고 있다. 생산구조(product structure) 프로젝트 조직이 그

표 2-10 프로젝트 조직의 장·단점

장 점	단 점
• 프로젝트 관리자가 프로젝트 팀원에 대해 작업을 지시할 권한을 보유하고 있다. • 팀원과 프로젝트 관리자 사이의 의사소통이 원활하다. • 팀원 간의 의사소통과 보고 체계가 단순하고 쉽다. • 과업 지향적이고 동질적인 팀 분위기를 형성한다. • 프로젝트별로 신속한 의사결정과 집행이 가능하다.	• 다수의 순수 프로젝트 조직을 동시에 운영할 경우에는 자원배분을 두고 갈등을 야기하기 쉽다. • 노하우나 기술을 조직이 아니라 개인에게 의존하게 되고, 프로젝트 수행에 필요 이상의 자원이나 인력이 소요될 수 있다. • 인력 미충원 시 외주에 의존해 프로젝트를 수행함으로써 노하우의 축적이 어렵다. • 프로젝트의 완료 후 구성원들이 돌아갈 조직이 마땅하지 않다.

자료: 이상철(2007)에서 수정.

그림 2-15 생산구조 중심 프로젝트 조직

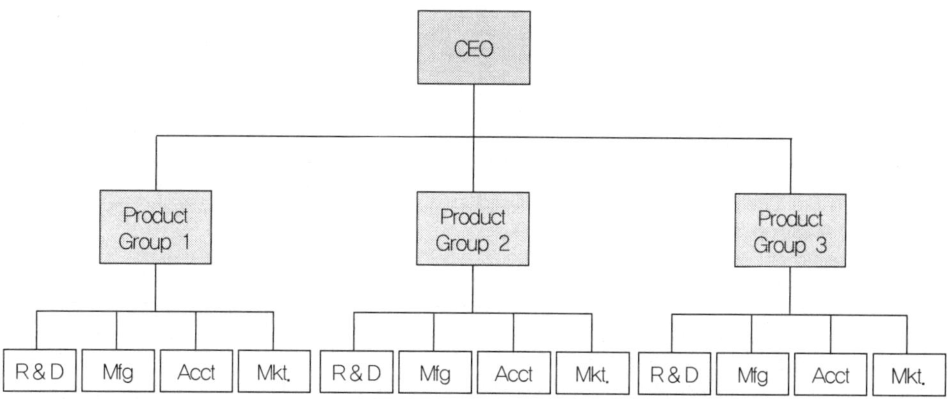

대표적인 예이다. [그림 2-15]에서 보는 바와 같이 생산 품목별로 그룹화해 생산 1부, 생산 2부, 생산 3부 등으로 구성되는데, 자기 그룹 내에서 자체적으로 기술 개발・제조・회계・마케팅을 한 묶음으로 해결하는 구조(self contained product groups structure)다.

한 묶음으로 된 부문별 구조는 대규모 조직을 단위 물품 생산이 용이하도록 작은 단위의 부문별로 분리한다. 부문 내 각 직능 간의 협조가 용이하고 부문별로 의사결정이 분권적으로 이뤄질 수 있다. 이러한 조직구조는 단위 탄력성이 있어 외부 적응을 쉽게 할 수 있는 장점이 있다.

반면 부문별 구조는 다른 부문 생산 라인과의 협조가 어렵고 규모의 경제를 훼손할 수 있으며 조직 전체의 표준화를 약화시키는 단점이 있다.

부문의 기준은 앞에서 설명한 생산 단위가 대표적이기는 하나 그 밖에도 [그림 2-16]에서 보는 바와 같이 지역(geography)이 기준이 되기도 한다.

생산이나 지역 단위 이외에도 서비스별・시장별・프로그램별로 부문이 나눠지기도 한다.

그림 2-16 **지역구조 중심 프로젝트 조직**

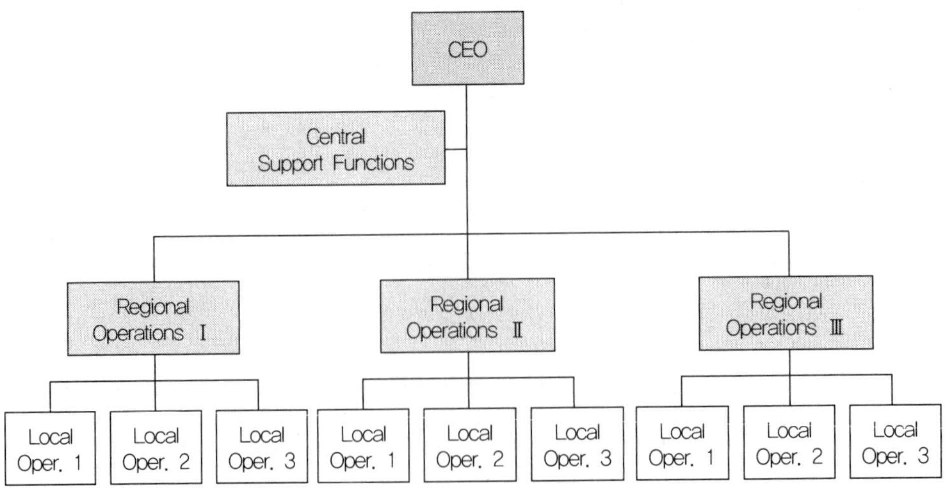

그림 2-17 다양한 부문별 프로젝트 조직

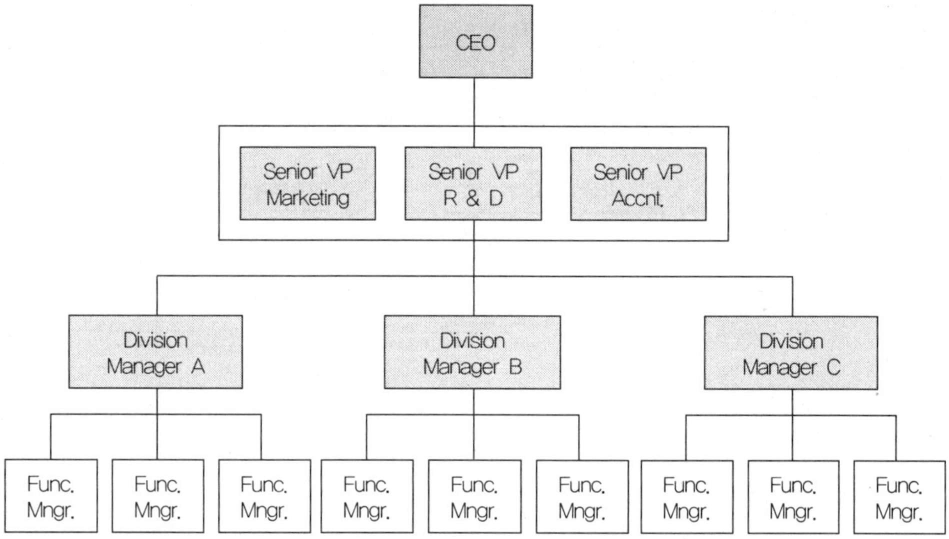

때로는 이들 부문별 요소를 혼합해 [그림 2-17]에서 보는 바와 같이 다양한 부문별 구조(multi-divisional structure)를 만들기도 한다.

③ 매트릭스 조직

매트릭스 조직이란 전통적인 수직적 직능조직에 수평적인 프로젝트 조직의 특징을 첨가한 혼합형 조직이다. 즉, 직능형 조직과 프로젝트 조직 각각이 가지고 있는 장점을 살리고자 시도된 조직 형태다. [그림 2-18]에서 보는 바와 같이 프로젝트 관리자는 직능부서로부터 인력을 공급받아 프로젝트를 진행하며, 프로젝트에 참여하는 인력은 직능부서의 일과 프로젝트의 일을 병행해 수행한다. 프로젝트가 종료되면 인력들은 원래 있던 소속으로 돌아가는 것이 원칙이다.

매트릭스 조직은 프로젝트 관리자의 역할, 권한, 책임 등에 따라 약형 매트릭스 조직(weak matrix), 중형 매트릭스 조직(balanced matrix), 강형 매트릭스 조직(strong matrix)으로 구분한다. 약형 매트릭스 조직은 주로 프로젝트 관리자가 프로젝트를 주도하지만 권한은 직능부서장에게

그림 2-18 **매트릭스 조직**

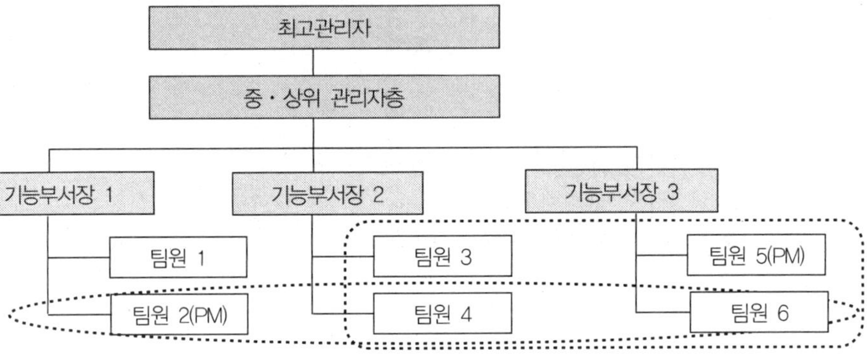

주) 실선은 직능조직, 점선은 프로젝트 조직, 전체는 매트릭스 조직, PM은 프로젝트 매니저(관리자)

표 2-11 **매트릭스 조직에서 관리자의 역할**

직능부서장	프로젝트 관리자
• 조직 전체 차원에서 해당 업무를 누가 수행할 것인가를 결정한다. • 조직 전체 차원에서 해당 업무를 어떠한 방법으로 수행할 것인가를 결정한다.	• 주어진 프로젝트 내에서 누가 무엇을 할 것인가를 결정한다. • 주어진 프로젝트 내에서 결정된 업무에 대한 구체적인 일정을 결정한다.

자료: 이상철(2007)에서 수정.

있는 조직구조이고, 강형 매트릭스에서는 프로젝트 관리자의 권한이 직능부서장보다 크며, 중형 매트릭스 조직은 양자의 권한이 비슷한 경우를 말한다.

매트릭스 조직에서 관리자의 역할을 살펴보면 매트릭스 조직에서 직능 부서장은 〈표 2-11〉에서 보는 바와 같이 조직의 전체적인 자원 배분 차원에서 해당 업무를 누가 어떻게 수행할 것인가를 결정하고, 프로젝트 관리자는 주어진 프로젝트 내에서 무엇을 어떤 일정으로 어떻게 수행할 것인가를 주로 결정한다.

〈표 2-12〉에서 보는 바와 같이 매트릭스 조직은 기존의 기능적 조직의 틀을 크게 바꾸지 않고 필요한 프로젝트를 수행할 수 있는 장점이 있는 반면에, 조직 체계가 복잡하게 되고 다수의 프로젝트를 동시에 수행

표 2-12 **매트릭스 조직의 장 · 단점**

장 점	단 점
• 직능 간의 커뮤니케이션을 활성화함으로써 부서 간의 장벽을 줄일 수 있다. • 조직 전체의 자원을 탄력적으로 활용함으로써 그 이용을 극대화할 수 있다. • 수직적 · 수평적 정보 공유가 가능해 조직의 균형을 유지할 수 있다. • 기능 부서의 장점과 프로젝트의 장점을 조화시킬 수 있다. • 프로젝트 종료 후 직원들의 자리 재배치에 대한 불안감을 해소할 수 있다. • 기능조직의 정책 · 관행 · 방침에 대해 일관성을 유지할 수 있다. • 유연한 조직으로 환경 대응이 신속하다.	• 이중적인 조직 체계로 권위가 모호(ambiguity of dual authority)해져 안정적인 조직통제가 어렵다. • 이중적인 책임과 권한으로 구성원 간의 갈등을 유발할 수 있다. • 다수의 프로젝트 간에 시간, 비용, 성과목표 협조 등에서 균형을 찾기가 어렵다. • 관련 부서와의 협의 과정에서 의사결정 기간이 장기화될 수 있다. • 기능조직에서 프로젝트에 우수 인력의 투입을 꺼리는 경향이 있다. • 일의 우선순위를 정하기가 어렵고 한정된 자원으로 부서 간 갈등이 발생할 소지가 있다.

자료: 이상철(2007)에서 수정.

할 경우 균형을 찾기 어려운 점이 있다.

현실적으로 극단적인 형태의 직능조직과 프로젝트 조직은 거의 존재하지 않으며 대부분의 조직이 매트릭스 조직으로 운영되고 있다. 조직의 내적 효율성과 외적 효율성을 동시에 높이기 위한 선택이다. 그 이유는 지나치게 직능조직에 의존할 경우 프로젝트의 목표를 달성하기 위한 효율성이 낮아지기 쉬우며, 극단적인 프로젝트 조직으로 운영할 경우 자원의 낭비를 가져올 가능성이 크기 때문이다.

〈표 2-13〉에서 보는 바와 같이 외국의 유수한 조직들은 매트릭스 조직을 근간으로 프로젝트와 자원관리를 이원화해 운영하고 있다. 조직 운영의 기본적인 원리로 전문성 확보 차원에서 프로젝트 관리자와 자원관리자를 구분해 운영하고 있다.

프로젝트 관리자(project manager)는 엔지니어로서 수년(보통 7년 이상)의 경력을 가진 사람 중에서 연구자보다는 관리자로 성장할 수 있는 역량을 갖춘 사람을 대상으로 기술전문성과 매니저로서의 관리 능력을 평가해 선발한다. 선정된 프로젝트 관리자는 프로젝트의 기획부터 일정 관리 및 완료 단계에 이르기까지 모든 책임을 지고 프로젝트를 수행한다.

표 2-13 외국 기업의 프로젝트와 자원관리 구조

<table>
<tr><th colspan="2">구 분</th><th>Nokia</th><th>Ericsson</th><th>Phillips</th></tr>
<tr><td colspan="2">조직구조</td><td colspan="3">조직 운영의 기본 원리로 매트릭스</td></tr>
<tr><td colspan="2">프로젝트/자원관리</td><td colspan="3">인적 자원 Pool과 PM Pool로 분리 운영</td></tr>
<tr><td colspan="2">팀 단위 조직 총괄</td><td>프로그램 관리자</td><td>프로그램 관리자</td><td>부서장</td></tr>
<tr><td rowspan="3">자원</td><td>총괄</td><td>부서장</td><td>engineer 관리자</td><td>sector leader</td></tr>
<tr><td rowspan="2">관리</td><td rowspan="2">–</td><td>부서장</td><td rowspan="2">cluster leader</td></tr>
<tr><td>technical leader</td></tr>
<tr><td rowspan="2">프로젝트</td><td>총괄</td><td>–</td><td>프로젝트 관리자</td><td>program leader</td></tr>
<tr><td>관리</td><td>프로젝트 관리자</td><td>project leader</td><td>project leader</td></tr>
</table>

주) 프로그램(program)은 프로젝트(project)의 상위 개념으로서, 하나의 프로그램은 몇 개의 프로젝트를 가질 수 있다.
자료: 이상철(2007)에서 수정.

자원관리자(resource manager)는 해당 분야의 업무에 정통한 사람 중에서 관리자 역할을 수행할 수 있는 사람으로 선발하고 업무 수행을 통해 해당 분야의 전문성을 축적하도록 관리한다.

매트릭스 조직은 프로젝트와 자원(예산 · 인력)이라는 두 가지 요소를 구분함으로써 분야별 전문가를 양성하면서 프로젝트를 성공적으로 수행하게 한다. 조직이란 2명 이상의 사람들이 공통 목표를 달성하기 위해 통일적인 의지 아래 협동해 나가는 사회적 단위다. 따라서 조직은 개인의 능력을 최대한 발휘할 수 있는 조직 체제를 구성함으로써 단순히 개인의 합(合) 이상의 효과를 거둘 수 있는 것이다. 다양한 형태의 매트릭스 조직과 같이 환경 변화에 따라 조직의 형태를 바꿈으로써 조직의 효율성과 효과성을 높이려는 노력은 지금도 계속되고 있다.

우리나라에서 사업관리(PM) 중심의 매트릭스 조직 형태로 주목을 받고 있는 공공조직은 한국철도시설공단(KR)이다. 한국철도시설공단은 철도청 건설조직과 고속철도건설공단의 통합으로 이뤄진 공공기관이다. 이에 따라 이 기관에서는 서로 다른 기관의 통합에서 발생하는 이질적인 조직문화를 극복하고 프로젝트 중심의 조직으로 탈바꿈하기 위해 조직 전체를 매트릭스 조직 형태로 개편했다.

KR에서 시도한 조직개편은 기존의 토목, 궤도 등 분야별 기능 중심으로 편제된 직능별 조직구조를 사업관리(PM) 중심의 매트릭스 조직으로 바꿔 각 프로젝트별로 업무를 추진할 수 있도록 설계했다. 프로젝트 중심 조직은 철도사업별로 사업관리자(project manager)를 지정해 사업의 설계부터 감리 · 시공에 이르기까지 전체 건설 프로세스에서 분야별 전문기술과 자원을 효과적으로 관리하도록 재설계한 것이다.

KR에서는 [그림 2−19]에서 보는 바와 같이 전통적으로 토목 · 궤도 · 건축 · 전력 · 신호 · 통신 등 기능별로 구성되어 있던 직능별 조직을 철도 건설 프로젝트(PM1, PM2, …… PMn)별로 재구성함으로써 업무 완결적 조직으로 새롭게 설계했다.

그림 2−19 사업관리(PM) 중심의 매트릭스 조직(한국철도시설공단)

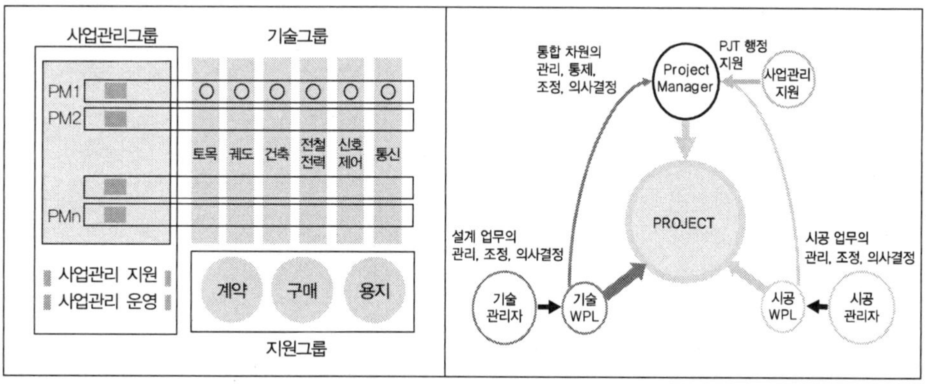

자료: 이상철(2007).

조직의 동작화

Chapter 03

조직의 동작화(activating)란 조직 목표 달성을 위해 합리적인 리더십 체계를 개발하고 조직구성원들의 동기(motivation)를 향상시킬 수 있는 방안을 마련하는 것을 말한다. 조직이 원활하게 움직이도록 하기 위해서는 효과적인 리더십과 동기 요인 개발 외에도 효과적인 커뮤니케이션 통로와 생산적인 조직문화를 육성하는 것이 중요하다.

제3장에서는 리더십의 원천이 되고 있는 권위와 리더십이 무엇인지를 먼저 점검하고 조직구성원들을 자발적으로 동작화할 수 있는 바람직한 커뮤니케이션 방법과 동기 요인 및 조직이론에서 새롭게 조명을 받고 있는 조직문화에 대해 살펴보기로 한다.

제3장에 들어가며

'We' rather than 'I'

일리노이대학교 무용학과 존(John) 교수의 도움으로 난생 처음으로 'November Dance at Illinois'를 관람했다. 굳이 비유하자면 우리나라 대학의 졸업 발표회 같은 것인데 관중석은 입추의 여지가 없이 성황을 이뤘다. 그러나 문외한인 필자에게 현대무용은 역시 지루하고 이해하기가 힘들었다.

중앙의 제일 좋은 자리에 앉아 졸고만 있을 수도 없고…….

졸음을 쫓을 겸 막이 끝날 때마다 옆에 앉은 존 텐제스(John Tenjes) 교수에게 몇 가지를 물어보았다.

놀랍게도 무용학과 전체 학생 수는 50명 남짓하다고 한다.

입학하는 학생 수는 매년 20명 정도이나 과정이 너무 힘들어 졸업하는 학생 수는 해마다 10명 내지 15명 정도라고 한다. 교수 수는 전임강사(instructors)를 포함해 10명이 넘는다고 하니 재정을 책임지고 있는 대학 당국으로서는 기가 찰 노릇이건만, 무용학과의 명성과 전통은 그대로 이어지고 있다.

무용수들 중간중간에 한두 명 나이가 든 사람들이 눈에 띄어 저 사람들이 누구냐고 물어보았더니 지도를 담당한 교수 또는 외부에서 초빙한 전임강사라고 했다.

그들은 학생들과 똑같은 의상을 입고 똑같이 열정적으로 땀을 흘리고 있었다.

공연 중간에 무용수들이 갑자기 관중 속으로 뛰어들어 신나게 관객들과 춤을 추기도 했다.

박수를 가장 많이 받은 마지막 작품인 'Good Morning, Arcadia'는 금년에 졸업하는 학생 그레이스(Grace)가 기획한 작품이라고 한다. 세계적으로 명성을 떨치고 있는 안무가(choreographer)들과 똑같이 대우해 주는 교수들의 아량과 격려가 감동적이었다.

공연이 끝나고 학과 교수 및 안무가들이 청중과 주제 선정 및 연습 과정을 묻고 대답하는 시간을 가졌다. 어떤 질문에도 성실히 답변해 주는 것이 인상적이었다. 한 관객이 주제를 어디에서 가장 많이 얻느냐고 물었을 때 학과장 에커트(Jan Erkert)는 단연코 '학생들과의 대화'라고 대답했다.

드러커(Peter Drucker)가 말하기를 "훌륭한 관리자는 '나'보다는 '우리'를 강조한다(Effective Managers think and say 'We' rather than 'I')"고 했다. 가냘프게만 보이는 여자 학과장 교수가 매년 훌륭한 공연으로 마무리할 수 있었던 것은 나름대로의 확고한 조직관리 철학이 그 배경이 되고 있는 것 같았다.

이상철(2010)

Chapter 03

조직의 동작화

제1절 조직의 권력과 권위

1. 조직에서 권력적 요소

과학적 관리론을 비롯한 많은 조직의 효율성을 높이기 위한 노력이 조직은 합리적으로 움직인다는 전제에서 진행되어 왔다. 그러나 조직관리의 현실에서는 비합리적인 요소, 즉 권력적인 요인이 더 크게 지배하고 있는지도 모른다. 조직의 자원 배분과 인력 배치를 두고 조직구성원 간 또는 부서 간에 많은 갈등을 겪고 있으며, 그 이면에는 다양한 권력적 요인이 작용하고 있다. 어느 조직에서나 힘있는 사람과 집단이 조직의 자원 배분에 더 큰 영향력을 행사하고 있는 것이 현실이다.

경제적 인센티브 활용에 한계가 있는 공공조직에서 구성원들에게 제공할 수 있는 가장 확실한 동기부여 방법은 승진이다. 그런데 정부조직을 비롯한 많은 공공조직에서 승진을 바라는 조직의 구성원들은 훌륭한 실적 쌓기 못지않게 인사권자에게 영향을 미치려고 내·외부의 권력을 동원하기도 한다. 조직에서 권력적 요인이 합리적인 메커니즘 못지않게 큰 영향을 미치고 있으나 조직이론에서는 그만큼 비중 있게 다뤄지지 못했다. 이는 권력이 가지고 있는 비도덕적이고 부정적 이미지 때문이기도 하다.

일반적으로 권력의 원천은 〈표 3−1〉에서 보는 바와 같이 조직의 내·외부에서 동시에 일어난다. 조직 내부적인 권력의 원천으로는 지식과 정보(전문성), 응집력, 리더십, 공식적 지위,[1] 경력, 개인적 권위 등이 있고, 조직 외부적인 권력의 원천으로는 조직의 이미지, 우호 환경의 지지, 고객집단의 규모와 범위, 상급 또는 통제조직의 지원[2] 등이 있다.

표 3−1 **권력의 원천**

내부적 권력의 원천	외부적 권력의 원천
• 지식과 정보 (예: think tank) • 조직의 응집력 [예: MOFIA(Ministry of Finance + Mafia] [3] • 공식적 지위와 경력 (예: 상위직, 터줏대감) • 개인적 권위와 리더십 (예: 전문적 지식을 갖춘 리더)	• 조직의 이미지 (예: 사정기관) • 환경의 지지 (예: 시민단체) • 고객집단의 규모와 범위 (예: 종교단체) • 상급조직의 지원 (예: 청와대나 국회의 지지를 받는 조직)

이러한 내·외부에서 동원되는 '권력'은 합리적이거나 합법적인 '권위'에 비해 부정적인 결과를 초래하는 경우가 많다.

1) 조직에서 일반적으로 기획·조정 업무를 맡고 있는 기획실장은 같은 직급이라고 하더라도 다른 부서장에 비해 큰 권력을 가지고 있다.
2) 행정기관에 대한 청와대 혹은 국회의 지원을 생각해 보면 알 수 있다.
3) 재정경제부의 전신인 재무부의 영문 약자 MOFE(Ministry of Finance and Economy)와 마피아(Mafia)를 합성한 말이다. 재무부 출신의 인사들이 정계, 금융계 등으로 진출해 산하기관들을 장악하며 강력한 영향력을 보여 주면서 거대한 세력을 구축했다. 이들을 마피아에 빗대어 부르는 모피아라는 말이 등장했다. 미국의 '회전문 이론(revolving door theory)'에 적용되는 사례라 할 수 있다. '회전문 이론'이란 미국의 군 장성들이 은퇴 후 국방부 관리로 임명되고 임기 후 다시 방위산업체 등의 간부로 들어가 지속적인 이해관계를 만들며 국가에 큰 영향력을 행사했기에 이를 우려하며 생긴 말이다. 미국의 아이젠하워(Dwight Eisenhower) 대통령이 1961년 고별 연설에서 이러한 위험성을 미국 행정부와 군수업체 사이의 회전문에 비유하면서 생겨난 용어이다(다음, 2011).

회전문 이론의 적용사례

한국은 세계 10대 경제 대국으로 꼽히지만, 금융시장 경쟁력 면에선 하위권을 면치 못하고 있다. 공직자들의 '낙하산' 관행이 금융 발전을 가로막는 장애 요인이라는 게 전문가들의 지적이다.

세계경제포럼(WEF)이 '2016년 세계 경쟁력 보고서'에 따르면 한국은 138개국 가운데 26위를 기록했다. 2014년과 2015년에 이어 3년 연속 같은 순위다. 한국 경제의 경쟁력은 2007년 역대 최고인 11위까지 올랐지만 매년 순위가 하락해 2014년 이후 최저 순위인 26위까지 떨어졌다.

2016년 WEF(세계경제포럼) 국가경쟁력 순위

총 138개국 기준

순위	2015 순위	국가	순위	2015 순위	국가	순위	2015 순위	국가
1	1	스위스	17	19	벨기에	34	32	태국
2	2	싱가포르	18	14	카타르	35	36	리투아니아
3	3	미국	19	23	오스트리아	36	41	폴란드
4	5	네덜란드	20	20	룩셈부르크	37	40	아제르바이잔
5	4	독일	21	22	프랑스	38	34	쿠웨이트
6	9	스웨덴	22	21	호주	39	55	인도
7	10	영국	23	24	아일랜드	40	48	말타
8	6	일본	24	27	이스라엘	41	37	인도네시아
9	7	홍콩	25	18	말레이시아	42	50	파나마
10	8	핀란드	▶26	26	한국	43	45	러시아
11	11	노르웨이	27	29	아이슬란드	44	43	이탈리아
12	12	덴마크	28	28	중국	45	46	마우리투스
13	16	뉴질랜드	29	25	사우디아라비아	46	38	포르투갈
14	15	대만	30	30	에스토니아	47	49	남아프리카공화국
15	13	캐나다	31	31	체코	48	39	바레인
16	17	아랍에미레이트	32	33	스페인	49	44	라트비아
			33	35	칠레	50	54	불가리아

자료: 기획재정부.

세계경제포럼 관계자는 "동아시아 · 태평양 지역 평가 대상 15개국 가운데 지난 10년 간 국가 경쟁력 지수가 내려간 국가는 한국과 태국밖에 없다"고 지적했다. 이 포럼에서 한국 경제는 기초는 튼튼하지만, 기업 혁신은 정체되었고 노사관계와 금융 부문에서 최악 수준이라는 평가를 받았다. 한국의 금융시장 성숙도는 80위, '은행건전성' 부문 102위로 하위권에 머물렀다.

뉴시스(2016.9.28)

주) 2017년 금융시장 성숙도는 74위로 소폭 상승했다.

2. 조직에서 권력 및 권위

조직에서 계층과 구성원을 합리적으로 보는 기능주의적 입장에서는 조직 내의 비합리적인 '권력'보다는 합리적이고 전문적인 '권위'를 더 중시했다. 그러나 조직은 권위와 더불어 권력이 상호작용을 하는 복합적인 구조로 운영되고 있다(Gouldner, 1971).

조직의 내부 갈등이 심하거나 외부의 환경 변화로 인해 조직의 존립이 위태로운 상황에 직면했을 때에는 힘이 있는 권력이 조직에 순기능적 역할을 하기도 한다.

베버(Weber, 1947)는 권력을 "상대방의 의사와 관계없이, 즉 상대방이 반대하더라도 의도한 바를 관철시킬 수 있는 힘"이라고 했다. 이에 비해 권위는 "합리적인 절차 또는 규정에 바탕을 두고 조직의 구성원들이 협상과 타협을 통해 스스로 지시하는 사람의 의도에 참여하도록 하는 능력"이라고 했다. 베버(Max Weber)는 권위의 정당성은 전통과 관행, 감정과 태도, 합리적인 신념과 가치, 사회적 합법성에서 확보된다고 했다. 권력에 대한 순응(compliance)이 비자발적인 데 비해, 권위에 대한 순응은 신념과 정당성(legitimacy)에 바탕을 둔 자발적(voluntary) 행위라고 할 수 있다(신유근, 1993).

권력과 권위의 개념상 차이를 정리하면 〈표 3-2〉와 같지만 조직관리의 현실에서는 서로 혼용해 사용되고 있다. 효과적인 리더는 권위의 가치를 알고 있다.

권력보다 권위에 의존하는 리더는 자기가 한 의사결정과 커뮤니케이션에 책임을 지고 부하의 문제점에 초점을 두기보다는 장점과 기회 요인을 염두에 두고 조직을 관리한다. 그들은 무엇보다도 '나'보다는 '우리'라는 관점에서 조직을 관리하고 있다.[4)]

---

4) Effective Managers take responsibility for decisions and communicating and are focused on opportunities rather than problems. They think and say 'We' rather than 'I'(Peter Drucker's recommendations: Leblebichi, 2010).

표 3-2 **권력과 권위**

권 력	권 위
• 일방적 커뮤니케이션 • 비합리적인 힘 • 비자발적 순응 • 권력자의 지시 • 현실적 접근	• 쌍방적 커뮤니케이션 • 합리적 절차와 규정 • 자발적 순응 • 부하(follower)의 참여 • 기능주의적 접근(합리적 전문적 권위)
예: • 상대방의 의사와 관계없이 의도한 바를 관철시키는 힘: 계급 · 나이 등으로 의도한 바를 강제로 획득 • "내 말이 옳다" 정신	예: • 상대방이 스스로 지시에 참여하도록 하는 능력: 계급보다는 상대방의 재능과 아이디어를 존중 • "옳은 말이 옳다" 정신

3. 계층제와 권력 및 권위

계층제 조직구조에서 조직의 권위는 일반적으로 상위직으로 올라갈수록 높고 하위직으로 내려갈수록 낮게 설계되어 있다. 그러나 최근에는 하위직, 특히 업무 담당자의 권위가 크게 강화되고 있다. 전통적으로 상급자의 지시에 따르는 것이 부하의 직무였으나 지금은 오히려 담당자의 전문성 및 법적 책임에 더 많은 권위가 부여되어 있다.

메카닉(Mechanic, 1987)은 수직적 계층의 상위에 있는 사람보다는 비록 하위 계층에 있는 사람이라도 정보와 조직 자원에 접근성(accessability)이 용이한 사람에게 더 많은 권위가 주어진다고 했다. 흔히 일반 조직에서 비서실에 근무하는 직원은 비록 직급은 낮더라도 다른 부서에 근무하는 직원에 비해 큰 권한를 가지고 있는 것을 볼 수 있다. 공 · 사 조직에서 조직의 권력분포와 권위구조를 조사해 보면 매우 흥미로운 결과를 발견할 수 있다고 한다. 즉, 조직에서의 권력과 권위가 계층제 구조의 공식적인 규칙에서 설계하고 있는 것과는 많이 다른 모습을 보이고 있기 때문이다(김태룡, 1994).

4. 분업화와 권력 및 권위

조직의 분업화에 의한 수평적 구조에서도 권력과 권한의 차이가 있다. 비상규적인 업무를 처리하는 부서가 상규적인 업무를 처리하는 부서에 비해 상대적으로 높은 권한을 가질 수 있다.5) 수평적 조직에서는 상대 부서가 할 수 없는 배타적인 능력을 가지거나 조직 운영을 조정할 수 있는 중심적인 위치에 있는 부서일수록 높은 권한을 가질 가능성이 높다. 통상적으로 다른 부서에 비해 다른 조직에서 수행할 수 없는 전문성을 가진 부서나 전체 조직을 조정하는 위치에 있는 기획조정실이 상대적으로 높은 권한을 가지는 것은 이런 이유 때문이다.

5. 권력 및 권위의 확보 방법

조직에서 권력이나 권위를 확보하기 위해서는 전문적인 지식에 바탕을 두고 합리적인 대안을 제시하는 것이 중요하지만 무엇보다도 의도하는 결정에 동조하는 세력을 많이 확보하는 것이 중요하다.

〈표 3-3〉에서 보는 바와 같이 공식적인 방법으로 위원회를 만들거나 외부 전문 인력을 흡수(co-option)해서 조직이 의도하는 목적을 달성하기도 하고, 비공식적으로는 외부 지지 집단을 만들거나 연립을 통해 의도하는 결정에 이르도록 하기도 한다.

그 밖에도 공식적 권위적 권력을 외부에 나타내지 않음으로써 의도된 목적을 달성하는 '무의사 결정' 방법을 활용하기도 한다(Pfeffer, 1984). 지역주민 간의 이해관계가 첨예하게 대립되는 지역 개발사업에 행정조직이 전면에 나서기보다는 관련 집단(review group)이 더 큰 역할을 하도록 유도하기도 한다. 행정기관이 가지고 있는 공식적인 권력과 권한을 남

---

5) 크로지어(Michel Crozier)는 한 담배회사의 연구에서 일상적인 업무를 수행하는 생산이나 판매 부서보다는 기계의 고장을 수리하는 부서가 상대적으로 더 많은 권한을 가지고 있는 것을 발견했다(Crozier, 1964).

표 3-3 권력 및 권위의 확보 방법

공식적 방법	비공식적 방법
• 전문성에 기초한 다양한 대안 제시 (예: 전문기관 용역 결과 활용) • 공식조직에 외부 전문가 영입 (예: 사외이사) • 위원회 설치 (예: 환경보호전문위원회)	• 외부집단과의 연립 (예: 의회와 언론) • 비공식적 외부 인사 영입 (예: 핵심적인 반대인사 흡수) • 무의사 결정 활용 (예: 주민자치회)

용하는 것보다는 오히려 자제하는 것이 정당한 권력 또는 권위의 확보 방법이다.

제2절 조직의 리더십

1. 리더십이론의 성립과 배경

합리적 · 기계적 인간관에 입각한 과학적 관리론이 지배하던 시대에는 리더십이론을 별로 중시하지 않았으나 1930년대에 일어난 인간관계론이나 1960년대의 발전행정이론이 등장하면서 조직의 인력을 효율적으로 관리하기 위한 리더십의 중요성이 부각되기 시작했다. 특히 발전행정에서는 공공조직이 의도적으로 사회 변화를 이끌어 나가는 과정에서 많은 저항에 부딪치게 되자 변동 역군(change agent)으로서 리더에 대한 필요성이 제기되기 시작했다.

2. 리더와 리더십의 의의

흔히 리더란 "조직의 주어진 목표를 효율적으로 달성하기 위해 부하(follower)들인 조직구성원들의 유기적 · 협동적 행동을 이끌어 가는 사람"이라고 정의한다. 그러나 한 조직에 리더가 반드시 한 사람만 존재하는 것은 아니다. 계층제 조직에서 최고관리자를 비롯해 계층마다 장(長, head)은 통솔 범위 내에서 리더라고 할 수 있다.

리더십(leadership)이란 "조직 목표를 달성하기 위해 조직의 구성원들이 자발적으로 참여할 수 있도록 조직구성원들에게 동기를 부여하고 영향력을 미치는 리더가 가지는 일련의 기술·능력·행위"라고 할 것이다.

리더십은 그것이 가지는 일상성·자발성·권위성·일체감의 속성에 비춰볼 때 조직의 직위(position)에서 일어나는 '명령(direction)'이나 '직권력(headship)'[6]과는 차이가 있다.

일반적으로 공식적인 계층제의 직위에 의해 내려지는 권력의 행사인 명령은 일상적·강제적·규칙적으로 나타나는 데 비해, 리더십은 비일상적·자발적·비규칙적으로 일어난다. 또한 리더십이나 헤드십(headship)은 모두 권위[7]를 근거로 이뤄지나 그 성격이 다르다.

헤드십은 공식적인 직위에 근거하는 권위인 데 비해, 리더십은 리더 자신의 사람에 근거한 권위다. 또한 헤드십은 제도적 권위인 데 비해, 리더십은 심리적 권위라고 할 수 있다.

리더십은 헤드십에 비해 부하의 정신적 공감이나 일체감이 강하다. 따라서 리더십은 리더가 일방적으로 발휘할 수 있는 것이 아니며 부하나 추종자의 정신적 수용[8]을 전제로 이뤄진다. 리더와 추종자 간의 관계는 늘 변할 수 있기 때문에 리더십은 조직의 규칙에 의해 정해져 있는 헤드십에 비해 가변적이라고 할 수 있다. 이상에서 설명한 리더십과 헤드십의 차이를 요약하면 〈표 3-4〉와 같다.

---

6) 리더십을 지도력(指導力)이라고 한다면 헤드십은 직권력(職權力)이라고 할 수 있다.
7) 권위란 일정한 명령에 조직 내 구성원들이 복종할 가능성을 말하는데 부하(follower)의 정당성·신념을 근거로 지배할 때 권위에 의한 지배라고 한다.
8) 권위의 수용 범위를 버나드(C. I. Barnard)는 무차별권이론으로 설명하고 있는데 조직의 목표가 명확하고 정당성이 있다고 생각하는 경우에 조직구성원의 무차별권은 넓어진다고 한다.

표 3-4 리더십과 헤드십의 차이

	리더십(leadership)	헤드십(headship)
특징	비일상적 · 자발적 · 비규칙적	일상적 · 강제적 · 규칙적
근거	사람에 의한 심리적 권위	직위에 의한 제도적 권위
일체감	정신적 공감이나 일체감이 강함	정신적 공감이나 일체감이 약함
속성	부하(follower)의 수용성에 따라 가변적	규칙에 의해 고정적 속성

조직 운영의 현실에서 권력을 가지고 있는 리더는 〈표 3-5〉에서 보는 바와 같이 권력의 신화(myth)적 속성과 현실(reality) 사이에서 행동의 어려움을 직면하게 된다고 한다. 바람직한 리더가 되기 위해서는 리더가 "자기의 아이디어를 집행할 수 있는 자유를 가졌다"고 생각하는 신화에서 벗어나 "자기를 위해 일하는 누군가가 자기를 해고할 수 있다"는 현실을 인식해야 하고, 리더는 "내가 조직 계층의 최정점에 있게 될 것이다"고 생각하기보다는 "사람들은 나의 일거수일투족(一擧手一投足)을 보고

표 3-5 Myths and Realities of Being Leader

	MYTH	REALITY
Defining characteristic of the role:	Authority "Now I have the freedom to implement my ideas."	Interdependency "It's humbling that someone who works for me could get me fired."
Source of power:	Formal authority "I will finally be on top of the ladder."	"Everything but" "Folks were wary, and you really had to earn it"
Desired outcome:	Control "I must get compliance from my subordinates."	Commitment "Compliance does not equal commitment"
Managerial focus:	Managing one-on-one "My role is to build relationships with individual subordinates."	Leading the team "I need to create a culture that will allow the group to fulfill its potential."
Key challenge:	Keeping the operation in working order "My job is to make sure the operation runs smoothly."	Making changes that will make the team perform better "I am responsible for initiating changes to enhance the group's performance."

자료: Leblebici(2010).

있다"는 것을 알아야 한다. 그 밖에도 리더는 부하의 복종보다는 자기의 헌신, 부하 개개인과의 관계 형성을 넘어 조직 전체의 잠재력을 키울 수 있는 문화창조, 단순히 조직을 부드럽게 운영하는 데 그치지 않고 조직 전체의 성과를 높이기 위해서 변화를 주도해 나가야 한다고 한다.

3. 리더십의 기능과 역할

리더십은 조직의 목표 설정에서 집행 및 감독에 이르기까지 조직의 관리 과정에서 미치지 않는 영역이 없지만, 특히 다음과 같은 기능과 역할을 한다.

첫째, 리더십은 조직의 목표를 설정하고 이를 구체화하는 과정에서 조직구성원들의 임무와 역할을 명확히 하는 역할을 한다. 리더십은 조직 내적인 구조와 문화를 조직 외적인 환경의 하나인 사회단체와 연결하는 기능을 한다. 이때 창의적이고 쇄신적인 조직의 목표 수립과 이를 구체화하는 과정에서 특히 리더의 효과적인 리더십이 발휘될 수 있다.

둘째, 리더십은 조직의 목표 달성을 위해 조직의 인적·물적 자원의 동원뿐만 아니라 조직의 권위와 상징 등 조직의 정치적 자원을 조직 내적 자원과 연결해 시너지 효과를 가져오게 하는 역할을 한다. 이러한 부가적인 조직의 자원을 적절히 활용함으로써 리더는 조직구성원들로 하여금 조직에 충성하도록 하고, 나아가 조직이 외부 환경의 지지를 받도록 하는 기능을 한다.

셋째, 리더십은 조직의 제반 활동을 통합·조정함으로써 조직 내 커뮤니케이션을 원활하게 하고 조직의 목표를 용이하게 달성하도록 하는 역할을 한다.

4. 리더십이론의 발전

1) 특성적 자질론

리더의 자질은 타고나는가? 아니면 만들어지는가?

리더십 연구는 현대에 들어오면서 다양하게 전개되고 있으나 그 시작은 '소수의 사람들이 리더로서의 특성을 지니고 태어난다'는 전제 하에서 리더들의 특성적인 자질을 탐구하는 것에서 시작되었다. 따라서 초기 리더십이론 개발 학자들의 주된 관심은 역사상 유명했던 위대한 인물들에 대한 연구에서 비롯되었다. 즉, 위인들의 자질과 배경 분석에 초점을 두고 리더십을 연구했는데 명문 가문에서 훌륭한 리더들이 많이 배출되었다는 주장에 의해 그 타당성을 인정받기도 했다. 이러한 맥락에서 누군가가 어떤 타고난 자질로 인해 위대한 인물, 즉 리더가 된다는 주장을 '리더십의 위인(偉人)이론(Great man theory of leadership)'이라고 하기도 했다. 이와 같이 리더가 될 수 있는 고유한 개인적 자질 내지는 특성이 존재한다는 가정 하에 리더의 외양이나 퍼스낼리티(personality)에서 공통적인 특성들을 찾아내고자 하는 리더십 연구의 흐름을 리더십의 특성적 자질론(trait theory)이라고 한다.

초기의 특성적 자질론(資質論)은 '단일적 자질론'과 '성좌적 자질론'으로 나눠 정리할 수 있다.

단일적 자질론(unitary trait theory)이란 리더는 하나의 단일적 통일적 자질을 구비한다고 보고, 이러한 자질을 가진 사람은 어떤 집단이나 어떤 상황에서도 리더가 된다고 주장했다. 가령 버나드(C. I. Barnard)는 이러한 자질로서 ① 인내력, ② 결단력, ③ 설득력, ④ 책임감, ⑤ 지적 능력을 들고 있다.

성좌적 자질론(constellation traits theory)이란 단일적 자질론을 보완한 것으로 리더의 자질은 상황적 제약을 받기 때문에 몇 가지 자질의 복합적 결합에 의해 새로운 자질이 등장하고 이에 따라 리더가 결정된다고 파악하는 입장이다. 스톡딜(Stogdill, 1974)에 의하면, 리더십에서 단일적 자질이란 존재하지 않으며, 리더에게는 그에게 고유한 리더십의 능력을 구성하는 자질의 유형이 있고, 그 몇 개의 자질의 결합에 의해 리더의 개인적 특성이 나타난다고 한다.

리더십 자질론은 조직의 목표 달성에 리더십의 중요성을 강조한 것은 상당히 의미가 있으나 모든 리더가 동일한 자질을 가지고 있지 않고, 조직의 특징과 조직의 목표 및 상황에 따라 일관성 있는 리더십을 결정하는 자질은 찾을 수 없다는 비판을 받고 있다. 사실상 '지도자가 갖춰야 할 보편적인 자질은 존재하지 않는다'는 것이 특성적 자질론이 받고 있는 비판의 핵심 내용이다.

2) 행태이론

1940년대 후반에 이르러 등장한 행태이론은 리더의 어떠한 행동이 리더십의 효과성과 관련이 있는가를 파악하고자 시도된 것이다. 모든 리더

그림 3-1 관리격자모형

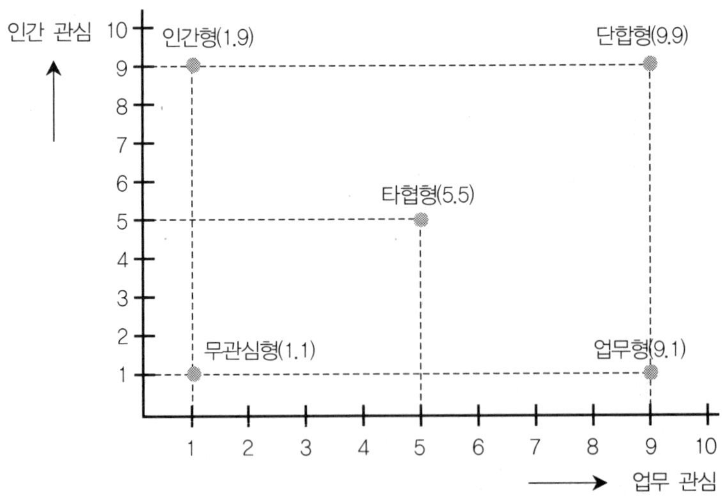

자료: Blake & Mouton(1964).

에게는 공통된 행태가 있으며 이는 학습을 통해 얻을 수 있다고 가정한다.

대표적으로 블레이크와 모튼(Blake & Mouton, 1964)은 [그림 3-1]에서 보는 바와 같이 관리격자(managerial grid)를 개발했는데, 리더의 '업무에 대한 관심'과 '인간에 대한 관심'을 바탕으로 이 양자를 조합해 무관심형, 인간형, 업무형, 타협형, 단합형으로 구분했다.

업무 수행과 인간관계 모두에 관심이 없는 리더를 무관심형, 업무 수행보다는 인간관계에 중점을 두는 리더를 인간형, 인간관계보다는 업무 수행에 중점을 두는 리더를 업무형, 업무 및 인간관계에 적당한 관심을 두는 리더를 타협형, 업무와 인간관계 모두에 최대한의 관심을 가지는 리더를 단합형이라고 한다.

이들이 추구하는 궁극적인 관리격자모형은 단합형이라고 할 수 있는데, 단합형에서는 리더와 부하의 상호 신뢰를 중시한다. 그리고 이 관리격자이론에서는 누구나 교육에 의해 단합형 관리자가 될 수 있다는 전제를 바탕으로 한다. 따라서 관리격자이론을 주장하는 사람들은 리더를 대상으로 단합형 관리자가 될 수 있도록 다양한 교육을 할 것을 강조한다.

리더십 행태이론에서는 조직구성원의 참여를 통한 업무와 인간에 대한 공통된 관심을 강조한 장점은 있으나 이러한 리더십의 요소들이 리더십의 특성적 자질론에서 언급하고 있는 리더의 자질을 다르게 표현한 것에 지나지 않는다는 비판을 받고 있다. 즉, 리더는 업무 수행 능력과 조직구성원에 대한 인간적 배려의 자질이 필요하다는 것을 강조한 것이다. 리더십 행태이론은 리더십의 과정과 요소를 단순하게 개념화함으로써 이해하기 쉽게 설명한 장점은 있으나 특성적 자질론과 마찬가지로 현실적으로 복잡한 조직구성원들의 개성을 지나치게 단순화함으로써 리더의 자질을 업무적인 측면과 인간적인 측면으로 요약한 것에 불과하다는 비판을 받고 있다.

3) 상황론

(1) 상황론의 의미

상황론에서는 리더십이란 리더 개인의 자질과는 상관없이 집단의 성격, 조직 목표, 구조, 사회문화적 성격, 집단 분위기 등 그때의 상황에 따라 그 상황에 유리한(favorable) 리더십의 유형이 결정된다고 주장한다.

그러나 이 이론은 동일한 상황 속에서 다른 사람을 물리치고 어느 특정인이 지도자가 되는 이유를 해명하지 못한다는 한계점을 지닌다. 즉, 상황이 바뀌거나 다른 상황에서도 이전의 리더가 그대로 리더십을 발휘하는 경우를 설명하지 못하는 약점을 가지고 있다. 순전히 상황만이 리더를 결정하는 요인이라고 하기에는 많은 한계가 있다.

(2) 피들러의 상황적응모형

피들러(Fred E. Fiedler)는 "리더십의 효율성은 상황적 주요 변수에 의해 좌우된다"고 하며 리더십의 유형을 '과업 지향'과 '인간관계 지향'으로 나눴다. 상황에 영향을 미치는 핵심 변수는 '직권력(headship or position)의 크기', '리더와 구성원의 관계(leader and member relationship)', '과업구조(task structure)의 고도화'라고 했다.

'직권력의 크기'란 리더가 직위와 관련해 가지고 있는 권력을 말하고, '리더와 구성원의 관계'는 리더가 구성원들의 지지를 얻어낼 수 있는 집단 분위기를 말하며, '과업구조의 고도화'는 조직의 업무 절차가 얼마나 표준화되어 있는가를 말한다.

피들러는 [그림 3-2]에서 보는 바와 같이 조직의 상황이 양호하거나 불리한 경우에는 과업 지향의 리더가 등장하기 쉽고, 상황이 중간 상황이면 인간관계 지향의 리더가 등장한다고 주장했다. 즉, '직권력의 크기'가 크거나 아주 작을 때, '리더와 구성원의 관계'가 아주 좋거나 나쁠 때, '과업구조'가 고도화되어 있거나 아주 낮을 때에는 과업 지향적인 리더십이 바람직하다는 주장이다.

그림 3-2 상황적응모형

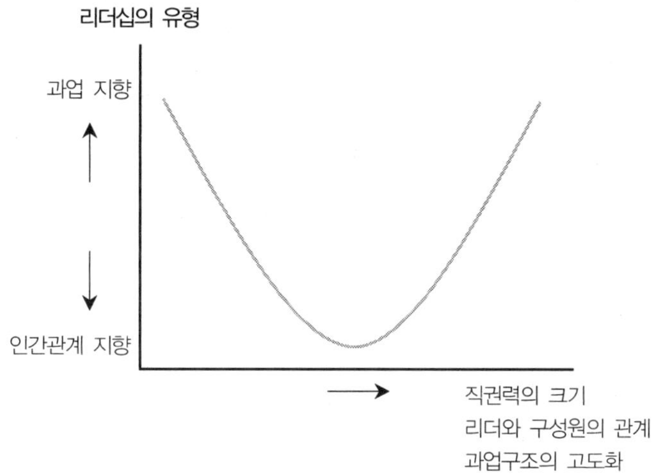

피들러의 상황적응모형은 조직의 현실을 잘 파악한 장점은 있으나 상황적 주요 변수들이 양호한 것과 불리한 것이 서로 섞여 있을 때 어떤 리더십이 효율적인지를 설명하지 못하는 단점이 있다.

4) 목표경로이론

목표경로이론은 브룸(Victor H. Vroom)의 경로이론에 기초를 두고 있는데, 리더는 부하(follower)가 조직의 목표 달성에 쉽게 도달할 수 있는 경로를 마련해 주어야 한다는 입장이다. 이 이론에 따르면, 리더는 부하가 이용할 수 있는 보상의 수와 종류를 증가시키는 것이 중요하다고 주장한다.

하우스(House, 1971)는 상황에 따른 리더의 행동 유형으로 지시적 리더십, 지원적 리더십, 참여적 리더십, 성취 지향적 리더십을 제시하고 있다. [그림 3-3]에서 보는 바와 같이 가령 과업의 구조화가 높은 조직에서 지시적 리더십은 부하의 만족도를 낮게 할 우려가 있으므로 지원적 리더가 바람직하다는 것이다. 무엇보다도 목표경로이론에서 리더는 부하가 기대하는 보상을 받게 해 줄 수 있는 행동(통로)을 명확하게 제시해 주어야 부하의 성과를 높일 수 있다는 것을 강조한다.

목표경로이론모형 역시 리더의 유형은 상황에 따라 달라져야 한다는 상황이론의 논리를 벗어나지 못하고 있다. 즉, 목표경로이론모형은 상황에 따라 그에 맞는 리더의 유형을 다른 방식으로 적용해 본 것에 지나지 않는다는 비판을 받고 있다.

그림 3-3 목표경로이론모형

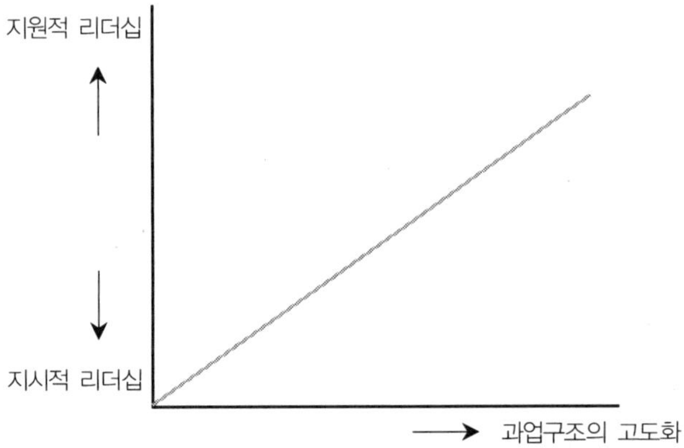

5) 변혁적 리더십과 거래적 리더십

변혁적 리더십은 부하들의 질적 변화를 추구하기 위한 새로운 패러다임으로, 번스(James MacGregor Burns)에 의하여 시작되었지만 바스(B. M. Bass)에 의하여 정교해지고 체계화되었다. 바스(Bass, 1985)는 번스(Burns, 1978)와 하우스(House, 1976)의 선행 연구에 기초하여 변혁적 리더십을 보다 확장하고 다듬어서 새로운 내용의 변혁적 리더십이론을 제시하였다.

변혁적 리더십은 부하들로 하여 자신들의 개인 이해관계를 넘어 집단이나 조직의 목적을 이해하고 달성하도록 유도하고 높은 수준의 욕구를 촉진시키며 업무성과의 중요성과 가치를 잘 인식시킴으로써 부하들을 동기부여시키는 것이다. 바스(Bass, 1985)는 변혁적 리더십의 구성 요인으로 카리스마, 개별 배려, 지적 자극 등 세 가지를 제시하였다.

거래적 리더십은 리더가 상황에 따른 보상에 기초하여 부하들에게 영향력을 행사하는 과정으로 정의할 수 있다. 즉, 리더가 행동, 보상, 인센티브를 사용하여 부하들로부터 바람직한 행동을 하도록 만드는 과정이며, 이 과정은 리더와 부하 간의 교환이나 거래 관계에 기초한다. 번스(Burns, 1978)는 한 사람이 가치 있는 어떤 것을 교환할 목적으로 다른 사람과 계약을 하는데, 그때 주도권을 행사할 경우 거래적 리더십이 발생한다고 하였다. 즉, 리더가 자신이 가지고 있는 가치 있는 것을 추종자가 가지고 있는 가치 있는 것과 교환하여 거래의 이익을 취하고자 하는 리더십이라는 것이다.

거래적 리더십은 보상이나 벌을 사용하여 부하로 하여 직무 요건을 충족시키도록 하는 리더십이다. 바스(Bass, 1985)는 거래적 리더십을 변혁적 리더십과 구별되는 개념으로 정의하면서, 거래적 리더십을 구성하는 행동요인으로 상황적 보상과 예외관리를 제시하였다. 상황적 보상은 성과기준에 부합되는 경우 이에 대한 보상을 강조하는 적극적인 의미인 반면, 예외관리는 성과기준에 부합되지 않는 경우에만 수정 조치를 취하는 소극적인 의미를 지니고 있다.

6) 퀸의 경쟁가치모형

리더십은 조직학에서 매우 광범위하게 연구되고 있지만 특성이론, 행동이론, 상황이론 등에 기반을 둔 이분법적인 접근 방식이 주류를 이루고 있다. 이제까지 연구된 리더십이론들은 리더십을 구성원들이 상호작용하여 목표 달성을 지향하도록 촉진시키는 능력으로서 지도자가 어떤 특성을 가지고 있는가, 효율적인 리더십을 발휘하는 지도자는 어떤 특정한 행동을 하는가 등 지도자의 어떠한 특성과 행동이 효율적인가에 초점을 맞추어 연구를 진행하여 왔다.

그러나 최근의 리더십이론에서 주목을 받고 있는 것은 다양한 환경 하에서 조직이 생존하기 위해서는 리더가 여러 요소들을 동시에 발휘해야 한다는 것이다. 조직의 현실이 모순과 갈등, 역설, 딜레마로 구성되어 있는 것이 사실이라면 일관성, 통일성, 안정성을 유지하려는 노력보다는 모순적인 요소들을 동시에 추구하는 것이 당연하다는 것이며(이종찬, 2001), 리더십 분야에서 서로 상반되는 가치들을 균형 있게 함께 추구할 것을 제시하는 대표적인 연구가 바로 퀸(Robert E. Quinn)의 경쟁가치모형이다.

퀸의 경쟁가치모형은 일련의 사항은 단면성을 가지고 있는 것이 아니라 양면성을 가지고 있기 때문에, 실재하는 모든 조직에 있어서 상충적인 가치와 속성이 상호 존재할 수 없다는 것을 강조하는 것이 아니라 우리가 이런 기준, 가치, 가정들을 서로 반하는 것으로 생각하는 것이 문제라는 것을 강조한다(조경호 · 김정필, 2005). 따라서 경쟁가치모형은 조직관리에 본질적으로 내재하는 가치들 간의 모순과 긴장 관계에 주목하고, 서로 양립하기 어려운 것으로 인식되었던 다양한 가치들을 균형된 시각에서 역동적으로 조화시킬 수 있는 통합된 모형을 제시한다.

경쟁가치모형은 서로 다른 가치와 속성을 지닌 네 가지 모형의 다양성을 수용하여 하나로 통합한 것이며, 각 모형별로 서로 다른 가치를 강조하는 여덟 가지 리더십 유형을 제시하고 있다. 경쟁가치모형은 크게 분권화와 분화가 강조되는 유연성과 집권화와 통합이 강조되는 통제가 대비되는 첫 번째 축과 전체 시스템의 경쟁력 강화가 강조되는 조직 외부에 초점을 두는 측면과 체계의 유지와 조화가 강조되는 조직 내부에 초점을 두는 두 번째 축에 의해 이루어진다.

이 두 축을 근거로 하여 네 개의 모형, 즉 인간관계모형(human relation model), 개방체제모형(open system model), 합리적 목표모형(rational goal model), 내부과정모형(internal process model)이 구성된다.

그림 3-4 경쟁가치모형에 의한 네 가지 조직 유형 구분

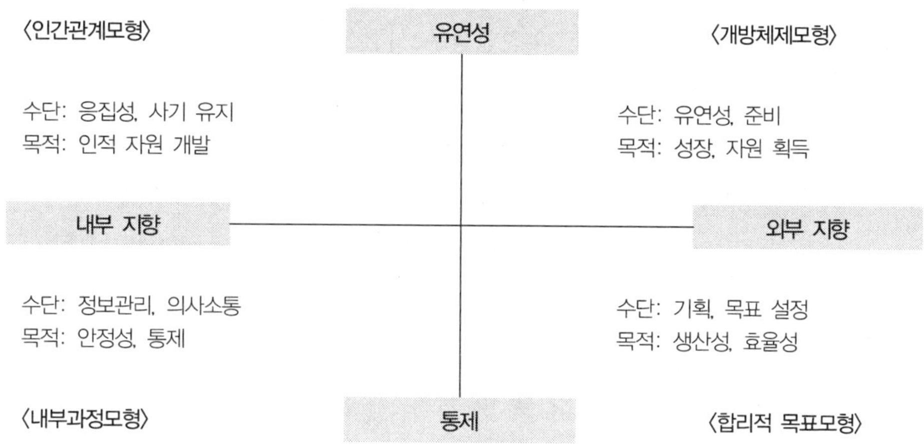

자료: Quinn et al.(2003), 이창원 · 최창현(2006).

퀸은 [그림 3-4]와 같은 네 가지 조직 유형을 바탕으로 유연성-통제, 외부 지향-내부 지향, 수단-초점이라는 세개의 차원을 축으로 여덟 가지의 리더십 역할을 구분하였다. 그리고 이러한 여덟 가지의 리더십 역할에 근거하여 효과적인 리더십 유형과 성과의 관계를 연구하였다(김범성, 2003).

합리적 목표모형은 목표달성독려형(director)과 생산독려형(producer)으로 분류된다. 목표달성독려형은 리더가 주도권을 가지고 의사결정을 하며 정력적으로 업무를 추진하는 것을 말한다. 달성해야 할 목표를 정확하게 알려주고, 그것을 달성하기 위해서는 어떤 방법으로 일을 해야 하는지를 구체적으로 지시하는 등 주도적 역할을 한다. 생산독려형은 일을 최우선으로 생각하며, 생산성을 높이는 데 초점을 맞추어 조직구성원들의 동기를 유발하는 데 적극 개입한다. 부하에게 책임을 부여하고 생산성 있게 작업을 완수할 수 있도록 격려한다.

인간관계모형은 촉진자형(facilitator)과 후견인형(mentor)으로 나누어진다. 촉진자형은 리더가 집단적인 노력을 통해 집단의 응집력과 팀워크

를 확립하여 구성원들 간의 상호문제를 해결하는 데 관심을 가지게 하는 것을 말한다. 결속력과 도덕성을 개발하고 구성원들의 참여도를 높여 조직의 문제점을 해결한다. 후견인형은 사람을 가장 중요한 자산으로 생각하며, 조직구성원들에게 적극적인 관심과 배려를 보여주며 사기를 고양시키고 자발적이고 헌신적인 태도를 유도한다. 이 유형들은 합리적 목표모형의 생산독려형과 목표달성독려형 유형과 정반대되는 것이다.

내부과정모형은 관리자형(monitor)과 조정자형(coordinator)으로 구분된다. 관리자형은 조직 내에서 발생하는 모든 일을 확인하고 세부 내용을 검토하며 매우 분석적이고 통제 지향적인 유형이다. 이들의 특징은 데이터와 양식 취급, 정보 검토 및 처리, 현장감독, 보고서 및 문서 검토에 매우 열성을 보이는 유형이다. 조정자형은 시스템 구조와 일의 흐름이 원활하게 유지되도록 신뢰와 믿음을 바탕으로 하부조직을 조정하고, 협조시킨다. 업무는 사전계획을 세워 추진하며, 목표를 설정하고 실적을 비교한다.

개방체제모형은 혁신적응자형(innovator)과 정치인형(broker)으로 구분된다. 혁신적응자형은 변화하는 환경에 잘 적응하고 대처하며, 비전을 제시하고 이를 실현할 수 있는 방법을 찾을 줄 알며, 때로는 위험을 주저하지 않는다. 하급자에게 발전의 기회를 포착해 주고 길을 잘 안내해 줄 수 있는 리더십 기능을 수행한다. 정치인형은 외부로부터 지원과 자원을 획득하여 조직의 성장을 추구하는 유형으로, 이미지와 외형을 매우 중시하고 정치적으로 기민하며, 설득력이 있으며, 영향력을 행사하는 방법을 아는 사람이다. 정치적으로 긴밀하고 설득적이며 영향력 있는 파워가 요구된다(조경호 · 김정필, 2005).

동일한 분면에 속해 있는 역할들 간에는 상호 수단-목적으로서의 역할을 수행함으로써 유사성이 높은 반면, 혁신적응자형과 조정자형, 목표달성독려형과 후견인형과 같이 축의 반대편에 놓여 있는 역할들은 서로 완전히 다르며 심지어는 상반된 것처럼 보인다.

그러나 경쟁가치모형이 주장하고자 하는 바는 특정한 가치만을 추구

그림 3-5 경쟁가치모형에 의한 여덟 가지 리더십 구분

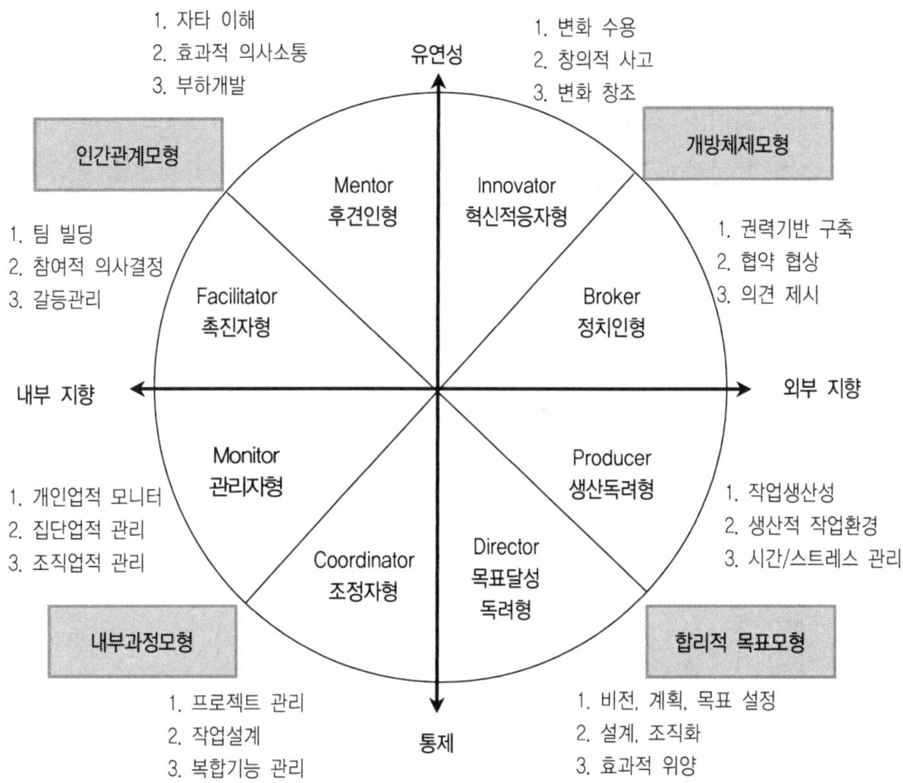

자료: Quinn et al.(2003), 조경호 · 김정필(2005).

한 나머지 다른 가치의 중요성을 간과해서는 안 된다는 것이고, 여덟 가지 리더십 중 어느 특정 리더십만을 추구한다면 조직의 효과성을 높일 수 없고, 변화하는 환경에 따라 균형을 추구하면서 여덟 가지 리더십을 복합적으로 발휘하여야 조직 효과성을 높일 수 있다고 본다.

5. 책임 있는 리더

지금까지 언급한 리더십이론은 크게 특성이론과 상황이론으로 구분할

수 있으며, 최근 들어 변혁적 리더십과 거래적 리더십, 경쟁가치모형과 같은 다양한 이론들이 대두되고 있다. 그러나 어느 이론도 명확하게 리더십을 대표하는 이론이라고 할 수 없을 뿐만 아니라 어느 이론도 아니라고 할 수 없는 복잡한 속성을 가지는 것이 리더십이다. 따라서 조직 현실에서 리더가 효과적인 리더십을 발휘하기 위해서는 조직의 상황에 맞게 조직의 통합과 성과를 향상시킬 수 있는 참여적 지적 능력을 키우는 것이 필요하다.

책임 있는 리더가 되기 위해서는 유연한 사고를 가지고 자기 자신의 개발뿐만 아니라 장기적인 측면에서 조직의 구성원들, 다소 혜택을 보지 못하고 있는 직원들에게 더 많은 관심을 가질 줄 알아야 한다. 특히 정부를 비롯한 공공조직의 관리자는 가진 사람보다 가지지 못한 사람, 그리고 사회적 약자를 더 배려할 수 있어야 한다.

또한 조직 내부적으로는 업무 진행 과정뿐만 아니라 결과에 대해서도 책임을 질 줄 알아야 한다. 나아가 진정으로 책임 있는 리더가 되기 위해서는 지역과 사회, 그리고 무엇보다도 인류의 보편적 가치인 가족의 중요성을 인식해야 한다. 그리고 책임 있는 리더는 스스로가 특권을 부여받은 소수임을 항상 명심해야 한다.

글로벌 삼성과 책임 있는 리더십

오늘 일리노이대학교 MBA 과정에서 '삼성의 기업 지배구조와 경영'에 대한 수업이 있었다.

삼성의 경영이 미국의 유수한 경영대에서 수업 주제로 채택되는 것 자체만으로도 한국인 학생들에게는 가슴 뿌듯한 일이다.

미국에서 기업 비교문화 연구에 상당한 지명도가 있는 담당 교수인 아귈레라(Rus Aguilera)가 한국에서 온 학생이 있으면 손들어 보라고 했을 때 다른 나라에서 온 학생들이 무척이나 부러운 눈으로 한국 유학생들을 바라보고 있었다.

세계 500대 기업 중 기업 매출액과 영업 이익 22위 – 삼성전자
최근 10년 간 기업 성장률 1위 – 삼성전자

팀별로 조사한 삼성의 성공적인 경영 성과의 원인에 대한 발표와 토론이 이어졌다.

'한국인의 근면성'을 원인으로 꼽는 학생, 최근 '개방화된 기업 지배구조(corporate governance)'에서 원인을 찾은 학생 등 다양하게 있었지만, 그들이 종합적으로 내린 결론은 적실성 있는 '삼성의 R&D 투자'와 안정된 '노사관계'였다.

그들은 삼성의 특허(patent) 보유율이 세계에서 2위임을 증거로 제시했다. 특허 보유율 1위가 세계 랭킹 1위 기업인 마이크로소프트이고, 일본의 IT 선두 주자 소니가 70위 언저리에 머물고 있는 것을 감안한다면 삼성의 지적 기술 능력은 단연 강점으로 부각되었다. 또한 외국인들에게는 일반적인 한국 기업의 치열한 노조 투쟁에 비해 삼성의 안정된 노사문화가 돋보였던 모양이다.

고개가 끄떡여지면서 그들의 탐구정신과 자유로운 토론을 통해 결론을 도출하는 수업 방법에 또다시 놀라지 않을 수 없었다.

그러나 이런 삼성 성공의 뒤안길에 삼성 리더들이 얼마나 사회적·인간적인 배려가 있었을까 하는 생각이 든다.

연관 중소기업에 적절한 이윤을 보장해 주었을까?

삼성의 노사관계가 계속 이대로 갈 수 있을 것인가?

인류의 보편적 가치인 이웃 사랑에 얼마나 관심을 보이고 있을까?

무엇보다도 첨단 기술들이 점차 어려워지고 있는 일자리를 더욱 줄어들게 하지는 않을까?

어제 끝난 미국 중간선거에서 민주당의 텃밭이라고 하는 오바마의 고향 일리노이를 비롯해서 민주당은 미국 전역에서 참패했다. 오늘 발행된 일리노이의 대표적인 일간지 〈일리노이 데일리(*Illinois Daily*)〉는 오바마가 참패한 가장 큰 원인을 기대만큼 일자리를 창출하지 못한데서 그 원인을 찾고 있었다.

이상철(2010)

The Responsible Leader: What qualities do matter?

－C. K. Prahalad－

- Understand the importance of nonconformity.
- Display a commitment to learning and developing yourself.
- Develop the ability to put personal performance in perspective.
- Be ready to invest in developing other people.
- Learn to relate to those who are less fortunate.

- Be concerned about due process.
- Realize the importance of loyalty to organization, profession, community, society, and above all, family.
- Assume responsibility for outcomes as well as for the processes and people you work with.
- Expect to be judged by what you do and how well you do it-not by what you say you want to do.
- Leadership is about self-awareness, recognizing your failings, and developing modesty, humility, and humanity.
- Remember that you are part of a very privileged few.

Leblebici(2010)

제3절 조직의 의사결정

조직에서는 조직의 목표를 달성하기 위해 대안에 대한 비용과 편익을 합리적으로 분석해 의사결정을 하고, 때로는 환경적 제약 요인 때문에 합리적인 최선의 대안이 아닌 차선의 타협된 정치적 의사결정을 하기도 한다.

공공조직에 몸담고 있는 구성원들은 이와 같은 '합리성'과 '정치성'의 연속선상의 어디에선가 의사결정을 한다. 이와 같이 의사결정의 기준을 '합리성'과 '정치성'으로 볼 때 조직구성원들의 의사결정 모형은 〈표 3-6〉에서 보는 바와 같이 합리모형, 휴리스틱(heuristics)모형, 만족모형, 점증모형, 혼합주사모형, 최적모형으로 구분할 수 있다. 이러한 모형은

표 3-6 의사결정 모형

개인모형	집단모형
합리모형, 휴리스틱모형, 만족모형, 점증모형, 혼합주사모형, 최적모형	회사모형, 쓰레기통모형, 앨리슨모형

조직구성원 개인의 측면에서 분류한 것이고, 조직의 집단 측면에서는 회사모형, 쓰레기통모형, 앨리슨(Allison)모형 등으로 구분한다.

1. 개인모형

조직에서는 완전한 정보를 바탕으로 목표 달성의 극대화를 추구하는 합리모형에서부터 구성원들의 정치적 타협에 의한 의사결정에 이르기까지 실제 조직의 의사결정 상황에 따라 다양한 방식으로 의사결정이 이뤄지고 있다.

1) 합리모형

합리모형이란 "조직의 의사결정을 하는 사람은 이성적 판단에 따른 고도의 합리성에 따라 조직의 의사결정을 한다"는 것을 말한다. 합리모형이란 조직의 목표나 가치가 명확하게 고정되어 있다는 가정 하에 목표달성의 극대화를 위한 합리적 대안의 탐색과 선택을 추구하는 이상적·규범적 모형이다. 이 모형은 조직 내 인간을 합리적 사고 방식을 따르는 경제인으로 전제하고 있다. 따라서 이상적인 의사결정 과정은 '모든 문제점의 정확한 파악→모든 판단 기준의 정립→모든 대안 고찰→모든 대안 비교 판단→최상의 대안 선택'의 과정을 거쳐야 한다고 주장한다.

그러나 현실적으로 인간이 가지는 지적 능력의 한계와 모든 정보의 불완전성을 고려한다면 합리모형은 의사결정이론 논의의 출발점이 되는 추상적 관념적 모형에 불과하고, 조직의 의사결정 현실에서는 이뤄지기는 어려운 모형이라고 할 것이다.

2) 만족모형

사이먼(Herbert. A. Simon)에 의하면, 실제적으로 조직에서 의사결정을 하는 사람은 반드시 최대 또는 최선은 아닐지라도 만족스러운 수준에서 목표의 성취를 이루고자 시도한다고 했는데, 이를 그는 '제한된 합리성(bounded rationality)'에 의한 의사결정이라고 했다.

모든 의사결정자는 인지적 한계 때문에 문제를 있는 그대로의 상태로 전부를 보기는 어렵고 단순화된 모형을 구성해 볼 수밖에 없다. 그리고 이 단순화된 모형에 의거해서 의사결정자는 합리적으로 행동을 한다. 이 경우 단순화의 요점은 '최대 원칙(maximizing principle)'을 '만족 원칙(satisfaction principle)'으로 대체하는 것을 말한다. 행위의 결과들은 관련된 속성 각각에 대해 '만족스러운(satisfactory)' 및 '불만족스러운(un-satisfactory)'으로 분류된다. 제한된 합리성에 기초를 둔 의사결정은 모든 부분을 빈틈없이 고려해서 이뤄지는 것이 아니라 늘 해오던 익숙한 방식을 거쳐서 '그 정도면 되었다(good enough)'는 수준에서 마무리된다. 대개의 경우 사람들은 최적의 결정 또는 최상의 결정보다 '수용할 만한(acceptable)' 해결책을 받아들이는 경향이 더 강하다는 것이다. 제한된 합리성이란 경제학에서 말하는 가장 합리적인 것을 뜻하는 것도 아니며, 심리학에서 말하는 바와 같이 인간의 감정 논리에 치우치는 것도 아니다. 오히려 이 양극 사이에 인간 행동의 인지 과정을 주입시킴으로써 합리적인 선택을 할 수 있음을 의미한다.

3) 휴리스틱모형

만족모형과 같이 비합리적 의사결정 방법으로 휴리스틱 방법이 있다. 휴리스틱(heuristics) 방법이란 인간이 의사결정을 할 때 시행착오나 경험에서 탐색적으로 얻은 주먹구구식 규칙(rule of thumb)에 의해 문제를 해결하고자 노력하는 것을 말한다.[9] 즉, 이미 정립된 공식에 의해서가 아

9) Heuristics (from the Greek "find" or "discover") refers to experience-based techniques for problem solving, learning, and discovery. Heuristic methods are used to speed up the process of finding a good enough solution, where an exhaustive search is impractical. Examples of this method include using a "rule of thumb",

니라 교육된 추측(an educated guess)이나 훌륭한 추측 기술(art of good guessing)에 의존해 의사결정을 한다. 휴리스틱 방법은 효율적이라고 하더라도 반드시 타당한 것은 아니라고 할 수 있다(Newell & Simon, 1972). 불완전한 정보를 바탕으로 최적의 의사결정이 불가능한 상황에서 이뤄진다는 점에서 만족모형과 유사하다.

휴리스틱 방법

휴리스틱(heuristic)은 그리스어의 '찾다', '발견하다'라는 의미를 가진다. 명의라고 소문난 대부분의 의사가 진단을 할 때 몇 가지 핵심이 되는 내용에 대한 문진과 병리 자료로서 진단을 한다. 그리고 이 진단은 대부분 정확하다. 그가 진단할 때 매번 의학도 시절부터 배운 엄청난 양의 지식을 되새기지 않아도 그는 그동안의 진료 경험으로 진단을 수행한다. 그러나 간혹 조기 진단해야 할 암을 발견해내지 못해 곤란을 겪기도 한다.

초보 운전자가 가장 어려움을 겪는 것은 좁은 주차장에서의 주차다. 숙련된 운전사는 놀라울 만한 감각으로 정확하게 주차시킨다. 그러나 숙련된 운전사도 실수할 때가 있다. 그것이 휴리스틱 방법이다(www.aistudy.co.kr/heuristic/heuristic.htm).

4) 점증모형

점증모형(incremental model)은 린드블롬(Charles E. Lindblom)의 '혼란 속에서 간신히 헤쳐 나가는(muddling through) 모형'과 사이먼(Herbert A. Simon)의 '만족모형'의 개념을 합친 것이라고 할 수 있다. 사이먼은 개인 인지 과정의 한계에 초점을 두고 의사결정 상황을 설명하지만 린드블롬은 사이먼의 이론을 전제로 하여 좀 더 거시적이고 포괄적인 측면에서 의사결정모형을 설명하고 있다. 그러나 엄밀한 의미에서 보면 양자를

---

an educated guess, an intuitive judgment, or common sense. In more precise terms, heuristics are strategies using readily accessible, though loosely applicable, information to control problem solving in human beings and machines(From Wikipedia, the free encyclopedia).

분리해서 모형화할 정도의 차이는 없다고 하는 사람도 있다(이종수, 2009).

점증모형은 분리된 소수의 대안을 계속적으로 비교 검토해 의사결정을 한다는 것이다. 즉, '분리된 점증주의(disjointed incrementalism)'와 '연속적인 제한 비교(successive limited comparison)'를 통해 의사결정을 한다는 것이다. '분리된 점증주의'란 공조직의 정책결정자는 모든 대안을 분석하는 것이 아니라 현행 정책과 크게 다르지 않은 소수의 대안만을 검토하는 것을 말한다. 그리고 '연속적인 제한 비교'란 계속적으로 일어나는 한정된 대안의 비교를 통해 이들 대안 사이에 일어나는 부분적인 상호 조절 과정을 말한다.

린드블롬과 윌다브스키(Aaron B. Wildavsky)는 의사결정에서 선택되는 대안은 기존의 정책이나 결정을 점증적으로 수정한 것이며 의사결정은 부분적·순차적으로 진행된다고 한다. 또한 이러한 과정에서 목표와 수단은 상호 조절된다고 한다(이종수, 2009).

5) 혼합주사모형

의사결정에서 합리모형은 의사결정자에게 완벽한 정보와 수단이 제공되어야 한다. 의사결정자의 제한된 능력을 고려하는 점증주의모형은 기본적으로 조직의 혁신을 무시하는 결정을 할 가능성이 높다. 이러한 두 모형의 단점을 보완하기 위해 에치오니(Amitai W. Etzioni)는 혼합주사모형(mixed-scanning model)을 주장했다. 혼합주사모형이란 기본 방향을 결정해 주는 의사결정 과정은 합리모형에 따라 기초적인 의사결정을 한 다음에, 그 테두리 안에서 세부적인 의사결정이 이뤄지는 모형을 일컫는 것이다. 일종의 합리모형과 점증모형의 절충모형이다.

이 모형은 규범적·이상적 접근 방법인 합리모형과 현실적·실증적 접근 방법인 점증모형을 상호 보완함으로써 현실적이면서도 합리적인 의사결정을 할 수 있는 접근 방법이다. 상급조직에서는 합리적인 방법으로 기본적인 결정을 하고 하급조직으로 점차 내려가면서 정치적 과정을 거친 세부 결정을 하게 된다.

혼합주사모형은 공공조직에서 가장 실현 가능성이 높다는 평가를 받고 있다. 그러나 대규모 공공조직에서는 세부 결정뿐만 아니라 기본 결정도 민주적 방식에 의한 점진적 방법으로 이뤄지는 경우가 많고, 의사결정의 순서도 작은 세부적 프로그램이 결정된 후 이것을 모아 전체적인 방향을 정하는 경우도 없지 않다는 비판을 받고 있다. 처음 몇 군데의 자치단체에서 산발적으로 시작한 특산물 개발사업들이 성공하면 이런 지역의 특화된 사업들을 모아 국가 전체의 지역개발사업의 방향으로 수립하는 경우를 생각해 보면 혼합주사모형이 가진 한계를 알 수 있다.

6) 최적모형

최적모형(optimal model)은 드로(Yehezkel Dror)가 제시한 정책결정 모형으로, 정책결정에 합리적 요소와 초합리적(extra-rationality) 요소를 모두 포괄해 정책결정 체제의 성과를 최적화하려는 의사결정 모형을 말한다. 이 모형은 기존의 합리적 결정 방식이 지나치게 수리적 완벽성을 추구해 현실성을 잃고 있다고 비판하면서 그렇다고 해서 지나치게 현실 지향적인 다른 접근 방식들만을 고수하는 데에도 문제가 있다는 취지에서 모색되었다.

이 모형은 기본적으로 상위 의사결정 단계(meta-decision making stage), 의사결정 단계(decision making stage), 사후 의사결정 단계(post-decision making stage)로 구분해 설명한다.

상위 의사결정 단계는 의사결정의 환경과 전략에 대한 결정이다. 현실환경의 문제와 가치는 무엇인지, 이러한 환경 속에서 조직의 자원은 무엇이 있으며 이를 어떻게 배분할 것인지, 전략은 어떻게 설계할 것인지를 결정한다.

의사결정 단계는 실질적 문제에 대한 의사결정을 하는 것을 말한다. 의사결정이 추구하는 미래의 바람직한 상태, 즉 목표 상태를 결정할 뿐만 아니라, 목표 달성의 수단으로서 정책대안을 개발·분석·채택하는 일련의 과정을 말한다. 구체적으로는 자원의 세부적인 배분과 운영 목표의 설정, 그리고 각 대안의 비용·편익을 예측하고 비교한다.

사후 의사결정 단계는 의사결정 이후에 이뤄지는 집행 과정을 말한다. 이 과정에서는 유용한 결정을 했는지에 대한 정치적·합리적 평가 과정이 이뤄진다.

최적모형의 특징은 이들 모든 단계가 상호 동태적인 관련성이 있음을 인정하고 이에 대한 환류(feedback) 체계를 중요시하는 것이다. 의사결정 구조가 주기적으로 재검토되므로 대안의 실천성 측면에서 의사결정을 최적화할 수 있는 장점이 있다. 그러나 최적모형은 인간의 능력으로는 감당하기 어려운 인지적 과정과 많은 비용이 든다는 한계점을 안고 있다.

2. 집단모형

집단의사결정 모형을 주장하는 사람들은 조직의 집단에서 이뤄지는 의사결정 형태가 개인 차원에서 이뤄지는 의사결정과는 다른 차원에서 이뤄질 수 있다고 주장한다. 여기서는 대표적으로 사이어트(R. Cyert)와 마치(J. March)의 회사모형(firm model), 올슨(J. Olsen)과 코헨(M. Cohen)의 쓰레기통모형(garbage can model), 앨리슨(Graham T. Allison)의 관료정치모형을 중심으로 살펴보기로 한다.

1) 회사모형

조직의 의사결정이론을 집단적 측면에서 구체적으로 발전시킨 것이 사이어트와 마치의 회사모형이다. 이 모형은 개인 수준의 만족모형을 집단 의사결정에 적용한 모형이다. 통상적으로 기업은 다양한 목표를 가진 하위 단위들의 상호작용에 따라 움직인다. 또한 기업의 목표는 단지 이윤만이 아니라 하위 조직들의 다른 목표도 있기 때문에 갈등이 생긴다. 조직의 의사결정은 이런 조직 단위 사이의 목표 갈등을 해결하는 것이 핵심적인 문제다.

회사모형은 조직을 고전적 경제학적인 관점에서 벗어나 다양한 관점에서 파악한다. 즉, ① 갈등의 준해결(quasi-resolution), ② 불확실성의 회피, ③ 문제성 있는 대안의 탐색, ④ 조직체의 학습 등의 네 가지 기본 개념으로 설명된다.

이 모형은 회사의 행태를 시장 중심적인 설명에서 벗어나 정치 과정과 유사한 것으로 보기 때문에 연합모형(coalition model)이라고도 한다. 즉, 기업의 의사결정이 경쟁시장에서의 이윤극대화를 위한 합리적 방법에 의해 이뤄지는 것이 아니고, 실질적으로 협상·정략·타협 등의 정치적 과정에서 이뤄진다는 것이다. 또한 조직이란 합리모형에서 가정하는 것처럼 최고관리층의 조정과 통제를 받는 일원적인 구조를 갖는 것이 아니라 사실상 느슨한 연계 구조를 지니고 있다고 가정한다. 또한 조직은 어느 정도 독자성을 누리는 여러 하위 조직의 연합체로서 성격을 가진다고 가정한다. 이때 각 하위 조직은 서로 다른 목표를 수행하기 때문에 이들 간에 갈등이 생기는 것은 불가피하다고 강조한다.

2) 쓰레기통모형

쓰레기통모형은 마치 여러 가지의 쓰레기가 우연히 한 쓰레기통 속에 모여지듯이, ① 문제(problems), ② 해결책(solutions), ③ 선택 기회(choice of opportunities), ④ 참여자(participants)라는 개별적인 네 가지 구성 요소가 뒤죽박죽으로 움직이다가 우연한 계기에 같은 통(can) 안으로 동시에 모여지게 될 때 비로소 의사결정이 이뤄진다고 본다.

쓰레기통모형은 조직이 겪는 혼란 상태에서 "의사결정은 단계적이 아닌 중구난방 형태로 결정된다"는 이론으로 올슨, 마치, 코헨 등이 주장했다. 조직화된 혼란 상태(organizational anarchy)에서 의사결정이 이뤄지는 쓰레기통모형은 대학사회나 친목단체에서 흔히 볼 수 있다.

쓰레기통모형은 조직화된 무정부 상태를 병리적으로 치부해 버리지 않고 이를 체계화해 의사결정이론으로 발전시킨 점은 높이 평가된다. 그러나 쓰레기통모형에서 주장하는 조직화된 무정부조직(organized anarchial organization)은 때로는 일반조직처럼 규칙이 작용하는 경우가 있는가 하면 때로는 완전히 무정부조직으로서 조직구성원 각자가 무엇을 원하는지조차 모르는 상태에 이르기도 하기 때문에 이를 일반화된 의사결정모형이라고 하기에는 논리적으로 한계가 있다는 비판을 받기도 한다.

3) 앨리슨모형

앨리슨(Graham T. Allison)은 정부의 정책결정 과정을 설명하기 위해 세 가지 상호 배타적인 모형으로 합리모형, 조직모형, 관료정치모형을 제시했다. 이들을 구별하는 중요한 기준은 정책결정에 참여 또는 관여하는 구성원들의 응집성이다. 즉, 국가의 정책을 결정하는 정부에 대한 기본 가정을 세 모형은 각각 달리하고 있다. 합리모형은 정부를 잘 조정된 유기체로 보고 있고, 조직모형은 정부를 반독립적인 하위 조직들로 느슨하게 연결되어 있는 집합체로 인식하며, 관료정치모형은 독립적인 참여자들의 집합체로 간주한다.

구체적으로 합리모형(모형 I)은 의사결정이 이뤄지는 조직을 합리적인 최고관리자(개인 또는 집단)에 의해 조정과 통제가 이뤄지는 유기체로 가정한다. 최고관리층이 의사결정권을 장악하고 조직의 목표 가치를 극대화하는 대안을 탐색하고 선택한다. 합리모형에서 보는 조직은 공동 목표를 가지고 있고 이를 합리적으로 집행하는 집단이기 때문에 정태적 모형이라고 할 수 있다.

조직모형(모형 II)은 회사모형처럼 조직을 느슨하게 상호 연합 관계를 유지하는 반독립적인 하위 조직의 집합체로 본다. 미국의 중앙정보부(CIA), 육군, 해군 등이 이 유형에 속한다. 이러한 유형에서는 하위 조직을 담당하는 중간 계층의 위치에 있는 관리자들이 실직적인 의사결정권을 행사하고 하위 조직들은 자체적인 표준운영절차(Standard Operating Procedure: SOP)를 가지고 있다. 조직모형에 의한 의사결정은 문제의 해결(solution)보다는 갈등 상황의 최소화, 즉 문제의 해결(resolution)에 중점을 두고 있다.

관료정치모형(모형 III)은 정부는 다수의 정치적 행위자들로 구성되어 있고 정부 목표와 개인 목표는 서로 다르다고 전제한다. 의사결정에 참여하는 행위자들은 독립적인 재량권을 가지고 있기 때문에 의사결정권이 분산되어 있는 형태다.

앨리슨은 미시경제학적인 합리적 가정과 기본 논리들을 합리모형으로 정리했고, 반독립적 하위조직의 집합체에서 일어나는 기본 논리를 조직모형으로 간주했으며, 자원 배분을 둘러싼 하위 조직들 사이에 나타나는 협상과 갈등 등 다원주의적 정책결정 과정에서 나타나는 가정과 기본 논리를 관료정치모형으로 제시했다.

이상에서 설명한 앨리슨의 합리모형, 조직모형, 관료정치모형의 특징을 요약하면 〈표 3-7〉과 같다.

앨리슨모형은 정부조직의 실질적 의사결정 방법을 잘 설명해 주는 장점은 있지만 개인 차원의 의사결정 방법을 정부 차원에 응용한 데 지나지 않는다. 또한 어느 정부조직에서나 세 가지 모형이 혼합적으로 나타나기 때문에 의사결정 형태를 명확하게 구분하는 것은 사실상 어려운 일이다. 또한 같은 정부 단위의 의사결정이라고 하더라도 선진국과 개발도상

표 3-7 앨리슨의 집단의사결정 모형

구 분	합리모형(모형 I)	조직모형(모형 II)	관료정치모형(모형 III)
기본 방향	합리적 의사결정	문제의 해결보다는 문제의 해소	정치적 의사결정
조직 특징	명령 일원화 조직	반독립적인 하위 조직의 집합체	독립적인 재량권을 가진 다원주의적 구성
예시	현실적으로 존재하기 어려우나 외교정책이나 국방정책 중 일부	미국 CIA, 육군, 해군 등	선진국 예산 수립 과정

국 정부의 의사결정모형이 다를 수 있다. 가령 선진국 정부의 각 부문에서는 민주적 정치모형으로 의사결정이 이뤄지기 쉽고, 개발도상국의 정부에서는 오히려 최고결정권자의 의사결정에 의존할 가능성이 높다. 우리나라에서 과거 급속한 경제 성장기의 정부 의사결정 과정과 지금의 민주화된 정부의 의사결정 과정을 비교해 보면 잘 알 수 있을 것이다.

제4절 조직의 동기이론

조직은 기본적으로 인적 자원과 물적 자원을 효율적으로 결합해 일정한 목표를 달성하는 사회적 단위다. 조직 내에서 동원할 수 있는 물적 자원인 예산은 양적인 크기에 따라 조직의 성과가 비례할 수 있지만 인적인 자원은 반드시 많다고 좋은 것만은 아니다. 서로 갈등을 일으킬 경우도 있고, 훌륭한 동기가 부여된다면 무한한 능력을 발휘할 수도 있는 것이 인적 자원이다. 따라서 조직관리자는 제한되어 있는 인적 자원을 어떻게 활용해 조직의 목표를 달성할 수 있을까에 관심을 가지게 된다.

이른바 '조직 내 구성원들에게 어떻게 동기를 부여하고 움직이게 할 것인가(How can we motivate and activate our employees?)'가 조직 인적 관리의 핵심 내용이다(Leblebici, 2010). 경쟁을 시킬 것인가? 협동하게 할 것인가? 처벌을 가할 것인가? 격려와 칭찬을 할 것인가? 성과에 대한 보상은 어떻게 얼마를 해야 적정할 것인가? 이런 모든 관리자의 노력은 조직구성원들의 동기와 관련된 것들이다.

조직구성원에 대한 동기이론은 크게 '성장이론'과 '기대이론'으로 나눌 수가 있다.

성장이론에서는 조직구성원들에게 동기를 부여하는 길은 그들의 욕구가 무엇인지를 확인하고 이를 만족시켜 주는 것이 최선의 방법이라고 보고 있다. 반면에 기대이론은 조직구성원의 욕구와 만족 사이에는 기대라

그림 3-6 성장이론과 기대이론

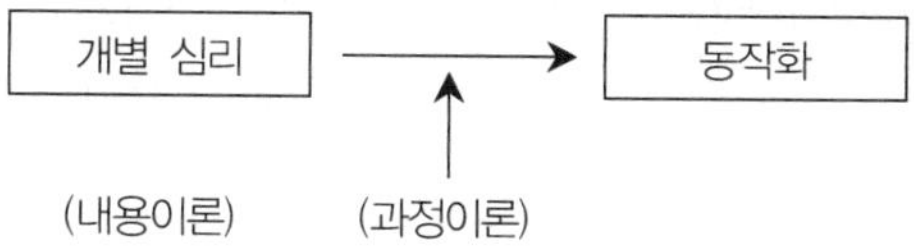

는 심리적 요인이 작용하기 때문에 그 기대에 부응할 수 있도록 조직의 구성원들을 관리해야 한다는 입장이다.

[그림 3-6]에서 보는 바와 같이 성장이론이 정태적 인과관계에 중점을 두고 있다고 한다면, 기대이론은 과정에 중점을 둔 동태적 이론이라고 할 수 있다.

이상에서 설명한 성장이론과 기대이론의 다른 명칭들을 정리하면 〈표 3-8〉과 같다.

표 3-8 성장이론과 기대이론의 다른 명칭

구 분	정태적 성장이론	동태적 기대이론
명 칭	욕구이론, 욕구·만족이론, 내용이론	과정이론

1. 성장이론

성장이론(growth model)이란 조직 내의 인간은 경제적 욕구와 사회적 욕구를 가지고 있다는 전통적 인간관에서 더 나아가 훨씬 복잡하고 다양한 욕구를 가지고 있다는 전제 하에서 이를 규명하려고 시도하는 이론들을 총칭하는 말이다.

이러한 이론들은 조직 내에서 인간의 성장적인 측면을 중요시하고 있기 때문에 성장이론이라고 한다. 또한 인간이 가지고 있는 다양한 욕구의 본질을 다루고 있기 때문에 욕구이론(need theory)이라고 하기도 하고, 욕구와 만족 간의 인과성을 다루고 있어 욕구·만족이론(need·satisfaction theory)이라고도 한다. 또한 뒤에서 설명하게 될 과정이론에서 추구하는 조직 내 인간의 동태적인 동기화 과정에 비해 정태적인 관점에서 인간 욕구의 본질을 분석하고 있기 때문에 내용이론이라 하기도 한다.

1) 머슬로의 욕구단계이론

머슬로(Abraham H. Maslow)는 인간의 욕구에는 [그림 3-7]에서 보는 바와 같이 다섯 단계로 이뤄져 있고, 낮은 단계의 욕구가 만족되면 차츰 다음 단계의 욕구가 생긴다고 했다. 배가 고프고 잠이 오는 사람에게는 배를 채우고 잠을 자게 하는 것이 우선이지 동료와의 유대는 다음 단계의 문제라는 것이다. 머슬로에 따르면 인간은 아주 순간적인 시간 동안

그림 3-7 머슬로의 욕구 5단계설

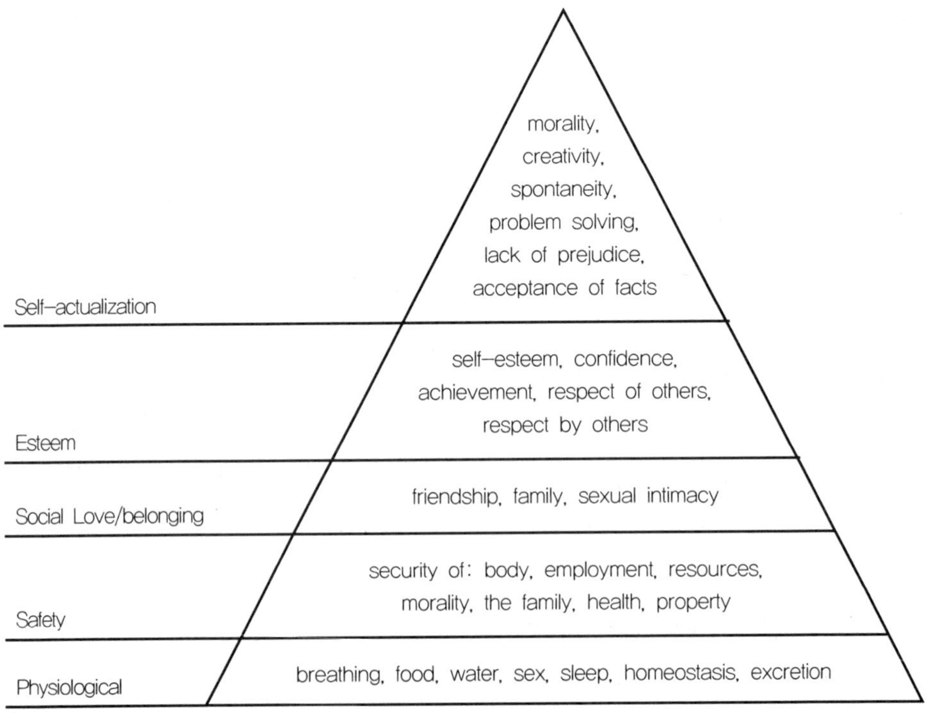

자료: Wikipedia.

만 완전히 만족한 상태에 있게 된다고 주장한다. 따라서 어떤 욕구가 충족되면 바로 다음의 욕구가 생긴다는 것이다. 욕구에는 단계가 있어서 맨 아래 단계의 욕구가 가장 강하고, 그 욕구가 어느 정도까지 충족되지 않으면 다음 단계의 욕구는 유발되지 않는다는 것이다(Maslow, 1954).

그가 개념화한 욕구의 5단계는 다음과 같다.

① 생리적 욕구(physiological needs)

가장 낮은 단계의 욕구는 생리적 욕구다. 인간이 살아가는 데 가장 필요로 하는 기본적인 욕구들이 여기에 해당한다. 일반적으로 조직에서는 관리자가 구성원들에게 금전적 보상을 함으로써 그들이 생리적인 욕구를 충족할 수 있는 수단을 제공해 준다.

② 안전 욕구(safety needs)

생리적 욕구가 달성되면 인간들은 신체적인 위험이나 불확실성에서 벗어나 일상의 안전과 안정을 확보하려고 한다. 조직의 관리자는 구성원들에게 안전한 작업 조건과 직업을 보장해 줌으로써 이 욕구를 충족시킬 수 있다.

③ 사회적 욕구(social needs)

사람은 안전 욕구가 충족되면 사회적 욕구를 확보하려고 한다. 안전 욕구가 충족된 사람들은 다른 사람들과 관계를 맺고 소속감과 유대를 나누고 싶어한다. 가령 조직 내에서 같은 취미를 가진 임직원들끼리 잦은 모임을 갖는 것을 통해 이러한 욕구를 충족시켜 줄 수가 있다.

④ 존경 욕구(esteem needs)

사회적 욕구가 충족된 사람은 존경 욕구를 추구하게 된다. 존경 욕구는 다른 사람들로부터 자신의 능력에 대해 인정받고 싶어하는 욕구다. 조직에서 자기가 한 업무에 대해 동료들에게 인정을 받거나 승진을 통해 자신감과 자부심을 갖게 되는 것이 바로 존경 욕구다.

⑤ 자아실현 욕구(self actualization needs)

인간의 욕구 중에서 최상위에 있는 것이 자아실현 욕구다. 자신의 잠재적인 능력을 최대한 발휘하고 창조적으로 자기의 가능성을 실현하고자 하는 욕구를 말한다. 조직 내에 있는 구성원들은 자기의 잠재성을 최대한 발휘하고자 하는 욕망을 가지고 있다.

흔히 ① 생리적 욕구, ② 안전 욕구, ③ 사회적 욕구는 부족할 경우에 사기에 부정적 영향을 미칠 가능성이 많고, ④ 존경 욕구, ⑤ 자아실현 욕구는 많을수록 조직구성원들의 사기에 긍정적인 영향을 미친다고 한다. [그림 3-7]에서 보는 바와 같이 머슬로는 조직구성원들의 진정한 동기(motivation)를 위해서는 기초적인 단계의 욕구보다는 자기 개발이나 자아실현의 욕구에 비중을 두어야 한다고 강조한다. 따라서 조직 내에서 자기의 잠재력 개발을 통한 만족을 확보한다는 의미에서 이를 성장 욕구라고도 한다.

머슬로의 욕구이론은 조직의 구성원들이 어떤 욕구를 가지고 있는지를 확인하고 이를 기초로 그들이 충분히 능력을 발휘할 수 있는 작업 환경을 만들어야 한다는 것을 암시하고 있다. 머슬로에 따르면 개인은 자아실현을 위한 주체로서의 감정을 가지고 사고를 할 수 있는 인격체라는 것이다. 개인의 능력을 발휘하고자 하는 동기를 강조한 그는 자아발달(self-development)이론을 전개했는데 이 욕구를 자아실현(self-actualization)이라고 명명했다.

머슬로는 자아실현을 한 사람들은 여러 가지 인간적인 가치를 추구하는 성향이 있다고 했다. 그는 이를 '초욕구(超欲求, meta-needs)'라고 했는데 이것이 추구하는 가치는 자아실현의 추구가 개인적인 차원을 넘어서 공동의 이익으로까지 발전한다고 했다. '초욕구'는 선(善), 정의(正義)와 질서, 독립성, 깊은 사려 등 인간의 가치 구현을 위한 복합적인 요소들을 포함한다고 했다.

머슬로의 이론은 조직 내 인간의 동기 요인에 대한 기초 골격을 형성하는 역할을 했지만 인간에 대한 가정을 너무 단순하게 설정했다는 비판을 받고 있다.

첫째, 사람에 따라 우선하는 욕구가 다를 수 있다는 점을 간과하고 있다. 가령 어떤 사람에게는 상대적으로 하위에 있는 사회적 욕구인 집단에 소속하는 욕구보다는 상위의 존경 욕구가 더 절실할 수가 있다. 그런 사람은 사회적 욕구를 충족하지 않고 곧바로 존경 욕구를 얻기 위해 노력할 것이다. 어떤 사람은 다소 경제적 욕구를 희생하더라도 안전 욕구나 사회적 욕구를 선호할 것이다.

둘째, 사람에 따라 만족하는 욕구의 정도가 다르다는 점을 간과하고 있다. 가령 경제적 욕구가 충족되어야 다음 단계인 안전 욕구에 관심을 가진다고 하지만 많은 사람에게서 경제적 욕구 충족의 적정한 정도를 찾기가 어렵다. 어떤 사람은 의식주를 해결하는 정도에서 만족하지만 어떤 사람은 상당한 수준의 문화적 생활을 할 수 있는 수준이어야 만족할 수 있다.

셋째, 인간은 반드시 하위의 욕구가 충족되어야 상위의 욕구를 요구하게 된다는 순차적 논리에 모순이 있다. 인간은 상·하위 욕구를 동시에 얻을 수도 있다. 조직 내에서 열심히 노력하고 그 결과 일의 보람을 얻는 사람은 자아실현도 할 수 있고 경제적 욕구와 존경의 욕구도 한꺼번에 달성할 수 있다.

머슬로의 욕구이론은 다음에서 설명하는 맥그리거의 X－Y이론 탄생의 배경이 되었다.

머슬로의 욕구 5단계의 확장

머슬로의 욕구 5단계(생리적 욕구, 안전욕구, 사회적 욕구, 존경욕구, 자아실현 욕구)는 인간의 학습행동과 예술적 행위에 대한 몰입을 설명하기 어렵다는 한계가 있었다. 그는 이후에 5단계를 결핍욕구(Deficiency Needs)와 성장욕구(Growth Needs)로 크게 구분하고, 1~4단계 욕구를 결핍욕구로 정의, 자아실현 욕구에 인지적 욕구 · 심미적 욕구(Maslow, 1970a), 초월 욕구(Maslow, 1970b)를 더해 성장욕구로 재정의하여 8단계를 완성하였다.

- 인지적 욕구(Cognitive needs): 지식과 이해, 호기심, 탐구, 의미와 예측 가능성의 욕구이다.
- 심미적 욕구(Aesthetic needs): 아름다움, 균형, 형태 등에 대한 감사와 탐색에 대한 욕구다.
- 초월 욕구(Transcendence needs): 사람은 개인적인 자아를 뛰어 넘는 가치에 의해 동기 부여된다.

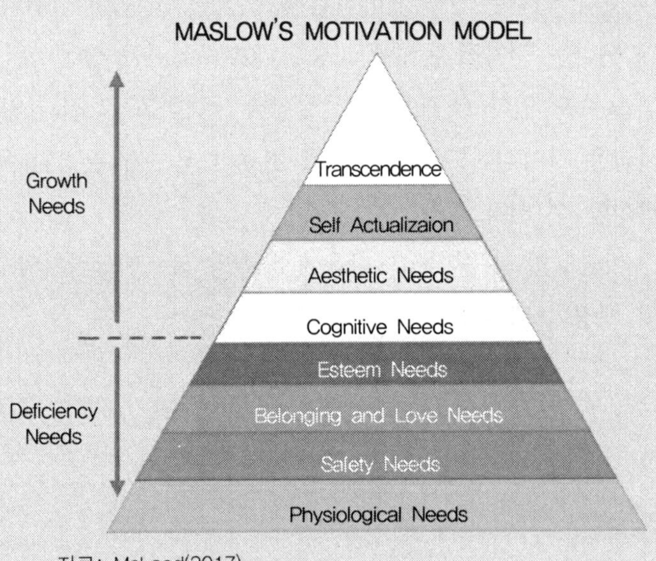

자료: McLeod(2017).

법으로 정한 안전 욕구 보장 조치: 오리건의 주유원

미국으로 이민 온 사람들은 한결같이 미국에서 가장 살아남기 쉬운 사람은 기술을 가지고 현장에서 일하는 사람이라고 한다. 그만큼 모든 분야의 인건비가 비싸기 때문이다. 그래서 미국에서는 주유소에서 차량에 기름을 넣는 것도 웬만한 곳에서는 운전자가 직접 주유하는 것이 상식으로 되어 있다.

인디언 노천 온천으로 유명한 아이다호 주의 주도 보이즈(Boise)에서 출발해 인근 오리건 주를 관광하려면 주의 입구 벤드(Bend) 시에서 주유를 해야 한다.

그런데 오리건 주의 기름값은 아이다호에 비해 훨씬 비쌌다. 다른 주와 달리 물품세가 없어 인근 주에 사는 사람들이 물건을 사러 이곳으로 온다는 이야기를 들은 바 있어 그 궁금증이 더했다.

그 이유를 주유원에게 물어보았더니, "우리 주에서는 안전을 위해 반드시 주유원이 기름을 넣도록 법제화되어 있다. 그리고 잘은 모르지만 일자리를 늘려서 실업자 구제에도 도움이 되지 않겠느냐?"라고 대답했다. 그리고 아침에 출발할 때 아무리 닦으려고 해도 없어지지 않던 앞 유리창 때를 깨끗하게 닦아 주었다. 약간 비싸게 주유했지만 밝은 시야가 안전 운행에 도움을 주는 것 같아 결코 그 값이 아깝게 느껴지지 않았다. 청년 실업문제가 심각한 우리나라의 현실이 불현듯 생각나면서 청년 실업 해결에도 도움이 될 것 같은 조치인지라 더욱 훈훈하게 들렸다.

이곳 오리건 주의 주민과 주의회 의원들은 주민들이 약간의 경제적 부담을 더하더라도 안전하고 이웃과 함께 나누는 생활을 더 선호하고 있는 듯하다.

이상철(2010)

2) 맥그리거의 X-Y이론

맥그리거(Douglas M. McGregor)의 X-Y이론은 조직의 인간관을 조직에서 활동하는 구성원들의 태도와 동기부여의 관점에서 분류한 이론이다.

맥그리거는 전통적 인간관을 X이론으로, 새로운 인간관을 Y이론으로 지칭했다.

X이론이란 조직 내 인간은 본래 일하기를 싫어하고 야망과 책임감이

없다고 가정한다. 즉, 인간은 변화를 싫어하고 자기중심적이기 때문에 지시받은 일밖에 실행하지 않는다는 것이다.

반면에 Y이론이란 인간에게 노동의 의미는 놀이와 마찬가지로 자연스러운 것이며, 따라서 인간은 본성적으로 일을 즐기고 책임 있는 일을 맡기 원한다고 가정한다. 인간은 문제 해결에 창의력을 발휘하고 자율적 규제를 하며 머슬로(Abraham H. Maslow)가 주장하는 자아실현 욕구에 의해 동기가 유발된다고 한다.

맥그리거는 조직에서 구성원들에 대한 관리전략도 이와 같은 인간의 본질에 대한 두 가지 기본 가정에 기초를 두고 이뤄져야 한다고 주장한다. X이론에 기반을 둔 조직구성원들에게는 인간의 하급 욕구에 중점을 두고 전적으로 보상이나 제재를 중심으로 철저한 감독과 통제를 강화하는 권위적 관리전략을 수립해야 하고, 반면에 Y이론에 기초를 둔 조직구성원에게는 인간의 상위 욕구, 즉 조직에서 성장적 측면에 착안해 인간의 잠재력이 능동적으로 발휘될 수 있는 새로운 관리전략이 필요하다는 것이다.

맥그리거는 결론적으로 현대 조직에서는 고급 욕구를 중시하는 Y이론에 역점을 두고 조직의 구성원들을 관리할 필요가 있음을 강조한다. Y이론에 기반을 둔 관리전략이 조직구성원들에게 진정한 동기부여를 할 수 있기 때문이다.

맥그리거의 X－Y이론은 조직 내의 인간의 태도를 명확하게 정리한 강점이 있는 반면에, 실증적인 증거력이 부족하다는 약점을 가진다. 맥그리거는 Y이론적 가정에 입각한 관리를 해야 한다고 주장하고 있는데, 이는 어디까지나 조직관리의 경험적 · 기술적 · 처방적 관리 방식이라기보다는 규범적인 방향을 제시한 것이라고 할 것이다. 특히 환경이 급격하게 변화되고 있는 조직관리의 현실에서 어떤 방식이 더 효율적이라고 말하는 것은 실로 어려운 일이다.

한편 맥그리거의 X－Y이론에 대비해 Z이론이 주장되기도 한다.

룬트스테트(Sven Lundstedt)는 권위주의적 관리를 대변하는 X이론과 민주적 관리를 대변하는 Y이론에 대비해 자유방임형의 관리를 Z이론이라고 했다. 룬트스테트는 여러 가지 비공식적·비조직적 사회활동도 때로는 조직 목표 달성에 순기능을 한다고 주장했다. 그 예로 점심 시간 중에 자발적이며 비체계적으로 형성된 자생집단도 조직 목표 수행에 도움을 준다고 했다.

롤리스(David Lawless)는 변동하는 환경 속에서 살아가는 조직을 관리할 때에는 상황을 객관적으로 파악해 이에 상응하는 관리전략을 세우고 변화시켜 나아가야 한다는 조직관리의 상황적 접근 방식을 Z이론이라고 했다.

그리고 오우치(William G. Ouchi)의 Z이론은 미국 내에 소재하는 일본식 경영관리 방식을 택하고 있는 기업의 조직문화를 지칭하는 개념이다. 그는 미국 내에 설립된 많은 일본 기업의 경우 종신고용과 조직 의사결정에서 구성원 공동의 책임성을 강조하고 있는 점에 착안해 이 이론을 개발했다. 그가 주장하는 Z이론이란 미국에서 활동하고 있는 일본 기업들이 미국의 조직문화와는 다른 일본 고유의 문화에 접목한 독특한 조직관리 방식을 통해 성공적으로 조직의 목적을 달성하고 있는 점을 강조한 것이다.

3) 아지리스의 미성숙 – 성숙이론

아지리스(Chris Argyris)는 현대 조직에서 개인과 조직의 통합을 통해 조직에서의 인간 소외를 극복해야 한다고 주장했다. 그는 미래의 조직에서 관료제는 서서히 몰락하고 조직구성원 간의 자율과 폭넓은 관심을 바탕으로 한 인간 회복 조직으로 발전할 것이라고 예견했다. 변화하는 미래 조직에서는 자신의 능력을 발휘할 수 있는 기회가 제공되는 조직이 바람직하다고 주장하면서 미성숙–성숙이론을 제시했다. 그가 주장하는 이론은 인간의 속성은 다음과 같이 미성숙(immaturity) 단계에서 성숙(maturity) 단계로 발달한다는 것을 기본 전제로 한다.

① 인간은 유아의 수동적 상태에서 성인의 능동적 상태로 발전한다.

② 인간은 타인의 의존적 상태에서 비교적 독립적인 상태로 발달한다.
③ 인간은 유아의 몇 가지 방법으로만 행동할 수밖에 없는 능력의 존재에서 성인의 다양한 활동을 할 수 있는 단계로 발전한다.
④ 인간은 유아의 변덕스럽고 피상적이며 쉽게 흥미를 잃어버리는 능력의 존재에서 성인의 좀 더 깊고 복잡한 관심을 가지는 상태로 발전한다.
⑤ 인간은 현재의 상황이 행동을 결정하는 단기적 안목에서 과거와 미래를 함께 고려하는 장기적 안목의 성인으로 성장한다.

아지리스는 과학적 관리론적 관리 방법은 인간을 미성숙에 머물게 하여 조직의 목표 달성에 비효과적이라고 하면서 인간관계론적 관리 방법은 조직의 구성원을 성숙하게 하여 조직의 목표 달성에 효과적인 방법이라고 주장했다. 조직관리자가 구성원들에게 책임의 폭을 넓혀 주고 믿음으로 대해 주면서 직장에서 성장 · 성숙할 수 있는 기회를 부여한다면 조직구성원은 스스로 자아실현 욕구를 충족할 뿐만 아니라 아울러 조직의 전체 목표도 달성된다고 주장한다.

4) 허즈버그의 동기 · 위생이론

허즈버그(Frederick Herzberg)는 1959년 "조직의 구성원들이 그들의 직업에서 진정 원하는 것은 무엇일까?"라는 연구 의문(research question)을 가지고 약 200명의 회계사와 기술자를 대상으로 자신의 직무에 만족하는 사람들과 그렇지 못한 사람들로 나눠 심층면접을 실시했다. 그는 이 연구에서 다음과 같은 중요한 사실을 발견했다. 즉, 자신의 직무에 만족하는 사람들은 그 이유를 자신의 성장 · 일의 성취 · 승진 기회 등을 그 요인으로 들었지만, 자신의 직무에 만족하지 못하는 사람들은 급여 · 회사 방침 · 물리적 환경 등을 직무의 불만족 요인으로 적시했다. 궁극적으로 그는 여기서 직무 만족 요인과 직무 불만족 요인은 서로 다를 것이라는 힌트를 얻었다.

그는 이러한 연구 가설을 가지고 직무 만족에 영향을 주는 요인을 '동기 요인(motivation factor)'이라고 하고, 직무 불만족에 영향을 주는 요인을 '위생 요인(hygiene factor)'이라고 하여 조사를 진행했다. 그가 수행한 연구 결과의 핵심은 "직무 만족에 영향을 주는 궁극적 요인은 동기 요인일 뿐이고, 직무 불만족 요인은 그것이 해결된다고 하여 곧바로 동기로 연결되지 않는다"는 것이다. 따라서 위생 요인인 불만족 요인이 충족된다는 것은 단지 직무 불만족 요인을 제거하는 역할을 할 뿐이지 그것이 직무 만족에 영향을 미치지 못한다고 했다.

이와 같이 허즈버그가 주장한 동기 요인과 위생 요인을 정리하면 〈표 3-9〉와 같다.

표 3-9 허즈버그의 동기 요인과 위생 요인

	동기 요인	위생 요인
내용	직무 만족에 영향을 미치는 직무 그 자체	직무 불만족에 영향을 미치는 작업환경
요인	자신의 성장 · 일의 성취 · 승진 기회 · 책임감 · 인정감 · 도전감	급여 · 회사 방침 · 물리적 환경 · 안전 · 감독 · 인간관계 · 지위

허즈버그가 주장한 내용을 좀 더 구체적으로 살펴보기로 하자.

허즈버그는 '동기 요인'이 만족되지 않았을 때 그것은 '직무 만족(job satisfaction)'의 반대인 '직무 불만족'이 아니라 '직무 만족이 되지 않은 상태(no job satisfaction)'이고, '위생 요인'이 만족되었을 때 그것은 직무 불만족의 반대인 '직무 만족'이 아니라 단지 '직무 불만족이 일어나지 않은 상태(no job dissatisfaction)'라고 설명했다(Herzberg, 1966).

허즈버그는 조직의 구성원이 자신의 일에 만족감을 느끼지 못하게 되면 위생 요인에 관심을 가지게 되고, 이들에 대해 만족하지 못할 경우에는 일의 능률이 크게 저하된다고 주장한다. 또한 위생 요인이 충분히 해결되면 불만이 해소되어 작업 능률을 다소 높일 수 있겠지만 자아실현을 통한 일의 성취까지는 기대할 수 없다는 것이다. 반면에 자신의 일 자체에 만족을 하고 있는 사람은 위생 요인이 다소 충족되지 못한다 하더라도 이를 받아들이고 자신의 일 자체를 즐거워하고 보람되게 생각하며 일의 성취를 위해 노력한다는 것이다.

이 이론에 따르면, 조직의 관리자가 조직구성원들의 동기를 부여하기 위해 급여를 올리거나 직무환경을 바꾸는 등의 '위생 요인'만을 단기적으로 충족시켜 조직구성원들의 동기를 올리려고 하는 것은 문제가 있다고 할 수 있다. 이런 위생 요인의 충족은 구성원들의 궁극적인 동기를 불러일으키기보다는 단지 직무 불만족 요인을 제거하는 역할밖에 하지 못하기 때문이다. 구성원들의 궁극적인 동기를 장기적으로 부여하기 위해서는 '동기 요인'을 자극할 그 무엇이 있어야 한다. 조직의 관리자가 구성원들의 진정한 성장을 유도하기 위해서는 구성원의 업무 성공 체험이나 권한 이양 등의 직무재설계에도 관심을 가져야 하는 이유가 바로 여기에 있다.

허즈버그의 동기 요인과 위생 요인의 구체적인 예를 들어보기로 하자.

[그림 3-8]에서 보는 바와 같이 가령 평소에 자기 능력의 80%만 발휘하던 한 직원이 위생 요인인 급여가 만족스럽지 못하기 때문에 자기의 업무 능력이 50%까지 떨어졌다고 하자. 이를 해결하기 위해 그 직원에게

그림 3-8 불만 및 동기 요인 작용 영역

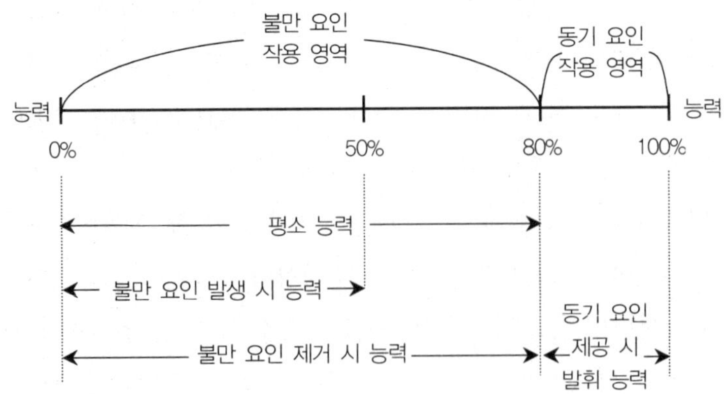

급여를 원하는 만큼 올려 준다고 한다면 그는 종전의 능력 발휘 수준인 80%까지만 일을 하게 된다. 따라서 이 직원으로 하여금 그 이상의 90%나 100%의 능력을 발휘하도록 하기 위해서는 일의 성취감을 갖게 해 주어야 한다.

그것이 바로 동기 요인 또는 만족 요인이다. 직무 불만족 요인이 제거되는 것은 직무 불만족이 없는 상태(no job dissatisfaction)일 뿐이지 결코 직무 만족(job satisfaction) 상태는 아니기 때문이다.

허즈버그의 이론은 조직행위론 분야에서 머슬로의 이론을 한 단계 심화시킨 이론이라는 평가를 받고 있다. 이 두 이론 모두 본질적으로 조직 구성원들의 진정한 동기는 일의 성취감을 느낌으로써 얻게 된다는 사실을 발견한 것은 탁월한 업적이다.

표 3-10 허즈버그와 머슬로 이론의 비교

허즈버그 이론	머슬로 이론
위생 요인	생리적 욕구, 안전 욕구, 사회적 욕구와 존경 욕구 중 지위
동기 요인	존경 욕구 중 인정감, 자아실현 욕구

이런 측면에서 두 이론을 비교해 본다면 〈표 3-10〉에서 보는 바와 같이 머슬로의 생리적 욕구, 안전 욕구, 사회적 욕구와 존경 욕구의 일부를 구성하는 지위(status)는 허즈버그의 위생 요인에 해당되고, 머슬로의 존경 욕구 중 인정감(recognition)과 자아실현 욕구는 허즈버그의 동기 요인에 해당된다고 할 것이다. 존경 욕구 중 지위를 위생 요인으로 보는 이유는 지위는 자신의 능력에 의해 얻어지는 것보다는 학벌이나 사회적 관습에서 얻어지는 경우가 많기 때문이다(Hersey & Blanchard, 1982).

허즈버그의 동기이론은 머슬로의 '욕구단계설'과 더불어 조직행위론 분야에서 매우 큰 공헌을 한 이론이지만 이를 모든 조직에 일반화해 적용하는 데에는 한계가 있다. 예를 들면, 허즈버그가 연구 대상으로 한 면접자들은 전문성이 강한 회계사와 기술자들인데 일반 노동자에게서도 그들과 똑같은 결론을 도출할 수 있었을까? 하는 의문이 있다. 아무래도 일반 노동자들에게서는 전문직에 종사하는 사람들보다는 직무 만족 요인을 찾기 어려운 점이 있었을 것이다. 즉, 전문직 직원에게는 동기 요인이 직무 만족에 큰 영향을 미칠 수 있지만 일반 노동자에게도 전문직 종사자와 똑같은 정도로 동기 요인이 직무 만족에 영향을 미친다고 하기는 어려울 것이다. 또한 직무와 관련된 여러 환경 요인들은 다소의 차이는 있을지 몰라도 불만 요인뿐만 아니라 직무 만족에도 영향을 미칠 수 있다는 현실성을 너무 간과하고 있다는 비판도 있다. 쾌적하게 사무실의 환경을 개선할 경우에는 불만 요인을 제거할 뿐만 아니라 직무 만족에도 간접적으로 영향을 미치게 될 것이다.

2. 기대이론

조직에서 근무하고 있는 사람은 누구나 '내가 이만큼 노력하면 나중에 얼마만큼 보상이 주어질 것'이라는 기대를 하게 된다. 조직의 구성원은 자신이 바라는 보상이 지금 당장 제시되지는 않더라도 업무를 완수하고 나면 원하는 바를 얻을 수 있다는 기대감이 있을 때 열심히 일을 하려고 한다. 자기가 기대하는 만큼의 보상을 얻은 후에는 또 다른 기대감으로 또 다른 동기가 부여될 수 있다. 하지만 기대하는 만큼의 보상이 이뤄지지 않거나 또 다른 기대감이 없으면 그 사람의 의욕은 급격히 떨어지고 동기는 유발되지 않는다. 이처럼 조직구성원의 동기는 그가 가지는 기대에 따라 이뤄진다는 것이 기대이론(expectancy theory)이다.

기대이론을 주장하는 사람들은 욕구 만족(need satisfaction)과 업무 성과(performance) 사이의 직접적인 상관관계가 있다는 욕구이론에 의문을 제기하면서 욕구와 만족 및 동기 유발 사이에는 기대라는 요인이 작용하게 된다는 것을 강조한다. 기대이론은 개인이 가지고 있는 욕구의 본질을 규명하는 데 초점을 둔 내용이론(content theory)에 비해, 조직구성원이 욕구와 업무 성과 사이에서 일어나는 인지 과정과 그 상황을 중시한다고 하여 과정이론(process theory)이라 한다.

1) 브룸의 기대이론

기대이론의 대표적인 주창자인 브룸(Victor H. Vroom)은 조직구성원의 동기부여 과정을 다음과 같이 설명한다(Vroom, 1964).

조직구성원의 동기는 기대(expectancy), 수단성(instrumentality), 유의성 또는 유인가(valence) 등 세 가지 요소의 값이 각각 최대값이 되면 최대의 동기부여가 된다는 것이다. 그러나 각 요소 중에 하나라도 0이 되면 전체 값이 0이 되어 동기부여가 되지 않는다. 즉, '동기부여(motivation)=기대(expectancy) × 수단성(instrumentality) × 유인가(valence)'로 표시할 수 있다. 따라서 브룸의 기대모형을 VIE모형이라고도 한다.

조직구성원의 동기를 부여하기 위해서는 그 개인의 욕구뿐만 아니라 일정한 노력을 기울이면 달성될 수 있는 합리적인 수준을 제시해야 하며, 그 목표를 달성했을 때 반드시 어떤 보상이 있고, 그 보상은 그 사람에게 매력적이어야 한다(신유근, 1993).

그림 3-9 브룸 모형의 동기화 과정

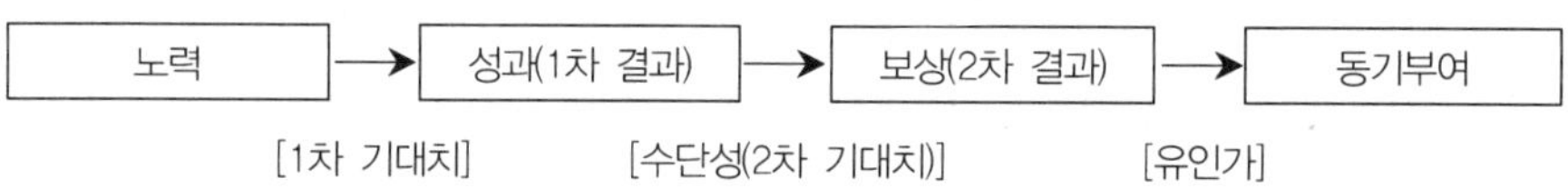

기대이론에서 말하는 기대는 자신의 행동이 성과를 가져오리라고 믿는 주관적인 기대감을 말한다.

[그림 3-9]에서 보는 바와 같이 조직의 구성원은 어떤 업무를 처음 시작하고자 노력할 때, 성과(1차 결과)에 대한 기대가 있다. 이를 1차 기대치라고 한다. 즉, '내가 이 정도 노력하면 얼마의 성과(예: A등급 또는

B등급)를 얻을 수 있다'라고 생각하는 기대감을 말한다.

그리고 그 조직의 구성원이 어떤 일을 해서 성과(1차 결과: A등급 또는 B등급)가 나오면 그러한 '나의 성과(1차 결과)에 대해서는 이에 상응하는 어떤 보상(2차 결과)이 있다'라는 기대가 있어야 행동하게 된다. 이를 2차 기대치, 즉 수단성이라고 한다. 수단성이란 그가 달성한 성과에 대해 주어지는 급여 인상, 승진, 휴가 등과 같이 조직이 그 구성원에게 제공할 수 있는 구체적인 보상적 수단을 말한다.

마지막으로 보상이 주어질 때 그것은 '내가 원하던 것이어야 한다'는 유인이 있어야 한다. 이를 유인가(誘因價, valence)라고 한다. 유인가란 성과에 대해 조직의 구성원이 느끼는 감정으로서 성과가 지니는 매력의 정도 혹은 성과를 통해 예상되는 만족이라고 할 수 있다.

동기는 이러한 '성과에 대한 기대감'과 '보상의 수단성' 및 '매력의 유의성'의 곱으로 이뤄진다.

어떤 조직의 구성원이 자신의 노력에서 성과를 가져오리라고 생각하는 등급에는 〈표 3-11〉에서 보는 바와 같이 A, B, C가 있고, 그에 대한 보상을 임금 인상, 승진, 휴가라고 하자. 성과 등급 각각에 대한 주관적 기대치(1차 기대치)가 A등급은 0.2, B등급은 0.7, C등급은 0.8이다.[10] 보상의 값은 임금 인상은 7, 승진은 10, 휴가는 5라고 하자.[11] 성과가 가져오는 보상에 대한 수단성(2차 기대치)의 값은 A등급일 경우에 승진이 가장 높은 1.0, 그 다음이 임금 인상인 0.7, 가장 낮은 것은 휴가인 0.3이며, B등급일 경우에는 순서대로 각각 0.9, 0.6, 0.2이고, C등급일 경우에는 0.8, 0.5, 0.1이라고 하자.

이때 각 등급이 가지는 유의성(유인가)과 동기부여값은 얼마나 될까?

그 구체적인 계산 절차는 다음과 같다.

---

10) 이 사람은 자기가 이 정도 노력하면 C등급을 받을 확률이 가장 높아 0.8, 그 다음이 B등급으로서 0.7, 마지막으로 A등급인 0.2라고 주관적으로 생각한다.

11) 이 사람이 생각하는 성과에 대한 보상은 승진이 가장 높은 10, 그 다음이 임금 인상인 7, 마지막은 휴가인 5다. 이 사람은 승진이 가장 높은 보상이고, 그 다음은 임금 인상 마지막이 휴가라고 생각하고 있다.

등급별 유인가 및 동기부여

각 등급별 유인가를 계산하면

A등급 유인가 Va = 0.7 × 7 + 1.0 × 10 + 0.3 × 5 = 16.4

B등급 유인가 Vb = 0.6 × 7 + 0.9 × 10 + 0.2 × 5 = 14.2

C등급 유인가 Vc = 0.5 × 7 + 0.8 × 10 + 0.1 × 5 = 12.0

각 등급별 동기부여값을 계산하면

A등급 Ma = 16.4 × 0.2 = 3.28

B등급 Mb = 14.2 × 0.7 = 9.94

C등급 Mc = 12.0 × 0.8 = 9.6이 된다.

이러한 기대치, 수단성, 보상, 그리고 유인가를 고려할 때 이 사람은 〈표 3-11〉에서 보는 바와 같이 최종적으로 B등급을 얻기 위한 노력을 하게 된다.

이와 같이 브룸은 동기부여란 어떤 사람이 자기의 활동에 대해 가지게 되는 기대 가치(anticipated worth)와 그의 목표가 성취될 수 있다고 믿는 인지된 확률(perceived probability)의 산물이라고 한다.[12] 즉, 조직구

표 3-11 성과 등급별 유인가와 동기부여값

성과 등급	1차 기대치	수단성 (2차 기대치)	보 상		유인가	동기부여값
A등급	0.2	0.7	임금 인상	7	16.4	3.28
		1.0	승진	10		
		0.3	휴가	5		
B등급	0.7	0.6	임금 인상	7	14.2	9.94
		0.9	승진	10		
		0.2	휴가	5		
C등급	0.8	0.5	임금 인상	7	12.0	9.6
		0.8	승진	10		
		0.1	휴가	5		

12) 〈표 3-11〉에서 보상에 주는 승진 10, 임금 7, 휴가 5는 일종이 인지 가치이고, 수단성이 주는 확률적 가치는 기대 가치이다.

성원들은 그들의 목표가 가치 있다고 믿을 때 또한 그 목표를 성취할 수 있도록 도와 주는 것이 무엇인지 알고 있을 때 그 일을 하도록 동기를 부여받게 된다는 것이다. 이것은 루터(Martin Luther)가 말한 바와 같이 "세상 속에서 이뤄지고 있는 모든 것은 희망 속에서 이뤄지는 것"이라는 표현을 조직 안의 인간에게 투영한 것으로 볼 수 있다.

브룸의 기대이론은 어떤 일을 하게 되는 사람의 동기는 적극적이든 소극적이든 자신의 노력의 결과에 대해 스스로 부여하는 가치에 따라 결정될 것이며, 또한 자신의 노력이 목표를 성취하는 데 실질적으로 도움을 줄 것이란 확신을 갖게 될 때 더욱 큰 동기를 부여받는다는 것이다. 사람은 여러 가지 선택 가능한 행동 가운데에서 하나의 행동을 선택할 때 과거의 경험이나 학습에 따라 일어나는 것이 아니라 행동이 일어날 당시의 심리적 상황과 관련을 가지며 일정한 인지적 법칙에 따라 일어난다고 보았다. 브룸은 동기부여란 여러 가지 자발적인 행동 가운데 특정 행동을 선택하는 과정으로서, 개인의 행동은 일반적으로 여러 행동대안 가운데 가장 큰 힘(force), 즉 동기부여가 가장 강한 쪽으로 이뤄진다고 한다.

2) 포터와 롤러 모형

주로 인간의 동기를 유발하는 것이 무엇인가 하는 것에 관심을 두는 것을 내용이론이라고 한다면, 동기유발의 과정을 분석하고 모든 변수 간의 상호 관계에 관심을 두는 것을 과정이론이라고 한다.

포터(Lyman W. Poter)와 롤러(Edward E. Lawler) 모형은 인간의 동기유발은 내재적 보상과 외재적 보상으로 이뤄진다고 했다. 내재적 보상이란 장인정신(craftsmanship) 및 전문직업주의(professionalism) 등 자신의 능력 발휘와 관련된 것이고, 외재적 보상이란 경제적 이익 및 승진 등과 같은 개인의 환경과 관련된 것을 말한다. 이 이론은 기대이론과 동기유발의 내용이론을 연결해 통합모형을 만들고 있다. 즉, 내재적 보상은 내용이론 중 허즈버그의 동기 요인에 근거를 둔 것이고 외재적 보상은 위생이론과 관련된 것이다.

포터와 롤러 모형에서는 조직 내 구성원은 [그림 3-10]에서 보는 바와 같이 ① 노력에 대한 '보상 가치'가 높다고 느낄수록, ② 노력이 바람직한 보상을 가져올 것이라는 '노력 · 보상의 확률'이 높을수록 더 많은 노력을 한다고 한다. ③ '성과는 만족에 의해 결정된다'고 하기보다는 '성과가 만족을 결정한다'고 한다. 따라서 ④ 개인의 노력은 과업의 '성과'에 영향을 미치고, 성과는 '보상'에 영향을 미친다. 그러나 ⑤ 보상이 만족에 직접적으로 미치는 영향은 부분적이고 오히려 개인이 받는 보상이 공평하다고 생각하는 '보상의 공평성'이 만족에 더 큰 영향을 준다. 특히 조직 구성원이 환경에서 얻는 외부 보상은 개인이 받는 보상이 공평하다고 믿을 때 만족을 가져온다.

포터와 롤러 모형은 직무 만족이 성과에 영향을 미치는 것이 아니라, 오히려 성과가 만족에 영향을 미친다는 것이다. 조직구성원은 기대했던 이상의 성과를 얻으면 높은 만족감을 느끼게 된다는 사실을 반영하고 있

그림 3-10 포터와 롤러 모형의 동기화 과정

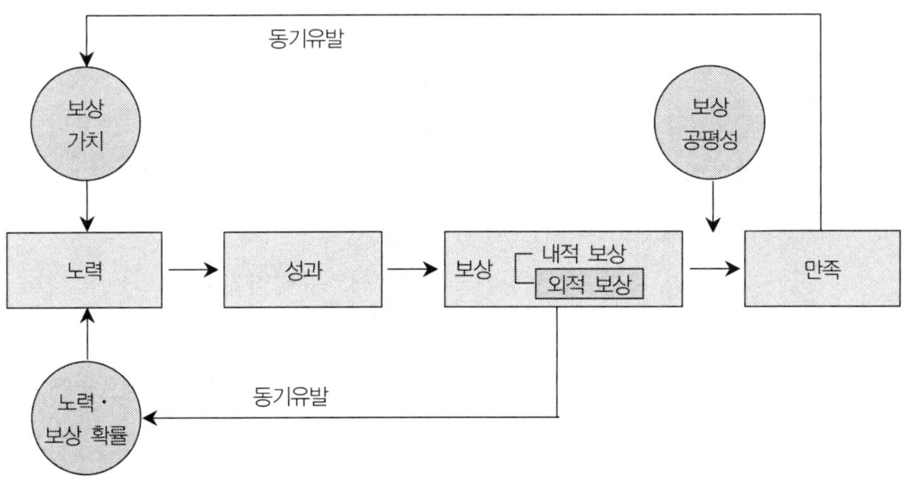

자료: Poter & Lowler(1968: 165).

다. 포터와 롤러 모형은 브룸의 모형과 완전히 다른 것이라기보다는 브룸의 기대이론을 확장 · 발전시킨 것이다.

3) 애덤스의 공정성이론

애덤스(J. Stacy Adams)의 공정성이론(equity theory)이란 조직구성원들의 행동은 타인들과의 관계에서 공정성을 유지하는 쪽으로 동기가 부여된다는 것이다. 사람들은 자기와 비슷한 성과를 낸 사람과는 유사한 보상을 받으려 한다는 것을 이론화한 것이다.

공정성이론이란 사회적 비교이론의 하나로서, 한 사람이 다른 사람들에 비해 공정한 대우를 받는 느낌을 중시하는 이론이며, 사람들의 행위가 준거 집단이나 준거 인물과의 관계에서 공정성을 유지해야 동기가 부여된다는 것이 공정성이론의 핵심이다(Adams, 1953).

애덤스는 공정성의 비교 과정을 투입에 대한 결과의 비율로 설명한다.

투입이란 조직으로부터의 보상이 자신에게 제공되기를 기대하면서 자신이 먼저 조직에 주었다고 지각하는 것을 말한다. 투입에는 직무 수행에 동원한 노력, 기술, 교육, 경험 등이 포함된다. 결과란 투입에 대한 대가로서 개인이 받게 되는 수익이나 비용을 말한다. 결과에는 보수, 승진, 직무 만족, 학습 기회, 작업 조건 등이 포함된다.

공정성이나 불공정성은 자신이 일에 투자하는 투입과 그로부터 얻어내는 결과의 비율을 타인이나 다른 집단의 투입에 대한 결과의 비율과 비교하면서 발생하게 되는 개념이다.

기대이론이 조직 내 구성원들의 동기를 유발하기 위해서는 단순히 그들의 욕구를 충족하는 데에 그치지 않고, 그들의 보상 기대에 부응하며 준거 집단과의 형평성을 유지해야 한다는 점을 강조한 것은 높이 평가된다.

그러나 기대이론에서 사용하고 있는 추상화된 핵심 개념들이 지나치게 조작화되어 있어 이를 일반화해 사용하기가 어렵고 실질적으로 각 변수의 값을 측정하기 어렵다. 또한 기대이론에서 전제하고 있는 “인간의 모든 동기는 의식적인 행동에서 유발된다”는 기본 가정 때문에 다소 비판의 소지를 안고 있다. 인간이 특정한 동기 방향으로 움직이는 데에는 의식적인 행동과 더불어 습관에 의한 무의식적 행동에서 유발되는 경우도 있기 때문이다. 조직에서 활동하고 있는 구성원들은 반드시 성과를 내고 보상을 받기 위해 의식적으로 행동하는 측면도 있지만, 일상적인 일을 하면서 경험을 쌓고 그 결과가 좋은 성과와 보상으로 연결되는 경우가 적지 않다.

제5절 조직 내 갈등

지금까지 살펴본 조직의 권위, 리더십, 의사결정, 동기 등은 조직의 역할을 지극히 긍정적으로 보고 접근한 이론들이다. 조직이 성장하면서 공식화, 복잡화, 분권화되면서 다루게 되는 업무의 내용들이 달라지고 분화된 조직이 추구하는 목표가 바뀔 수도 있다. 상호간에 역할 기대의 차이가 발생하기 때문에 조직 내에서 갈등이 일어나게 된다. 계선기관과 참모기관, 참모기관들 간의 갈등, 계선기관들 간의 갈등, 상급기관과 하급기관들의 갈등은 대규모 조직에서 필연적으로 나타나는 현상이다.

1. 갈등의 의의

조직에서의 갈등(conflict)이란 조직 내 행동 주체 간의 대립적 내지는 적대적인 상호작용이나 교호작용을 의미하며, 이를 통해 개인 대 개인, 개인 대 집단, 조직 대 조직 간에 긴장이나 불안, 적대감을 느낄 수 있고, 이러한 심리적 상태가 행동으로 나타나게 된다.

갈등에 관한 관점을 역사적으로 살펴보면 다음과 같다(Robbins, 1986).

첫째, 1940년대 중반까지 지속되어 온 갈등에 대한 전통적인 견해는 갈등을 부정적으로만 보고, 조직관리자들은 그러한 갈등의 원인을 찾아서 제거하는 것이 조직과 집단의 성과를 개선하는 길이라 보았다.

둘째, 1940년대 말을 기점으로 하여 1970년대 중반까지 널리 받아들여졌던 행태주의적 견해에 의하면, 갈등이란 조직 내에서 필연적으로 발생할 수밖에 없는 현상으로 이를 완전히 제거한다는 것은 불가능하고 때로는 갈등이 집단의 성과를 향상시킨다고 보았다.

셋째, 1970년대 중반 이후 각광을 받고 있는 상호작용주의적 견해는 갈등이 오히려 조직 내에서 하나의 추진력으로 작용할 수 있다는 점을 강조한다. 갈등의 형태에 따라 바람직한 갈등과 바람직하지 못한 갈등을 구분해 조직의 목표 달성에 긍정적인 영향을 미치는 갈등은 어느 정도 조장하고 부정적인 영향을 미치는 갈등은 제거해야 한다는 것이다. 즉, 갈등이 조직에 필요한 것인지 여부의 기준은 갈등이 조직의 목표 달성과 성과 증진에 작용해 이익이 되었는지 또는 저해 요인이 되었는지의 여부로 결정된다.

2. 갈등의 유형

조직 내에서 발생하는 갈등의 유형을 분류하는 기준은 다양하다. 행동의 주체, 갈등의 진행 단계, 표면화된 대립적 행동, 갈등 상황 등 여러 가지 분류 기준이 있다(오석홍, 1990: 681).

갈등의 주체에 따라 분류해보면, 갈등은 개인 내부에서, 개인 간, 집단 간, 개인 대 집단, 개인 대 조직, 집단 대 조직, 조직과 조직 사이에 일어날 수 있다. 특히 계층제의 상하 간의 갈등을 관료제적 갈등, 동일 수준의 기관이 개인 간의 갈등을 체제적 갈등, 노사 등 이해관계 당사자 간 갈등을 협상적 갈등이라고 한다.

갈등의 진행이나 과정에 따라 분류할 수 있다. 갈등은 아직 행동으로 표출되지 않은 잠재적 갈등과 이미 표출된 현재적(顯在的) 갈등으로 나눌 수 있다. 현재적 갈등은 다시 일시적으로 나타난 일과적 갈등과 장기적으로 갈등관계가 지속되는 만성적 갈등으로 구분할 수 있다.

갈등의 결과나 영향에 따라 분류할 수도 있는데, 갈등의 결과 조직구조상의 변화를 수반할 때 이를 전략적 갈등으로, 그렇지 않을 때의 갈등을 마찰적 갈등으로 분류할 수 있다.

3. 갈등의 원인

갈등의 원인은 개인적 요인, 집단적 요인, 조직관리적 요인으로 구분할 수 있다.

첫째, 개인적 요인으로는 욕구의 충돌과 지각의 차이를 들 수 있다. 인간의 욕구는 특정 대상을 놓고 다른 사람과 경쟁할 때 충돌이 발생하게 된다. 개인 간의 욕구 충돌이 집단의 이익으로 비화하게 되면 갈등이 일어난다. 조직구성원들은 생활의 경험이나 교육, 기타 조직에서의 역할이나 지위에 따라 동일한 현상이나 사실에 대하여 서로 다른 인식을 할 수 있는데 이것들이 갈등을 일으키게 한다. 지각 과정에서의 오해도 갈등을 일으키는 주된 요인 중 하나다. 오해는 의사전달이나 의사소통이 잘 이루어지지 않거나 왜곡된 정보가 전달되면 발생할 수 있다.

둘째, 집단적 요인으로는 집단 이익의 대립과 집단 목표의 차이를 들 수 있다. 여러 사람이 모이는 조직에서는 필연적으로 이해관계가 상충하게 된다. 누가 먼저 승진할 것인가? 누가 더 높은 성과금을 받을 것인가? 누가 어느 자리에 배치될 것인가?는 조직구조나 계층에 관계없이 갈등을 야기한다. 집단 목표의 차이도 갈등을 유발하는데, 집단의 목표를 달성하는 과정에서 관할 영역의 결정, 자원과 기회의 배분, 업무 수행의 협조 등으로 인하여 집단들은 상호작용을 하게 되는데 이때 갈등이 발생하게 된다. 예컨대, 감사기관은 비위를 많이 적발할수록 좋지만 감사대상기관은 적게 적발될수록 좋다.

셋째, 조직관리적 요인도 갈등의 원인이 된다. 인간의 욕구는 무한한데 조직에서 제공할 수 있는 자리, 자원, 그리고 기회는 한정되어 있기 때문에 배분 과정에서 이들 사이에 괴리 현상이 일어나고 결국 갈등이 발생하게 된다.

MS의 사일로 효과

1997년부터 2004년까지 마이크로소프트에 재직하며 부사장의 자리에도 올랐던 딕 브래스는 2010년 〈뉴욕타임즈〉 기고문에서 MS에 존재했던 부서 간 이기주의, 즉 사일로 효과(Silo Effect)를 비판한 바 있다. 그는 사일로 효과의 예로 MS의 태블릿 PC 실패를 들었다. 2001년 마이크로소프트는 다른 회사들보다 먼저 태블릿 PC 개발을 진행하였다. 그런데 태블릿 PC 개발과 상용화 문제에 대하여 MS 오피스 부문이 제동을 걸었다. 개발되고 있던 태블릿 PC가 마음에 들지 않았던 오피스 부문 부사장이 MS 오피스(엑셀, 워드, 파워포인트, 액세스, 아웃룩 등)의 연동을 거부한 것이다. 팥 없는 찐빵이 되어 버린 MS의 태블릿 PC 출시는 미뤄졌고, 태블릿 시장은 애플과 안드로이드 진영에 넘어가게 되었다.

이런 현상은 태블릿 PC 개발에만 국한된 것이 아니었다. 딕 브래스는 자신의 부서와 함께 1998년 클리어 타입(MS Clear type)이란 기술을 개발했는데, 이것의 상용화 역시 오피스 부서의 반대로 미뤄지게 되었다. 클리어 타입은 e-Book이나 LCD 화면 등에서 문자나 그림의 가독성을 높여주는 기술이다. 하지만 신기술을 개발하던 부서를 견제하던 오피스 부문이 클리어 타입에 대한 흑색선전을 하는 등 여러모로 제동을 거는 바람에, 이를 상용화하는 데 무려 10년이 넘는 시간이 걸리게 되었다.

MS의 수익구조 중 대부분이 윈도우 등 OS, 그리고 오피스 부문에서 발생하기 때문에 이들이 거는 압력이 타 부서에게는 심한 압박으로 작용할 수 있었다. 이렇듯 오피스 부문은 자신의 영향력을 활용하여 부서 이기주의적 갈등을 극대화하고 결과적으로 회사 전체에 해를 끼치게 되었다.

4. 갈등의 관리 방안

조직에 내재하는 갈등을 관리하는 원칙은 조직의 차원에서 개입하는 여부에 따라 크게 두 가지로 구분할 수 있다. 하나는 조직이 집단 간 갈등에 개입하는 방법이며, 또 다른 하나는 조직이 직접 개입하기 전에 비개입적 방법을 사용하는 것이다(신유근, 1982).

첫째, 조직이 갈등을 관리하기 위하여 개입하는 방법은 갈등을 제거하는 방법, 갈등을 조장하는 방법, 갈등을 예방하는 방법 등으로 구분할 수 있다. 조직이 갈등 문제에 개입할 것인가의 결정은 갈등 문제에 대한 기본 관념에 따라 달라지는데, 정과 메긴슨(Chung & Megginson, 1981)은 갈등의 수준과 조직효과성의 관계에 따라 이를 설명하였다. 그들은 조직의 효과성을 높이는 혁신과 변화는 낮은 수준의 갈등 아래서는 촉진되지 않기 때문에 어느 정도까지는 갈등을 조장해 줄 필요가 있다. 이와 반대로 높은 수준의 갈등은 부정적인 결과를 피하기 위하여 이를 감소시키려는 노력이 필요하게 된다.

둘째, 비개입적 방법으로 많이 사용되는 것은 갈등 그 자체를 무시하고 그것이 파국적이지 않기를 바라거나 저절로 해결되기를 바라는 것이다(민진, 2009). 조직이 개입하기 전 갈등 관계에 있는 집단들이 갈등을 해결하기 위하여 직접적으로 문제 해결, 설득, 협상, 그리고 정치적 타협 등의 과정을 거치는 것이다.

그림 3-11 갈등관리의 방향

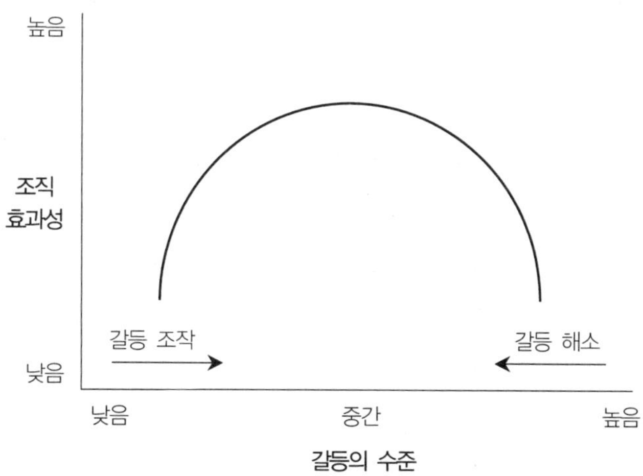

자료: Chung & Megginson(1981: 264).

조직이나 집단 간 차원이 아닌 개인과 개인 사이에서 발생하는 대인적 갈등의 관리 방안에 관한 연구로는 토머스(K. Thomas)의 이차원모형이 있다. 이 모형은 자신의 이익을 만족시키려는 정도와 상대방의 이익을 만족시키려는 정도의 두 가지 차원을 결합시켜 다섯 가지 관리 방안을 제시한다.

그림 3-12 토머스의 갈등관리 이차원모형

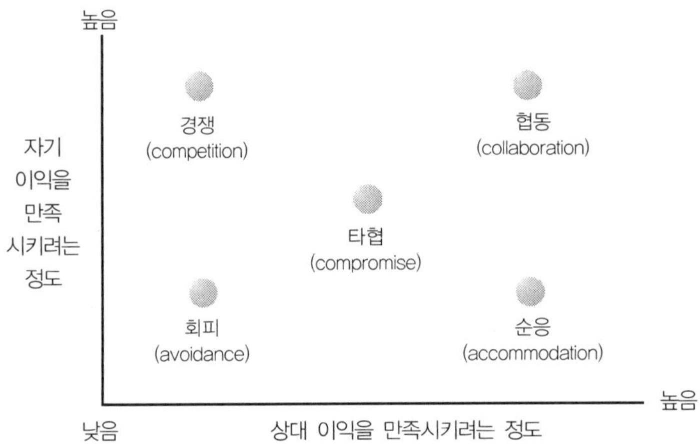

첫째, 회피란 자신의 이익이나 상대방의 이익 모두에 무관심한 대인적 갈등관리 방안이다. 둘째, 경쟁이란 상대방의 이익을 희생해 자신의 이익을 추구하려는 대인적 갈등관리 방안이다. 셋째, 순응이란 자신의 이익은 희생하면서 상대방의 이익을 만족시키려는 대인적 갈등관리 방안이다. 마지막으로, 타협이란 자신과 상대방 이익의 중간 정도를 만족시키려는 대인적 갈등관리 방안이다.

사일로 효과를 막으려면

사일로 효과(Silo Effect)는 부서이기주의 때문에 발생하는 것만은 아니다. 부서이기주의뿐만 아니라 부서 간 책임경영에 대한 의무감이 커지면서 발생하기도 한다. 중요한 것은 사일로 효과를 방지하고 극복하기 위한 방안이다. 경영학자들은 사일로 효과를 막기 위해서는 회사 내 "조정자"의 역할이 필요하다고 주장한다. 즉, 중간에 조정자가 존재하여 갈등과 분란을 중재해주는 것이 필요하다는 것이다. 그리고 무엇보다 구성원 간 공동의 목표를 설정하고 이에 대한 공감을 이끌어내는 것이 중요하다고 조언한다. 공동의 목표에 대한 공감을 통해 서로 간의 장벽을 해소하고 협업 체제를 강화할 수 있다는 것이다.

제6절 조직의 문화[13)]

1. 조직문화의 개념

1980년대 이후부터 조직효과성의 증대 요인으로서 조직의 문화가 주목받기 시작하면서 조직문화(organizational culture)에 대한 관심이 일기 시작했다. 그러나 지금까지 일반적으로 문화라는 개념이 장소와 시간에 따라 다르듯이 조직문화도 합의된 개념을 찾기 어려웠다. 조직문화에 대한 개념은 몇 가지 특징을 중심으로 일정한 가정 하에서만 연구공동체 간에 동의하는 영역을 찾을 수 있을 뿐이었다(Schultz & Hatch, 1996). 따라서 조직 문화에 대한 개념 정의는 물론 연구 접근 방법도 매우 다양하게 전개되어 온 것이 사실이다.

미국 내에 소재하는 일본 기업의 독특한 조직문화가 조직효과성에 미치는 영향을 실증적으로 분석해 주목을 받은 바 있는 오우치(Ouchi, 1981)는 조직문화란 "조직의 전통과 분위기로서 조직의 가치관, 신조 및

13) 제6절 '조직의 문화' 부분은 이상철 · 권영주(2008)의 논문을 요약해 정리했다.

행동 패턴을 규정하는 기준"이라고 했다.

그 밖에도 조직문화에 대해서는 연구의 필요에 따라 많은 사람이 조작적으로 정의해 사용하고 있다. 김호섭 외(2002)는 "특정 조직의 구성원들에 의해 지배적으로 공유되고 있는 가치관, 신념, 이념과 관습, 규범과 전통, 지식과 기술 등을 포함한 복합적인 개념"이라고 했다. 던컨(Duncan, 1989)은 "조직구성원들에 의해 공유되고, 새로운 구성원들에게 옳은 것으로 전승되는 가치, 신념, 이해의 총체"라고 했다. 셰인(Schein, 1985)은 "조직의 외부적인 적응과 내부적인 통합의 문제를 해결하기 위해 구성원들에 의해 창조·발전되어 학습·공유되는 기본 가정, 즉 조직구성원들에 의해 공유된 가치, 신념, 규범의 체계로서 조직구성원의 가치관과 사고 방식 및 행동을 지배하는 근본 요소"라고 정의했다(황창연, 2003). 호프스테드(Hofstede, 1984)는 "특정 조직구성원들이 공유하고 있는 가치관, 이념, 신념, 관습, 지식, 기술, 그리고 상징물을 포함하는 종합적인 개념"으로 보았다(이상철·권영주, 2008).

이러한 조직문화에 대한 개념을 종합해 보면, 조직문화가 가지고 있는 몇 가지 개념적 요소를 발견할 수가 있다. 조직의 문화에는 기본적으로 경계성, 지속성, 통합성, 포괄적 이미지가 내포되어 있어야 한다.

이러한 조직문화의 기본적인 개념 요소를 염두에 두고 조직문화를 정의한다면, 조직문화란 "특정 조직에서 내·외부 환경을 통합해 그 조직에 지속적으로 공유되는 구성원들의 차별적 가치관과 관습 및 상징"이라고 할 수 있을 것이다.

조직문화의 개념적 기본 요소

첫째, 조직문화는 경계가 있는 특정 조직에 통용되는 고유의 가치여야 한다.[14)]

둘째, 조직문화는 과거로부터 새로운 구성원들에게 전승되는 계속적 가치여야 한다.

셋째, 조직문화는 조직의 외부 환경과 내부 환경을 아우르는 통합적 가치여야 한다.

넷째, 조직문화는 구성원들의 가치관에서 조직의 상징에 이르기까지 해당 조직의 이미지를 포괄적으로 내포하는 의미를 지녀야 한다.

2. 조직문화와 효과성에 대한 접근 방법

조직문화에 대한 관심은 조직문화가 조직의 효과성에 어떤 영향을 미치는가를 탐색하기 시작하면서 비롯되었다. 지금까지 조직문화와 조직효과성의 관계에 대한 접근 방법은 다양하게 제시되고 있는데, 일반적으로 가장 많이 인용되고 있는 접근 방법은 특성론적 접근, 문화강도적 접근, 상황론적 접근, 문화유형론적 접근의 네 가지로 크게 구분할 수 있다(Saffold, 1988; 김영조, 2000; 이상철 · 권영주, 2008).

특성론적 접근 방법이란 조직효과성을 향상시킬 수 있는 특정한 문화특성이 존재한다는 것이다. 이 접근법에서는 긍정적인 조직문화 특성을 가지고 있는 조직이 그렇지 못한 조직에 비해 조직효과성이 높다고 가정한다. 그러나 이러한 접근 방법은 높은 생산성을 보이는 조직만을 선택해 그 조직의 문화적 특성을 도출하는 데에만 몰두하는 한계를 보이고 있다. 이 접근법이 일반화된 연구 방법으로 발전하기 위해서는 특정한 특성을

14) 한 조직 안에서도 부서에 따라 다른 공유된 문화를 가질 수 있다. 그러나 반드시 분리해 차별화할 수 있는 단위는 있어야 한다. 가령 A라는 기업의 조직문화가 있지만 같은 기업 내에서도 생산 부서와 기획 부서의 문화는 다를 수 있다. 상급 부서와 하급 부서 사이에서도 문화의 차이가 있을 수 있다. 어떻든 조직문화를 규정하기 위해서는 각각의 문화를 인지할 수 있는 경계가 있어야 한다.

지닌 조직과 그렇지 못한 조직을 아우르는 종합적인 비교 연구가 필요한데 아직 거기까지는 미치지 못하고 있다(Saffold, 1988).

문화강도적 접근 방법에서는 조직효과성을 향상시키기 위해서는 응집력이 강한 문화가 필요하다고 주장한다. 즉, 조직구성원들이 조직의 가치를 강하게 공유하고 있는 조직의 조직효과성이 높다고 가정한다. 이 접근법에서는 응집력이 강한 문화와 조직 성과와의 관계를 실증적으로 입증하고 있다. 그러나 응집력이 강한 문화가 환경에 대한 적응력을 약화시키기 때문에 오히려 조직의 장기적인 성과나 발전을 저해할 수 있다는 비판을 받기도 한다(Gordon, 1991; Kotter & Heskett, 1992; Saffold, 1988).

상황론적 접근 방법이란 조직문화 특성과 상황 요인들 간의 적합성에 따라 조직효과성이 달라질 수 있다는 입장이다. 가령 위계질서가 강한 조직 문화에서는 민주적인 관리 방식보다는 권위적인 관리 방식이 조직의 효과를 더욱 높일 수 있고, 자유재량적 질서가 강한 조직문화에서는 권위적 관리 방식보다는 민주적 관리 방식이 더욱 효과적이라고 주장한다. 상황론적 접근 방법은 조직 내·외의 다양한 모순된 문화적 특징과 요소들을 동시에 고려하지 못한 단점이 있고, 또한 조직의 문화는 조직의 상황적 필요에 따라 조직의 효과성을 높일 수도 있고 낮출 수도 있다는 일반적 상식의 주장에 그치고 있다(이종찬·이덕로, 1998).

문화유형론적 접근 방법은 각각의 문화 유형의 특성에 따라 조직효과성이 달라진다는 입장이다. 문화 유형에 따라 다른 접근 방법들의 내용을 용이하게 접목할 수 있도록 해 주기 때문에 매우 포괄적인 분석 방법이며, 지금까지 유용한 연구 방법으로 평가받고 있다. 특히, 문화유형론적 접근의 대표적인 방식인 경쟁가치모형은 그 타당성과 신뢰성이 이미 많은 연구자에 의해 검증되어 유용하게 활용되고 있다(박노윤, 1997). 여기서는 문화유형론적 접근 방법의 하나인 경쟁가치모형을 중심으로 살펴보기로 한다.

3. 조직문화 접근법으로서 경쟁가치모형

오랫동안 조직문화에 대한 연구들은 실제 조직에서 나타나고 있는 다양하고 배타적이며 모순적인 가치 요소들이 공존하는 조직문화의 실제를 동태적으로 분석하지 못하고 일반적인 사회문화 차원의 추상적인 접근이 많았다고 할 수 있다(김호정, 2002a). 이러한 접근 방법은 조직 내에 존재하는 다양하고 서로 모순되는 가치 요소에 대한 이해에 한계가 있으며, 다양한 상황 조건에서 조직문화와 조직효과성의 관계를 설명하는 데에도 제약이 따른다. 이러한 맥락에서 출발해 조직문화에 대한 새로운 해석 가능성을 제시해 주는 것이 경쟁가치모형(competing value model)을 적용한 조직문화 접근법이다(김근세 · 이경호, 2005).

경쟁가치모형은 조직관리에 본질적으로 내재하는 가치들 간의 모순과 긴장 관계에 주목해 한 조직 안에서 서로 양립하기 어려운 것으로 인식되었던 다양한 가치들을 균형된 시각에서 역동적으로 조화시킬 수 있도록 하나의 통합된 모형을 제시한다. 이 모형은 경쟁적인 가치 또는 경쟁적인 문화 유형들 간의 균형을 추구하는 것이 조직효과성 측면에서 매우 중요하다고 보고 있다. 즉, 경쟁가치모형에 따르면, 바람직한 조직 유형은 변화와 안정, 신축성과 통제성, 혁신성과 효율성의 가치를 균형적으로 발전시켜 나가는 조직이다. 조직의 안정성을 중시해 내부적 통제만을 강조하는 조직이나 변화와 혁신을 중시해 외부 환경에 대한 유연성만을 강조하는 조직은 조직 내부의 다양한 수요와 급변하는 외부 환경에 효과적으로 대응하기 어렵기 때문이다(김근세 · 이경호, 2005).

경쟁가치모형에 따른 조직문화 접근에서는 조직문화를 [그림 3-13]에서 제시한 바와 같이 네 가지 유형으로 분류한다.

조직문화의 경쟁가치모형은 두 가지 상반된 차원으로 구성된다.

첫째, 조직구조에 대한 선호를 반영하는 '신축 지향(flexibility)'과 '통제 지향(control)'의 차원이다. 신축 지향의 가치는 분권화와 다양성을 강조하는 반면, 통제 지향의 가치는 집권화와 통합을 강조한다.

그림 3-13 경쟁가치모형의 조직문화 유형

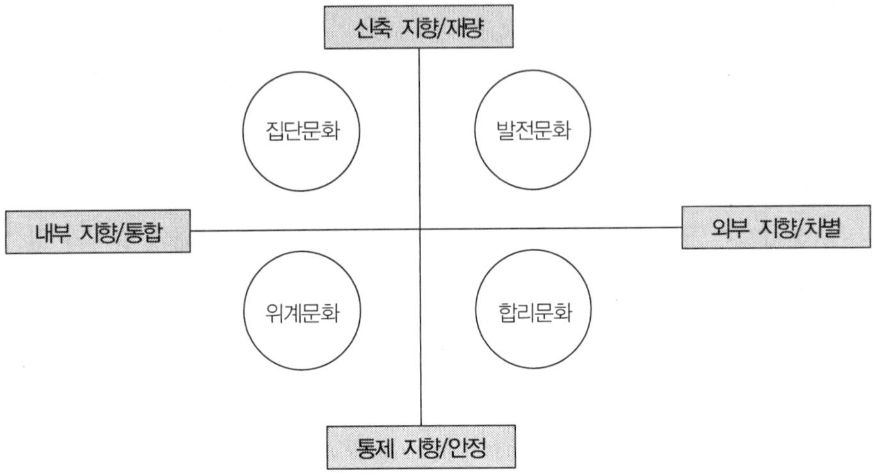

자료: Quinn & Kimberly(1984).

조직문화 유형

첫째, 발전문화(development culture)는 조직의 변화와 유연성을 강조하면서 조직이 당면하고 있는 외부 환경에의 적응 능력에 중점을 둔다. 따라서 조직의 적응과 성장을 지원할 수 있는 자원의 적절한 획득과 기업가정신을 핵심 가치로 한다.

둘째, 합리문화(rational culture)는 조직의 성과 목표 달성과 과업 수행에서 생산성을 강조하는 문화 유형이다. 따라서 조직의 안정에 바탕을 두고 외부 고객과의 관계를 중시한다.

셋째, 집단문화(group culture)는 구성원들의 신뢰와 팀워크를 통한 참여, 충성, 사기 등의 가치를 중시한다. 이러한 문화 유형에서는 조직 내 인간관계의 유지에 최대의 역점을 둔다.

넷째, 위계문화(hierarchy culture)는 공식적 명령과 규칙, 집권적 통제와 안정 지향성을 강조하는 관료제의 가치와 규범을 반영한다. 조직의 통합과 안정을 강조하는 유형이다.

Zammuto & Krakower(1991)

둘째, '내부 지향(internal)'과 '외부 지향(external)'의 차원이다. 내부 지향은 조직의 유지를 위한 조정과 통합을 강조하고, 외부 지향은 조직환경에 대한 적응, 경쟁, 상호관계를 강조한다(Parker & Bradley, 2000).

이러한 두 가지 차원의 결합에 의해 네 가지 조직문화 유형이 결정된다.

네 가지 조직문화 유형은 상호 배타적인 것으로 보일 수도 있지만 경쟁가치모형을 적용한 연구들은 같은 조직에서도 부서 간에 서로 다른 문화적 가치들이 공존하며, 네 가지 조직문화 유형 간의 균형이 조직효과성에 바람직한 영향을 미친다는 결과를 경험적으로 제시하고 있다(Parker & Bradley, 2000).

4. 조직문화와 조직효과성

1) 조직문화와 효과성 측정 방법

조직문화 연구의 궁극적인 관심은 조직성과 또는 조직효과성을 극대화하는 데 있다. 특히 1980년대부터 본격화된 조직문화에 대한 연구는 미국 내 우수 기업들의 특성을 발견하거나 미국 기업과 일본 기업 간 생산성 차이의 원인을 조직문화에서 찾기 시작하면서 비롯되었다(김호정, 2004). 최근 우리나라 정부를 비롯한 공공 부문에서 시도되고 있는 각종 조직문화의 혁신전략들은 모두 궁극적으로 조직의 성과를 향상시키기 위한 목적이라고 할 수 있다.

그러나 조직효과성의 개념은 연구 목적에 따라 다양하게 사용될 수 있으며, 측정 방법 또한 여러 가지 방법으로 제시되고 있어 조직효과성을 측정할 수 있는 확정된 수단(measurement)을 가지고 있지 않다. 다만 최근까지 활용되는 조직효과성의 측정 수단에 대한 접근 방법으로는 목표접근법, 체제접근법, 내부과정접근법, 이해관계자접근법 등이 있다.

목표접근법에서는 조직효과성을 조직의 설정된 목표의 달성 정도를 의미한다. 주로 조직의 산출 측면에서 조직효과성을 측정하며, 생산성·이윤·수입 등이 측정 기준이 된다.

체제접근법에서는 조직효과성을 체제로서 조직의 바람직한 존속과 유지를 의미한다. 이 접근 방법은 조직이 계속적으로 존속하는 데 필요한 수단에 초점을 두고 자원의 양, 적응 능력, 혁신성, 적합도 등이 측정 수단이 된다.

내부과정접근법에서는 조직효과성을 내부적인 조직의 건강과 능률성에 의해 측정한다. 즉, 구성원의 직무 만족, 대인 관계, 동기부여 등이 측정 영역이 된다.

이해관계자접근법은 조직과 관련한 여러 이해관계자들의 존재와 가치에 초점을 두고 조직의 전략적 수혜자들의 만족 수준으로 조직의 효과성을 측정하게 된다(민진, 2003).

우리나라에서는 정부 및 공공기관의 조직생산성에 영향을 미치는 조직문화 유형을 비교 · 분석한 논문들은 대부분 조직효과성을 목표접근법에서 강조하는 경영 성과와 내부과정접근법에서 강조하는 직무 만족이나 동기부여로 보고 있다(이상철 · 권영주, 2008; 김근세 · 이경호, 2005; 이정주, 2005; 최성욱, 2005; 이종찬, 2004; 주효진, 2004; 김호정, 2004; 김호정, 2003; 김호정, 2002b).

2) 경쟁가치모형에서 조직문화와 조직효과성

경쟁가치모형에서 조직문화와 조직효과성의 관계에서 볼 때, 조직이 성공적으로 목적을 달성하기 위해 조직문화는 조직이 외부 환경에 성공적으로 적응하는 데 필요한 전략과 구조를 구비해야 한다. 현실적으로 조직은 어느 특정한 문화 유형으로만 존재하는 것이 아니라, 경쟁가치모형의 네 가지 조직문화 유형이 가지는 요소들을 동시에 가지는 경우가 적지 않다(Daft, 2004: 386). 물론 지배적인 조직문화 유형은 조직의 특성에 따라 다르지만, 특정 가치의 중요성에 대한 지배적이고 폭넓은 합의가 존재하는 경우 조직문화의 응집력은 강하다고 한다. 그러나 강한 조직문화를 가진 조직에서도 몇 가지의 하위문화는 나타난다. 이런 측면에서 다양하고 갈등관계에 있는 조직문화의 가치들을 균형적으로 관리해 조직효과성을 향상시키는 조직관리 전략이 요구된다. 경쟁가치모형은 조직문화를 구성하는 가치 요소들을 다양한 차원에서 분석하고 이를 조직효과성에 연계할 수 있는 장점이 있다(김근세·이경호, 2005).

경쟁가치모형의 조직문화는 포괄적이고 추상적인 일반 가치관이 아니라 조직의 주요 문제에 대한 가치나 분위기에 국한해 그 초점을 조직 내 문제로 한정하고 있다. 따라서 경쟁가치모형의 조직문화 개념을 우리나라의 정부 및 공공기관 조직효과성에 적용해 보면, 각 유형별로 공공기관의 고유한 조직문화의 특성과 조직의 효과성을 분석할 수 있는 장점이 있다. 즉, 일반적인 다른 사회문화와 구분될 뿐만 아니라 해당 유형의 공공조직에만 적용되는 차별화된 조직문화를 발견할 수 있는 기회를 제공해 주기 때문이다. 가령 책임운영기관과 공기업의 비교를 통해 해당 공공기관의 독특한 문화 유형과 조직의 효과성을 찾을 수 있다.

이러한 경쟁가치모형에 의한 조직문화는 여러 연구를 통해 조직 행태 변수와 조직효과성과의 관계에서 신뢰성과 타당성이 입증되고 있으며, 바람직한 조직문화를 추출하고 조직문화에 영향을 미치는 요인의 탐색을 통해 현재의 조직문화 변화를 위한 현실적이고 과학적인 처방을 제시하기도 한다.

가령 어느 공공조직의 문화 유형이 통제 지향적이고 내부 지향적인 위계문화가 지배적이라고 한다면 급변하는 환경 속에서 조직의 지속적인 성장·발전을 위해 신축적이고 외부 지향적인 발전문화 요소를 과감히 도입할 것을 제안할 수 있다. 관료제에 의한 지나친 규정주의를 벗어나서 조직 업무 담당 직원들에게 권한과 책임을 부여(empowerment)하는 과감한 조치를 할 필요가 있음을 권유할 수 있다.

조직문화의 차이—특채자 Mr. Clark

미국의 유수한 한 주립대학교 경영대에서는 매 학기마다 전체 교수회의에 앞서 우수 교수를 선발해 시상을 하는데 마케팅 심리를 전공하는 흑인 여자 교수 클라크(Terry Clark)는 늘 빠지지 않고 등장하는 수상자 중 한 사람이다.

이번 학기 시상식에서 마침 주말 테니스클럽에서 만난 적이 있는 학장보(Assistant Dean) 클라크(Lannie Clark) 씨가 시상식을 준비하고 난 뒤에 내 옆 자리에 같이 앉게 되어 "어! 저 여자 교수는 당신과 성(surname)이 같네"라고 하니까, 서슴없이 "내 마누라야!"라고 한다.

무슨 사연이 있는 농담이려니 하고 웃어넘기려고 하는데, 그는 "저 상의 반은 내 몫이야"라고 하면서 정색을 한다.

주말 테니스모임 회장을 맡고 있는 공대 학장 패트(Dean Pat)에게 사정을 물어보니까 아직 몰랐느냐고 하면서 클라크(Mr. Clark) 씨는 세상에서 가장 팔자 좋은 남자 중의 한 사람이 아니겠느냐고 반문을 한다. 그리고 간단하게 그렇게 된 연유를 설명을 해 주었다.

클라크(Terry Clark) 교수는 마케팅 분야에서 업적이 뛰어나기 때문에 이 대학에서 초빙하려고 하니까 그 여교수가 내세운 첫째 조건이 남편이 이곳으로 와서 같이 살 수 있도록 대학에 취직을 시켜 달라고 요구했다고 한다. 대학에서는 그것을 받아들이지 않을 수 없었고 크게 할 일도 없는 경영대 학장보 자리에 남편 보직을 마련해 주었다는 것이다.

그제서야 클라크(Lannie Clark) 씨가 '저 상의 반은 자기 몫'이라고 주장하는 이유도 알 수 있을 것 같았다. 클라크(Terry Clark) 교수가 연구에 전념하기 위해 자기는 가정 살림을 도맡아 해야 한다는 뜻 같았다.

미국에서도 변변한 자리에 취직하는 것은 힘들고 특히 유명 대학에 정년 보장 교수가 되는 것은 하늘에 있는 별따기와 같이 어렵다. 그러나 우수한 인재를 뽑기 위해서는 엄청난 경제적 보상 외에 어떤 희생도 감수하는 곳이 바로 미국 대학사회이기도 하다.

우리나라의 국립대학에서 대학 발전을 위해 이런 특채를 하겠다는 발상이라도 할 수 있을까? 사회 · 조직문화와의 차이를 극명하게 보여 주는 사례인 것 같아 소개해 본다.

이상철(2010)

Chapter

04 조직의 평가와 혁신

조직은 성장하면서 혁신이 없으면 발전가능성보다는 점차 공식화, 복잡화, 분권화되고 조직의 효율성은 떨어질 가능성이 있다. 특히 합법적이고 공식적인 권위에 의해 운영되고 있는 정부조직은 민간조직에 비해 환경 변화에 덜 민감하게 되어 자칫 변화관리에 소홀하기 쉽다.

제4장에서는 환경 변화에 적응이 약하기 쉬운 정부조직을 바람직한 방향으로 움직이게 하는 다양한 평가관리제도와 혁신 및 조직진단을 중점적으로 살펴보고자 한다.

제4장에 들어가며

플로렌스의 금발 할머니와 평가

미국 서북부의 플로렌스 지방은 태평양 연안의 아름다운 해안선과 산림으로 경관이 아름다워 연중 많은 관광객이 모이는 곳이다.

이곳 지역 안내소(Information Center)에 80세가 넘어 보이는 금발의 할머니가 성가실 정도로 이곳저곳 볼거리를 정성껏 안내해 주고는 마지막에 꼭 방문록에 서명을 해 달라고 부탁했다. 이유는 그 실적으로 연말에 평가를 잘 받아야 한다고 해서 방문한 우리를 실소케 했다.

최근 공공 부문에 대한 업무실적 평가가 강화되면서 그 부작용에 대한 논란이 많다. 아직 평가 능력이 부족하다거나 교육의 본질상 평가가 어려운 초·중등 선생님들의 평가에서 그 찬반 논쟁이 여전하고 엄격한 법집행을 요구하는 경찰조직에서는 그 부작용에 대한 심각한 이야기도 들린다.

사실 이 문제는 오래전부터 공공관리 분야에서 심도 있게 다뤄 온 주제다. 이른바 '목표－수단 대치(ends－means displacement) 현상'이라는 것이 바로 문제의 본질이다.

가령 경찰은 사고를 사전에 예방하는 것이 더 중요한 목표(ends)인 데도 불구하고 단순히 미결사건 해결 건수와 같은 계량적인 실적을 강조하다 보면 오히려 그러한 하위의 수단들이 상위의 궁극적인 목표를 대체하게 된다는 것이다.

그러나 교육 현장에서 직접 학생들로부터 평가를 받아보고 또한 공공 부문 평가에 직접 참가해 본 필자의 경험에서 얻은 결론은 확고하다.

"공공 부문일수록 평가가 더욱 절실하게 요구된다"는 점이다.

사실 민간 부문은 인위적인 평가가 없더라도 시장 메커니즘이 이를 대신해 줄 수가 있다.

어쩌면 공공 부문에 종사하는 인력들을 움직이게 할 수 있는 유일한 수단은 외부의 엄격하고 객관적인 평가뿐인지도 모른다.

"작은 물고기들만 있는 어항에는 반드시 자라를 한 마리 넣어두라"고 한다. 외부의 자극이 없는 물고기는 도태되어 일찍 죽어버리기 때문이다.

공공 부문 평가에서 객관적 기준(yardstick)을 만들기도 어렵고 공정한 평가자를 찾기도 힘들기 때문에 억울하게 희생되는 피평가 대상 개인이나 기관이 있을 수 있다. 그러나 이러한 평가에 따른 문제점들은 하나하나 점진적으로 개선해 나가야 할 과제들이다.

부작용이 두려워 평가를 하지 않아야 한다는 주장은 본말(本末)이 전도(顚倒)된 것이라는 생각이 든다.

공정한 사회는 공정한 평가에서 이뤄진다는 것이 필자의 신념이다.

Chapter 04

조직의 평가와 혁신

제1절 조직의 통제 시스템

조직의 통제 시스템은 조직이 목표를 세우고 행동을 한 결과를 그 목표와 비교해 차이점을 비교하는 것을 말한다. 조직의 통제 시스템은 조직 활동을 유지하거나 또는 바꾸도록 정보를 활용하는 조직의 일상적 업무, 보고, 절차로 규정될 수 있다.[1)]

이와 같은 조직 내에서 이뤄지는 일련의 통제 시스템을 평가라고 한다. 조직의 평가 결과는 반드시 환류되어 향후 조직 운영에 유용한 정보로 활용될 수 있도록 해야 한다.

계층제적 관료제를 특징으로 하는 공공조직에서는 조직의 규모가 커짐에 따라 조직의 규정과 절차 및 매뉴얼(rules, procedures and manuals)이 공식화(formalization)되고, 조직의 부서와 직위가 확장됨(expansion

1) A control system is defined as the formal routines, reports, and procedures that use information to maintain or alter organizational activities. A control system enables managers to set targets and compare outcome to these targets to observe variance in order to take corrective actions(Leblebici, 2010).

of departments and positions)에 따라 복잡성(complexity)은 커지게 되며, 조직의 의사결정 권한(decision making authority)은 점차 분산화(decentralization)된다.

조직이 공식화, 복잡화, 분권화되면서 조직의 효율성은 점차 떨어지게 된다. 구체적으로는 조직의 구조적 결함이 나타나고 의사결정이 지연되거나 질이 떨어지며 조직이 환경 변화에 혁신적으로 대응하지 못하고 부서 간에 많은 갈등이 생기게 된다.

How do we know our organization is ineffective?

- Symptoms of Structural Deficiency
- Decision-making is delayed or lacking in quality
- The organization does not respond innovatively to a changing environment
- There is too much conflict among units in the organization

Leblebici(2010)

이러한 조직의 비효율적 운영을 치유하기 위해서는 조직의 통제와 조정 시스템이 불가피하게 요구된다.

여기서 말하는 조직의 통제 시스템은 조직 내부적 관리 시스템이기 때문에 외부기관에 의한 감사나 외부기관에 의한 조직진단과는 다르다. 이런 맥락에서 제4장에서 다루고자 하는 조직의 통제와 조정 시스템은 조직 내부적인 일상적인 업무 평가 시스템이 그 중심이 된다.

조직의 업무 통제 시스템은 잘못된 사례(worst practices)를 찾아내어 시정하는 것이 주된 임무이지만 모범 사례(best practices)를 찾아내어 조직의 모든 구성원이 교훈을 얻도록 하는 것도 대단히 중요한 일이다. 또한 업무 통제는 전년도 한 해에 한정되지 않고 과거 수년 동안 문제로 등장했던 현안 과제가 당해 연도 과제에 적절하게 환류(feedback)되었는지도 살펴보아야 한다.

조직의 업무 통제에서 가장 중요한 것은 올바른 통제를 하기 위해서 측정 가능한 목표와 기준이 제시되도록 하는 것이다. 르블레비치(Leblebici, 2010)는 "측정할 수 없는 것은 통제할 수 없다"고 하면서 모든 조직의 목표를 효율적으로 수행하기 위해서는 목표를 측정이 가능하게 만들도록 권고하고 있다.[2] 조직의 훌륭한 질적인 성과는 결국 많은 양적 시행착오에서 나오기 때문이다.

평가의 계량화 – '양'에서 '질'이 나온다

수업 첫날 도예 선생님은 학급을 두 그룹으로 나눠서, 작업실의 왼쪽에 모인 조는 작품의 양만을 가지고 평가하고, 오른편 조는 질로 평가할 것이라고 말씀하셨다. 평가 방법은 간단했다. "양 평가" 집단은 수업 마지막 날 저울을 가지고 와서 작품 무게를 재어, 그 무게가 20kg 나가면 "A"를 주고, 15kg에는 "B"를 주는 식이다. 반면 "질 평가" 집단의 학생들은 "A"를 받을 수 있는 완벽한 하나의 작품만을 제출하게 했다.

평가 시간이 되었다. 그런데 이상한 일이 생겼다. 가장 훌륭한 작품들은 모두 양으로 평가받은 집단에서 나왔다는 사실이다. "양" 집단이 부지런히 작품들을 쌓아나가면서, 실수를 통해 배워나가는 동안, "질" 집단은 가만히 앉아 어떻게 하면 완벽한 작품을 만들까 하는 궁리만 하다가 종국에는 방대한 이론들과 점토더미 말고는 내보일 게 아무것도 없게 되고 만 것이다.

곽숙철(2011)의 혁신이야기(데이비드 베일즈와 테드 올랜드가 쓴 『예술가여, 무엇이 두려운가』에서 옮긴 이야기)

그리고 업무 평가의 비교 대상은 조직 내의 시계열적 과거 기준에만 국한되지 않고 그 조직이 벤치마킹하고 있는 조직이나 유사 업무를 수행하면서 세계적인 성과를 내고 있는 조직의 실적을 기준으로 할 수도 있다.

---

2) Effective managers implicitly understand that you cannot manage what you do not measure. It is difficult to reward superior achievement or take corrective action when performance fails to meet expectations if a manager does not know how his/her unit is functioning compared to performance goals. What gets measured, gets done. When employees know what metrics are used for their control, they will strive to perform well on those measurements(Leblebici, 2010).

건전한 조직의 통제 시스템은 적실성 있는 조직 목표의 수립에서부터 그 결과에 대한 적정한 평가, 그리고 그 평가 결과가 의미 있게 조직에 다시 환류되어 조직의 효율성 제고에 기여할 수 있어야 한다.

제2절 조직평가와 가치창조

1. 조직평가의 개념

조직의 통제 시스템에서 조직 내적으로 할 수 있는 보편적인 방법은 업무에 대한 평가를 하는 것이다. 조직평가란 평가자가 평가 대상에 관해 유용한 정보 또는 지식을 얻기 위해 일정한 의도와 목적을 고려한 기준을 정립하고, 그 기준에 따라 평가 대상을 신뢰할 수 있고 타당성 있게 측정하는 것을 의미한다. 조직평가는 '평가자'와 '평가 대상' 및 '평가 기준'을 기본 요소로 한다. 평가자는 구체적인 목적과 기준을 가지고 평가 대상에 관한 정보를 얻고 이를 바탕으로 조직의 효율성 및 효과성[3] 제고에 기여할 수 있어야 한다.

한편 평가와 밀접하게 관련되어 있는 개념으로는 '성과(performance)'가 있다. 최근에 유행하고 있는 성과관리 체제의 개념에 의하면, 성과는 "조직 및 그 구성원이 서비스의 생산 및 배분을 위해 수행한 업무, 정책 및 활동 등의 현황 또는 정도"라고 한다(박중훈, 1999). 성과는 조직의

3) 조직의 효율성(efficiency)이 투입과 산출의 의미라고 한다면 효과성은 조직의 목표 달성도(degree of goal attainment)다. 가령 공공조직에서 예산을 줄이기 위해 인력을 감소한다면 일시적인 효율성은 개선되지만 장기적인 측면에서 효과성은 더욱 나빠질 수가 있다. 소방서에서 조직의 인력과 장비를 축소하면 일시적으로 효율성은 개선될지는 몰라도 화재 예방에 인력과 장비를 활용할 수 없어 오히려 조직의 효과성은 떨어질 수가 있다. 여기서 말한 효율성을 능률성이라고 하고 효율성은 그 능률성과 효과성 전체를 아우르는 생산성의 의미로 사용하기도 한다. 이에 대해서는 제3절에서 자세히 설명한다.

활동으로 나타난 구체적인 결과물을 말하고, 평가는 이 결과물인 성과에 대한 측정 및 환류 과정이라고 할 수 있다. 일반적으로 조직의 평가를 논의할 때 조직의 산출물과 내 · 외부 고객의 평가까지 포함하는 평가를 흔히 조직의 성과평가라고 한다. 성과평가에 대해서는 제3절에서 자세히 언급하기로 한다.

앞서 조직의 통제 시스템에서 언급한 바와 같이 조직의 업무 평가와 유사한 개념으로 '감사'가 있다. 감사는 합법성을 위주로 조직의 업무 수행 과정의 적정성을 검토하는 것이므로 업무 수행의 정확성을 중심으로 체크하는 것이다. 따라서 조직 목표의 달성도를 점검하는 평가는 감사와는 근본적으로 그 의미에 차이가 있다.[4)]

이런 점을 고려해 일반적으로 평가의 개념을 규정할 때에는 다음과 같은 점을 유의해야 한다.

첫째, 평가는 객관적인 평가 자료를 통해 평가 대상의 신뢰성과 타당성을 고려해 측정해야 하며, 이와 함께 유용성도 고려해야 한다. 따라서 조직 평가의 유용성을 증대시키기 위해서는 평가와 관련해 새로운 조직 관리 방법에 대한 방향 제시도 필요하다. 최근 조직평가에서 자주 추천되고 있는 유용한 공공조직의 관리 기법을 예시하면 〈표 4-1〉과 같다. 그러나 외국 기관이나 우리나라의 선진 조직에서 성공한 방법이라고 하여 무비판적으로 도입하는 것은 문제가 있다. 가령 BSC 방식의 경우 관리자가 부하 직원들을 잘 모르고 있는 인원이 많은 대규모 조직에서는 유용성이 있으나, 관리자가 직원들을 충분히 파악할 수 있는 소규모 조직에서는 그 유용성이 떨어진다. 그럼에도 불구하고 우리나라의 경우 공공기관 혁신평가를 계기로 대부분의 중소 공공기관에서 이를 도입하여 예산을 낭비한 사례는 문제점으로 지적된다.

---

4) 한마디로 감사는 업무 수행의 합법성에 초점을 둔 반면에, 평가는 목표 달성도, 즉 조직의 효과성에 중점을 두게 된다. 최근에는 공공부문 감사에서도 정책감사가 강조되면서 평가와 의미상 명확하게 구분하기 어려운 분야가 나타나기도 한다. 즉, 감사에서도 평가와 같이 합목적성 감사에 중점을 두어야 한다고 주장하는 사람이 있다. 하지만 근본적으로 감사와 평가가 지향하는 방향은 다르다.

표 4-1 과학적 공공관리 기법

과학적 공공관리 방법(예시)
• 지식관리 매뉴얼(CoP)[5] • 능력성과 중심의 인사(직무성과계약제) • 성과관리 체제(MBO, BSC[6] 도입)

둘째, 평가는 조직의 내부적·일상적 업무 과정의 일부분임을 인식하여야 한다. 따라서 조직의 평가는 조직 업무 방식의 지속적인 개선을 위해 조직 업무의 한 과정 속에서 이뤄지도록 해야 하며, 평가 결과는 반드시 업무의 개선에 환류되도록 해야 한다.

2. 조직평가의 역할과 기능

조직의 평가는 조직의 업무를 수행하는 데 유용한 지식을 제공하는 것이 우선적인 목적이다. 즉, 조직의 평가는 평가 대상이 지니고 있는 문제점들을 규명하고 이를 논의하는 과정에서 문제를 해결할 수 있는 컨설팅(consulting) 기능을 수행해야 한다. 이런 측면에서 업무의 정확성과 적법성을 따지고 밝히는 감사와는 다르다고 할 수 있다.

5) CoP(Community of Practice)는 '실천공동체' 또는 '실행공동체'라고 할 수 있다. 지식경영의 관점에서는 CoP의 본질적인 내용을 고려해 '지식공동체'라고도 한다. 공통의 관심을 가진 사람들의 비공식적·자발적 소규모 연구모임이다. 일종의 동호인 모임이라고 할 수 있으나 CoP 구성원들은 조직관리와 관련된 주제를 중심으로 결성되어 공통의 언어(common language)를 사용하고 서로 유사한 신념과 가치 체계를 보유하는 특징을 가지고 있다(hrplus.tistory.com/178).

6) BSC(Balanced Score Card)는 1990년대 카플란(R. S. Kaplan)을 중심으로 "전통적 조직관리에서 재무적(finance) 지표에만 몰두하던 것을 비판하면서 고객(customer), 내부 프로세스(internal process), 학습과 성장(learning and growth) 등의 지표에 대해 균형 있게 관심을 가지고 조직을 관리해야 한다"고 강조하면서 시작되었다. 가령 조직에서는 매출액이나 순이익과 같은 재무적 지표뿐만 아니라 장기적인 측면에서 구성원들의 학습 능력을 길러야 조직이 지속 성장할 수 있다는 논리다. 그러나 고객 만족이 높다고 재무지표가 개선될 것인가 또는 IT 인프라를 깔면 내부 프로세스가 개선되고 고객의 만족이 더 좋아질까 등에 대한 회의도 있다(mindprogram.co.kr/193).

조직의 평가가 가지고 있는 역할과 기능을 구체적으로 설명하면 다음과 같다.

첫째, 조직의 평가는 조직구성원들이 업무를 수행할 때 조직 전체 차원에서 능률성과 효과성을 검토할 수 있는 기회를 주고 그 결과를 통해 좀 더 발전적인 업무 향상의 대안을 찾을 수 있어야 한다.

둘째, 조직의 평가는 업무 수행자의 책임성을 향상시키는 역할을 한다. 평가는 조직관리에서 일종의 환류 기능을 하게 되므로 평가 대상자들로 하여금 책임성 있게 과제를 수행하도록 하는 수단이 된다.

셋째, 조직의 평가는 조직의 의사결정자들이 내려야 하는 결정에 필요한 정보를 제공해 줄 뿐만 아니라 조직의 성과 향상에 도움을 주는 실천적인 의미를 지닌다. 평가 결과에서 얻는 정보와 지식은 조직관리자들에게만 유용한 정보가 아니라 학술적인 조직이론 발전에도 중요한 기여를 하게 된다. 지금까지 이뤄진 많은 조직이론적인 지식은 조직의 평가에서 얻은 것이 많다.

르블레비치(Leblebici, 2010)는 조직평가에서 유념해야 할 항목을 다음과 같이 제시하고 있다. 그는 조직평가가 전략(strategy) 단계에서 보상(reward) 단계에 이르기까지 조직관리 전 과정에서 빠짐없이 이뤄져야 함을 강조한다. 특히 조직에서 성과 손실을 줄이기 위해서는 전략을 명확히 하고 조직의 자원을 조기에 배분하며 구체화된 사업의 우선순위를 가지고 있는지를 중점 평가해야 한다고 한다.

How can we eliminate performance loss?

－Performance Evaluation Rules－

Rule 1: Keep strategy simple and concrete.
Rule 2: Debate assumptions, not forecasts.
Rule 3: Use a rigorous framework, speak a common language.
Rule 4: Discuss resource deployments early.
Rule 5: Clearly identify priorities.
Rule 6: Continuously monitor performance.
Rule 7: Reward and develop execution capabilities.

3. 조직평가의 일반적 절차

조직의 평가는 유형이나 활용 목적, 사용되는 평가 방법에 따라 그 평가 절차가 달라질 수 있다. 그러나 일반적인 평가 절차는 형성과 협상, 구조화와 설계, 자료의 수집과 표준화, 자료의 분석과 해석, 의사전달과 발표, 결과의 활용 등의 단계로 정리할 수 있다(박광국 · 이상철, 2007).

1) 형성과 협상

조직평가를 시작하기 전에 평가를 담당할 평가자와 평가 결과를 활용할 조직의 관리자들은 이 평가를 통해 무엇을 어떻게, 그리고 왜 해결해야 하며, 장애 또는 제약 요인들은 무엇인가에 대해 상호간에 충분히 논의하고 이해를 공유해야 한다.

2) 구조화와 설계

평가의 구조화와 설계 단계에서는 피평가자에 대해 부담 없이 접근할 수 있는 방법을 강구하고, 평가 대상을 표본조사로 할 경우 표본추출의 방법, 측정 방법과 측정 도구를 명료하게 해야 한다. 무엇보다도 평가에 관련된 모든 이해관계자 간의 상호 협조 방법을 충분히 논의해야 한다.

3) 자료의 수집과 표준화

조직평가를 위한 자료는 평가 대상 조직만이 아니라 표준화된 유사 업무를 수행하는 국내 · 외 조직의 상황과 정보의 변화도 융통성 있게 수집해야 한다. 그러나 조직 내부의 자료 수집을 위해 피평가자에게 지나치게 부담을 줄 경우에는 평가의 목적을 달성하기 어렵게 할 수도 있다.

4) 자료의 분석과 해석

자료의 분석 단계에서는 각종 통계적인 방법이나 모델링 방법 등을 이용해 평가 목적에 따른 정보를 산출하게 된다. 이 과정에서는 앞서 언급한 바와 같이 과학적 분석 방법에 대한 지식과 평가자들의 창의적인 자료 처리 능력도 함께 요구된다.

5) 의사전달과 발표

평가계획에 따라 평가가 제대로 수행되며 평가 결과에 대한 활용성이 높아지기 위해서는 평가자와 평가를 요구한 관리자 등 평가와 관계가 있는 사람들 간의 원활한 커뮤니케이션이 필수적이다. 평가 결과는 조직의 관리자가 의사결정을 내리기 전에 항상 이용 가능하도록 준비되어야 하며, 평가자는 평가 결과에 대한 잘못된 해석과 악용의 가능성 등 평가가 가지는 일반적인 한계를 관리자에게 반드시 알려 주어 잘못된 의사결정을 하지 않도록 해야 한다.

6) 결과의 활용

조직평가를 수행하는 가장 중요한 이유는 업무의 운용 실태와 효과를 파악해 바람직한 방향으로 시정하기 위함이지만, 조직평가를 통해 얻은 정보를 활용하여 유사한 의사결정을 해야 할 때 이를 활용할 수 있도록 해야 한다. 평가의 활용은 '수단적(instrumental) 활용'과 '개념적(conceptual) 활용'으로 구분할 수 있는데, 수단적 활용이란 평가를 통해 얻은 결론을 특정한 업무에 적용하는 경우를 말한다. 반면에 개념적 활용이란 평가의 결과가 어떤 특정한 업무 해결이나 의사결정에 영향을 미치지 않는다고 하더라도 그것이 평가 결과를 이용하는 모든 사람에게 적절한 지식을 제공하고 조직의 전반적인 이해에 영향을 미치는 것을 의미한다.

4. 업무 수행 과정별 조직의 평가 시 유의점

실제적으로 조직의 평가는 업무 수행 과정별로 이루어진다. 일반적으로 조직의 업무가 체제이론에서 말하는 것과 같이 계획(planning)-집행(doing)-검토(seeing)-환류(feedback)로 이뤄진다면 조직의 평가도 [그림 4-1]에서 보는 바와 같이 이런 흐름에서 이뤄지는 것이 실질적으로 편리한 방법이다. 각 업무 수행 과정별 평가 시 중점적으로 확인해야 할 사항은 다음과 같다.

그림 4-1 과정별 조직의 평가

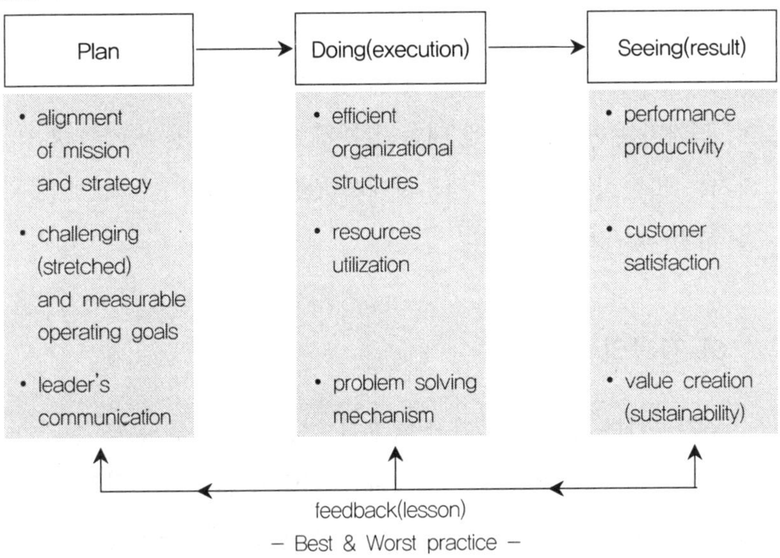

1) 계획 단계의 평가

조직이 안고 있는 환경을 고려할 때 무엇보다도 조직은 조직의 비전-미션-목표-전략 달성을 위한 목표·수단의 연계가 잘 이뤄지고 있는지, 그리고 이를 달성하기 위한 리더십이 적절하게 발휘되고 있는지를 점검해야 한다.

유능한 관리자는 '측정할 수 없는 목표는 관리하지 못한다'는 사실을 알고 있다. 앞에서 언급한 바와 같이 조직의 목표는 측정될 수 있는 것만이 해결될 수 있다. 계획 단계의 평가에서는 우선적으로 성과지표를 객관적으로 측정이 가능하도록 구성하고 있는지를 검토해야 한다. 또한 달성하고자 하는 목표가 명확하고 구체적인지, 그리고 목표가 도전적이면서도 합리적으로 설정되어 있는지를 평가해야 한다.

또한 계획 단계의 평가에서는 조직관리자의 이념, 철학, 핵심 가치가 조직의 운영 방향 설정에 적절히 내포되어 있는지도 살펴보아야 한다. 이러한 조직관리자의 리더십을 조직의 모든 구성원이 함께 공유할 수 있도록 커뮤니케이션이 적절하게 이뤄지고 있는지를 평가해야 한다.

2) 집행 단계의 평가

집행 단계의 평가는 조직이 주어진 미션을 수행하는 데 필요한 시스템을 효율적으로 갖추고 있는지를 평가하는 것이 이 단계의 핵심 요소다.

조직의 시스템이 조직의 주어진 임무를 수행하는 데 방해가 되는 장애요인을 정기적으로 적절하게 파악하고 환류하고 있는지를 살펴보아야 한다.

조직 목표를 달성하기 위해 조직이 가지고 있는 인적·물적 자원을 적재적소에 효율적으로 배분했는지를 점검해야 한다. 특히 구성원들의 창의적인 아이디어를 발굴해 조직의 생산성 향상에 얼마나 활용했는지를 중점적으로 점검할 필요가 있다. 조직의 최고관리자의 관리 이념과 실천 행동이 집행 단계에서 구성원들에게 어떻게 동기부여되고 있는지를 살펴보아야 한다.

또한 갑작스럽게 환경이 바뀔 경우에 문제 해결을 위해 조직구성원들을 효율적으로 동원하는 메커니즘을 구비하고 있는지를 평가해야 한다.

행정기관에서 집행평가를 일상화하고 있는 나라는 일본이다. 일본에서는 행정조직의 업무평가를 정책평가와 집행평가로 구분해 실시하고 있다.

정책평가는 국가의 중앙정부 및 광역자치단체가 기획·규제·공공사업 등의 분야에서 자원 배분이나 정책을 전환할 때 주로 적용한다. 반면에 집행평가는 소규모의 기초자치단체나 현장 서비스 행정의 일상적인 업무 개선에 활용되고 있다.

〈표 4-2〉는 일본에서 개념화한 정책평가와 집행평가의 차이를 정리한 것이다. 이러한 분류에 의하면, 정책평가의 평가 대상 과제는 주민들에게 일상적으로 행정 서비스를 제공하는 사업이 아니라 국가 전체에 영향을 미치는 기획·규제 업무 등을 포괄하는 것이다. 그러나 중앙정부 차원에서 국민들에게 직접 행정 서비스를 제공하는 영역도 많아지고 있어 정책평가가 집행평가의 성격을 전혀 가지지 않는 것이라고 말하기는 어렵다.

표 4-2 정책평가와 집행평가의 차이

평가 유형	내 용	평가 방법	적용 기관
정책평가	• 고객의 만족도 향상을 목적으로 함. • 주민의 참여로 지표 설정 • 벤치마킹을 통해 계속적으로 모니터링	• 기관장에 의한 하향식(top-down) 방식에 따라 실시 • 벤치마킹 • 성과 중심	• 중앙부처 및 광역자치단체 기획·규제·공공사업 분야
집행평가	• 예산의 관리를 주목적으로 함 • 조직의 내부로 환류 • 비용의 철저한 관리에 의한 효율화 • 직원의 성과급에 반영	• 현장에서 상향식(bottom-up) 방식에 따라 실시 • 눈에 보이는 생산성 향상 중심	• 기초 자치단체 서비스 행정기관

자료: 박광국·이상철(2007)에서 수정.

3) 결과 단계의 평가

조직은 적정하게 수립한 목표에 대해 결과가 적정한지를 모니터하고 여기에서 얻은 교훈을 조직이 지속적으로 성장·발전할 수 있도록 유도하는 가치창조 과정이 필요하다.

조직의 목표나 주요 현안을 해결하면서 다른 조직에서도 벤치마킹할 만한 모범 사례를 발굴해 주요 성공 요인이 무엇인지, 그리고 어떻게 추진했는지를 정리해 홍보할 필요가 있다.

또한 조직의 미션을 추진하면서 가장 미흡했던 점은 무엇이며, 실패한 전략은 무엇인지를 파악해 향후 조직의 의사결정에서 더 이상의 실패가 반복되지 않도록 해야 한다.

모범 사례(best practice)는 홍보해 조직의 이미지를 높이고 잘못된 사례(worst practice)는 타산지석(他山之石)으로 삼음으로써 조직 내부의 실패를 줄이는 데 활용해야 할 것이다.

5. 조직의 가치창조를 위한 메타평가

조직평가가 조직의 지속적인 가치창조로 이어지도록 하기 위해서는 잘못된 업무에 대한 제재와 잘된 업무에 대한 적절한 보상이 동시에 이뤄져야 한다.

제재와 보상은 개인(individual) 차원, 팀(team) 차원, 조직 전체(organization-wide) 차원 중 어디에서 결정적인 역할을 했는지를 면밀하게 평가한 후 실시해야 한다.

조직의 성과는 단기간 성과에 끝나는 것인지, 장기적 조직 발전(short-term performance versus long-term development)에 기여하는 것인지를 구분해 비록 단기간에는 성과가 나타나지 않더라도 조직의 지속적인 발전에 기여할 수 있는 것에 대해서는 상당한 인센티브를 제공할 필요가 있다. 이런 맥락에서 조직평가가 조직의 가치창조로 이어지기 위해서는 조직의 단순한 수익에 기여하는 것인지, 아니면 조직의 가치를 제고하는 것인지를 잘 살펴보아야 한다(revenues versus value-added).

한편 우수한 성과에 대해서는 공개적으로 칭찬하고 인센티브를 제공하는 것이 일반적이지만 때로는 비공개적으로 칭찬하는 것이 더 바람직할 경우도 있다(open versus confidential appraisals).

종합적으로 조직의 평가가 조직의 가치창조에 기여할 수 있도록 하기 위해서는 제1장에서 살펴본 바와 같이 '자원 획득', '자원 활용', '결과물 배분' 측면에서 균형 있게 평가가 이뤄져야 한다.

또한 조직의 평가가 조직의 가치창조에 지속적으로 기여하기 위해서는 평가한 후 평가의 계획, 방법, 기간, 평가자, 보상의 적절성에 대한 면밀한 점검을 통해 평가의 질을 개선하는 노력이 있어야 한다. 이를 메타평가라고 한다. 메타평가는 조직 임무 수행 과정상에서 평가 결과의 활용에 대한 의문에서 출발하였다. 가령 현대 국가에서 수행하는 다양한 형태의 정책평가가 현실의 정책 과정을 개선하기에는 평가 결과의 질이 너무 낮고, 그나마 평가 결과의 활용도 또한 떨어진다는 비판이 제기되면서, 평가의 질을 개선하고 평가활동을 증진시키기 위한 방법의 하나로 메타평가의 필요성이 대두되었던 것이다(김태훈, 2006). 1970년대에서 1980년대 후반에 이르기까지 공공정책 수행에 대한 평가 결과의 활용이 증대됨에 따라 메타평가는 평가의 질을 향상시키고, 그 결과의 활용도를 높이기 위한 바람직한 수단으로서 그 중요성이 부각되었다(황명구, 2008). 드로(Dror, 1971)는 평가 시스템의 환류를 강조하는 입장에서 메타평가를 평가 시스템에 대한 평가로 정의하였으며, 이후 보편적인 정의는 한마디로 '평가에 대한 평가(evaluation of evaluation)'라고 할 수 있다.

공기업 평가에 대한 메타평가

시장에서 자연스럽게 가격 메커니즘에 의해 평가가 이뤄지는 민간기업과 달리, 공공조직은 인위적으로 구성된 평가단에 의해 평가가 이뤄진다. 자연스러운 경쟁이 어려운 공공조직의 구조상 이렇게 인위적으로라도 평가를 해야 한다는 평가의 필요성에 대해서는 어느 정도 전문가들이나 피평가기관 모두가 생각을 같이하고 있는 것 같다.

그런데 공기업 평가의 신뢰성, 나아가 피평가기관의 수용성(acceptance)은 이제 그 한계에 와 있는 것 같다.

며칠 전 리서치(research) 목적으로 공기업에 있는 몇 분의 임원을 만났다. 평가에 대한 불만이 이만저만이 아니었다. 구체적으로 한 분은 "점수는 C를 받았는데 무엇이 잘못되었는지 미흡한 점에 대한 코멘트도 없다"는 것이다. 오랜 기간 평가에 참여해 왔고 지금도 평가위원으로 있지만 필자가 무안해서 감히 "저도 평가위원입니다"라고 말할 수가 없었다.
그들의 가장 큰 불만은 평가위원들이 공기업을 너무 모른다는 것이다. 소위 '전문성'이 없기 때문이라고 비난한다. 근본적으로 모든 공공기관은 고유의 목적(special purpose)을 가지고 설립되었기 때문에 그 성격과 기능을 이해하기는 쉽지가 않다. 더구나 우리나라에서 법률이 지정한 국가 공공기관만 해도 300개가 넘는데 이들 기관은 각각 다른 고유의 미션(mission)을 가지고 있다.

우리나라에서 정부평가 용역 중에서 가장 큰 것이 공기업 경영평가라고 한다. 평가위원의 수당도 다른 것에 비해 괜찮은 편이다. 해마다 공기업을 포함한 공공기관 평가위원으로 참여하는 사람이 약 150명에 이른다. 이 많은 인력을 충원하다 보니 평가를 담당하고 있는 기획재정부나 평가 총괄반도 애로는 많을 것이다.

그런데 어제 동료 교수들과 식사를 하면서 공기업 평가 이야기를 했는데 그중에 한 분이 자기는 작년 한 해 공기업 평가에 참여하고 올해는 떨어졌다고 아쉬워했다. 금년도 평가위원 경쟁률이 3~4대 1이라고도 했다. 그는 내심 평가단을 인선하는 기획재정부나 총괄반에 줄이 닿지 않아 떨어진 것으로 생각하고 있는 듯했다.

집에 돌아와서 평가단 명단을 보고 공기업을 전공하고 있는 필자도 과연 몇 %의 사람이 공기업과 관련된 연구와 강의를 하고 있는지 의심이 갔다.

공기업 평가가 필요한 만큼 그 영향력은 매우 크다. 공기업 관리자에 대한 인센티브는 물론이고 그들의 명예가 걸려 있는 문제다. 그리고 기관은 평가에서 지적된 것을 시정하기 위해 1년 내내 공기업의 전 직원이 매달린다.

지금 이 상태의 평가자 권위(authority)로는 평가제도 자체가 위기를 맞을 수 있을 것 같다. 공공기관의 평가보다도 평가 시스템에 대한 평가, 소위 '메타평가'가 더 시급한 시점이다.

이것은 피평가기관의 수용성을 높이는 길일뿐만 아니라 평가위원으로 참여한 사람들을 부끄럽지 않게 하는 일이다.

제3절 조직의 성과평가

1. 조직 성과의 개념

지금까지 설명한 일반적 의미의 조직평가는 조직 업무 수행 프로세스상에서 일어나는 평가를 의미한다면, 특히 조직활동 결과와 이에 대한 외부 고객이나 국민들의 반응에 중점을 둔 평가를 '성과평가'라고 한다. 조직의 진정한 가치를 평가하기 위해서는 조직 내부적인 업무뿐만 아니라 조직의 외부 고객들의 만족도도 함께 평가되어야 한다. 단순한 업무 결과뿐만 아니라 고객만족도까지 포괄함으로써 조직의 가치를 평가하고 측정할 수 있는 것이다.

앞에서 설명한 바와 같이 정부조직을 비롯한 공공 분야에서 성과(performance)란 조직 및 그 구성원이 서비스의 생산 및 배분을 위해 수행한 업무, 즉 정책 및 활동의 결과를 의미한다. 여기서 말하는 결과란 [그림 4-2]에서 보는 바와 같이 단순히 조직의 내부적인 산출(output)만을 뜻하는 것이 아니라 최종적인 산물인 성과(outcome)에 대한 외부 고객의 최종적인 만족을 포함하는 개념이다. 공공 분야에서 현실적인 성과에 대한 개념은 생산성(productivity)이라는 이름으로 광범위하게 사용되기도 한다.

조직의 업무 수행 과정을 구성하는 주요 요소들로는 [그림 4-2]에서 보는 바와 같이 투입(input), 과정(process) 또는 활동(activity), 산출(output), 성과(outcome) 등이 있다.

그림 4-2 효율성과 효과성의 성과분석

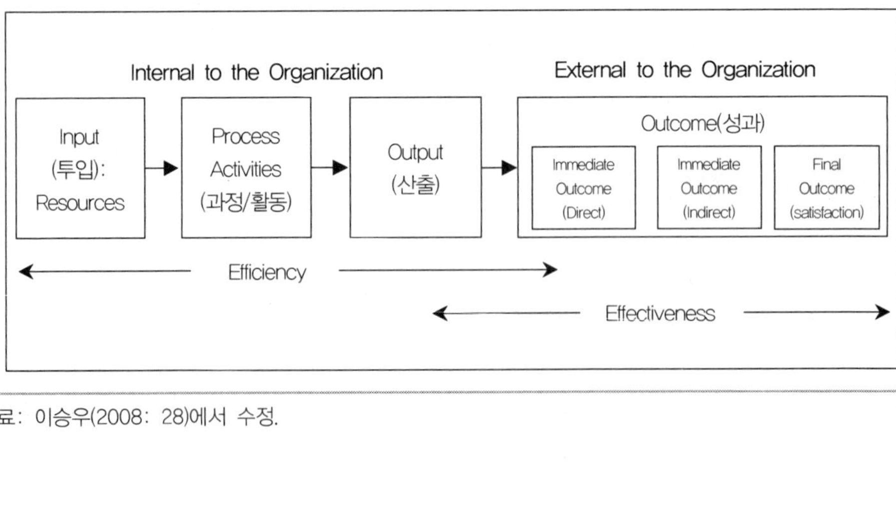

자료: 이승우(2008: 28)에서 수정.

투입은 인력, 재원, 장비 등 조직이 보유하고 있는 요소로 업무 수행을 위해 직접 투입된 것을 의미한다.

과정 또는 활동은 생산 요소의 투입을 통해 업무 내지는 생산활동이 직접 이뤄지는 집행 과정을 의미하는 것으로 정부를 비롯한 공공 분야에서 주로 서비스 제공을 위해 이뤄지는 각종 활동을 말한다.

산출은 생산 단계의 결과로서 투입을 거쳐 생산활동을 통해 완성되어 제공된 서비스나 물건 등 활동의 직접적인 결과물을 의미한다.

성과는 조직 내 업무 수행 내지는 생산활동을 통해 생산된 산출물이 궁극적(직·간접적)으로 사회 및 수혜자에 미치는 영향(impact)을 의미하며, 고객의 만족(customer satisfaction)을 포함하는 의미이다.

그러나 재화를 생산하는 민간 분야와 달리 업무 수행을 통해 주로 서비스를 제공하는 공공 분야 조직의 경우 과정과 산출, 그리고 영향이 명확하게 구분되는 것은 아니다.

일반적으로 산출물은 투입에 대비시킴으로써 표준화하는데 이를 '효율성'이라 하고, 영향은 서비스나 산출물 규모 등에 기초해 표준화시키고 있는데 이를 '효과성'이라고 한다.

생산성이라는 용어가 포괄적인 의미로 널리 사용된 것과 같이 '성과' 개념은 일반적으로 효율성(efficiency)과 효과성(effectiveness)을 포괄하고 있는 개념으로 널리 인식되고 있다. 업무 수행 과정에서 효율성은 투입과 산출 간의 비율을 뜻하고, 효과성은 산출물이 실질적으로 외부에 대해 영향을 초래해 의도된 목적을 실현하는 정도, 즉 조직의 최종 목적 달성도(degree of goal attainment)를 의미한다.

이러한 맥락에서 성과평가의 항목별 개념을 정리하면 다음과 같다.

'투입(input)평가'란 해당 업무에 대한 인적·물적 자원의 투입량을 점검함으로써 조직의 업무 중요도나 관심도를 평가할 목적으로 사용된다. 투입지표는 서비스를 생산 및 배분하기 위해 소요되는 투입 예산 또는 투입 인력같이 소비된 자원의 양을 의미한다.

'투입/산출(input/output)평가'는 최소 자원 투입으로 최대의 산출을 기대하는 조직의 업무효율성·능률성을 평가하는 수단으로 활용된다. 산출지표는 최종 수혜자에게 제공된 결과물이나 서비스의 양으로 측정한다.

'성과(outcome)평가'는 조직의 성과 목표의 달성 여부를 평가하는 것으로 조직 내적인 효율성 평가 및 조직 외적인 효과성에 대한 분석을 동시에 실시하는 것을 말한다. 성과평가를 투입/산출평가를 의미하는 효율성 평가에 대비되는 협의의 개념으로 사용할 때에는 조직의 목적 달성도를 의미하는 효과성 평가를 의미하기도 한다. 조직 내적인 효율성 평가 및 조직 외적인 효과성에 대한 분석[7]을 통해, 조직 목표의 달성 여부를 판단하기 위해 가능한 한 계량적으로 측정 가능한 산출물을 성과의 지표로 활용해야 한다. 조직 외적 최종 결과에 대한 평가를 의미하는 고객 만족도는 성과평가의 중요한 요소다. 따라서 생산성지표는 효율성·능률성 및 비용효과성에 대한 측정 이외에 고객만족도를 측정하는 의미를 갖는다.

조직의 주요 업무별 운영 성과가 계획대로 충분히 달성되었는지를 평가하는 성과지표는 각 업무별 효율성 및 효과성을 객관적으로 파악할 수 있도록 계량화하는 것이 중요하다.

2. 성과평가의 목적과 요건

성과를 평가하는 구체적인 내용은 조직구성원이 주어진 환경 속에서 일정 기간 수행한 활동의 목표 달성 정도를 사전에 설정된 평가지표에 따라 측정하는 것이다. 조직의 성과를 향상시키기 위한 일련의 조직관리 과정인 계획–집행–평가의 마지막 단계인 결과평가의 한 유형이다. 다

---

7) 투입(input)지표로는 사업 추진에 투입된 예산·인력 기타 자원 등을 나타낸다. 산출(outputs)지표는 사업 주체가 생산한 재화와 서비스 등 산출물을 측정하는 도구로 활용되며, 프로세스(process)는 사업 진행 과정에서 나타나는 산출물의 양을 나타내는 척도로 공정률과 진척도 등 사업 달성 정도를 표시한다(이승우, 2008: 29).

만 단순한 결과평가보다는 성과평가는 한층 더 포괄적인 의미를 가진다. 단순한 조직의 생산품이나 서비스 생산의 효율성뿐만 아니라 가치창조를 통한 조직의 지속가능성에 대한 기여 정도를 평가에 포함해야 한다. 이러한 의미에서 공공조직의 성과평가에서는 고객 또는 국민에게 미치는 영향이 중요한 평가 변수가 될 수 있다.

조직의 성과평가는 궁극적으로 조직평가를 통해 조직에 대한 자율적 책임경영 체제를 확보하고, 조직의 업무 개선을 유도하며, 조직의 효율성을 높이려는 것이다. 나아가 주민들을 비롯한 외부 고객들의 최종 만족도를 높이는 것을 목적으로 한다.

성과평가의 개념을 정부조직을 비롯한 공공조직의 예산 프로그램평가에 적용해서 살펴보면, 성과평가는 공공조직의 책임성을 강화하고 정책의 효율성과 효과성을 높이기 위해 정책의 전 과정에 대하여 목표의 달성 정도를 평가하는 것이라고 할 수 있다.

장·단기적 목표 달성을 위한 공공조직의 업무에 대한 결정·집행 과정에 투입되는 예산과 인적 자원을 이용해 어느 정도로 서비스 질의 개선 효과를 가져왔고 고객들의 만족도를 높였는지를 평가하고자 하는 것이 성과평가라고 할 수 있다.

일반 조직과 달리 공공조직에서 염두에 두고 있는 성과평가의 목적을 구체적으로 제시하면 다음과 같다.

공공조직 성과평가의 목적

- 정부 등 공공조직의 업무 및 정책 기능의 향상을 통한 책임성 강화
- 유인(incentive)·보상·제재 등을 통한 조직구성원들의 동기부여
- 성과평가지표를 예산·재정 예측모형과 연계함으로써 조직의 계획과 목표를 설정하는 기초 자료 제공
- 선출직 관료와 서비스 관리자 간의 커뮤니케이션 향상에 필요한 자료 제공
- 평가 결과 공개를 통한 시민들의 공공조직에 대한 관심과 만족도 제고

공공조직에서 성과평가를 통한 책임성을 강화하고 동기를 부여하는 등 성과평가의 목적을 달성하기 위해서는 성과평가 과정에서 다음과 같은 성과평가의 기본 요건을 확보해야 한다.

공공조직 성과평가의 요건

- 서비스의 목적과 그 목적 달성을 위한 부서별 혹은 개인별 명확한 목표 정의
- 목표를 달성하기 위한 부서별·개인별 활동의 구체화
- 활동에 투입되는 자원 수준이나 활동의 영향 규명
- 가능한 한 실적률(performance ratio) 계산이 용이한 계량적 실적 자료 확보
- 개인과 부서의 업무 실적을 평가하기 위한 다양한 평가 방법 구비

앞에서 언급한 바와 같이 성과의 수준에 대한 객관적인 평가를 위해서는 판단의 준거가 필요하다. 특정 수준의 성과가 충분한 것인가 혹은 미흡한 것인가의 판단 기준이 있어야 한다. 이러한 판단은 과거의 실적을 활용하거나, 유사한 기관이나 외국 기관의 경영실적과 비교 등을 통해 참고할 수 있다. 비교 기준으로 활용이 가능한 성과평가의 준거로는 다음과 같은 것이 있다.

공공조직 성과평가의 준거

- 현재 계량적 실적 자료와 과거년도 계량적 실적 자료 비교
- 유사한 업무를 수행하는 외국 기관 실적과의 비교
- 미리 설정된 기준이나 규범과 비교
- 공공조직에 의해 미리 설정된 목표치와 실제 달성치를 비교
- 지역별 혹은 동일 지역 내에서의 유사한 기관과 그룹별 비교
- 유사한 특징을 지닌 사기업의 비용 및 결과 비교

3. 정부 성과평가제도

우리나라의 정부정책 및 업무에 대한 성과평가제도는 〈표 4-3〉에서 보는 바와 같이 1961년 시작한 심사분석(1961~1990)을 기점으로 하여, 1990년에 시작한 심사평가(1990~1998), 1998년에 시작한 기관평가(1998~2006), 그리고 최근 2006년에 시작한 통합평가(2006~현재)로 구분할 수 있다.

중앙행정기관의 업무를 평가하는 평가제도는 1961년 심사분석제도를 도입해 경제기획원 심사분석국에서 시작했다.

1990년에는 그동안 진행되어 오던 경제기획원 심사분석제도의 한계성을 극복하고, 중앙행정기관의 주요 정책을 일관성 있게 추진하기 위해 국무총리 행정조정실에 정책평가 기능을 신설하고 정책평가를 수행하게 했다.

1994년 경제기획원의 심사분석과 행정조정실의 정책평가 업무가 행정조정실의 심사평가제도로 통합되었다. 각 중앙행정기기관은 심사평가지침에 따라 매년 계획을 수립하는 시책 및 심사평가 대상으로 선정한 주요 사업을 평가 대상 과제로 선정하고, 주요 업무 시행계획의 집행에 대해 분기별로 자체 심사평가를 실시했다. 국무총리 행정조정실은 중앙행정기관의 자체 심사평가 결과와 조치계획을 종합해 국가 전체의 심사평가를 분기별로 실시했다.

1998년 이후 국민의 정부에서는 성과평가를 중시하는 분위기가 확산되었다.[8] 국제통화기금(IMF) 관리 체제의 경제위기 상황에서 출범한 국민의 정부는 성과와 고객 지향성을 강조하는 신공공관리(NPM)론의 영향을 받아 작고 효율적인 정부를 추구하고자 노력했다. 이러한 정책 기조를 뒷받침하기 위해 1998년 국무총리 국무조정실이 기관의 업무 전반을 종합적으로 진단·처방할 수 있는 기관평가제를 도입했다. 기관평가의 시

8) 미국과 캐나다 등의 주요 선진국에서는 1990년대 이후 정책에 대한 성과평가를 중시해 분석 및 평가 관련 법령을 정비하고 기구를 강화하는 데 주력해 왔다.

행으로 정부의 정책평가 역량이 크게 향상되었으며 업무의 투명성과 책임성도 한층 강화되었다.

그러나 평가의 중요성이 부각되면서 각종 평가의 강화로 인한 행정 낭비와 기관평가의 재정적 지원 기능이 미흡한 것 등의 새로운 문제점이 나타나기도 했다. 특히 정부의 평가제도는 다양한 평가제도들이 서로 독립적으로 운영되고 있어 행정의 효율성을 저하시킬 뿐만 아니라 평가제도의 상호 연계를 통한 시너지 효과도 기대하기 어렵게 되었다.

이에 따라 참여정부에서는 정부 성과평가 체제를 개선하는 데 주력하게 되었다.[9] 그리고 성과 중심의 행정 시스템 구축을 위한 개혁 과제의 하나로 종전의 '정부업무 등의 평가에 관한 기본법'을 대체하는 '정부업무평가 기본법'을 제정·시행함으로써 행정부 내부평가의 기본 틀이 '기관평가 체제'에서 이른바 '통합평가 체제'로 바뀌게 되었다.[10] 새로운 평가법은 자체평가를 강조하고 성과관리제를 도입했는데 기존의 기관평가와 비교할 때 가장 두드러진 특징은 다양한 분야별 평가를 '통합적으로 운영'하는 데 있다.

정부업무평가는 '정부업무평가 기본법'의 정의에 따르면, 정부업무평가는 국정 운영의 능률성, 효과성, 책임성을 확보하기 위해 중앙행정기관, 지방자치단체, 공공기관 등이 행하는 정책, 사업, 업무 등에 관해 그 계획의 수립과 집행 과정 및 결과 등을 점검·분석·평정하는 것을 말한다(고관규 외, 2013). 정부업무평가는 자체평가, 특정평가, 재평가로 구분할 수 있는데, "자체평가"라 함은 중앙행정기관 또는 지방자치단체가 소관 정책 등을 스스로 평가하는 것을 말한다. "특정평가"라 함은 국무총리

---

9) 참여정부에서는 2003년 출범 당시 '성과 중심의 행정 시스템 구축'을 10대 개혁 과제의 하나로 설정했다. 그리고 이를 위한 4개 세부 과제 중에 평가 인프라 구축을 포함시키고, 2004년 5월 정부혁신지방분권위원회에 '국가평가 인프라 T/F'를 구성했다. 그 뒤 2004년 11월 15일 국무총리 국무조정실에 국가평가인프라구축추진단이 설치되었고, 평가제도 개혁의 입법화 작업을 주도했다.

10) 행정부 내부평가의 기본 틀이 종전의 '정부업무 등의 평가에 관한 기본법'에서 '정부업무평가 기본법'으로 대체되어 2006년 4월 1일부터 시행에 들어가게 되었다.

가 중앙행정기관을 대상으로 국정을 통합적으로 관리하기 위하여 필요한 정책 등을 평가하는 것을 말한다. “재평가”라 함은 이미 실시된 평가의 결과 · 방법 및 절차에 관하여 그 평가를 실시한 기관 외의 기관이 다시 평가하는 것을 말한다(정부업무평가 기본법 제2조).

우리나라는 정부업무평가가 국무총리실이 시행하는 특정평가를 중심으로 운영되고 있고, 자체평가 또한 국무총리실의 총괄 하에 시행되므로, 비교적 집권화된 평가 시스템을 운영하고 있다(한국조세재정연구원, 2017).

표 4-3 정부 성과평가제도의 변천

구 분	기 간	주무 부처
심사분석	1961～1990	경제기획원 심사분석국
심사평가	1990～1998	경제기획원＋국무총리실 → 국무총리실
기관평가	1998～2006	국무총리실
통합평가	2006～현재	국무총리실

우리나라에서는 1999년 그간 정책 · 규제 · 집행 등 다양한 성격의 기관이 뒤섞여 있던 정부조직을 획일적인 운영 기준을 적용해 관리하는 데에는 한계를 느끼고 정부기관 중 사업적 · 집행적 사무 중 공공성을 유지하면서도 경쟁 원리에 따라 운영하는 것이 바람직한 사무에 대해 기관의 장에게 행정 및 재정상의 자율성을 부여하고, 그 운영 성과에 대해 책임을 지도록 하는 ‘성과 중심 체제’로 전환하기 위해 ‘책임운영기관의 설치 · 운영에 관한 법률’을 제정했다.

책임운영기관의 평가에 대한 기본 방향은 기관 운영의 공익성 및 효율성 향상과 서비스의 질적 개선 노력 등 기관장의 책무 달성 여부에 대해 평가하는 것으로 되어 있다. 기관장은 책임운영기관에 대한 운영심의회 및 평가위원회의 평가 결과를 그 운영의 개선에 우선적으로 반영하도록 제도화하고 있다. 2017년 현재 우리나라에서 일반회계의 적용을 받는 책임운영기관 36개와 다른 법률에 따라 설치된 특별회계의 적용을 받는 책임운영기관 2개, 특별회계의 적용을 받는 책임운영기관인 '책임운영기관 특별회계기관'[11] 13개가 있다.

4. 공공기관 경영평가제도

우리나라의 공공기관에 대한 경영평가는 공기업인 정부투자기관 경영평가로부터 시작해 모든 대규모 공공기관에 대해 통합적으로 경영평가를 실시하는 것으로 발전되었다. 이는 일종의 공공기관에 대한 성과평가제도다.

공공기관 경영평가는 크게 정부투자기관에 대한 주무 부처 경영평가(1968~1976), 정부투자기관에 대한 경제기획원 통합평가(1977~1983), 정부투자기관에 대한 차등인센티브 책임경영평가(1984~2004), 정부투자기관과 산하기관 통합경영평가(2005~2006), 공공기관 통합경영평가(2007~2017), 공기업 · 준정부기관 분리평가(2018~현재)로 구분할 수 있다.

우리나라에서 공기업에 대한 경영실적평가제도가 처음으로 도입된 것은 1968년의 일이다. 이때는 주무부 장관이 그 산하의 정부투자기관에 대해 경영 목표를 시달하고 각 투자기관은 경영실적보고서를 주무부 장관에게 제출하면 주무부 장관은 이 보고서를 평가해 국무회의에 보고했다.

그러나 이 제도가 지나치게 형식적으로 흐르게 되자 1973년부터 인센티브 제도를 토대로 한 경영평가제도가 도입되었다. 평가기관을 1973년

---

11) '책임운영기관의 설치 · 운영에 관한 법률'에서는 소속책임운영기관의 재정수입 중 자체 수입의 비율이 2분의 1이상에 해당하는 경우와 소속책임운영기관의 재정수입 중 자체 수입의 비율이 2분의 1미만이지만, 자체 수입의 성격, 자체 수입 확대의 잠재성 및 기관 운영의 독립성 등을 고려하여 특별회계로 운영할 필요가 있다고 인정되는 경우에는 '책임운영기관특별회계'를 설치할 수 있도록 규정하고 있다.

- 특별회계: 국립중앙과학관, 국립과천과학관, 국립정신건강센터, 국립병원(나주, 목포), 국립재활원, 경찰병원, 국립자연휴양림관리소, 특허청(중앙책임운영기관).
- '환경정책기본법'에 따른 환경개선특별회계: 국립생물자원관.
- '아시아문화중심도시 조성에 관한 특별법'에 따른 아시아문화중심도시 조성 특별회계: 국립아시아문화전당.

부터 1976년까지는 주무부 장관으로 했으나 1977년부터는 경제기획원으로 일원화하는 등 일부 제도 개선을 시행했지만 크게 실효를 거두지는 못했다. 그 이유는 경영실적평가의 전제 조건이라 할 수 있는 공기업의 자율성 보장이 이뤄지지 못했고, 상여금의 차등 지급이 거의 이뤄지지 않아 인센티브 제도가 무의미했기 때문이다.

1984년부터 '정부투자기관관리기본법'의 시행으로 도입된 책임경영제는 투자기관의 자율성 보장과 함께 실효성 있는 경영실적평가제도의 골격을 이뤘다.

2005년 이후에는 그간 각 부처별로 관리되어 오던 정부산하기관에 대해 통합 경영평가를 실시하고, 이를 바탕으로 한 인센티브 지급을 목적으로 '정부산하기관관리기본법'이 제정되었다.

2007년부터는 중앙정부가 소유권을 가지고 있는 공공기관에 좀 더 자율적 책임경영을 할 수 있는 바탕을 제공하고 경영평가를 통한 사후 통제를 강화하기 위해 발전적인 측면에서 '정부투자기관관리기본법'과 '정부산하기관관리기본법'을 해체하고 '공공기관의 운영에 관한 법률'을 제정했다. 이상에서 설명한 과정을 정리하면 〈표 4-5〉와 같다.

표 4-5 공공기관 경영평가제도의 변천

기 간	평가 대상	평가기관
1968~1976	정부투자기관	주무 부처
1977~1983	정부투자기관	경제기획원
1984~2004	정부투자기관(자율경영 + 인센티브)	경제기획원
2005~2006	정부투자기관 + 정부산하기관	기획예산처
2007~현재	공공기관(공기업 + 준정부기관 + 기타공공기관)	기획재정부

이 밖에도 지방자치단체가 소유권을 가지고 있는 지방공기업은 '지방공기업법'에 의해, 출자 · 출연 기관은 '지방자치단체 출자 · 출연 기관의 운영에 관한 법률'에 의해 경영평가를 받고 있다.

우리나라의 정부 및 공공기관에 대한 평가는 앞서 언급한 광의의 성과

평가에 기반을 두고 있다. 일부 항목에서는 투입/산출을 중심으로 한 효율성평가, 일부 항목에 대해서는 목적달성도 평가를 위한 효과성 및 고객만족도 평가를 시행하고 있다.

그간 공공기관 경영평가는 대내적으로는 공공기관의 방만경영 정상화를 통해 공공기관 체질을 개선하고 부채 감축을 통한 공공기관의 건실한 경영에도 크게 기여하였다.[12] 대외적으로는 세계은행보고서에서 우수사례로 소개하는 등 많은 국가에서 이를 벤치마킹하고 있다.

이와 같이 우리나라의 경영평가제도는 효과적으로 진행되고 있다고 보고 있으나 공정한 지표 개발, 폐쇄적인 평가자 선발, 평가로 인한 피평가 기관의 과중한 업무 부담, 단기적인 평가지표의 편중, 평가기관의 평가 결과에 대한 수용성 문제 등 아직도 여전히 많은 문제점을 안고 있다(이상철, 2007).

이러한 문제점을 해결하고자 2017년 문재인 정부가 들어서면서 공공기관 경영평가제도에 대한 대폭적인 개선이 이루어지고 있다. 새롭게 부각되는 공적가치, 다원화된 공공기관의 특성을 반영한 평가에 중점을 두고자 노력하고 있다. 문재인 정부의 공공기관 개혁의 기본 방향은 공공기관 '본연의 역할과 성과를 국민 눈으로 평가'하도록 평가체계 · 지표 · 사후관리 등 평가의 전 단계를 개편하고 있다. 종전에 전문가 중심의 폐쇄적인 평가에서 일반 시민들이 참여하는 평가 체제를 구축하여 개별 공공기관의 설립 목적에 맞는 평가를 실시하고, 이를 공공기관의 보수 체계와 연계하여 공공기관이 평가 결과를 긍정적으로 수용하도록 하는 데에 중점을 두고 있다.

---

12) 철저한 경영평가 결과 우리나라 공공기관의 부채비율 및 부채규모가 대폭 감소하고 있다[부채비율: (2013년) 217%→(2016년) 167%, 부채규모: (2013년) 520.4조 원 →(2016년) 499.4조 원].

제4절 조직의 변화관리와 평가

일반조직에서 급변하는 환경에 대한 대응 노력은 성과평가의 한 부분이라고 할 수 있는 계획 단계의 평가에서 어느 정도 다루고 있다. 그러나 최근에는 조직관리에서 변화가 차지하는 비중이 너무나 크기 때문에 변화만을 주제로 한 평가가 별도로 이뤄지고 있다. 이를 일반적인 의미에서 '변화관리 평가'라고도 하고, 특별히 '혁신평가'라고도 한다.

1. 변화의 의미

변화(change)와 혁신(innovation)은 오늘날의 글로벌 경쟁사회에서 생존하고자 노력하고 있는 모든 조직에서 숙명으로 받아들이고 있다. 일반적으로 혁신과 변화의 의미는 서로 통용되고 있으나 변화는 단순히 현 상태에서 다른 상태로의 변경을 의미하는 반면, 혁신은 특정한 분야에서 심도 있는 획기적인 개선을 의미한다. 또한 변화는 새로운 아이디어나 행동 등을 수용하는 것을 의미하지만, 혁신은 조직이 속한 환경에서 완전히 새로운 아이디어나 행동을 요구하는 것이라고 정의할 수 있다(Jordana & Levi-Faur, 2004).

브라운과 맥도넬(Brown & McDonnell, 1995)은 변화관리를 조직이론과 실천, 지식과 행동 사이를 연결하려는 노력이라고 하면서, 변화를 조직 목표를 달성하기 위해 조직 시스템에서 조직 분위기, 기술, 구조, 의사결정 과정, 관리 체계 등의 하위 수준을 변화시키는 과정이라고 정의했다.

이런 맥락에서 조직의 변화란 계획적 변화를 통해 조직 및 그 구성원들에게 새로운 가치를 부여함으로써 조직 내부의 응집력을 강화시키는 노력이라고 할 수 있다. 조직의 관리자는 조직의 변화관리를 통해 조직의 구조와 문화를 바꾸고, 변화된 환경에서 조직구성원들이 적응할 수 있는 능력을 향상시켜야 한다. 변화관리에서는 구성원들이 변화 과정과 결과에 대해서 저항을 최소화하는 것이 중요하다.

2. 변화관리에 대한 적응

오늘날 모든 조직이 당면하고 있는 주요한 과제 중의 하나는 변화에 대한 적응(adaptability to change)의 문제다. 조직이 당면하고 있는 내·외적인 압력을 극복하고 조직유효성을 높이기 위해서는 조직 분위기와 조직문화를 중심으로 한 조직 특성을 변화시키지 않으면 안 된다.

그리고 이러한 변화에 대해서는 관리자의 의도적인 체계적 관리가 필요하다. 블록(Block, 1993)은 변화관리란 "변화 노력을 이끄는 사람과 새로운 전략이 실행되리라고 기대하는 사람 간의 연결고리를 강화하고, 변화가 일어날 수 있는 조직 상황을 조장하며, 변화의 성공 가능성에 몰입할 수 있도록 핵심적인 감정을 관리하는 것"이라고 했다. 변화관리 활동이란 단순한 변화활동을 수행하는 것이 아니라 다양한 새로운 방식의 활동들이 각 부문 간에 균형을 유지하고, 상호 연결하는 것이다. 따라서 변화활동이 각종 새로운 기법을 통한 변화이든 일반적 조직 변화활동이든 그것들을 별도로 분리해서 관리하기보다는 조직 역동성의 출발점이 될 수 있도록 조직 전체적인 관점에서 관리되어야 한다.

르블레비치(Leblebici, 2010)는 조직 변화의 다양한 방법을 [그림 4-3]과 같이 하나의 지도(map)에서 표시하고 있다. 그는 변화에 대한 조직구성원들의 동의를 구하기 위해서는 권력적 수단보다는 참여적 리더십을 활용하고, 궁극적으로는 문화적 수단이 가장 효과적임을 강조하고 있다. 즉, 명령이나 강제에 의한 권력적 수단보다는 표준운영절차나 측정 시스템에 의한 관리적 방법 또는 카리스마나 역할 모델링에 의한 리더십 수단, 더 나아가 의식 등의 문화적 수단이 변화관리에 구성원들의 동참을 구하기가 유리하다고 한다.

그림 4-3 변화의 수단

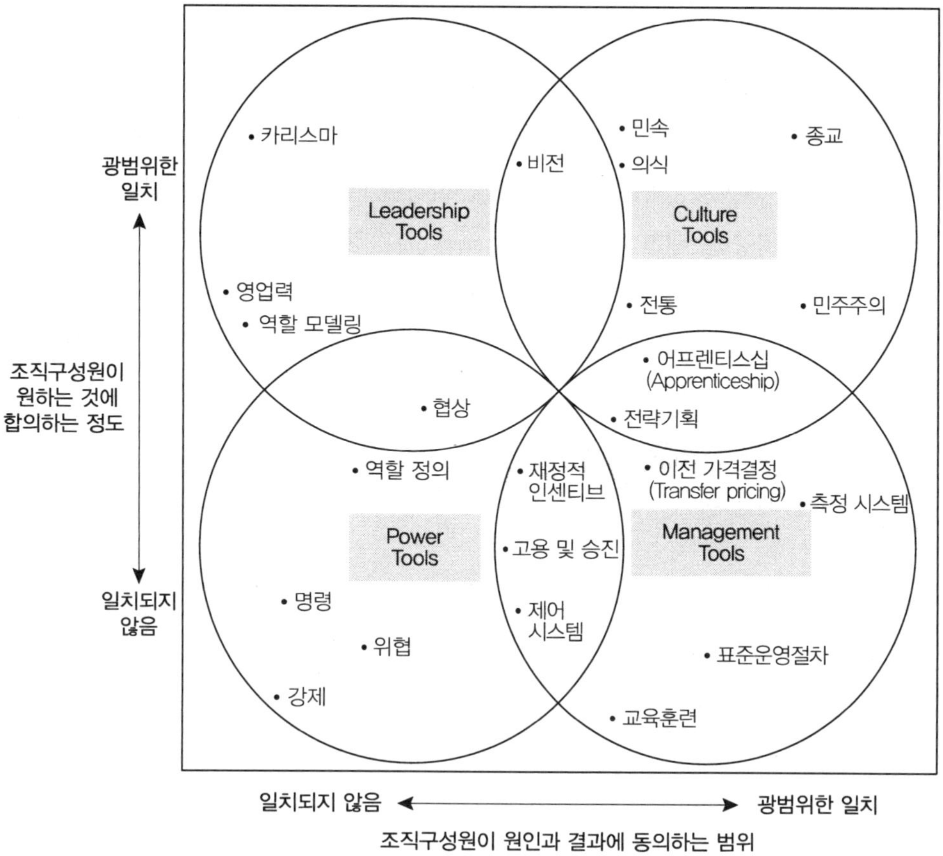

자료: Leblebici(2010).

3. 조직의 변화와 생명 주기

일반적으로 조직이 오래될수록 변화의 필요성을 느끼게 된다고 한다. 조직의 생명 주기를 변화와 관련해 살펴보면 일반 조직은 네 가지 단계로 나눠 볼 수 있다. 각각의 단계는 다음과 같은 특징을 가진다.

첫째, 초기 기업화 단계(entrepreneurial stage)에서는 조직구성원들의 창조적인 행동으로 조직은 서서히 성장하게 된다. 반면에 강력한 리더십이 필요한 시기다.

둘째, 집합화 단계(collectivity stage)에서는 명확한 조직의 방향이 설정된다. 그러나 조직 내부의 적절한 권한의 위임과 통제가 필요한 단계다.

셋째, 공식화 단계(formalization stage)에서는 규칙과 같은 조직의 내부 시스템에 중독된다. 조직은 문서과다주의(red tape)와 같은 관료주의적 역기능을 제거하는 것이 필요한 시기라고 할 것이다.

넷째, 정교화 단계(elaboration stage)에서는 팀워크(teamwork)가 발전하기 시작한다. 조직의 새로운 활기(revitalization)와 변화가 절실히 요구되는 시기다.

이상에서 설명한 조직의 생명 주기(organizational life cycle)의 네 가지 단계를 좀 더 구체적으로 설명하면 〈표 4-6〉 및 [그림 4-4]와 같다.

표 4-6 조직의 생명 주기

구 분	기업화 단계 (Entrepreneurial Stage)	집합화 단계 (Collectivity Stage)	공식화 단계 (Formalization Stage)	정교화 단계 (Elaboration Stage)
관료제	비(非, non)관료적	전(前, pre)관료적	관료적(bureaucratic)	심한(very) 관료적
조직구조	비공식적, 일인 관리 (one person show)	대부분 비공식적, 약간의 절차	공식적 절차, 노무부, 전문화 (division of labor, specialities added)	관료제 내 teamwork, 작은 부서조직별 사고 (teamwork with bureaucracy, small company thinking)
생산 · 서비스	단일 생산 · 서비스 (single product and service)	변이를 가진 주된 생산 · 서비스 (major product and service with variations)	생산 · 서비스 라인 (line of product and service)	다양한 생산 · 서비스 (multiple product and service)
보상 · 통제 시스템	개인적, 가부장적 (personal, paternalistic)	개인적 또는 전체적 조직 성공에 기여 (personal, contribution to success)	몰인간적, 공식적 시스템 (impersonal, formalized system)	생산과 부서에 맞춘 확대 시스템 (extensive, tailored to product and department)

혁신	조직 최고관리자에 의한 혁신 (by owner-manager)	구성원과 관리자에 의한 혁신 (by employees and mangers)	분리된 혁신 그룹 (by separated innovation group)	제도화된 R&D (by institutionalized R&D)
목표	생존(survival)	성장(growth)	내부 안정과 시장 확장 (internal stability, market expansion)	평판과 완전 조직 (reputation, complete organization)
최고관리자 스타일	개인적, 기업가적 (individualistic, entrepreneurial)	권위적, 방향 제공적 (charismatic, direction-giving)	통제를 갖춘 권한 위임 (delegation with control)	팀 접근, 관료제 공격 (team approach, attack bureaucracy)

그림 4-4 조직의 생명 주기

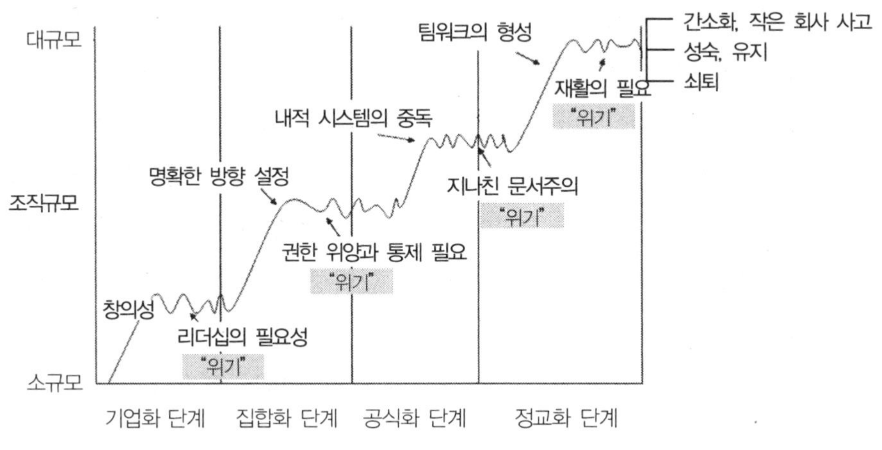

자료: Quinn & Cameron(1983).

4. 변화관리의 평가

조직의 변화는 해당 조직의 체제 변화와 더불어 궁극적으로 조직의 새로운 가치창조를 초래하게 된다. 이러한 조직이 전반적으로 바뀌는 것을 '조직의 새로운 제도화(new organizational institutionalizing)'라고 한다. 조직 변화의 궁극적인 목적은 조직의 실질적 변화를 통한 조직의 제도화에 있다고 할 것이다.

디마지오와 파월(DiMaggio & Powell, 1991)은 "조직의 변화란 새로운 조직 체제는 물론 조직 문화적 가치의 새로운 도입(introduction of new sets of system and cultural values)을 의미하는데, 이는 조직의 '기능적 합리성(functional rationality)'과 '실질적 또는 근본적 합리성(substantial rationality)'으로 구체화된다"고 했다. '기능적 합리성'은 조직의 기능과 관련된 '구조', '체제', '목표–수단' 등을 요소로 하고, 반면 '실질적 합리성'은 조직의 문화와 관련된 조직의 '가치 축적(loading of values)'과 '의미의 유형(meaning patterns)'을 그 구성 요소로 한다(이상철, 2007).

조직의 변화는 조직의 '기능적 합리성' 요소의 도입뿐만 아니라 '실질적 합리성'이 정착될 때 성공적이라고 할 수 있다. 즉, 조직 변화의 궁극적 문제는 조직의 정체성(identity)과 의미(meaning)의 형성으로 귀결된다고 할 수 있다. 일반적으로 조직 변화는 시간의 흐름에 따라 조직의 가치와 의미 유형이 바뀌어가고 결국 새롭게 형성되게 되는데, 조직 변화의 궁극적 목적은 이러한 조직의 의미 유형, 정체성이 바뀌고 정착될 때 완성된다고 할 것이다. 어쩌면 '기능적 합리성'은 조직의 변화 과정에서 '실질적 합리성'을 달성하기 위한 수단에 불과하다.

이상에서 설명한 조직 변화 과정에서 일어나는 조직의 '기능적 합리성

그림 4–5 **조직 변화의 제도화: '기능적 합리성'과 '실질적 합리성'**

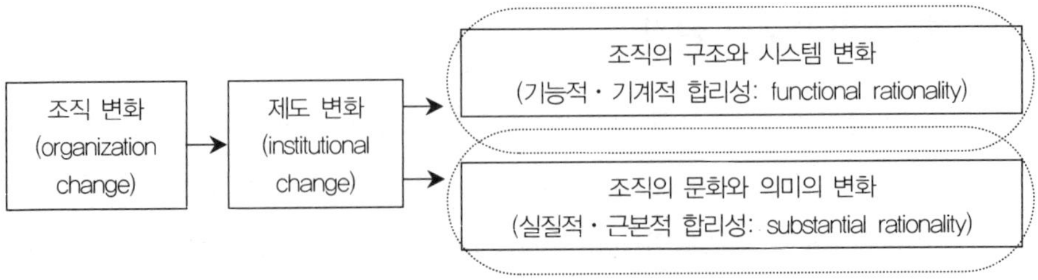

자료: 이상철(2007).

(조직 변화의 기능적 제도화)'과 '실질적 합리성(조직 변화의 실질적 제도화)'을 설명하면 [그림 4-5]와 같다.

조직 변화관리 평가는 이러한 조직의 제도 변화가 조직의 구조와 시스템의 변화뿐만 아니라 조직의 문화와 의미의 변화를 가져왔는지를 점검하는 것을 말한다.

조직 변화의 기능적 제도화 평가는 조직 변화를 촉진하고 관리·지원 체제를 점검하는 것을 말한다. 구체적으로 조직의 새로운 비전과 전략을 효과적으로 달성할 수 있도록 조직의 프로세스·역량·시스템 등이 어떻게 변화되었으며, 궁극적으로 조직 성과를 어떻게 향상시켰는지를 점검하는 것이다.

조직 변화의 평가에는 조직의 변화를 일상화·지속화할 수 있도록 변화 추진 그룹의 조직화, 변화 학습활동의 일상화, 변화 동기의 부여, 변화 활동 프로세스, 변화 모니터링 체계, 변화 성과의 확산 및 홍보 체계 등이 포함된다.

변화의 기능적 제도화 평가는 다음에서 설명하는 변화의 실질적 제도화에 기여해야 한다. 변화의 실질적 제도화 평가는 조직이 내·외부 상황의 변화와 고객으로부터의 새로운 요구에 대응하기 위해 모든 직원이 스스로를 변화시켜 나감으로써 구체적으로 조직의 미션을 효율적으로 달성하는 일련의 조직 분위기와 문화를 어떻게 변화시켰는지 점검하는 것을 말한다.

변화의 실질적 제도화 평가는 변화의 실질적 제도화가 단기간에 달성되기보다는 장기간에 걸쳐 이뤄지는 것이므로 장기적인 관점에서 이뤄지도록 해야 한다.

공공기관 변화의 주체는 CEO인가 직원인가?

J씨가 국토교통부장관을 하던 시절, 인천국제공항공사 인재개발원에서 국토교통부 산하 공공기관장 및 임원들이 참석한 가운데 예산집행 효율화를 위한 '민·관 합동 혁신 워크숍'을 가졌다.

우리나라에 많은 공공기관이 있지만 국토교통부 산하 공공기관들은 우리나라의 육·해·공(陸·海·空)의 핵심적인 사회간접자본(SOC)을 담당하고 있어 그들 기관의 책임은 실로 막중하다고 할 것이다. 실질적으로 우리 국민들이 우려하고 있는 공기업 부채의 50% 이상을 이들 기관이 차지하고 있다.

국가 기간사업에서는 방향을 어떻게 잡느냐에 따라 몇조 원의 예산이 절감될 수도 과다하게 지출될 수도 있기 때문에 그 워크숍의 취지가 충분히 이해되었다.

그런데 첫 발표자는 당시 많은 부채로 홍역을 앓고 있는 LH 공사의 L 사장이었다. 연세도 많을 뿐만 아니라 대통령과 막역한 사이인 그분이 여러 나이 어린 청중들 앞에서 스타트를 끊는 것이 참신하게 보이면서도 무척 힘겹게 보였다. 그 뒤를 잇는 발표자들도 모두 우리나라 굴지의 공기업 CEO들이었다.

온종일 걸린 발표와 토론이 끝나고 장관께서 필자에게 마지막 코멘트를 부탁했다.

필자는 다른 몇 가지 지적과 더불어 "내년부터는 이 워크숍이 좀 더 재미있게 진행되기 위해서라도 사장님들께서 직접 발표하시는 것도 좋지만 원하는 기관에서는 현장에 있는 직원들도 발표할 수 있는 기회를 가졌으면 좋겠다"는 요지의 발언을 했다.

장관께서는 바로 반박의 말씀을 했다.

"이 교수 말씀은 다 좋은데 발표만큼은 CEO들이 직접 해야 한다. 직원들이 하도록 하면 모든 기관에서 직원들에게 맡길 것이다. 혁신은 힘이 들더라도 CEO가 솔선해서 하는 수밖에 없다."

공공 부문에서 혁신의 전도사라는 장관으로서는 당연한 말씀이었다. 또한 충분히 이해가 가는 부분이었다. 홀을 메우고 있는 국토교통부 공무원들과 공공기관 경영진들은 박수로 호응을 했다. 필자도 덩달아 큰 박수를 보냈다. 그러나 필자는 속으로 '그래도 혁신을 실천해야 할 사람들은 직원들인데……, 진정으로 직원들이 자발적으로 혁신에 참여할 수 있는 방안은 없을까?' 하는 혼자만의 생각을 지울 수 없었다.

미국에서 정부 개혁을 추진하면서 외부 전문가나 기관장에게 기관의 혁신을 맡긴 카터(Jimmy Carter) 정부보다는 내부 구성원들이 자발적으로 혁신을 하도록 유도한 클린턴(Bill Clinton) 정부가 더 많은 성과가 있었다는 평가가 있었기 때문이다.

외부 전문가의 조언을 받아 위에서부터 의욕적으로 행정개혁을 시도한 카터 정부는 실패한 반면에, 내부 구성원 스스로 위원회를 만들어 문제점을 발견하고 이를 해결하도록 한 클린턴 정부는 행정개혁 부문에서 많은 성공적인 결과를 거둔 미국의 역사적 교훈이 계속해서 머리를 떠나지 않았다.

변화의 실질적 제도화 평가에는 조직관리자들의 변화 점화와 확산 노력, 고객 우선 조직관리 실적과 내·외부 고객만족도 등이 포함된다.

표 4-7 변화의 기능적·실질적 평가

구 분	평가 내용	평가 구성 항목	평가의 궁극적 목적
기능적 제도 변화 평가	변화를 촉진하고 관리·지원하는 체제	변화 추진 조직화, 변화 학습활동, 변화 동기, 변화활동 프로세스, 변화 모니터링 체계, 변화 성과의 확산 및 홍보 체계	변화의 실질적 제도화에 기여
실질적 제도 변화 평가	환경 변화에 관리자 및 직원이 스스로를 변화시켜 나가는 조직 분위기와 문화	관리자의 변화 점화 및 확산 노력, 고객 우선 조직 운영 및 내·외부 고객만족도 향상	조직의 최종적인 성과와 이미지 개선에 기여

5. 조직의 혁신관리와 평가

1) 혁신의 의미

조직의 혁신(innovation)은 조직 변화의 한 종류라고 할 수 있으나 그 강도에서 변화와는 그 의미를 달리한다.[13] 혁신은 단순한 업무 개선이 아니라 기존의 조직 관행을 완전히 버리고(obliterate) 새로운 방식의 관리 체제와 조직문화를 받아들이는 것을 말한다. 한편 레인(Lane, 2000)은 혁신을 단편적인 업무 개선의 수준을 넘어서 조직의 패러다임 자체가 바뀔 정도로 광범위하고 다차원적인 변화라고 하며, 그 변화 과정을 변화 촉발 요인, 계획적 변화전략, 혼란 과정, 패러다임이라는 변화의 단계로 모형화하기도 했다. 혁신은 조직이 창조적인 파괴(creative disruption)를 통해 전혀 새로운 업무 방식(nova, 샛별과 같이 참신한 방법)을 받아들이는 것을 말한다.

13) '변화'는 단순히 새로운 아이디어나 행동 등을 수용하는 것을 의미하지만, '혁신'은 조직이 속한 환경에서 전혀 다른 새로운 아이디어나 행동을 요구하고 바꿔 나아가는 것이라고 정의할 수 있다(Kaplan & Norton, 2001).

조직관리 방식의 최근 혁신 사례

중국 최대 가전업체 하이얼(海爾) 그룹에서는 현대의 대량 주문 제작은 과거의 주문형 제작과 개념이 다르다며 인터넷을 통해 고객을 제품의 설계에서부터 생산 물류 등 모든 과정의 혁신에 참여하게 했다. 하이얼이 12년 간 모색해 온 직원과 고객 간 거리를 제로(0)로 만드는 이른바 '인단합일(人单合一)' 관리 방식을 실천한 것이다. 인(人)은 직원을, 단(单)은 고객의 주문을 의미한다. 인단합일 방식은 고객을 종신 고객으로, 직원을 창업가로 만들어 고객과 직원이 공생 공영하는 파트너 관계가 되도록 하는 것이다. 중간 관리층을 없애는 식으로 직원과 고객 간 거리를 제로로 만드는 실험을 진행했고 직원들을 창업가로 재탄생시켰다. 그 결과 200여 개의 자회사가 생겨났다. 하이얼 그룹은 2017년 매출 증가율이 2016년의 세 배 수준으로 치솟았다. 영업이익 증가율도 41%에 달해 8년 연속 세계 가전업계 1위를 차지하였다. 중국 정부는 2016년 창업과 혁신 기업으로 가전 업체로서는 유일하게 하이얼을 지정했다.

자료: http://biz.chosun.com/site/data/html_dir/2018/01/08/2018010800292.html

치열한 조직환경은 모든 조직에 위협 요인으로 작용하기도 하지만 혁신적인 조직 분위기와 문화를 정착시킬 수 있는 아주 좋은 기회로 활용할 수도 있다. 급변하는 환경 속에서 조직의 혁신을 이루는 방법에는 조직구성원의 참여 방법(공개 · 폐쇄)과 조직의 거버넌스(수직적 · 수평적)에 따라 [그림 4-6]과 같이 네 가지로 나눌 수 있다(Block, 1993).

조직의 공식적인 계층제를 이용하는 방법에는 혁신 몰(innovation mall)과 엘리트 서클(elite circle)이 있다. 혁신 몰은 조직에서 어떤 문제를 제시하고 누구나 해결책을 제시한 후 조직에서 가장 원하는 해결책을 채택할 수 있는 공개된 장소를 가지고 있는 것을 말한다. 엘리트 서클은 조직에서 문제를 확인하고 해결책을 마련할 수 있는 소수의 폐쇄적 엘리트 집단을 가지고 있는 것을 말한다.

조직의 비공식적 방법으로는 혁신 커뮤니티(innovation community)와 컨소시엄(consortium) 방법이 있다. 혁신 커뮤니티란 조직구성원 누구나 문제점을 제안하고 해결책을 제시할 수 있는 비공식적 네트워크를

그림 4-6 조직 협업을 통한 혁신

조직구성원의 참여 \ 조직의 거버넌스	수직적	수평적
공개	**혁신 몰(innovation mall)** 조직에서 어떤 문제를 제시하고 누구나 해결책을 제시한 후 조직에서 가장 원하는 해결책을 채택할 수 있는 공개된 장소 제공	**혁신 커뮤니티(innovation community)** 조직구성원 누구나 문제점을 제안하고 해결책을 제시할 수 있는 비공식적 네트워크 형성
폐쇄	**엘리트 서클(elite circle)** 조직에서 문제를 확인하고 해결책을 마련할 수 있는 소수의 폐쇄적 엘리트 집단 구성	**컨소시엄(consortium)** 조직구성원 사이에 서로에게 관련된 문제를 파악하고 함께 해결책을 마련하는 폐쇄적이고 사적인 그룹 형성

자료: Leblebici(2010).

말한다. 컨소시엄은 조직구성원 사이에 서로에게 관련된 문제를 파악하고 함께 해결책을 마련하는 폐쇄적이고 사적인 그룹을 말한다.

최근 모든 조직의 환경이 급속하게 변화함에 따라 이들의 관심은 혁신에 있으나, 근본적인 제도적 혁신은 이루지 못하고 있다는 평가를 받고 있다. 이는 혁신이 일관성 있게 추진되지 못하고 관리자에 따라 왜곡 또는 단절되고 있기 때문이다. 특히 우리나라 공공조직의 경우에는 정권에 따라 혁신의 강도와 방법이 자주 바뀌고 있다. 박근혜 정부에서 강조하였던 '정부 3.0'이라는 공공부문 혁신은 행정조직 내부의 제도 개선에 초점을 두었다면, 문재인 정부에서 강조하고 있는 '열린 혁신'은 시민 사회의 참여를 통한 정부 및 국가 변화에 초점을 두고 있다.

2) 공공조직의 혁신평가

(1) 공공기관의 대리인 문제

정부나 공공기관과 같은 공공조직은 [그림 4-7]에서 보는 바와 같이 그의 '주인(principal)인 국민'의 입장에서 볼 때는 대리인(agent)이라고 할 수 있다. 국민의 대표인 입법권을 가진 국회가 제1대리인이라고 한다면 이를 집행하는 정부는 제2대리인이라고 할 수 있으며, 정부가 그들의 소유권을 가지고 있는 공공기관은 제3대리인이라고 할 수 있다. 만약 공공기관이 소유권을 가지고 있는 자회사가 있다면 이는 제4대리인이라고 할 수 있다.

사기업과 달리 이처럼 복잡한 다층적 계층구조(cascading hierarchical structure)를 가지고 있는 정부와 공공기관은 주인인 국민과는 다른 효용을 추구할 수 있다. 또한 공공부문에서 공공조직의 주인인 국민이나 제1대리인인 국회보다는 제2대리인인 정부가 더 많은 정보를 가지게 되고, 제3대리인인 공공기관은 그 소유권을 가지고 있는 정부보다도 더 많고 정확한 정보를 가지게 된다. 이와 같이 복잡한 공조직의 구조에서 발생하는 주인과 대리인 간의 핵심적인 문제는 각기 다른 '효용(utility) 추구'와 '정보의 편향성(비대칭성, asymmetric information)'이라고 할 수 있다. 공공조직이 가지고 있는 대리인 문제를 근본적으로 해결하기 위한 방법 중의 하나가 바로 공공기관 혁신평가다.

(2) 공공기관 혁신평가의 필요성

다층적 주인-대리인 구조를 가지고 있는 공공기관이 새로운 가치를 창조하기 위해서는 정부조직에 비해 더 많은 혁신을 필요로 한다. 공공기관 관리에서 핵심 문제라고 할 수 있는 대리인 문제를 좀 더 구체적으로 살펴보면 그 이유를 알 수 있다.

공공기관의 주인인 국민이나 공공기관의 소유권 행사를 위임받은 정부에서는 더 많은 양질의 공공기관 성과물(y)을 기대하고 있지만, 공공기관 직원들은 높은 임금(w)과 높은 고용 수준(l)을 선호한다. 따라서 국민이나 정부가 바라는 공공기관의 효용함수는 $f(x)=u(y)$라고 할 것이고, 공공기관의 직원들이 가지고 있는 효용함수는 $f(x)=u(w \cdot l)$이다.[14] 또한 공공기관 내부에서 경영자와 직원 간의 효용 추구행위는 다르게 나타날 수 있다. 공공기관 경영진의 효용함수는 공공기관 직원들보다는 국민이나 정부의 효용함수에 더 가까울 수 있다. 왜냐하면 공공기관의 경영진은 일반 직원들보다 훨씬 더 국민이나 정부에 대해 경영 성과에 대한 실질적인 책임을 느끼고 있기 때문이다. 또한 통상적으로 국민과 정부는 공공기관의 일반 직원들보다는 경영진에게 경영 성과의 책임을 물으려고 한다.

공공기관의 관리감독자인 정부가 공공기관에 대한 완전한 정보를 획득하고 있을 경우에는 대리인인 공공기관에게 최적의 생산물(y)과 임금(w) 및 고용 수준(l)을 설정하도록 지시할 수 있지만, 정부가 공공기관에 대한 충분한 정보를 가지고 있지 않다면 공공기관은 자기들의 사적 이익을 추구할 가능성이 크다. 또한 공공기관 내에서 경영 성과에 대해 책임을 느끼는 강도가 경영자와 직원 사이에는 서로 다를 수 있다.

그림 4-7 공공기관 대리인 문제의 유형

주인	→	대리인 1 · 대리인 2	→	대리인 3	→	대리인 4
국민		국회 · 정부		공공기관		공공기관 자회사

공공기관 대리인 문제: ① 국민 및 정부와 공공기관 간의 정보의 비대칭성
② 경영자와 직원 간의 서로 다른 효용 추구

요약하면, 공공기관의 대리인 문제는 ① 국민 및 정부와 공공기관 간 정보의 비대칭성 존재, ② 국민 및 정부와 공공기관 간 다른 효용 추구,

14) $f(x)=u(w \cdot l)$에서 u는 효용(utility), y는 생산물(yield), w는 임금(wage), l은 고용 수준(level)을 말한다.

③ 공공기관 내에서 경영자와 직원 간의 서로 다른 효용 추구로 인한 대리인 문제가 발생할 가능성에서 일어난다.

이상에서 말한 공공기관의 주인－대리인 관계에서 나타나는 대리인 문제를 제거하기 위해 흔히 '공공기관 민영화', '공공기관 경영평가' 등의 공공기관 외부의 통제 방법이 논의되고 있다. 공공기관의 대리인 문제를 해결하기 위해서는 시장성이 있는 공공기관은 민영화가, 공익성이 강한 공공기관에 대해서는 강제적인 경영평가가 적절한 방법이라고 논의되고 있다.

그러나 대부분의 공익적 공공기관은 그 성격상 공익성이 강해 민영화가 어려운 실정이다. 이러한 공공기관의 특성으로 인해 공공기관이 자율적인 책임 경영을 달성하기 위해서는 기관 자체적으로 혁신을 도모하고 이에 대한 내・외부의 적정한 평가를 받는 것이 필요하다. 즉, 공익적 공공기관에 대해서는 거래비용이 많이 소요되는 민영화나 경영평가보다는 자체적으로 경영혁신을 추진하고 그 결과를 혁신평가로 확인함으로써 공공기관에서 나타나는 대리인 문제를 해결하는 방법이 바람직하다.

우리나라에서는 참여정부 때 행정기관과 공공기관에 대해 외부 전문평가단에 의한 혁신평가를 실시한 적이 있다. 최초 도입 시 혁신 평가지표는 〈표 4－8〉과 같다.

이후 혁신의 슬로건이 '정부 개혁', '정부 3.0', '열린 혁신' 등으로 바뀌면서 지표의 일부가 변경되기는 하였으나 변화관리를 주제로 하는 공공

표 4-8 최초 도입 시 혁신 평가지표

평가 내용	
(1) 자율적 경영혁신을 위한 최고 경영진의 노력과 실적 (2) 경영혁신 정착을 위한 이해관계자의 역량 결집 노력	
(3) 경영혁신 노력과 성과	• (혁신전략과 리더십) 혁신전략의 타당성, 혁신 리더십
	• (혁신제도와 구성원 혁신 역량) 혁신제도의 적정성, 구성원의 혁신 역량
	• (혁신 성과와 개선도) 혁신활동 개선도, 사회적 공헌 활동 및 실적, 자율혁신 과제 추진 실적 우수성

자료: 2005년도 정부투자기관 및 정부산하기관 경영평가편람(기획재정부).

부문의 혁신활동과 평가는 큰 변동없이 최초의 도입 때와 비슷한 체제를 유지하고 있다.

공공조직 대리인 구조의 특징을 고려한다면 공공부문의 혁신평가는 앞으로도 지속적으로 발전시켜 나아가는 것이 바람직할 것으로 판단된다.

노무현 대통령과 혁신

MB 정부의 대통령 인수위원회가 한참 활동을 하기 시작한 2008년 1월 한 겨울 어느 날, 청와대에서 노무현 대통령 내외는 참여정부에서 공공부문 혁신평가에 참여한 공무원 및 교수들과 오찬을 함께 했다.

대통령의 임기 말에 많은 언론은 참여정부의 실정(失政)을 부각시키기 위해 온갖 비사(秘史)를 들춰내고 있을 즈음이었다. 마이크를 잡은 대통령은 다음과 같이 운을 띄웠다.

"권력을 가진 공직은 그냥 두면 썩기 마련이기 때문에 혁신이 꼭 필요하다. 그런데 이 혁신운동이 인기 없는 참여정부에서 표방되어 그 가치가 참여정부의 인기와 같이 떨어지고 있는 것 같아 안타깝기 그지없다.

제가 대통령이 될 때 가장 싫어했던 사람은 공자이고 가장 닮고 싶었던 사람은 세종이었다. 우리나라 공직에서 권위주의 문화는 공자님 때문에 생긴 것 같아서 그분이 싫었고, 우리나라의 모든 공직의 훌륭한 제도적 정비가 세종 때 이뤄진 것 같아서 세종이 부러웠다.

그런데 퇴임을 앞둔 지금은 세종보다 공자가 훨씬 부럽다. 세종은 그의 권력을 후손들에게 물려주었지만 그렇게 잘 정비된 제도들이 오래 가지 못하고 사라진 데 비해, 공자의 사상은 계속 후학 제자들에게 전수되어 지금은 더 번창하고 있지 않은가?"

물을 한 모금 마신 대통령은 다음과 같은 마지막 인사말을 하면서 그 자리를 끝냈다.

"여기 계시는 교수님들!

저는 세상에서 여러분이 제일 부럽습니다.

여러분들은 여러분의 이야기를 들어 주고 전승해 줄 제자들이 있지 않습니까?

참여정부에서 한 많은 일을 모두 잊는다 하더라도 '혁신'만큼은 다음 정부, 그리고 그 다음 정부에서도 계속 이어질 수 있도록 꼭 관심을 가져 주십시오. 혁신 포럼이나 세미나가 있으면 꼭 좀 불러 주십시오. 공직은 그냥 두면 고이게 마련이고 고인 물은 썩게 마련입니다."

제5절 조직의 진단

조직평가와 유사한 기능을 하는 것으로 조직진단이 있다.

조직진단이란 조직이 환경 변화에 대응해 좀 더 바람직한 방향으로 변화시켜 나가기 위해 조직 내부에 숨어 있는 문제점을 발견하고 이를 개선하는 작업을 말한다. 조직평가가 정해진 기간 동안 사전의 기준에 의해서 이루어지는 것인 데 비해, 조직진단은 수시로 자율적인 판단에 의해서 조직의 문제점을 고쳐 나아가고자 하는 것이다. 조직진단은 조직의 변화를 유도하는 조직 발전이나 혁신의 한 수단이라고 할 수 있는데, 조직평가와 조직진단의 차이점을 정리하면 〈표 4-9〉와 같다.

표 4-9 조직평가와 조직진단

구 분	조직평가	조직진단
목적	사전에 제시된 기준에 의해 연간 실적 평가 →조직 개선 유도	조직관리 내부에 숨어 있는 문제점 발견 →조직 합리화 방안 강구
속성	강제성	자율성
평가자	법령이나 내부 규정에 명시된 평가단(부서)	조직 내부 판단에 의한 내부 또는 외부 전문가 집단
평가 대상	일정 기간 업무 실적	기간에 관계없이 조직관리상 문제 분야 (조직구조 · 인사 · 재무)
법적 근거	법령이나 내부 규정	관리자의 판단
평가 주기	연간 · 반기 · 분기	수시
평가 기준	평가지표	과거 시계열 자료, 동종 조직의 표준 자료

자료: 김용우(2006)에서 수정.

조직을 진단하는 방법에는 [그림 4-8]에서 보는 바와 같이 조직의 환경에서부터 조직 내부의 전반적인 건강성을 점검하는 넓은 의미의 조직진단이 있고, 좁게는 조직 내부의 인사나 조직설계만을 체크하는 협의의 조직진단이 있다.

그림 4-8 조직진단의 범위

조직진단
- 광의: 종합진단(환경 + 인력 + 재무 + 조직 전체 시스템)
- 협의: 부문별 진단(인력 + 재무 + 조직 개별 부문 시스템)
- 최협의: 조직구조(조직 성과관리 시스템)

조직진단은 내부 구성원들에 의해 이뤄지는 경우도 있지만 요즈음은 외부의 전문가 집단에 의해 이뤄지는 경우가 많다. 이는 조직 내부에서 조직진단을 할 경우 부서이기주의로 인해 진단 결과의 객관성이 떨어지고 궁극적으로는 조직진단 결과에 대한 구성원들의 수용성이 낮아지는 단점이 있기 때문이다.

그림 4-9 맥킨지(McKinsey) 내부역량분석 모델

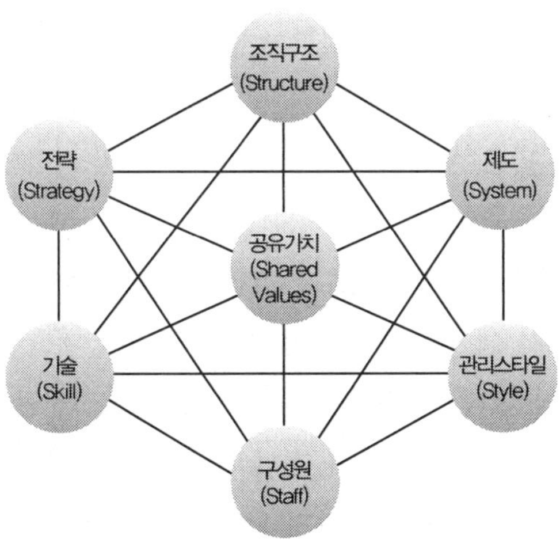

구 분	내 용
공유가치	• 조직 내에서 공유 • 중요한 행동 원칙으로 사용 • 조직의 존재 이유와 비전 • 타 조직과 구별되는 정체성
전략	• 자원집중 • 경쟁우위의 원천
조직구조	• 조직구조 행태 • 권한의 집중 및 분할
제도	• 공식적인 프로세스 • 업무 절차로서 업무 체계 • 경영관리 시스템 • 성과관리 시스템 등
구성원	• 인력 확보와 양성 • 역량 강화, 교육훈련, 경력관리
관리스타일	• 최고경영자 리더십 • 업무처리 관행 • 의사결정 체계
기술	• 역량, 기술력, 정보 시스템

자료: http://blog.naver.com/consult4you/50179426822

조직의 내부역량을 분석하는 종합적인 조직진단기법으로 맥킨지의 7s 모델이 대표적이다. 조직의 변화대처 능력에 영향을 미치는 일곱 가지 관리요소, 즉 공유가치, 전략, 조직구조, 제도, 구성원, 관리 스타일, 기술 등에 대한 분석을 통해 조직 전체를 진단하고, 전략을 수립, 실행, 평가하는 도구이다.

조직진단의 핵심 성공 요인을 다음과 같이 말할 수 있다.

첫째, 다양한 관점에서 조직 체계 및 조직의 연계성을 이해해야 한다. 급격한 경영 환경 변화로 조직의 구조나 조직이 당면하는 문제는 점점 복잡해지고 다양해지고 있다. 이는 어떤 조직이나, 어떤 문제에서건 단 하나의 원인 때문에 해당 문제가 발생하는 상황은 드물다는 것을 뜻한다. 한 문제에 관련된 여러 이슈, 여러 조직의 구성 요소들을 잘 이해해야 정확한 진단이 가능하다.

둘째, 조직의 전략과 특수성을 명확하게 이해해야 한다. 조직진단을 하기 전에 조직이 속한 환경 및 전략을 이해하는 게 우선적이다. 그리고 차별적으로 대응하는 것이 필요하다. 조직의 환경과 전략에 대한 기본적인 이해가 없다면 조직이 가진 문제에 대한 정확한 진단이 어려우며 해결 방안 또한 바르게 도출하기 어렵다. 조직의 전략 특수성에 대한 이해를 통해 기업에 따라 차별적인 맞춤형 해결 방안을 제공할 수 있고, 실행력도 높일 수 있다.

셋째, 조직진단은 실행이 전제되어야 한다. 그러나 일부 조직들은 조직 진단의 역할을 조직 내부에서 예상했던 문제 및 원인 규명에 대한 확인 작업쯤으로만 여기는 경우가 많다. 실행이 뒤따르지 않는 조직진단은 무의미한 자원 낭비에 불과하다. 아무리 훌륭한 개선 과제와 실행 방안을 찾아내더라도 현업에서 이를 적극적으로 시행하지 않는다면 의미가 없음을 명심해야 한다(동아비즈니스리뷰, 2010).

제6절 조직평가와 환류

조직평가나 진단에서 얻은 정보는 새로운 조직관리 과정에 환류될 때 그 의미가 있다. 조직평가나 진단을 통해 조직관리 과정에서의 문제점이 발견되었을 때에는 담당자나 담당 부서의 책임을 명확히 하고 앞으로 같은 문제점이 되풀이되지 않도록 함으로써 개인이나 부서의 발전에 도움을 줄 수 있다. 조직평가와 진단 결과의 환류가 가지는 기능을 좀 더 구체적으로 살펴보면 다음과 같다.

1) 적응적 기능

조직평가와 진단 결과의 적응적(adaptation) 기능이란 조직환경과 관련된 문제다. 조직평가나 진단을 통해 거시적 환경이나 과업적 환경 또는 고객의 변화에 대응해 해당 조직이 적절하게 대처하고 있는지를 살펴보고, 이를 조직관리에 환류함으로써 환경 적응 능력을 높여 주게 된다.

2) 목표 달성 기능

조직평가와 진단 결과의 목표 달성(goal attainment) 기능이란 조직의 구조나 자원 배분 시스템이 조직의 목표를 효율적으로 달성하는 방향으로 나아가고 있는지를 점검해 순방향과 역방향의 요소를 조직관리자에게 환류하는 기능을 말한다. 환류를 통해 순방향의 요소에 대해서는 지원책을 강구하고 역방향의 요소에 대해서는 개선할 수 있는 자료를 제공하게 된다.

3) 통합 기능

조직평가와 진단 결과의 통합(integration) 기능이란 조직의 자원 배분을 둘러싸고 조직의 하위 체제 간에 일어나는 갈등을 조직평가나 진단을 통해 파악하고 조직관리자에게 부서 간에 조정할 수 있는 정보를 알려주는 기능을 말한다. 환류를 받은 관리자는 효율적인 자원 배분을 위한 인력과 예산의 재배분을 검토할 수 있게 된다.

4) 체제 유지 기능

조직평가와 진단 결과의 체제 유지(pattern maintenance) 기능이란 조직평가나 진단을 통해 발견된 문제점을 정확하게 환류함으로써 조직의 가치와 규범을 새롭게 정립하는 것을 말한다. 조직평가와 진단을 통해 얻은 자료는 조직관리자뿐만 아니라 조직의 모든 구성원에게 환류해 조직 존립의 정당성을 훼손하는 것이 무엇인지를 알게 함으로써 조직의 새로운 가치를 창조하는 계기로 활용해야 한다. 조직평가와 진단 결과의 적절한 환류는 조직에 적절한 긴장을 유지하게 한다. 건강한 조직은 평가와 진단의 결과가 우호적일 때는 물론이고, 그것이 비판적이라고 하더라도 이를 수용하게 된다(민진, 2001).

르블레비치(Leblebici, 2010)는 조직평가나 진단의 환류를 통한 조직의 문제 해결 방안을 다음과 같이 제시하고 있다. 그는 부서 간의 협조가 어려울 때에는 비공식적 네트워크를 활용하고, 조직의 발전이나 혁신이 어려울 때에는 가벼운 파괴가 일상적으로 일어나도록 해야 한다. 그리고 필요한 부서에 조직 자원 배분이 적절히 이뤄지지 않을 때에는 일부 자원을 독점하고 있는 사람들을 잃는 한이 있더라도 이들의 특권을 박탈해야 한다고 한다.

How to Feedback and Change through the Organizational Evaluation and Innovation

- Fostering Communication to improve decision making
  PROBLEM: Collaboration across units has all but disappeared.
  SOLUTION: Use informal networks to compensate for the limits of the formal structure. Be prepared to repeat the process again and again.
- Building Agility to improve responsiveness
  PROBLEM: There's a persistent failure to spot new developments and opportunities in the environment; innovativeness has declined.
  SOLUTION: Expose people to new aspects of their tasks and opportunities for collaboration. Be prepared to accept a constant state of mild disruption.
- Breaking Up Entrenched Interests to resolve conflict
  PROBLEM: Some groups doing critical work have trouble getting the resources they need; resources are concentrated in a few powerful groups
  SOLUTION: Change the dimension along which resources are allocated. Be prepared to disenfranchise and even lose certain people.

Chapter 05 정부조직의 진화

근대 국가가 형성되면서 정부의 조직을 확대해 오던 행정국가는 최근 생산성 제고와 다양한 고객들의 요구에 직면하게 되면서부터 조직의 내부적인 효율성을 기하고 고객의 만족도를 향상시키는 방향으로 변화하고 있다. 정부조직은 이른바 탄력화, 상업화, 민영화되면서 행정 동물원(administrative zoo)과 같이 다양한 모습으로 전환되고 있다(OECD, 2003: 9).

제5장에서는 정부조직의 기초 개념과 큰 정부와 작은 정부로의 전개 과정, 특히 최근 정부조직에서 진화한 책임운영기관, 상업화된 준정부기관, 민영화된 공기업 등의 사례를 살펴보기로 한다.

제5장에 들어가며

국립대학의 법인화

개인이나 사회 발전의 원동력은 경쟁에 있다고 믿고 있는 사람들은 정부조직도 가능한 한 법인화하여 경쟁 체제로 만들어야 한다고 주장한다. 공조직의 경쟁과 기업성을 제고하는 측면에서 보면 행정조직을 법인화하는 것은 전형적인 조직의 진화에 해당된다.

국립대학의 법인화도 이런 맥락에서 강력히 추진되어야 한다고 주문하고 있다. 국립대학도 민간기업과 같이 열심히 노력해서 더 많은 수입을 올리는 대학에는 더 많은 혜택이 돌아가도록 해야 하고, 그렇지 않은 대학은 불이익을 감수해야 한다는 입장이다. 원칙적인 측면에서 충분히 수긍이 가는 논지다.

그러나 우리나라의 국립대학, 특히 지방의 국립대학의 환경을 고려할 때 일률적인 방법으로 법인화를 시행하는 데에는 많은 문제점이 예상된다. 그것은 당초 국립대학 설립 당시 출발점에서부터 공정하지 못했기 때문에 지금에 와서 동일한 잣대로 법인화를 시행하는 것은 이미 경쟁에서 필요한 공정한 룰(rule)이 깨진 상태에서 시작하는 문제점을 내포하고 있다.

첫째, 같은 국립대학이라고 하더라도 그 여건이 크게 다르다는 것이 걸림돌이다. 설립 때부터 많은 토지와 재산을 보유하고 있는 대학이 있는가 하면 지금 당장 예산이 있어도 땅이 없어 건물 하나 올릴 수 없는 대학이 있다. 만일 이들 대학에 대해 동일한 잣대로 법인화를 시행한다면 이는 이미 출발선에서부터 공정성을 잃고 있는 형국이다.

둘째, 국립대학은 전통적으로 시장성이 없는 기초 학문을 가르치고 연구하는 역할을 수행해야 한다. 만약 국립대학이 법인화된다면 돈벌이에 취약한 기초 인문 · 사회계열 학과의 푸대접은 충분히 예상할 수 있다. 수익성은 없지만 인간이 살아가는 데 꼭 필요한 철학과 기초 사회이론의 몰락은 우리 모두에게 불행이다.

이 밖에도 국립대학을 법인화하기에 앞서 보완해야 할 많은 문제점이 있다. 우리보다 먼저 국립대학 법인화를 시행한 일본의 경우를 타산지석으로 삼을 필요가 있다. 국가의 재정 지원 대안책 마련에서부터 국립대학 구성원들의 자구 노력에 이르기까지 실로 적지 않은 난제가 남아 있다. 특히 대학 교수들의 경쟁력 있는 교육과 연구를 담보할 수 있는 메커니즘 개발도 함께 병행되어야 한다.

비단 국립대학뿐만 아니라 공공조직의 법인화 역시 그것이 정착할 수 있는 여건이 마련되어야 성공할 가능성이 높다. 우리나라에서는 1995년 지방자치제 실시 이후 많은 지방자치단체에서 지방정부 조직을 지방공사 · 공단으로 법인화했지만 사회 전체적인 측면에서 효율성은 오히려 떨어지고 있다는 패러독스 현상을 귀담아 들을 필요가 있다(이상철, 2010). 즉 지방자치단체를 둘러싸고 있는 정치권에서 활용할 수 있는 조직과 인력을 늘어났지만, 조직 내부의 생산성과 외부의 고객만족도는 오히려 떨어지고 있다는 점을 간과해서는 안 될 것이다.

Chapter 05

정부조직의 진화

제1절 정부조직의 기초 개념

1. 정부조직의 의미

정부조직(governmental organization) 또는 행정조직(administrative organization)은 국가 또는 지방자치단체의 행정사무를 수행하기 위해 설치된 행정기관의 체계적 기구를 의미한다.

정부조직을 넓은 의미로 사용할 경우에는 입법부(국회) · 사법부(법원)의 조직을 포함하나 일반적으로는 행정부의 조직만을 의미하며, '정부조직법'상으로는 '지방자치법'의 적용을 받는 지방자치단체를 제외한 중앙정부의 조직만을 의미한다. '정부조직법'상 국가행정기관은 중앙행정기관, 특별지방행정기관, 부속기관, 합의제 행정기관 등으로 구성된다.

중앙정부조직인 중앙행정기관은 '정부조직법'에 의해 설치된 부 · 처 · 청을 말하며, 국가행정사무를 담당하기 위해 설치된 행정기관으로서 그 관할권의 범위가 전국에 미치는 기관을 말한다. 대부분의 나라에서 외교, 국방, 법무, 재무, 보건 등 전통적인 정부 기능 분야에 중앙행정기관을

그림 5-1 정부조직체계

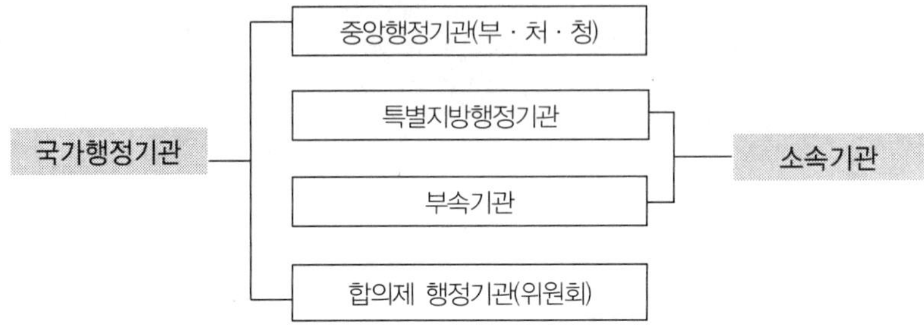

자료: 행정안전부(2017).

가지고 있다. 우리나라에서는 문민정부 이후 문재인 정부에 이르기까지 33개에서 40개의 중앙행정기관을 가지고 있었다(박영원, 2017).

통상적으로 행정 각부는 대통령 및 국무총리의 통할 하에 고유의 국가행정사무를 수행하기 위해 기능별 또는 대상별로 설치한 기관이며, 행정 각부의 장(장관)은 국무위원 중에서 국무총리의 제청으로 대통령이 임명한다.

우리나라에서는 문민정부 이후 지금까지 기획재정부, 통일부, 법무부, 국방부, 환경부, 보건복지부, 고용노동부, 문화체육관광부 등 8개 부가 핵심을 이루고 있다.

처는 국무총리 소속으로 설치하는 중앙행정기관으로서 여러 부에 관련되는 기능을 통할하는 참모적 업무를 수행하는 기관이다. 처의 경우에는 법제처와 보훈처가 정권의 변동과 관계없이 지속적으로 운영되어 왔다.

청은 행정각부의 소관사무 중 업무의 독자성이 높고 집행적인 사무를 독자적으로 관장하기 위하여 행정 각부 소속으로 설치되는 중앙행정기관이다.

청의 경우에는 국세청, 관세청, 조달청, 통계청, 대검찰청, 경찰청, 기상청, 병무청, 농촌진흥청, 산림청, 특허청 등 11개 기관이 주를 이루고 있다. 중앙행정기관은 원칙적으로 '정부조직법'에 의해 설치된 부 · 처 ·

청만을 의미하지만, 개별 법률에 의하여 중앙행정기관을 설치할 수도 있다. 현재 개별 법률에서 중앙행정기관으로 명시한 기관은 방송통신위원회(방송통신위원회의 설치 및 운영에 관한법률), 공정거래위원회(독점규제 및 공정거래에 관한 법률)와 금융위원회(금융위원회의 설치 등에 관

그림 5-2 정부조직 개요(18부 5처 17청)

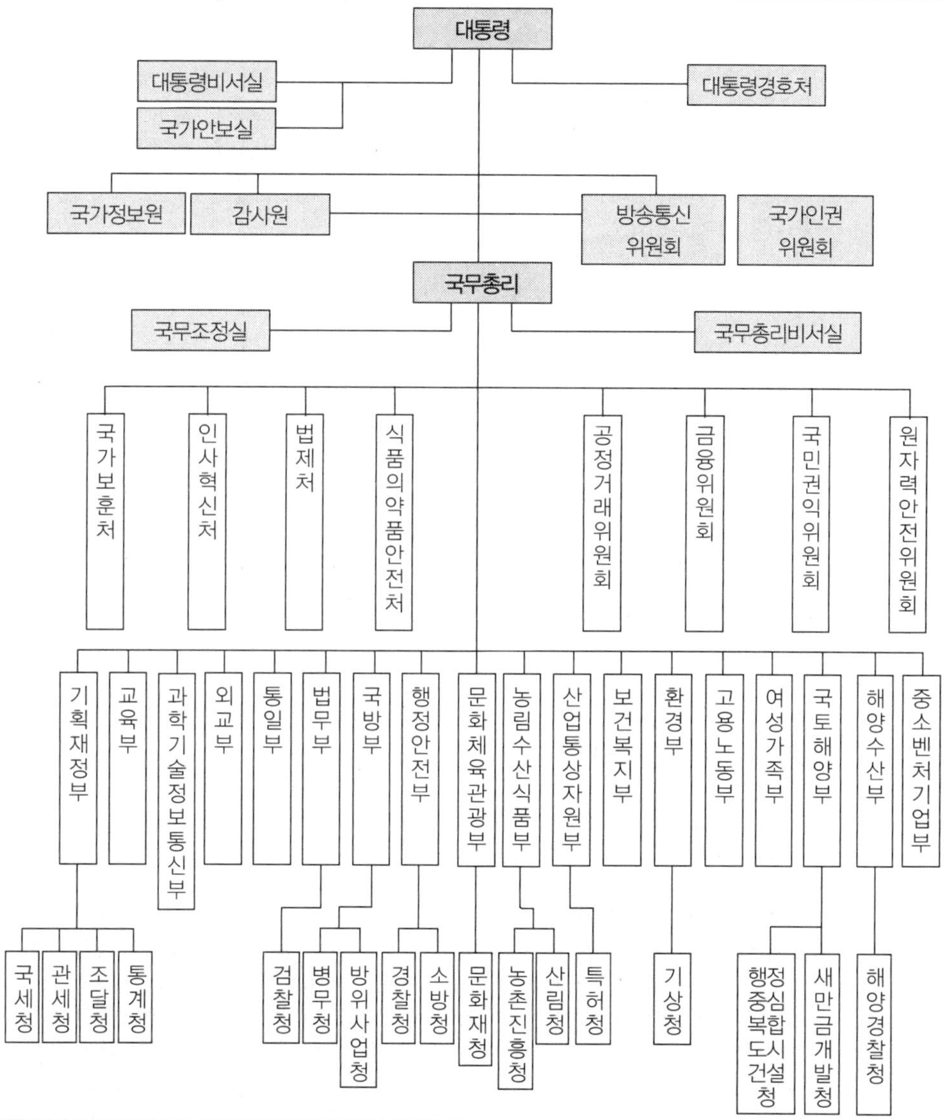

한 법률) 등이 있다(행정안전부, 2017).

2018년 현재 중앙정부조직은 [그림 5−2]에서 보는 바와 같이 18부 5처 17청(2원 4실 6위원회)으로 구성되어 있다.

행정기관이란?

행정기관은 넓은 의미에서 국가나 공공단체의 행정사무를 담당하는 기관을 총칭하나, 협의로는 일정한 범위 내의 행정사무에 관해 국가나 공공단체의 의사를 결정·표시할 수 있는 권한을 가지는 기관, 즉 행정관청만을 말한다.[1] 행정관청이란 행정에 관한 국가의 의사를 '결정'하여 그를 외부에 '표시'할 수 있는 권한을 가진 행정기관을 말한다. 행정관청은 그 구성원의 수에 따라 독임제 행정(관)청과 합의제 행정(관)청으로 나누어진다(김정일, 2016).

행정기관은 인격체인 국가나 공공단체의 기관이지 그 스스로 법의 주체가 되는 것은 아니다. 행정기관은 행정 주체[2]의 내부조직으로서 행정 주체를 위하여 행정을 담당한다. 행정 주체와 달리 행정기관은 법인격이 인정되지 않고 그에 관련된 권한을 가질 뿐이다. 즉, 주관적 권리를 가질 수 없는 행정기관의 행위는 자신을 위한 것이 아니라 행정 주체를 위한 것이다(http://studywell.tistory.com/1).

행정기관은 관할구역의 범위를 기준으로 중앙(관)청과 지방(관)청으로 부르기도 하고, 그 취급사무를 기준으로 국가행정기관과 자치행정기관으로 일컫기도 한다. 그 기능·권한 및 지위 등에 따라 행정관청·의결기관·자문기관·보조기관·보좌기관·집행기관·감사기관으로 부르기도 한다. 국가사무를 수행하는 조직은 반드시 공무원으로 구성된 행정기관이어야 할 필요는 없다. 국가사무의 성질과 내용 또는 시대 상황에 따라 별도의 공공기관과 같은 법인을 만들어 업무를 위탁 수행하도록 할 수 있고 아예 민간에 맡길 수도 있다(김명식, 2005).

---

1) 엄밀한 의미에서 행정(관)청이란 국가의 행정 의사를 결정하고 국민에 대해 이를 표시할 수 있는 권한을 가진 행정기관을 말한다. 행정(관)청은 구체적으로 행정기관의 의사표시를 하는 '행정기관의 장'이라고 할 것이다. 예컨대, 세무서에서 행정기관의 지위에 있는 공무원인 직원들은 세무서장을 보좌하여 실무를 처리하지만 대외 공문서상으로 정당한 효력을 가지고 외부에 표시하는 기관을 대표하는 자는 세무서장이다. 이를 행정(관)청이라고 한다. 이에 대해 지방행정(관)청이라 함은 지방공공단체의 행정의사를 결정하고 주민에 대해 이를 발표할 수 있는 권한을 가진 행정기관을 말한다. 행정관청이 다른 행정기관, 예를 들면 보조기관·자문기관·감사기관과 다른 점은 그가 결정하는 의사가 단순히 기관 의사에 그치지 않고 국가 의사로 된다는 점이다.

특별지방행정기관은 특정한 중앙행정기관의 업무 중 지역적 업무를 당해 관할구역 내에서 처리할 수 있도록 해당 지역에 설치한 행정기관을 말하는데, 지방국세청, 지방관세청, 지방경찰청, 지방검찰청, 우체국, 출입국관리사무소, 교도소 등이 이에 해당된다. 특별지방행정기관은 당해 중앙행정기관의 소속 하에 설치되며, 대통령령인 각 부처 직제로 설치할 수 있다. 특별지방행정기관은 국가사무를 해당 지역에서 처리한다는 측면에서 지방자치 사무를 수행하는 지방자치단체와는 구별된다.

특별지방행정기관은 주로 전문적 사무를 처리하는 기관에 해당된다. 따라서 특별지방행정기관과 지방자치단체가 기능 측면에서 상호 독립성을 구현할 수 있는 경우에는 양자의 적절한 기능 수행을 통해서 지방적 사무의 전체를 원활하게 처리할 수 있다.

그러나 현실적으로 특별지방행정기관과 지방자치단체 간의 관계는 경쟁적 관계에서 발생되는 비효율이 보다 크게 나타날 수도 있다. 다시 말하면, 지방의 행정수요를 처리함에 있어서 특별지방행정기관과 지방자치단체 간의 관계는 상호간의 보완을 통한 시너지 효과를 나타내기보다는 다양한 갈등을 유발하고 행정비용의 증가를 가져올 수도 있다.

우리나라에서 정권이 바뀔 때마다 정권의 행정 이념이나 철학을 충실하게 구현한다는 명분으로 너무 자주 정부조직을 개편하여 국민의 혼란만 가중하고 있는 측면이 있다. 정부조직의 기본 흐름은 정권 차원보다는 국가 차원의 이념을 구현하는 입장에서 큰 그림을 그리는 것이 바람직할 것이다. 다만 행정환경의 변화에 능동적으로 행정 서비스를 제공할 수 있는 행정조직을 마련하는 것도 필요하다. 따라서 행정의 기본 방향을 제시

관청의 권한이 전국에 미치는 관청을 중앙(관)청(각부 장관 등)이라 부르고, 그 권한이 특정 지역에만 한정되어 있는 관청을 지방(관)청(세무서 등)이라고 부르기도 한다. 또한 소관 행정사무가 비교적 광범위하게 미치는 관청을 보통관청이라 말하고, 소관 행정사무가 한정되어 있는 관청을 특별관청이라 한다.

2) 행정조직법상 행정 주체란 행정사무를 수행하고 또한 행정사무수행을 위해 필요한 권리와 의무를 가진 독자적인 임무수행자로서 공법에 근거한 권리의 주체를 뜻한다. 즉, 국가 또는 지방자치단체 등이 이에 해당한다.

하는 부를 중심으로 하는 핵심 중앙행정기관의 개편보다는 사업적 성격이 강한 청이나 공공기관의 개편을 통하여 정부조직의 기본 이념을 살리면서 전문성과 효율성을 살려 나아가는 방안을 모색하여야 할 것이다.

2. 정부조직의 법적 체계

정부조직은 [그림 5-3]에서 보는 바와 같이 국민으로부터 권력을 위임받은 국가의 기본법인 '헌법'을 비롯해 각 수준별로 마련된 법령에 의해 창설된다.

그림 5-3 정부조직의 법적 체계

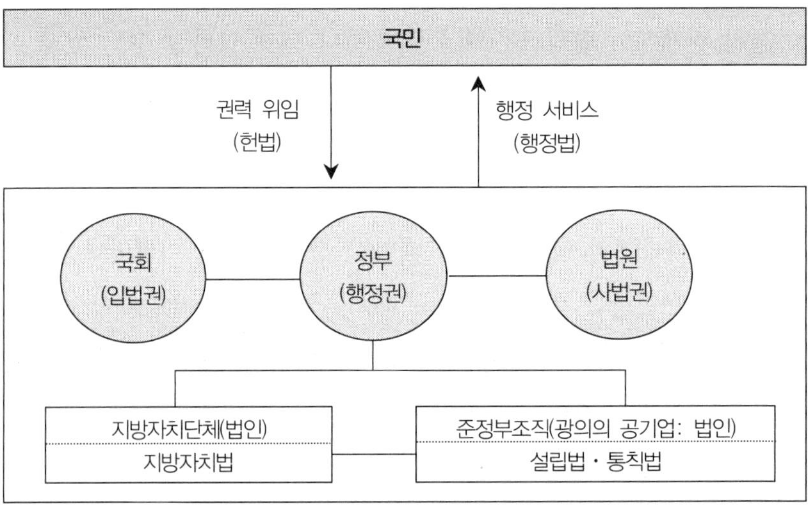

자료: 이상철(2007).

국가를 이끌어 가는 거버넌스의 주체에는 입법부, 행정부, 사법부 등 국가기관과 법인인 지방자치단체, 그리고 행정기관으로부터 일정한 공적 임무를 수탁한 공공법인들이 있다. 공기업을 비롯한 준정부조직 또한 국가 거버넌스에서 중요한 역할을 하고 있는데 공기업도 일종의 공공법인이기 때문이다.

1) 국가와 '헌법'

국가는 '헌법'에서 부여받은 국가 권력을 통하여 국가사무를 수행하기 위해 여러 가지 국가 조직을 만든다. 우리나라의 '헌법'에서는 [그림 5-3]에서 보는 바와 같이 입법권(헌법 제40조)은 국회에, 행정권(헌법 제66조)은 행정부에, 사법권(헌법 제101조)은 법원에서 행사하되 그 권한의 범위와 기준은 국회에서 정하도록 엄격히 통제하고 있다.

2) 정부와 '정부조직법'

'헌법'은 "행정권은 대통령을 수반으로 하는 정부에 속한다"고 규정하고 있다(헌법 제66조 제4항). 여기서 '행정권'은 행정을 행하는 권능이고 '속한다'는 말은 행정 권능의 귀속 주체를 '정부'로 보는 것을 말한다.

행정권은 입법권·사법권과는 달리 국민에게 미치는 영향이 가장 넓고 크기 때문에 다시 적절하게 '행정 각 부처'로 분담·행사하게 한다. 행정 각부를 몇 개로 나눌 것인지 그 이름과 조직 형태, 부처가 담당해야 할 직무 범위(권한)는 어떻게 할 것인가를 구체적으로 정하는 것이 '정부조직법'이다.

정부조직 구성의 근간이 되는 법률이 '정부조직법'이지만 '검찰청법', '독점규제 및 공정거래에 관한 법률', '국가인권위원회법' 등 개별 법률로 정하는 경우도 적지 않다(법제처 국가법령정보센터, 2017).[3)]

3) 지방자치단체와 '지방자치법'

'헌법'은 법인인 지방자치단체로 하여금 지역 주민들을 위한 거버넌스의 주체가 되도록 하고 있다.[4)] '헌법' 제117조 제1항은 "지방자치단체는

---

3) 정부의 행정조직은 법령에 근거해 설치하도록 하고 있으며, 이를 '정부조직 법정주의'라고 한다.

4) 거버넌스라는 말은 1990년대에 들어오면서 정부의 정책 결과에 대해서 성과 책임을 엄격히 하고, 국민들의 국정 참여를 강화할 필요성이 제기되면서 강조되고 있는 용어

주민의 복리에 관한 사무를 처리하고 재산을 관리하며 법령의 범위 안에서 자치에 관한 규정을 제정할 수 있도록 함"으로써 일정 지역 범위 내에서 국가 거버넌스의 주체 역할을 하도록 하고 있다.

'헌법'에 근거를 두고 있고, '지방자치법' 제1조는 "지방자치단체의 종류와 그 조직 및 운영에 관한 사항을 정하고, 국가와 지방자치단체와의 기본적 관계를 정한다"고 규정하고 있다.

4) 공공기관과 '공공기관 설립 및 운영에 관한 통칙법'

정부나 지방자치단체가 설립하는 공공기관 등 각종 준정부조직은 국가예산의 상당 부분을 위탁 집행하고 국가적 사무를 수행하고 있으므로 설치에는 엄격한 법적 규제가 따른다. 따라서 공기업을 비롯한 공공기관의 설립 과정과 운영 면에서 객관적인 기준과 절차를 규범적으로 정하는 통칙법이 있다. 우리나라는 국가 공기업과 공공기관에 관한 설치 및 운영을 규정하는 '공공기관의 운영에 관한 법률'이 있고, 지방공기업과 지방자치단체 출자・출연 기관의 설립과 운영을 위한 일반적 통칙법인 '지방공기업법'과 '지방자치단체 출자・출연 기관의 운영에 관한 법률'이 있다.

3. 독임제 행정기관

행정기관에는 행정관청의 구성원이 1인이냐 수인이냐에 따라 독임제 행정기관과 합의제 행정기관으로 나뉜다. 즉, 독임제 행정기관이란 국가 의사를 결정하는 행정기관의 설정 방법으로서 일인 행정관청에 그 권한을 일임하는 제도를 말하는데, 각부 장관, 시・도지사 등이 이에 해당된다. 합의제 행정기관은 국가의 의사결정을 수인의 합의제 행정관청에 맡기는 것으로 '국가인권위원회', '선거관리위원회' 등이 그 예다.

이다. 종전의 국가 역할이 정부의 일방적 관리인 governing(통치)이었다면 최근의 국가 역할은 국민의 참여를 강조하는 governance(협치)라고 할 수 있다(이상철, 2016).

일반적으로 대륙법계 국가에서는 국가 의사를 결정하는 행정기관으로서 그 행정기관의 장인 행정관청에 그 권한을 일임하는 독임제가 원칙이고, 영미법계 국가에서는 합의제인 위원회가 많다. 우리나라는 대륙법계에 속하는 행정기관이 많기 때문에 독임제 행정관청이 주류를 이룬다. 즉, 우리나라에서는 각부 장관, 처 · 청장, 군수, 경찰서장, 세무서장 등과 같이 국가 또는 지방자치단체의 의사를 결정하는 독임제를 채택하고 있으며, 이들의 의사결정을 도와주는 행정기관은 모두 보조기관, 자문기관에 불과하다. 독임제 행정기관은 책임 소재가 명확하고 능률적이며 기밀이 보장되는 등의 장점이 있는 반면에, 관료주의적 독단과 전횡이 나타날 수 있는 단점이 있다.

4. 합의제 행정기관

최근에는 이러한 독임제 행정기관의 단점을 보완하기 위해 의사결정의 신중을 요하고 민주적인 절차가 강조되어야 하는 분야에는 합의제 행정기관을 둔다. 합의제 행정기관은 그 소관사무의 일부를 일반 행정조직에서 독립해서 수행할 필요가 있는 경우에는 따로 기관의 설치 근거가 되는 법률을 둘 수 있다. 가령 '국가인권위원회법'에 의해 설립된 국가인권위원회, '부패방지 및 국민권익위원회의 설치와 운영에 관한 법률'에 의한 국민권익위원회, '금융위원회의 설치 등에 관한 법률'에 의한 금융위원회, '독점규제 및 공정거래에 관한 법률'에 의한 공정거래위원회 등이 그 예이다.

행정위원회는 국가의 의사를 결정하고 대외적으로 이를 표시할 권한이 있는 행정관청으로, 법률이 정하는 바에 따라 행정 기능과 함께 규칙을 제정할 수 있는 준입법적 기능과 이의의 결정 등 재결을 행할 수 있는 준사법적 기능을 수행하는 경우도 있다(행정안전부, 2017). 행정기관 소관사무의 일부를 독립하여 수행할 필요가 있을 때 법률이 정하는 바에 따라 설치되는 합의제 행정기관으로 사무국 등 하부조직을 설치할 수 있다.

합의제 행정기관인 행정위원회는 어떤 지위의 행정기관에 소속되느냐에 따라 〈표 5－1〉에서 보는 바와 같이 성격별로 무소속기관 성격, 중앙행정기관 성격, 중앙행정기관의 소속기관 성격의 위원회로 구분할 수 있다(행정안전부, 2017).

표 5-1 성격별 위원회 현황

무소속기관 성격	중앙행정기관 성격	소속기관 성격
국가인권위원회	방송통신위원회, 공정거래위원회, 금융위원회, 국민권익위원회, 원자력안전위원회	소청심사위원회, 무역위원회, 복권위원회, 전기위원회, 보훈심사위원회 등

자료: 행정안전부(2017).

행정자문위원회는 행정기관의 자문에 응하여 전문적인 의견을 제공하거나, 자문을 구하는 사항에 관하여 심의·조정·협의하는 등 행정기관의 의사결정에 도움을 주는 기구이다. 자문위원회는 업무 내용이 전문적 지식이나 경험이 있는 자의 의견을 들어 결정할 필요가 있거나 업무의 성질상 특별히 신중한 절차를 거쳐 처리할 필요가 있는 경우에 설치한다.

일반적으로 위원회란 위원회, 심의회, 협의회 등 명칭을 불문하고 행정기관의 소관사무에 관해 자문에 응하거나 조정, 협의, 심의 또는 의결 등을 정하기 위한 복수의 구성원으로 이뤄진 합의제 기관을 말한다. 합의제 행정기관인 위원회를 제외하고 행정조직 내에 설치되는 위원회는 대부분이 자문위원회다. 자문위원회는 대부분 비상설 위원회로 구성되고, 원칙적으로 사무기구를 둘 수 없으며, 결정 사항을 대외적으로 표시하거나 집행할 수 있는 권한이 없다.

위원회에는 〈표 5－2〉에서 보는 바와 같이 위원회의 결정이 행정기관을 법적으로 기속하는 위원회와 그렇지 않은 위원회가 있다.

행정기관에 두는 위원회의 효율적이고 체계적인 관리를 위해 '행정기관 소속 위원회의 설치·운영에 관한 법률'을 제정해 위원회 관리 기준을

표 5-2 법적 기속 여부에 따른 위원회

법적으로 기속하는 위원회	법적으로 기속하지 않는 위원회
최저임금위원회, 중앙징계위원회	공공기관운영위원회, 책임운영기관운영위원회 등

자료: 행정안전부(2017).

명시하고 있다. 위원회를 설치할 경우 행정안전부 장관과 협의하고 존속기한(5년)을 설정함으로써 위원회 남설을 방지하려고 노력하고 있다.[5]

5. 행정기관 하부조직

행정기관은 기관의 의사결정 또는 판단을 보조하거나 보좌하기 위해 하부조직을 두고 있다. 보조기관에는 행정기관의 의사결정을 직접 보조하는 계선(line) 기능을 수행하는 실, 국, 과 등이 있고, 보좌기관에는 행정기관의 기능을 원활하게 수행하도록 지원하는 참모(staff) 기능을 하는 정책관, 심의관, 담당관이 있다. 우리나라의 행정기관 하부조직은 중앙행정기관의 소관사무를 업무의 성질이나 양에 따라 여러 개로 분담해 설치할 필요가 있는데, 그 업무의 한계가 분명하고 업무의 독자성과 계속성이 있어야 한다.

정부조직은 공익의 실현을 목표로 하고 있는 점에서 경영의 효율화를 통한 이윤극대화를 추구하는 민간조직과는 구별된다. 그러나 정부의 위탁사무를 수행하고 있는 각종 공사・공단, 정부출연・보조기관, 공공시설 등과 같이 민간조직과 행정조직의 중간적 성격을 지닌 '공공조직' 또는 '공공기관' 은 해당 법률에서 별도로 규정하고 있다.[6]

---

5) 2017년 6월 말 기준으로는 법률과 대통령령에 근거한 행정기관위원회는 총 556개(행정위원회 38개, 자문위원회 518개)이다.

6) 공공기관(public institution)에 대한 용어는 법령에 따라 다양하게 사용된다. 사법기관(대법원)에서는 공공기관을 '공동체 전체의 이익에 중요한 역할을 하는 기관'이라고 하여 매우 포괄적으로 다루고 있다. '국가인권위원회법'에서는 공공기관은 "가. 국가기관, 나. 지방자치단체, 다. '초・중등교육법' 및 '고등교육법' 그 밖의 다른 법률에 의하여 설치된 각급 학교, 라. '공직자윤리법' 제3조 제1항 제12호의 규정에 의한 공

그림 5-4 **법인조직의 종류**

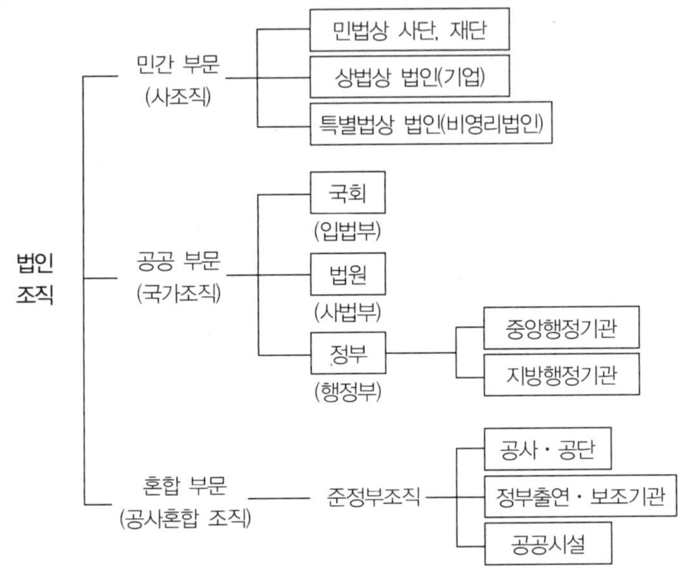

법인격을 갖춘 조직을 민간 부문과 공공 부문으로 크게 나눠 볼 때 [그림 5−4]에서 보는 바와 같이 민법상 사단과 재단,[7] 상법상 법인인 기업, 그리고 각종 특별법에 의한 비영리법인이 있고,[8] 공공 부문은 입법부 · 사법부 · 행정부를 근간으로 하는 국가조직과 국가의 사무를 위임받거나 국가의 영향력 하에 있는 준정부조직으로 나눌 수 있다. 행정부를

직 유관단체"라고 하고 있다(동법 제2조 제6항). 한편 '공공기관의 운영에 관한 법률'에서는 기획재정부 장관이 지정하는 국가 · 지방자치단체가 아닌 법인 · 단체 또는 기관이라고 규정하고 있다.

7) 사단법인이란 일정한 목적을 위해 결합한 사람의 단체, 즉 사단(社團)을 실체로 하는 법인이고, 재단법인이란 일정한 목적에 바쳐진 재산, 즉 재단(財團)이 그 실체를 이루고 있는 법인이다. 민법은 사단법인과 재단법인의 중간적인 형태의 법인을 인정치 않는다.

8) 법인은 일반법인 민법에 의해 설립되는 법인과 특별법인 상법에 의한 법인 이외에도 기타 특별법에 의해 성립되는 많은 비영리법인이 있다. 특별법은 특정의 사람, 사물, 행위 또는 지역에 국한해서 적용되는 것으로 일반법에 우선해 적용하는 것이 원칙이다. 특별법에 의해 성립되는 비영리법인으로는 '사립학교법' 규정에 의한 학교법인, '의료법' 규정에 의한 의료법인, '사회복지사업법'에 의한 사회복지법인 등 많은 비영리법인이 존재한다.

근간으로 하는 정부조직은 앞에서 설명한 바와 같이 크게 중앙행정기관과 지방행정기관으로 구성되며, 준정부조직은 공사 · 공단, 정부출연 · 보조기관 및 공공시설 등으로 이뤄진다.

제2절 큰 정부와 작은 정부

조직은 인간과 같이 환경에 적응하기 위해 지속적으로 진화해 왔다. 특히 정치적 · 제도적 환경의 영향을 크게 받고 있는 정부조직은 정치 · 경제적 이데올로기의 변화에 따라 진화의 모습을 달리해 왔다. 행정국가 시대에는 많은 행정 수요에 직면해 다양한 공적 서비스를 제공할 수 있도록 공공 부문의 조직을 확대하는 방향으로 진화했고, 공공조직의 효율성과 생산성을 강조하는 신공공관리론 시대에는 공공조직을 축소하는 방향으로 진화해 왔다.

전자를 흔히 큰 정부조직으로의 진화라고 하는데, 이는 주로 시장실패(market failure)에서 기인한 바가 크다. 작은 정부조직으로의 진화라고 하는 후자의 경우에는 정부실패(government failure)의 치유에 그 주된 목적을 두고 있었다.

1. 큰 정부로의 진화

역사적으로 1930년대의 대공황을 시발점으로 하여 세계대전을 겪으면서 적극적 행정국가와 복지국가의 이념이 전 세계적으로 크게 확산되었다.

정부는 형평성을 비롯한 공공가치를 실현하기 위해 시장(민간)에 개입하였는데, 법률 · 예산에 근거를 둔 (준)공공재 공급, 규제 · 조장, 단속 · 처벌, 점검 · 평가, 조세 부과나 보조금 지급, 행정지도 등 다양한 행정(행위 또는 작용)으로 이행되었다(박재완, 2016).

이러한 흐름은 [그림 5－5]에서 보는 바와 같이 많은 정부부처 조직을 새롭게 창설함으로써 정부 부문의 확대를 가져왔다.

나아가 1960년대와 1970년대는 정부부처 조직뿐만 아니라 많은 공공 부문의 공기업이 창설되어 민간 부문에서 하던 일을 공기업에서 대신하게 됨으로써 '공기업의 시대(public enterprise era)'라고 불리기도 했다.

큰 정부로 진화된 원인에는 행정 수요의 증대에 따른 행정조직의 확대, 정당정치에 따른 책임 있는 정부의 요구, 경제 공황에 따른 행정국가의 출현 등이 배경이 되고 있다.

그림 5-5 **큰 정부조직으로의 진화**

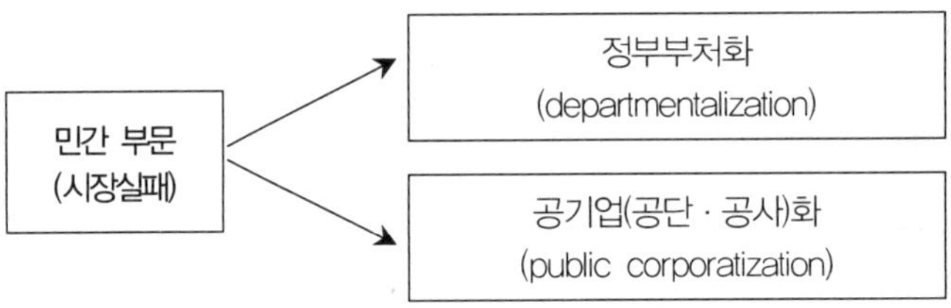

1) 행정 수요의 증대와 행정조직의 확대

서구 각국에서는 19세기 중반부터 산업화와 도시화를 겪게 된다. 이들은 농촌지역의 인구가 급격하게 도시로 유입됨에 따라 이전에 경험하지 못한 새로운 사회적 문제들을 경험하기 시작했다. 많은 도시 빈민의 식량 배급과 창궐하는 콜레라와 장티푸스 등의 전염병을 해결하기 위해서는 우선적으로 새로운 주택의 공급과 상 · 하수도의 정비가 시급하게 요구되었다. 도시 근로자의 보호뿐만 아니라 이들의 자녀에 대한 교육도 새로운 행정 수요로 등장했다.

그간 자유방임주의의 전통을 유지해 온 각국의 정부는 이러한 문제들을 적극적으로 해결하기 위해 정부의 역할 범위를 확대하고 이를 수행할 행정조직을 새롭게 확대 개편하기 시작했다.

2) 정당정치와 책임 있는 정부

근대 국가가 형성되기 시작한 20세기 초는 대중 민주주의의 뿌리가 내리기 시작한 시기다. 이러한 전환기에는 정치 · 사회적으로 많은 변화가 일어나기 마련이다. 근로자들의 요구가 증대하면서 노동조합이 결성되기 시작했고 여성들이 인권에 눈을 뜨기 시작하면서 성인 남녀 모두에게 선거권을 부여하는 보통 · 평등 선거제도가 시행되기에 이르렀다. 노동자 및 여성의 복지와 인권을 두고 다른 사고와 이념을 가진 정치 세력들이 각각 정당을 만들기 시작하면서 정당정치가 나타나기 시작했다. 선거권이 확장됨에 따라 새로이 선거권을 가진 유권자를 겨냥한 정치 세력들의 요구를 담아내기 위해 각 정당은 경쟁적으로 자신의 인권정책 · 노동정책 · 사회정책을 정당의 강령으로 내세우고 이를 책임 있게 수행할 수 있는 정부를 필요로 했다.

이들 정치 세력은 비록 공적비용은 더 들더라도 지지층의 요구를 실현하기 위한 책임 있는 정부조직을 만들기 위해 노력했다.

3) 경제 공황에 따른 행정국가의 출현

1930년대 세계 대공황을 계기로 정부의 역할이 증대됨에 따라 기능과 구조 및 예산이 팽창한 정부가 등장하기 시작했다.[9]

---

9) 파킨슨(Cyril N. Parkinson)은 20세기 전반기에 많은 나라에서 관료들의 수가 급격하게 증가하는 원인을 규명하려고 시도했다. 그는 무엇보다도 공조직에서 업무 증가와 관계없이 예산과 공무원 수가 지속적으로 늘어나고 있는 점을 주목하고 이에 대한 원인을 규명하고자 노력했다. 그가 발견한 조직 팽창의 주된 원인은 계층제에 의한 부하 수의 증가와 조직 할거주의에 의한 부가 업무가 늘어나기 때문이라고 했다. 그는 이를 '부하 배증의 법칙(law of multiplication of subordinates, 제1공리)'과 '업무 배증의 법칙(law of multiplication of work, 제2공리)'이라고 했다. 제1공리란 A라는 관료는 업무가 과중할 때 자기의 동료 B를 보충받기보다는 부하 C를 받기를 원한다. 동료는 승진 등에서 경쟁자가 될 가능성이 많기 때문이다. 그리고 부하를 보충받을 때 C 한 사람보다는 두 사람(또 다른 부하 D)을 받기를 바란다. 왜냐하면 부하는 복수로 운영하는 것이 경쟁을 유도할 수 있을 뿐만 아니라 자신의 권위를 강화할 수 있기 때문이다. 제2공리란 이러한 과정을 거쳐 부하가 배증되면 과거 A가 혼자서 일을 하던

제1 · 2차 세계대전을 계기로 모든 국가는 전쟁의 승리를 위해 국가 총동원 체제를 갖추고 행정이 국가를 이끌어가는 주도적인 역할을 하지 않을 수 없게 되었다. 더욱이 대공황으로 인해 고전적 시장 메커니즘에 대한 신뢰감을 잃게 되고, 그 결과 정부가 국가 경제의 관리자라고 보는 사고가 증대되면서 행정국가가 출현하기 시작했다.

행정국가(administrative state)란 엄밀한 의미에서 국가의 입법 및 사법 기능에 비해 행정 기능이 특별히 우월한 국가를 말한다(이종수, 2009).

20세기에 들어 국가의 복지 기능이 강조되면서 행정이 사회 안정자(stabilizer)로서의 역할뿐만 아니라 사회 변동 촉진자(fertilizer of social change) 역할을 수행하는 행정국가화 현상은 선후진국을 막론하고 보편적인 흐름이 되고 있었다. 현대 국가에서 행정부가 준입법적 · 준사법적 기능까지 수행함으로써 입법부와 사법부의 기능에 비해 상대적으로 행정 기능은 양적 · 질적으로 확대되었다.

행정국가가 등장하게 된 배경에는 이념적으로 '케인스주의(Keynes principle)'가 큰 역할을 하게 된다. 케인스(John M. Keynes)는 유효 수요의 원리에 입각해, 경기순환을 안정시키고 완전고용을 실현하기 위해서는 국가가 적극적으로 시장에 개입할 필요가 있다고 주장했다. 케인스주의는 정부가 민간 분야에 적절히 개입함으로써 완전고용, 경제 성장 및 안정, 인플레이션의 억제를 가져올 수 있다고 주장했는데, 이는 이후 수정자본주의 논리의 근간이 되었다.

때와는 달리 지시, 보고, 협조, 승인, 감사 등 파생적 업무가 부가적으로 발생해 업무량이 배증하게 된다. 이러한 절차로 업무가 증가되면 다시 부하가 배증되게 되고, 이러한 악순환은 공조직 내 관료들의 수를 증가시키는 주된 원인이 된다는 것이다(김기태, 1997).

케인스주의와 뉴딜정책

케인스(John M. Keynes)는 19세기 유럽에서 전성기를 누렸던 고전파 경제학의 자유주의 질서가 경제적으로 불평등을 심화시켰고, 이것이 세계경제의 침체 및 대공황으로 이어지는 위기를 초래했다고 비판했다.

고전파 경제학에서는 그림에서 보는 바와 같이 고용 감소의 요인으로 사용자에 대한 근로자의 높은 임금 요구, 이에 대한 사용자의 고용 거부, 이것이 악순환되면서 실업을 초래한다고 주장한다.

케인스주의의 개념도

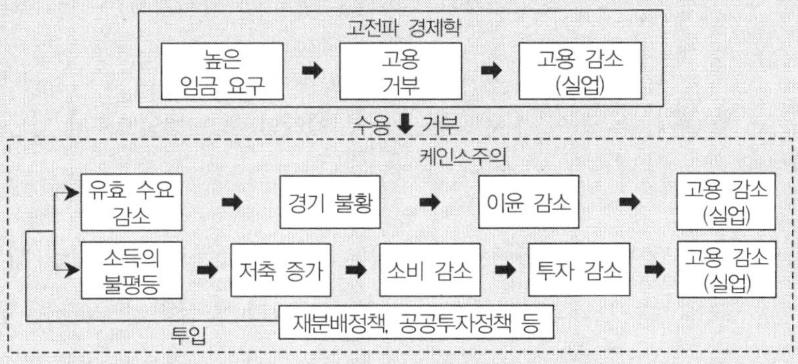

자료: 양승일(2011).

그러나 케인스는 기존의 고전파 이론을 거부하고 유효 수요의 이론을 제시했다. 즉, 고용 감소의 요인은 근본적으로 소비와 투자로 구성된 유효 수요의 감소에 있다고 보고 있다. 유효 수요가 감소할 경우 경기 불황이 초래되고, 이는 기업의 이윤 감소로 이어지며, 결국 실업이 발생하게 된다는 것이다. 그는 특히 소득의 불평등으로 인한 부유층과 저소득층의 계층 차이가 클 경우에는, 부유층은 소비하고 남은 소득을 저축하게 되는데 이로 인해 소비에 이어 투자가 감소해 실업이 초래되는 과정을 강조했다.

이러한 고용 감소를 완화하기 위해서는 정부가 적극적으로 나서서 유효 수요를 증대시키고, 소득의 불평등을 줄여야 한다는 것이 그가 주장하는 논지의 핵심이다. 그는 구체적으로 누진세 등 재분배정책, 경기활성화를 위한 공공투자정책의 필요성을 역설했다. 그가 특별히 관심을 가지는 것은 누진세 등을 활용한 재분배정책으로서, 이를 통해 소비자의 소비 성향을 높이고 소득의 불평등을 완화해 고용 증대에 기여해야 한다고 했다.

이러한 케인스 이론이 적용되어 미국에서 대공황 극복을 위해 시행된 것이 뉴딜(New Deal)정책이다.

1929년 10월 24일에 뉴욕 주식시장의 주가 대폭락으로 시작된 경제 불황은 미국 전역에 파급되었고, 그것이 연쇄적으로 세계적인 대공황으로 확대되었다. 당시 미국의 대통령인 후버(H. Hoover, 재임 기간: 1929~1933)의 필사적인 방지대책에도 불구하고 물가는 계속 폭락해 1932년에는 국민총생산(GNP)이 1929년의 56% 수준으로 떨어졌고, 파산자가 속출해 실업자는 1,300만 명에 이르렀다.

1932년의 대통령선거는 이와 같은 심각한 불황 속에서 시행되었는데, 민주당에서는 당시의 뉴욕 주지사로서 불황 극복에 착실한 업적을 올리고 있던 루스벨트(F. Roosevelt)를 대통령 후보로 지명했다. 루스벨트는 경제사회의 재건, 빈궁과 불안에 떨고 있는 국민의 구제를 목적으로 한 새로운 정책, 즉 '잊혀진 사람들을 위한 뉴딜(신정책)'을 약속함으로써 공화당의 후버를 누르고 대통령에 당선되었다. 당선 후 1933년 3월 루스벨트는 특별의회를 소집하여 '백일의회'라고 불리는 100일 간의 특별 회기 내에 적극적인 불황 대책을 정부 제안의 중요 법안으로서 입법화했다.[10)]

뉴딜의 여러 법안의 작성에는 대통령 측근의 진보적인 학자와 전문가 그룹, 즉 브레인 트러스트(brain trust)가 중심적인 역할을 했다. 1933년에 입법화된 주요 정책은 다음과 같다. ① '긴급은행법'을 제정해 재기 가능한 은행에는 대폭적인 대부를 해 줌으로써 금융공황으로부터 은행을 구출해 은행 업무의 정상화를 도모, ② 금본위제를 폐지하고 관리통화법을 도입해 통화에 대한 정부의 규제 강화, ③ '농업조정법'을 제정해 주요 농산물의 생산 제한으로 과잉생산을 없애고 농산물가격의 하락을 방지해

10) 뉴딜정책은 정부가 적극적으로 개입해 자유주의 경제에 대한 수정을 가했다는 점에서 자본주의 경제 체제에서 큰 의의를 가지고 있다.

그러나 복지정책에서 정부의 적극적인 개입을 지향하는 케인스주의는 빈부격차 완화 등 긍정적인 부분도 많지만, 이론의 보편성에는 한계가 있다는 비판을 받고 있다. 케인스주의는 스태그플레이션을 동반한 1·2차 오일쇼크(1973년·1979년 발생)로 인해 후퇴하게 되는데, 인플레이션은 경제를 활성화시키고, 경제활성화는 고용을 증대시킨다는 케인스주의의 이론이 오일쇼크로 인해 불황과 인플레이션이 동시에 발생함에 따라 설득력을 잃고 만 것이다.

케인스주의는 민간보다는 정부의 역할을 강조함으로써 재정 부담의 가능성을 높인 것이 사실이다. 따라서 최근 공공 부문의 효율성을 강조하기 시작하면서 전면적인 케인스주의를 추종하기보다는 정부와 민간의 역할이 조화되는 제3의 길이 대안으로 모색되고 있다(양승일·정혁인, 2009).

균형가격을 회복하려고 시도, ④ '전국 산업부흥법'을 제정해 각 산업 부문마다 공정경쟁규약을 작성하게 하여 지나친 경쟁을 억제시켰으며, 생산 제한 · 가격협정을 인정하고 적정한 이윤이 확보되도록 하는 한편, 노동자의 단결권 · 단체교섭권을 인정하는 동시에 최저 임금과 최고 노동시간의 규정을 약속해 노동자에 대한 안정된 고용과 임금을 확보, ⑤ 테네시강 유역 개발공사(TVA)를 설립해 이 지역의 발전과 치수관개용의 다목적댐을 건설, ⑥ 자원보존봉사단 · 연방임시구제국을 설립해 정부자금에 의한 실업자와 궁핍자를 구제하는 것 등이다(김경우 · 양승일 · 강복화, 2008).

케인스주의에 바탕을 둔 뉴딜정책은 구제 · 부흥 · 개혁 등을 목적으로 하고 연방정부의 기능과 대통령의 권한을 확대하면서 적극적으로 구제정책을 전개해 많은 성과를 올렸다. 또한 뉴딜정책은 정부의 역할을 새롭게 인식함으로써 전통적인 자유방임주의를 포기하고, 정부 권력에 의한 통제가 허용되는 계기가 되었다. 즉, 7년의 장기간에 걸친 뉴딜은 단순한 경제정책에 그치지 않고, 정치 · 행정에도 커다란 영향을 끼쳐 큰 정부 및 행정국가의 시대를 여는 계기가 되었다.

후버 댐

미국 그랜드 캐년이 자연이 낳은 지구상의 가장 걸출한 작품이라면 20세기에 정부가 만든 가장 기억될 만한 공공 작품 중의 하나는 후버 댐(Hoover Dam)이 아닐까 싶다.

인류가 일찍이 겪어 보지 못했던 1930년대의 대공황에서 모두가 허둥대고 있을 때 케인스(John M. Keynes)는 새로운 시각에서 정부의 재정지출을 통한 유효 수요 창출과 고용 확대를 주장했고, 이에 대한 실험적인 현장이 바로 후버 댐이었다.

미국 전역에서 자리를 잃었던 사람들이 일터를 찾게 되었고, 캘리포니아, 애리조나 등 콜로라도 강 줄기에 있는 많은 지역의 홍수를 방지하고 관개시설을 개선함으로써 미국 농산물의 원활한 수급의 신기원을 마련했다. 네바다 사막 한복판에 자리잡고 있는 라스베이거스의 불야성도 궁극적으로는 후버 댐의 안정적인 물과 전력 공급이 있었기 때문에 가능했을 것이다.

더 놀라운 것은 이곳 후버 댐에 찾아오는 관광객이 연간 무려 천만 명에 이르고 있다고 한다. 발전시설(power plant)까지 관람하는 데 1인당 30달러를 받고 있는데 그 입장료만 해도 천문학적인 숫자에 이른다. 참고로 그랜드 캐년 입장객이 연간 4~5백만 명에 1인당 일주일 간 이용하는 데 필요한 입장료가 25달러인 것을 생각하면 그랜드 캐년보다 훨씬 많은 관광수입을 창출하고 있는 것이다.

이러한 후버 댐의 성공은 전 세계적으로 재정지출 확대가 경기 진작에 만병통치약인 것처럼 통용되게 만들었다. 요즈음 미국이나 우리나라에서나 가는 곳마다 도로 건설과 각종 이름의 토목사업이 한창이다. 1930년대 미국의 개발 초기 공공지출 효과와 이미 한계 상황에 달한 작금의 재정지출의 효과는 분명히 차이가 있을 것이다. 그러나 선거를 의식한 정치 관료들의 의사결정은 정치적 의사결정에 매몰되어 있고 후버 댐은 그들이 주장하는 재정지출 확대의 빌미로 활용되고 있다. 필자와 같이 정부실패를 토론한 일리노이대학교 노사관계관 미스터 톰슨(John Thompson)은 "공공 수요 확대를 위해서 정치인들이 오늘은 백악관 뜰을 파고 내일은 다시 묻는 일을 반복하고 있다"고 비아냥거린다.

2. 작은 정부로의 진화

그러나 1980년대 이후 공공 부문에서 비효율적인 조직 운영이 사회적 문제가 되면서 공공 부문의 민영화 흐름이 급속하게 진행되었고, 이는 정부 부문 조직의 감축관리, 즉 슬림화로 귀결되었다. 작은 정부로의 진화는 비용과 편익의 비교에 의한 생산성 또는 효율성을 강조하는 시장적 실용성, 민간 부문의 역할을 강조하고 정부 부문 역할의 축소를 주장하는 신자유주의적 이념으로, 민간 부문의 능률과 이윤 동기를 중시하는 상업적 경쟁성, 공공 부문 종사자의 조직에 충성을 요구하는 자발적 헌신성, 그리고 공공 서비스 수요자의 필요에 충실하게 반응하는 대중성이 중심 개념으로 자리잡기 시작하였다.

작은 정부로의 진화는 [그림 5-6]에서 보는 바와 같이 공공 부문 내에서 소유권은 정부 부문에 그대로 두면서 시장의 경쟁적 환경 속에서 비용을 절감하고 고객들의 만족도를 향상하는 상업화(commercial-

그림 5-6 작은 정부조직으로의 진화

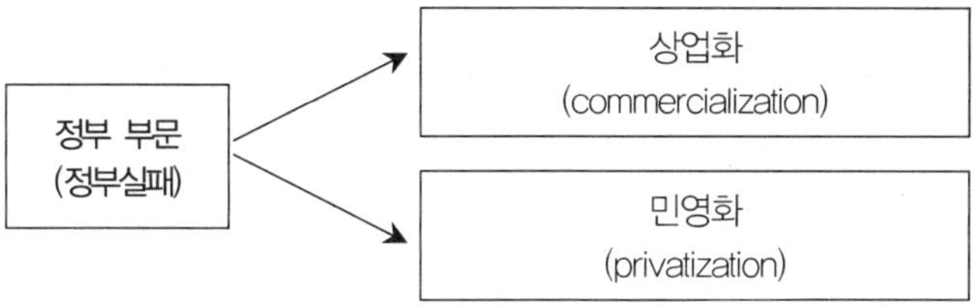

ization)의 움직임과, 공공 부문의 소유권 자체를 아예 공공 부문에서 민간 부문으로 이전하는 민영화(privatization)의 흐름으로 요약할 수 있다.

작은 정부(small government)란 민간 경제에 대한 정부 간섭의 배제와 감축관리를 지향하는 큰 정부에 대비되는 개념이다. 1980년대 정부 부문의 영역과 기능을 축소하고 관료제를 혁신하기 위해 정부 기구와 인원을 축소하거나 정부 지출을 줄이려는 노력이 광범위하게 확산되기 시작했다.[11]

행정국가와 복지국가가 큰 정부를 대표하는 개념이라고 한다면 생산적이고 능률적인 국가는 작은 정부의 전형이라고 할 수 있다. 행정국가와 복지국가를 지향하던 큰 정부는 많은 예산과 불필요한 조직을 양산함으로써 적지 않은 정부실패를 경험하면서 작은 정부로의 진화를 촉진하는 계기가 되었다.

각국에서 작은 정부를 지향하게 된 일반적인 배경에는 정부 부문의 비효율성, 정부의 내부성에 의한 예산극대화, 공공 부문의 파생적 외부성, 권력에 의한 불공정성의 심화 등으로 요약할 수 있다.

1) 정부 부문의 비효율성

시장에서는 어떤 활동에 소요되는 비용과 그 활동을 지속하게 하는 수

11) 작은 정부의 평가지표로는 정부 기능 및 규제의 범위, 조직의 규모와 공무원의 수, 예산의 규모, 정부와 민간, 그리고 기업의 권력 관계 등이 이용되었다(이종수, 2009).

입은 비록 완전하지는 않다고 하더라도 소비자들이 지불하는 가격에 의해 결정된다. 이에 반해 정부활동은 시장가격이 아닌 세금으로 그 활동에 필요한 재원을 마련하고 있기 때문에 시장에서처럼 가격 기능을 하는 연결고리가 없다. 이와 같은 연결 매개체의 결여는 정부 부문에서 일정한 산출물을 생산하는 데 필요 이상의 자원을 소모하게 만든다. 즉, 정부 부문은 민간 부문에 비해 경쟁 압력이 약하므로 관료들은 최선을 다하지 않고 생산가능곡선 내부에서 느슨하게 일하기 쉽다.[12)]

이러한 정부 부문의 비효율성이 정부조직의 축소를 가져오게 하는 원인이 되고 있다.

2) 연성예산 제약과 내부성에 의한 예산극대화

사기업은 자기자본과 사채 등으로 자본을 조달하고 이를 생산에 운용하여야 한다. 사기업이 조달할 수 있는 자본에는 이자부담 등 많은 제약(constraint)이 있으며, 그러한 제약 하에서 비용극소화, 이윤극대화를 기업목표로 하게 만든다. 그러나 정부 부문에서는 이러한 예산제약(budget constraint)이 아예 없거나 연성화(soften)되기 쉽다. 연성예산제약(soft budget constraint)은 예산배분과 운영에 있어 비효율의 원인이 된다. 더욱이 정부 부문은 시장과 달리 경쟁이 결여되어 있기 때문에 비용을 통제하기 위한 내부적 통제 기준을 설정하려는 유인도 약하다.

이러한 상황에서 정부조직은 그 기관의 공식적 목표와 뚜렷한 관계가 없는 내부성(internalities)을 갖고자 하는 유인을 가지게 된다(이종수, 2009).[13)]

---

12) 이러한 정부 부문의 문제점을 '독과점에 따른 X-비효율'(Leibenstein, 1966)이라고 한다.

13) 일반적으로 내부성이란 프로젝트를 수행할 때 비용과 편익에 직접적으로 영향을 미치는 조직 내의 여러 가지 요인을 말한다. 조직에서 내부 이익과 단합에만 치중하다 보면 구성원끼리만 사적 목적에 집착하고 외부 조직과 융화가 잘 안 된다든가 더 큰 목표를 달성하기 위한 유기적인 관계를 맺지 못하는 부작용을 가져오기도 한다.

정부조직에서 내부성이란 통상적으로 관료들이 국민의 이익보다는 자신들의 이익을 우선적으로 추구하는 현상과 요인을 말한다. 주인인 국민을 대리하여 예산을 집행하는 관료들의 이러한 행태를 '대리 극대(agency maximands)'라고 부르기도 한다. 내부성의 영향을 받는 공적 의사결정자들은 조직의 비용을 기술적으로 계산이 가능한 수준보다 항상 과대 포장함으로써 정부 예산 사용의 비효율을 유발하게 된다. 정부조직의 내부성은 대체로 그것을 야기하는 사람들이 향유하는 편익이지만, 그것으로 인한 비용은 정부 산출물에 대해 일반 국민이 지불하는 세금 부담으로 귀결되기 때문에 문제가 된다.

또한 정부조직의 경우 산출물의 정의와 측정이 어렵고 소비자로부터의 환류가 없거나 부정확하기 때문에 성과 척도를 개발하기가 어렵다. 적절한 성과 측정 도구를 가지지 못한 정부조직에서는 예산 규모가 그 기관의 주요한 성과 기준으로 인정되기 때문에 더 많은 예산을 확보하려고 한다. 예산극대화의 한 형태는 그 조직 인력의 고용 수준을 늘리는 형태로 나타난다. 왜냐하면 이윤극대화 목표가 배제되는 정부 부문은 자신의 관할 하에 있는 인력 규모가 중요한 성과 측정 기준으로 작용하기 때문이다.[14]

이러한 연성예산 제약과 내부성은 궁극적으로 정부조직의 예산극대화를 초래하게 된다.

3) 공공 부문의 파생적 외부성

외부성 또는 외부 효과(externality)란 한 경제 주체의 생산 · 소비 또는 분배행위가 시장의 교환 과정을 거치지 않고 다른 소비자 또는 생산자에게 유리 또는 불리한 영향을 미치는 것을 말한다. 흔히 파급 효과(spillover effect) 또는 이웃 효과(neighborhood effect)라고도 한다(이종

14) 이러한 현상은 니스카넨(W. A. Niskanen)의 관료제 모형이나 파킨슨(Cyril N. Parkinson) 법칙을 통해서도 설명된다.

수, 2009).

파생적 외부성이란 시장실패를 시정하려는 정부개입이 초래하는 예기치 않은 결과를 의미한다. 이러한 사례는 무주택자에 대한 청약우선권을 부여하는 주택공급정책에서 흔히 볼 수 있다. 이 제도의 취지는 무주택자에게 우선적으로 주택 취득의 기회를 제공함으로써 경제적 약자를 보호하려는 것이지만 무주택자라는 것이 경제적 약자임을 증명하는 필요·충분조건이 될 수 없고, 또한 이들 중 상당수가 경제적인 우발 이익을 추구하는 자발적 무주택자인 경우도 허다하다. 그렇기 때문에 단순히 무주택자라는 이유만으로 청약우선권을 제공하면 오히려 가공적인 무주택자를 양산해 그들에게 우발 이익을 누릴 수 있는 기회를 제공하게 된다. 결과적으로 경제적 약자를 보호한다는 원래의 취지는 훼손되고 공정하지 못한 예산 사용을 초래한다. 이와 같이 정부 부문의 지나친 시장 개입은 파생적 외부성으로 인해 오히려 더 큰 부작용을 낳을 가능성을 항상 안고 있다.

4) 권력에 의한 불공정성의 심화

정부활동으로 인한 국민들에게 돌아가는 경제적 편익과 비용은 권력에의 접근 가능성 차이에 따라 개인 또는 집단의 특혜로 나타난다. 예를 들어, 그린벨트 내에 건설되는 호화 별장에 대한 허가나 상수도원 근처에 음식점 개업을 허가하는 것은 허가받은 사람들에게는 큰 편익으로 나타나지만 그러한 자연환경으로부터 잠재적 편익을 누리고 있었던 대다수 사람에게는 희생이 따르게 된다.

정부의 권력에 의한 자원의 배분은 특혜로 나타나기 쉽고, 이러한 특혜는 이를 받은 사람과 그렇지 못한 사람의 편익이 크게 다르게 나타날 개연성을 가지고 있다.

이러한 정부실패가 나타나고 있음에도 불구하고 관료 퇴출이나 행정기관 도산 가능성이 낮기 때문에 작은 정부에서는 정책의 투명성과 국민들의 주인의식을 높이려는 노력을 기울이고 있다.

첫째, 공권력의 견제와 균형을 위한 권력 분립 시스템을 확립하고, '법의 지배'와 '적정절차' 원칙에 따른 입법 예고, 입법공청회 등을 제도화하고 있다.

둘째, 독점적 권력의 폐해를 줄이는 개방과 경쟁이 강조되고 있다. 외부 개방형 관료임용, 감사청구, 내부고발, 강제경쟁입찰, 외부위탁과 대중위탁(crowd sourcing), 특별검사와 특별감찰관, 한 프로젝트에 대한 여러 관료들의 중첩관할(overlapping jurisdictions)등이 그러한 사례다(박재완, 2016).

제3절 정부조직 진화의 방향

1. 정부조직의 상업화와 민영화

1980년대부터 일기 시작한 신공공관리론(new public management: NPM)의 영향은 작은 정부의 큰 흐름(mega-trend) 속에서 공공 부문에서도 민간 부문과 같이 조직의 내부적인 운영효율성과 외부적인 고객만족도를 강조하기 시작했다. 행정기관은 민간 부문에서 지향하고 있는 효율적인 경영과 고객만족 경영에 관심을 가지게 되었고, 그 일환으로 민간 부문의 여러 가지 제도나 프로그램을 벤치마킹하기 시작했다.

이와 같이 정부조직, 즉 행정기관이 운영효율성과 고객만족 경영을 위해 민간 부문 조직으로 그 기능이나 형태가 변하는 것을 행정기관의 진화(evolution)라고 한다. 넓은 의미에서는 행정기관이 상업화하거나 민영화하는 것을 모두 진화라고 할 수 있다.

스타(Starr, 1988)는 상업화란 종래의 전통적인 행정기관(state department or agency)이 자율성을 가진 공공기관(autonomous public authority)

또는 국가 소유의 공기업(state–owned enterprise)으로 전환(conversion) 되는 것이라고 했다. 민영화가 공공 부문에서 민간 부문으로의 전환, 즉 부문 간의 변화(shifts between sectors)라고 한다면, 상업화는 엄밀한 의미에서 공공 부문 내에서의 변화(intra–sectoral changes within sectors) 라고 한다. 그는 공공 부문에서의 상업화 현상은 민영화될 공공 부문의 조직이 완전 민영화가 이뤄지기 전에 일시적으로 공사나 공단 형태의 독립된 공법인으로 운영될 때 일어난다고 했다.

이러한 상업화된 행정조직은 미국의 경우 전통적으로 행정기관 형태로 운영되던 United States Post Office가 1971년에 전형적인 공기업(public enterprise)형태인 USPS(the United States Postal Service)와 현재 소포 부문을 맡고 있는 별도 법인인 UPS(United Parcel Service of America)로 분리 · 변형된 것이 상업화된 기관의 대표적인 사례다.

우리나라의 경우, 중앙행정기관에서 상업화된 행정조직은 종전에 중앙행정기관의 외청 형태로 운영되던 철도청이 2004년 철도 시설을 담당하는 KR(한국철도시설공단)과 2005년 철도 운영을 담당하는 KORAIL(한국철도공사)로 전환된 것을 그 예로 들 수 있을 것이다(이상철, 2010).

그림 5-7 상업화된 행정조직

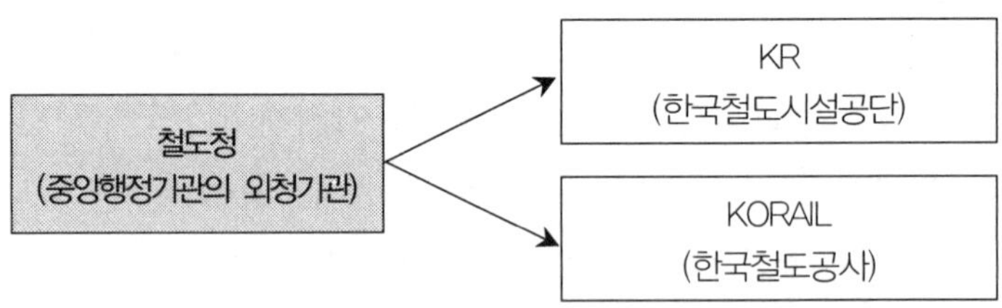

이에 비해 좀 더 넓은 의미로 정의되고 있는 상업화란 행정기관이 정부기업(governmental enterprise) 및 사업부(business center) 또는 독립된 집행기관(independent executive agency)으로 전환되는 것을 포함한다.

그림 5-8 정부조직 진화의 스펙트럼

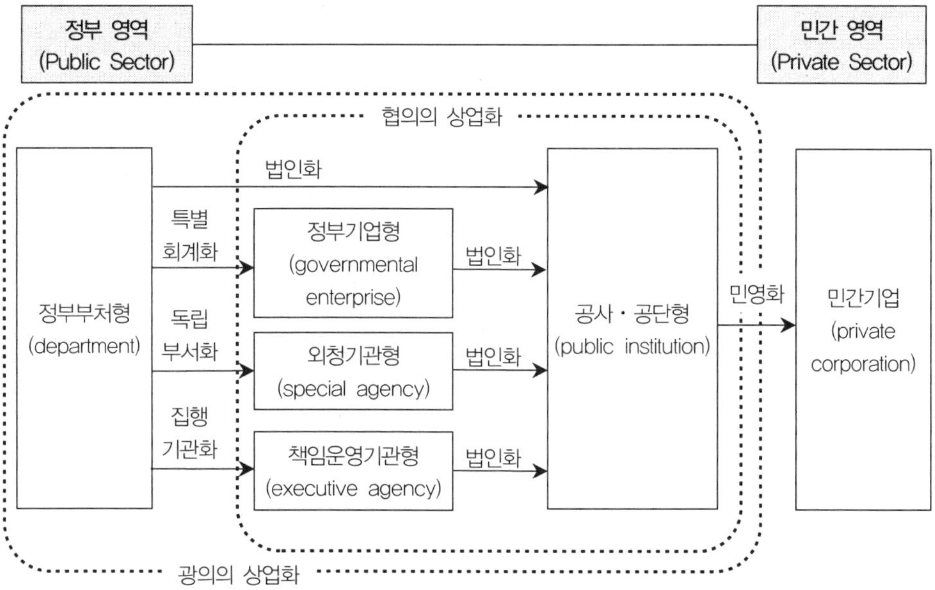

자료: 이상철(2010)에서 수정.

협의의 상업화와 광의의 상업화 개념은 [그림 5-8]을 보면 이해가 쉬울 수 있다.

협의의 상업화란 [그림 5-8]에서 보는 바와 같이 독립된 법인격을 갖추고 경영의 자율성을 확보하는 공단·공사화(corporatization)하는 것을 말한다.

이에 비해 광의의 상업화란 정부부처의 하부조직이나 소속기관으로 편제되어 있지만 그 조직의 특수 목적을 효율적으로 달성하기 위해 예산을 독립적(de-departmentalization of budget)으로 운영하는 정부기업, 행정부서에서 조직과 인력 운영의 독립성을 강화한 외청 기관, 최근에 정부기관 중 사업적·집행적 성격의 기관에 대해 독립적 운영을 강화한 책임운영기관(executive agency) 등으로 구조 또는 기능을 분리하는 조직을 포함한다.

우리나라 산업통상자원부의 체신 업무를 별도의 우정사업본부로 재편해 우편사업특별회계 · 우체국예금특별회계 · 우체국보험특별회계 등으로 분리한 것이 광의의 상업화에 해당한다면,[15] 일본에서 장기적인 행정개혁의 모형으로 제시한 우정공사 모형은 전형적인 협의의 상업화라고 할 수 있다. 즉, 일본의 우정사업은 정부부처 산하 행정조직 → 공사형 공기업(상업화) → 민간기업(민영화)으로의 변화 또는 이행 경로를 상정하고 있는데, 이러한 변화 모형에서 행정기관이 중간 단계인 공사 · 공단형으로 전환되는 것을 협의의 상업화라고 한다.

따라서 협의의 상업화는 국가 소유이면서, 경영상의 자율성과 독립된 법인격을 소유하는 형태로의 기관 변형을 의미한다. 반면에 광의의 상업화는 협의의 상업화뿐만 아니라 정부부처에서 자율성 확대와 특수 목적의 효율적 달성을 위해 변형된 조직 형태를 모두 포함하는 개념이라 할 것이다.

행정기관의 진화는 정부부처에서 얼마나 분리되어 있느냐(degree of disaggregation)에 따라 정부기업화, 외청기관화, 집행기관화, 법인화 및 민영화로 나눠 볼 수 있다.

행정부처에서 진화된 조직들의 정부부처와의 분리 정도는 '예산', '조직', '인력'을 기준으로 구분할 수 있다(Flinders, 1999).

중앙행정부처와 같이 '정부조직법'의 적용을 받는 외청기관을 제외하고 각각의 조직 형태는 저마다 별도의 설치 및 운영에 관한 특별법을 가지고 있는데, 정부기업, 집행기관, 공사 · 공단(공법인), 민영화 공기업 등이 이에 해당한다. 행정기관의 진화의 관점에서 본다면 [그림 5-8]에서 제일 좌측에 있는 행정부처에서 정부기업 ⇢ 집행기관 ⇢ 공사 · 공단 ⇢

15) '우정사업 운영에 관한 특례법' 제9조(회계의 구분) ① 우정사업의 회계는 우편사업특별회계, 우체국예금특별회계 및 우체국보험특별회계로 구분하며, 각 회계별 사업의 범위는 다음 각 호와 같다. 1. 우편사업특별회계: 우편에 관한 사업과 그 부대사업, 2. 우체국예금특별회계: 우편환, 우편대체, 우체국예금에 관한 사업과 그 부대사업, 3. 우체국보험특별회계: 우체국보험에 관한 사업과 그 부대사업, ② 제1항 제3호에 따른 우체국보험에 관한 사업과 그 부대사업은 '우체국보험특별회계법'에 따라 별도의 회계로 운영한다.

민영화 공기업으로 옮겨갈수록 예산 · 조직 · 인력 운영의 독립성(independence) · 탄력성(flexibility) · 자율성(autonomy)은 높아진다고 할 것이다. 플린더스와 스미스(Flinders & Smith, 1999)는 공공 부문의 지도(map)에서 오른쪽으로 이동할수록 자율성이 강한 공공 부문(more autonomous public sector)이라고 했다.

이러한 정부조직의 진화 또는 상업화는 구조 분리, 법인격 여부, 경영자율성, 직원 신분 등의 기준에 의해 유형화할 수 있는데, 여기에서 구조 분리는 변형 전 조직과 변형 후의 조직이 구조적으로 얼마나 분리되었는가(disaggregate)를 의미한다. 법인격 여부는 변형된 기관이 독립된 법인격을 가진 조직인가 아닌가, 경영자율성은 인사와 예산상의 자율성 정도,[16] 직원 신분은 변형된 조직의 직원이 공무원인지 민간인인지로 판단할 수 있다.

광의의 상업화에 해당되는 정부기업의 경우 다른 상업화 유형들과는 달리 변형 전 소속 부서와 변형 후의 외형적인 구조가 분리되어 있지 않다. 따라서 정부기업은 독립된 법인격이 없기 때문에 경영자율성은 예산 운영의 탄력성을 강화하는 정도의 개선밖에 기대할 수 없으며 직원들의 신분도 공무원이다. 행정기업은 초기의 정부조직 진화 형태라고 할 수 있다.

반면에, 공사 · 공단형의 경우 독립된 법인격을 갖추기 때문에 상업화의 강도가 강하다 할 수 있으며, 직원들의 신분도 공무원에서 민간인으로 바뀌게 된다.

행정기관 진화에 따라 유형화되는 조직들의 각각의 특징을 비교하면 〈표 5-3〉, 이를 KT&G에 적용하면 〈표 5-4〉와 같다.

---

16) 에거(Eger Ⅲ, 2005)는 미국에 존재하는 정부산하기관을 유형화하면서 두 가지 기준을 사용했는데, 거버넌스 자율성(governance autonomy)과 재정자율성(financial autonomy)이 바로 그것이다. 여기에서 거버넌스 자율성은 인사상의 자율성, 회계감사의 자율성, 예산 운용의 자율성 등을 포함하는 개념이며, 재정자율성은 조세 부과 권리를 의미한다. 이 책에서는 '예산', '조직', '인력'의 자율성을 구분 기준으로 활용했다.

표 5-3 상업화 및 민영화 조직의 특성 비교

비교 준거	정부기업형	외청기관형	책임운영 기관형	공사·공단형	민간기업형
구조 분리	구조 미분리	구조 분리	구조 분리	구조 분리	구조 분리
법인격 여부	법인격 없음	법인격 없음	법인격 없음	법인격 있음	소유권 독립
경영자율성	조금 개선됨	개선됨	상대적으로 높음	높음	매우 높음
직원 신분	공무원	공무원	공무원	민간인	민간인

표 5-4 KT&G 진화 과정

정부행정기관	외청 행정기관	공사형 공기업	정부출자형 공기업	민영화 기업
재무부/전매국	전매청	한국전매공사	한국담배인삼공사	KT&G
전매사업특별회계법		기업예산회계법	정부투자기관 관리기본법	상법
공무원		공사직원		사기업직원

2. 준정부조직의 성장

신공공관리론의 영향은 많은 정부조직의 진화를 가져왔고, 정부조직의 진화는 많은 준정부조직의 성장을 가져왔다.

엄격한 관료제적 독임제 규정에 따라 움직이는 중앙행정기관 조직들은 좀 더 탄력적이고 자율성을 갖춘 책임운영기관이나 별도의 법인격을 갖춘 공사·공단으로 변형(transformation)하게 되었다.

이러한 경향은 전 세계적인 현상이라고 할 수 있는데, 특히 플린더스와 스미스(Flinders & Smith, 1999)는 네덜란드의 사례를 들어 이러한 흐름을 설명하고 있다.

[그림 5-9]에서 보는 같이 신공공관리론이 대세가 된 1980년대와 1990년대 이후에는 관료제적 정부조직(bureaucracy)의 성장보다도 준정부조직(quangocracy: Quangas)[17]의 성장이 훨씬 크게 앞서고 있다. 이

17) Quangos는 준정부조직, 즉 준(準)자율성을 갖춘 비(非)정부조직(Quasi Autonomous Non Governmental Organization)을 말한다.

러한 흐름은 거대정부에서 나타나는 행정의 관료화와 비능률을 극복하고 민간 부문의 기능과 영역을 상대적으로 확대해 작은 정부를 실현하고자 시도되었다.

우리나라도 이러한 흐름에서 예외는 아니다. 최근에 우리나라의 준정부조직은 급속도로 성장해 우리나라의 준정부기관에 해당하는 공공기관의 2016년 연간 예산 규모는 정부조직 예산의 약 두 배에 이르고, 이는 우리나라 전체 GDP의 32.7%에 해당한다(기획재정부, 2016).

그림 5-9 정부조직과 준정부조직의 성장

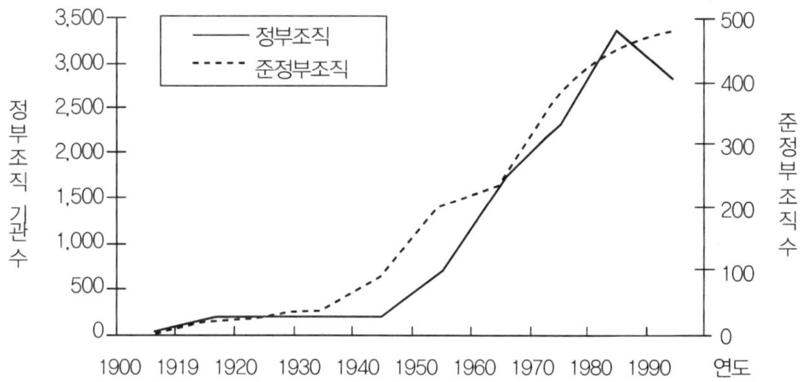

자료: 이상철(2007).

3. 정부조직 진화의 형태

지금까지 상업화를 중심으로 설명한 정부조직의 구체적인 진화 과정을 정리하여 설명하면 다음과 같다. 즉, 행정조직의 진화 과정이란 공공부문의 조직들이 설립 당시에는 행정기관인 정부부처기관으로 출발하였으나 시간이 지나면서 점차 행정기관(특별회계기관) → 사업소형 특별집행기관 → 책임운영기관 → 정부투자기관 → 정부출자기관 → 민영화 공기업 → 사기업으로 발전해 나가는 것을 말한다.

그림 5-10 행정조직의 진화 과정

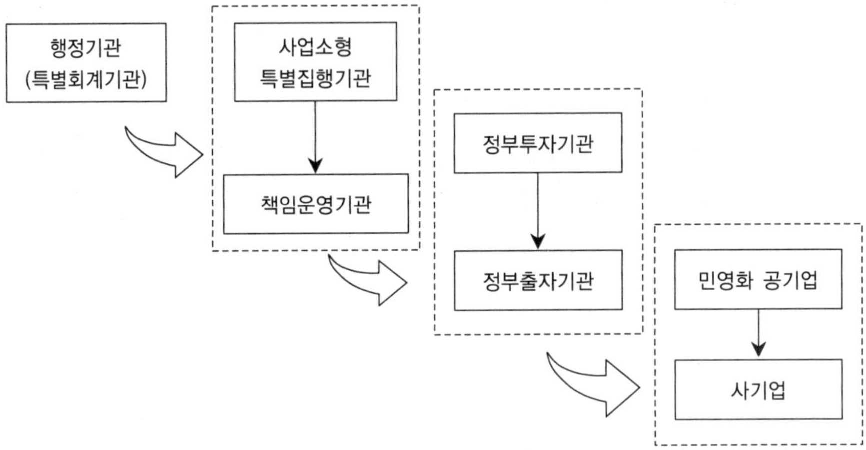

자료: 이상철(2016)에서 수정.

우리나라에서 진행되고 있는 정부조직의 진화 또는 광의의 상업화는 구체적으로 정부기업, 사업소형 특별집행기관,[18] 책임운영기관, 공사 · 공단, 민영화 공기업 등으로 이뤄지고 있다.

1) 정부기업

전통적인 정부조직에서 기관의 조직 형태는 그대로 두면서 단위 사업에 대한 예산 운영의 자율성과 탄력성을 강화하려는 목적으로 설립하는 것이 정부기업이다. 광의의 정부조직 진화에서 볼 때 가장 초기 진화 단계의 조직 형태라고 할 수 있다.

정부기업은 일반 행정기관의 일반회계와 별도로 '정부기업 특별회계'를 설치해 운영한다. 따라서 정부기업은 기존 행정기관의 조직과 인력은 그대로 활용하면서 예산 운영에 독립채산적 요소를 가미해 자율성과 탄력성을 부여하고자 하는 제도다.

18) 중앙정부에서는 외청, 지방자치단체에서는 사업소 형태로 운영되고 있다.

정부기업 특별회계는 일반회계와 같이 국회의 심의와 의결을 필요로 하지만 일반회계에 비해 기업적 성격이 강한 단위 정부사업 회계에 적용한다. 즉, 정부기업별로 특별회계를 설치하고, 그 예산 등의 운용에 관한 사항을 규정함으로써 정부사업의 경영을 합리화하고 운영의 투명성을 제고하고자 설치한다.

우리나라의 '정부기업예산법'에서 규정하고 있는 정부기업이란 "기업형태로 운영하는 우편사업, 우체국예금사업, 양곡관리사업 및 조달사업"을 말한다.[19] 이들 사업에 대해서는 정부기업을 운영하기 위해 개별 특별회계를 설치하고 그 세입으로써 그 세출에 충당한다.

이 밖에도 정부기업 특별회계는 일반회계와 달리 '수입금 마련 지출',[20] '예산의 전용',[21] '이익 및 손실의 처분'[22] 등에 예산의 자율적 탄력적 운용을 위한 제도적 장치를 가지고 있다.

'정부기업예산법'에서는 명시하지 않았으나, 책임운영기관 특별회계기관의 사업은 정부기업으로 운영하고 있다(책임운영기관의 설치 · 운영에 관한 법률 제30조).[23] 따라서 우리나라의 정부기업은 '정부기업예산법'에

19) 우편사업 · 우체국예금 · 우체국보험을 관리하기 위한 '우정사업 운영에 관한 특례법'이 제정됨에 따라 '정부기업예산법'은 다음과 같이 규정하고 있다. 동법 제5조(우편사업특별회계의 세입 및 세출) 우편사업특별회계의 세입 및 세출은 우정사업 운영에 관한 특례법 제11조에 따른다. 동법 제6조(우체국예금특별회계의 세입 및 세출) 우체국예금특별회계의 세입 및 세출은 '우정사업 운영에 관한 특례법' 제11조의2에 따른다 〈개정 2010.4.12〉. '우정사업 운영에 관한 특례법'에서는 우정사업의 회계를 우편사업특별회계, 우체국예금특별회계 및 우체국보험특별회계로 구분하고 있으며, 우체국보험에 관한 사업과 그 부대사업은 '우체국보험특별회계법'에 따라 별도의 회계로 운영하도록 하고 있다(동법 제9조).

20) '정부기업예산법' 제19조(수입금 마련 지출) ① 특별회계는 그 사업을 합리적으로 운영하기 위하여 수요의 증가로 인한 예산 초과수입 또는 초과할 것이 예측되는 수입을 그 초과수입에 직접적으로 관련되는 비용에 사용할 수 있다.

21) '정부기업예산법' 제20조(예산의 전용) ① 관계 중앙관서의 장은 '국가재정법' 제46조 제1항에도 불구하고 예산집행을 위하여 특히 필요한 경우에는 대통령령으로 정하는 바에 따라 세출예산의 각 세항 또는 목의 비용을 전용(轉用)할 수 있다.

22) '정부기업예산법' 제21조(이익 및 손실의 처분) 특별회계는 매 회계연도의 결산 결과 이익이 생겼을 경우에는 이를 적립금 및 잉여금으로 적립하고 결손이 생겼을 경우에는 적립금 및 잉여금 중에서 결손을 정리한다.

23) '책임운영기관의 설치 · 운영에 관한 법률' 제30조('정부기업예산법'의 적용 등) ① 책임

서 명시하고 있는 네 가지 특별회계와 '책임운영기관의 설치 · 운영에 관한 법률'에서 명시한 책임운영기관 특별회계로 구성되어 있다.

2) 사업소형 특별집행기관

사업소형 집행기관은 중앙정부의 '외청'과 지방자치단체의 '사업소'를 들 수 있다. 우리나라의 사업소형 특별집행기관은 앞에서 설명한 정부기업에 속하지만 여기서는 지방자치단체에서 운영하고 있는 사업소의 특수성을 감안하여 별도의 항으로 설명하고자 한다.

외청(外廳)은 중앙행정기관인 원 · 부 · 처 등에 설치되나, 그 내국의 계통 밖에 있으면서 양적 · 질적으로 특수성을 가지는 행정사무를 처리하기 위해 별도의 조직으로 설치하는 기관을 말한다. 중앙행정조직을 설계할 때 1차적으로 국가 사무의 기능에 따라 원 · 부 · 처를 구성하고, 2차적으로 전문성 또는 전체 부처에 지원적 성격을 가지는 조직을 외청으로 설치한다.

외청은 각 행정부의 소속이기 때문에 자체 명령을 발할 수 없다. 따라서 외청의 업무에 관해 명령을 발할 필요가 있을 때에는 소속 부의 부령으로 발해야 한다. 가령 조달청 업무에 관해서는 기획재정부령을 발해야 한다.[24)]

외청은 일반 중앙행정조직에서 처리하기에는 전문적인 업무가 필요하다고 판단되는 부서들을 따로 모아서 운영하는 독립 부서로 설치하는 조직이다. 외청은 행정의 환경이 변하면서 필요하게 된 전문적인 행정 수요를 해결하고 좀 더 세밀하고 정확하게 업무 처리를 하기 위해 개설된다.

즉, 외청 기관 설치의 가장 큰 목적은 중앙행정조직에서 독립된 부서조직으로 운영함으로써 인력 운영의 전문성과 자율성을 제고하기 위함

운영기관특별회계기관의 사업은 '정부기업예산법' 제2조에도 불구하고 정부기업으로 본다.

24) '헌법' 제95조는 "국무총리 또는 행정 각부의 장은 소관 사무에 관하여 법률이나 대통령령의 위임 또는 직권으로 총리령 또는 부령을 발할 수 있다"고 규정하고 있다.

이다.

그러나 실질적으로 우리나라 외청의 현실은 전문 인력이 아닌 일반 행정공무원들로 충원되고 있을 뿐만 아니라 고위관리직에 대해서는 소속 중앙행정부처의 인력이 낙하산식으로 내려오고 있어 외청 설치 취지를 제대로 살리지 못하는 경우가 많다(조세일보, 2010.10.4).

지방자치단체는 특정 업무를 효율적으로 수행하기 위하여 필요하면 대통령령으로 정하는 바에 따라 그 지방자치단체의 조례로 사업소를 설치할 수 있다. 즉, 업무의 성격이나 업무량 등으로 보아 별도의 기관에서 업무를 수행하는 것이 효율적인 경우나 사업장의 위치상 현장에서 업무를 추진하는 것이 효율적일 것인 경우에 사업소를 설치할 수 있다. 다만 일정기간 후에 끝나는 사업을 추진하기 위한 경우에는 사업소를 한시적으로 설치한다.

많은 지방자치단체에서 '환경자원사업소'와 같은 전문성과 신속한 업무처리를 요하는 환경 분야에 사업소를 설치하고 있다(지방자치법 제114조, 동법 시행령 제77조).

3) 책임운영기관

(1) 의의

책임운영기관이란 국가사무 중 공공성을 유지하면서도 경쟁 원리에 따라 운영하는 것이 바람직한 사무에 대해 기관의 장에게 행정 및 재정상의 자율성을 부여하고, 그 운영 성과에 대해 책임을 지도록 하는 행정기관을 말한다.

일종의 행정기업 또는 정부기업이라고 할 수 있다. 중앙행정부서는 국가사무의 기본 방향 잡기(steering)에 중점을 두는 반면에, 단순히 집행적(rowing) 성격이 강한 업무는 책임운영기관에서 수행하는 것이 국가 차원에서 볼 때 효율적이라는 판단에 기초한다. 책임운영기관은 행정 운영의 효율성과 행정 서비스의 질적 향상을 도모하고 정부조직을 성과 중심

체제로 전환하는 것을 목적으로 한다.

근본적으로 책임운영기관은 공공성이 크기 때문에 민영화하기 어려운 업무를 정부가 직접 수행하기 위해 고안된 제도다. 다만 업무의 효율성을 높이기 위해 기관장에게 인사, 예산, 조직에 관한 권한과 자율권을 보장하고, 그 대신 기관 운영 성과에 대한 책임을 지도록 한 것이다. 따라서 객관적이고 신뢰할 수 있는 성과평가 시스템의 구축은 책임운영기관의 성공 여부를 결정짓는 가장 중요한 요건 중의 하나다.

책임운영기관은 행정기관을 민영화하는 중간 단계인 상업화의 일환으로 활용되기도 한다. 행정기관이 민간으로 넘어가게 될 경우 행정기관에 소속된 공무원들은 민간인으로 신분이 전환되어야 하기 때문에 기존 공무원들은 민영화를 반대하는 경우가 많다. 기존 정부조직 내에서 민영화해야 할 분야가 있는 것으로 진단되면 일단 책임기관으로 지정한 후 일정 기간 운영하다가 어느 정도 분위기가 성숙된 후에 그 다음 절차로 본격적인 민영화 수순을 밟게 된다.

책임운영기관제도에서 행정기관의 지위는 그대로 유지하면서 운영상 민간의 기업 경영 방식을 적용, 조직의 생산성과 개인의 역량을 최대한 발휘하도록 만든 조직 형태다. 책임운영기관은 행정부서에서 어느 정도 독립되어 상당한 자율성을 가지면서도 완전히 그 영향력을 벗어난 것은 아니다.[25]

25) A working definition of an executive agency is an organization which: ① has its status defined principally or exclusively in public law (though the nature of the law may vary by national system), ② is functionally disaggregated from the ministry or department, ③ enjoys some degree of autonomy which is not enjoyed by the ministry or department, ④ is nevertheless linked to the ministry/department in ways close enough to permit ministers/secretaries to alter the budgets and main operational goals of the organization, ⑤ is therefore not statutorily fully independent of its ministry/department, and ⑥ is not a commercial corporation. By these criteria, UK Next Steps Agencies, Japanese Independent Corporations (IACs), Canadian Special Operating Agencies (SOAs) are agencies(Pollitt et al., 2001).

(2) 도입 배경

영국을 비롯한 주요 선진국에서는 1980년대 경제적 위기 타계를 위해 정부 부문을 개혁하고자 핵심적 정책 기능이 아닌 집행 및 서비스적 성격을 가진 행정기관을 집행기관화(agencification)하기 시작했다. 그 이론적 배경에는 NPM에서 주장하는 '공공 부문의 효율성' 및 '고객만족도'의 제고가 바탕이 되고 있다. 영국의 Next Steps Agencies(Executive Agency)를 중심으로 뉴질랜드의 Crown Agency, 캐나다의 Special Operating Agency, 일본의 Independent Corporation(IAC: 독립행정법인) 등 다양한 형태의 집행기관을 설립하여 운영하고 있다. 즉, 〈표 5-5〉에서 보는 바와 같이 실질적으로 조직의 운영 방법이나 관리에서는 나라마다 많은 차이가 있다.

표 5-5 각국의 책임운영기관 비교

구 분	영국(2004)	뉴질랜드(2007)	캐나다(2002)	일본(2007)
명칭	Next Steps Agencies (Executive Agency)	Crown Agency	Special Operating Agency	Independent Corporation (IAC: 독립행정법인)
설치 기준	정책 수립 기능과 구분되는 집행·서비스 기능 수행기관	비상업적 집행 기능 수행기관[26]	주로 서비스 전달 기능 수행기관[27]	공공성이 있어서 민간 수행 시 서비스 보장이 곤란한 기관
선정 기관	110개 (중앙 91, 지방 19), 383천 명 (전체 공무원의 73%)	2,630개 (2,500개 학교 이사회 등)	17개 (약 6,000명)	101개 (57,838명)

26) 비상업적 집행기능을 수행하는 단일 목적 기관, 구체적인 성과계약이 가능한 기관, 시장원리가 적용될 수 있는 기관, 부처로부터의 독립성이 가능한 기관, 비정부부처로 운영하는 것이 전문가 접근에 유리한 기관, 이해당사자의 참여가 바람직한 기관, 경쟁적 서비스 공급이 가능한 기관, 책임운영기관 전환비용을 정당화 할 수 있는 일정 규모 이상의 기관이다.

27) 서비스 전달이 주기능인 기관, 안정된 정책지침 하에서 운영되는 기관, 독자적인 책임성을 가지는 기관, 성과 기준 개발이 용이한 기관, 독자적 규모를 가진 기관, 특별운영기관제도에 몰입된 관리자와 인력으로 구성된 기관, 부처의 관여를 필요로 하지 않는 기관이다(김렬·권영주, 2005: 584).

기관 유형	대민 서비스, 내부 서비스, 연구기관, 규제기관	법령기관, 책임운영기업, 책임운영기관 하위기관, 학교이사회, 고등교육기관	직접 서비스기관, 내부 서비스 기관, 과학기술연구기관, 규제기관	특정독립행정법인, 기타 독립행정법인
대표 기관	특허청, 여권청, 운전면허청, 통계청	해양안전청, 관광위원회, 증권위원회	여권관리국, 특허청, 훈련개발원	국립미술관, 조폐국, 국립병원
기관 지위	부처 내 기관	독립법인	부처 내 기관	독립법인
관리 부서	수상실(Next Step팀)	재무부(CCMAU)[28] 공공관리위원회	재정위원회	총무성
관리 체계	주무부처 장관 → 책임운영기관장	주무부처 장관 → 이사회 · 책임운영 기관장	주무부처 차관(보) → 책임운영기관장	주무부처 장관 → 평가위원회 · 책임운영 기관장
인사 관리	공무원 중 하위직 인사권 위임 임금협상(일부)	민간인 신분, 모든 인사권 위임	공무원 신분 공무원법(일부 예외적으로 독립 고용주)	특정독립행정법인 직원에게만 공무원 임명권 위임
재원 조달	독립기금 정부 지원금	독립기금	독립기금 정부 지원	독립채산제가 법인 설립의 요건은 아님
회계 방식	기업회계 (복식부기, 발생주의)	기업회계 (복식부기, 발생주의)	기업회계 (복식부기, 발생주의)	기업회계 (복식부기, 발생주의)
책임성	기본문서 사업계획서 연간백서	개별기관법 사업계획서 연간재정백서	기본문서 사업계획서 연간백서	기본문서 사업계획서 연간백서

(3) 설치기준 및 설치 현황

우리나라에서는 IMF 경제 위기에 따라 새로운 행정환경에 적합한 효율적인 정부조직 운영 시스템을 구축할 목적으로 책임운영기관제도를 도입했다.

책임운영기관은 정부가 수행하는 사무 중 공공성, 경쟁성, 전문성이 있어 성과관리를 강화할 필요가 있는 사무에 대해 책임운영기관의 장에게 행정 · 재정상의 자율성을 부여하고 운영 성과에 대해 책임을 지도록 하는 행정기관을 말한다. [그림 5-11]에서 보는 바와 같이 종전에 주무부처의 소속기관으로 있던 조직을 책임운영기관으로 변형함으로써 기관

---

28) 집행기관 감독자문실(Crown Company Monitoring Advisory Unit).

그림 5-11 책임운영기관의 운영 체계

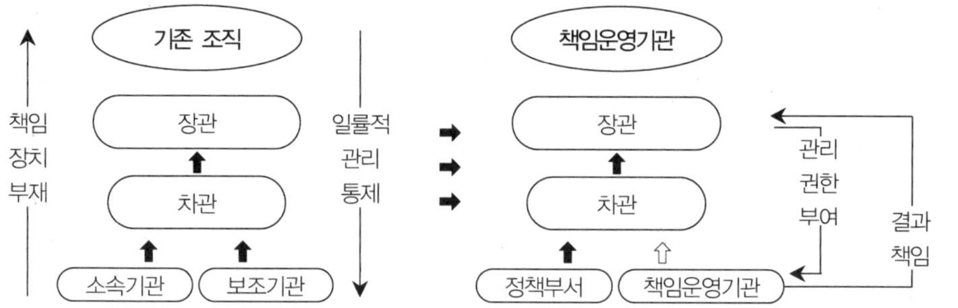

장에게 권한과 책임을 동시에 부여해 조직 관리의 효율을 기하고자 도입되었다.

이러한 책임운영기관의 설치 목적을 원활하게 달성하기 위해 우리나라의 '책임운영기관의 설치 · 운영에 관한 법률'에서는 책임운영기관의 설치 기준을 다음과 같이 명시하고 있다. "① 기관의 주된 사무가 사업적 · 집행적 성질의 행정 서비스를 제공하는 업무로서 성과 측정 기준을 개발해 성과를 측정할 수 있는 사무, ② 기관 운영에 필요한 재정수입의 전부 또는 일부를 자체적으로 확보할 수 있는 사무"이다(책임운영기관의 설치 · 운영에 관한 법률 제4조 제1항).

실질적으로 책임운영기관을 설치하고자 할 때에는 행정부서 내에서 정책부서를 제외한 집행 업무를 수행하는 부서 중 독립채산성을 검토해 책임운영기관으로 지정한다.

군 책임운영기관을 관리하고 있는 국방부 장관은 국군의 부대 및 기관의 주된 업무가 사업적 · 집행적 성질의 국방 서비스를 제공하고 성과 측정 기준의 개발과 성과측정이 가능한 업무에 해당하는 경우에는 기획재정부 장관과의 협의와 군 책임운영기관운영위원회의 심의를 거쳐 군 책임운영기관으로 지정할 수 있다(군 책임운영기관의 지정 · 운영에 관한 법률 제5조). 구체적으로 국방부에서는 군 책임운영기관의 세부 제정 기준을 다음과 같이 제시하고 있다.

군 책임운영기관의 세부 지정 기준

① 핵심 임무의 수가 적을 것
② 구체적인 성과 목표 수립이 가능할 것
③ 전 · 평시 업무가 유사할 것
④ 다른 부대와 업무 연계가 낮을 것
⑤ 군 내 또는 민간과의 성과 비교가 용이할 것
⑥ 조직 · 인사 · 재정상 자율권 행사가 용이할 것(부대 규모 측면)
* 추가 고려 요소: 유사부대 확대, 시행착오 최소화, 해당 병과 군 인사 운영의 안정성

자료: 국방부(2010).

책임운영기관의 경우, 1999년 '책임운영기관의 설치 · 운영에 관한 법률'을 제정하고, 2000년 국립극장 및 국립의료원 등 10개 기관을 시범적으로 지정하고 운영하기 시작했는데, 2018년 현재 〈표 5－6〉에서 보는 바

표 5-6 책임운영기관

소속 책임운영기관(50)		
조사연구형 기관(23)	조사 및 품질관리형 기관(11)	국립종자원, 국토지리정보원, 경인지방통계청, 동북지방통계청, 호남지방통계청, 동남지방통계청, 충청지방통계청, 항공기상청, 항공교통본부, 국립해양측위정보원, 화학물질안전원
	연구형 기관(12)	국립과학수사연구원, 국립재난안전연구원, 국립수산과학원, 국립생물자원관, 통계개발원, 국립문화재연구소, 국립원예특작과학원, 국립축산과학원, 국립산림과학원, 국립해양문화재연구소, 국립수목원, 국립기상과학원
교육훈련원기관(5)		국립국제교육원, 한국농수산대학, 통일교육원, 관세국경관리연수원, 해양수산인재개발원
문화형 기관(7)		국립중앙과학관, 국립과천과학관, 국방홍보원, 국립중앙극장, 국립현대미술관, 한국정책방송원, 국립아시아문화전당
의료형 기관(9)		국립정신건강센터, 국립나주병원, 국립부곡병원, 국립춘천병원, 국립공주병원, 국립마산병원, 국립목포병원, 국립재활원, 경찰병원
시설관리형 기관(4)		해양경비안전정비창, 국방전산정보원, 정부통합전산센터, 국립자연휴양림관리소
기타형 기관(2)		고용노동부고객상담센터, 국세상담센터

* 중앙책임운영기관(1): 특허청.
자료: 법제처 국가법령정보센터(2018).

와 같이 총 50개의 기관이 책임운영기관으로 운영되고 있다. 크게 중앙책임운영기관과 소속 책임운영기관으로 나뉘며 이 중 중앙책임운영기관에는 특허청이 해당되고, 소속 책임운영기관은 기관의 사무 성격에 따라 ① 조사연구형 책임운영기관, ② 교육훈련형 책임운영기관, ③ 문화형 책임운영기관, ④ 의료형 책임운영기관, ⑤ 시설관리형 책임운영기관, ⑥ 기타형 등으로 분류되고 있다(책임운영기관의 설치·운영에 관한 법률 제2조).

한편 군 책임운영기관제도는 지난 2005년 '국방개혁 2020'의 추진과 함께 군 운영의 효율화를 위하여 도입·추진되고 있는 제도이다(국방개혁에 관한 법률 제7조). 〈표 5-7〉에서 보는 바와 같이 2018년 현재 16개의 군 책임운영기관이 지정 운영되고 있고, 국방부에서는 해마다 분야별 외부 전문가로 구성된 종합평가단을 통해 모든 군 책임운영기관을 대상으로 서면평가와 현장평가로 나누어 업무 실적에 대한 평가를 실시하고 있다.

표 5-7 군 책임운영기관

군 책임운영기관(16)					
	계	국직	육군	해군	공군
계	16	6	2	5	3
2009년	5	국군인쇄창, 국군수도병원		보급창	
2011년	5	국군대전병원		1함대 수리창	83정비창
2012년	4	국군의학연구소		2함대 수리창	82정비창
2013년	3(△3)		종합정비창	3함대 수리창	종합보급창
2014년	4	합동상호운용성기술센터, 국방통합데이터센터		정비창	
2017년	1(△3)		종합보급창		

1. 2013년 육군종합정비창·공군종합보급창 지정 시, 예하 기관 3개(육군 특수무기정비단, 항공기정비단, 공군 40보급창) 지정 해제.
2. 2017년 육군종합보급창 신규 지정으로, 예하 기관 3개(육군 1, 2, 3 보급단) 지정 해제.

자료: 국방부(2017)에서 정리.

(4) 책임운영기관과 일반행정기관과의 차이점

책임운영기관과 일반행정기관의 제도를 비교해 보면 그 특징을 더 명확하게 이해할 수 있다.

책임운영기관은 일반행정기관과는 달리 ① 기관장을 대・내외 공모를 통해 계약직으로 채용하고, ② 장관과 기관장 간에는 사업 및 성과 목표 계약을 체결하며, ③ 기관장에게 조직・인사・예산 등 운영상 자율권을 부여하고, ④ 기관장은 기관 운영 성과에 대해 소속 장관이 책임을 지는 것을 운영 원칙으로 하고 있다.

(5) 책임운영기관의 확대 방안

우리나라 책임운영기관에 근무하는 공무원 수는 2017년 현재 1만 명 남짓으로 파악되고 있다. 반면에 우리나라 행정부 소속 전체 공무원 수는 약 100만 명, 중앙행정기관 공무원이 65만 명이다. 책임운영기관에 근무하는 공무원 수는 전체 공무원 수의 1% 정도, 중앙행정기관에 근무하는 공무원 수의 1.5% 정도에 불과하다. 행정개혁 차원에서 이 제도를 도입한 영국이나 뉴질랜드의 경우에는 전체 공무원의 70~80%에 해당하는 공무원이 우리나라의 책임운영기관에 해당하는 Executive Agency 또는 Crown Entity에서 근무하고 있다.

중앙행정기관에서는 정책 기능에 초점을 두고 집행 업무는 책임운영기관에서 처리하도록 하는 책임운영기관 도입의 기본 취지에 비춰볼 때 우리나라의 책임운영기관은 흉내만 낸 제도라는 비난을 면하기 어려울 것으로 보인다. 결과적으로 지극히 일부 중앙행정기관을 책임운영기관으로 전환하는 데 따른 많은 비용만 지불한 셈이 되고 말았다.

우리나라에서 책임운영기관이 행정기관의 업무를 정책수립과 정책집행으로 구분해 국가사무를 효율적으로 수행하고자 하는 제도의 도입 취지를 살리고 가시적인 효과를 내기 위해서는 무엇보다도 책임운영기관의 수를 늘리는 것이 필요할 것으로 판단된다.

책임운영기관제도가 더 이상 확대·발전하지 못하고 있는 근본 이유는 책임운영기관의 설치를 철저하게 주무부서의 판단에 따라 자율적으로 시행하도록 하고 있기 때문이다. 행정안전부 장관은 기획재정부 및 해당 중앙행정기관의 장과 협의해 책임운영기관을 설치하거나 해제할 수 있다. 이 경우 행정안전부 장관은 해당 중앙행정기관의 장의 의견을 존중해야 한다. 또한 중앙행정기관의 장은 소관사무 중 책임운영기관이 수행하는 것이 효율적이라고 인정되는 사무에 대해서는 책임운영기관의 설치를, 책임운영기관이 그 설치 목적을 달성할 수 없다고 인정하는 경우에는 책임운영기관의 해제를 행정안전부 장관에게 요청할 수 있다(책임운영기관의 설치·운영에 관한 법률 제4조).

근본적으로 책임운영기관의 설치 및 해제는 전적으로 주무부서 장관에게 위임되어 있다고 할 수 있다. 책임운영기관의 확대를 위해서는 법령에서 책임운영기관 설치 및 해제 기준을 명시하고, 이를 엄격히 적용함으로써 그 기준에 해당되는 많은 기관들이 예외 없이 '책임운영기관의 설치·운영에 관한 법률'을 적용받도록 하여 이 법의 취지를 살리는 실질적인 노력이 있어야 할 것이다.[29]

우리나라에서 책임운영기관이 더 이상 확대되지 못하고 있는 또 다른 이유는 지방자치단체에서 책임운영기관을 설치하지 않고 있기 때문이다. '책임운영기관의 설치·운영에 관한 법률'에서는 "교육부 장관, 행정안전부 장관 및 지방자치단체의 장은 이 법의 취지에 따라 지방자치단체에 책임운영기관에 관한 제도를 도입하도록 노력하여야 한다"(동법 제6조)고 규정하고 있다. 소속기관을 많이 가지고 있는 중앙행정기관뿐만 아니라 지방자치단체에서도 요건이 되는 조직들을 책임운영기관으로 변형함으로써 조직 운영의 효율성과 고객만족도를 함께 높일 수 있는 방안을 적극적으로 검토해야 할 것이다. 지방자치단체의 책임운영기관 도입을

29) 이를 'comply and explain rule'이라고 하는데, 원칙에 따라 룰(rule)의 적용을 강제하고 예외적으로 적용하지 않은 때에는 해당 기관에서 이를 충분히 소명해야 하는 것을 말한다.

위한 노력을 법령에 명시한 것은 진일보한 것이긴 하나 강제 조항이 아니기 때문에 이러한 법적 규정의 실효성을 담보하지 못하고 있다.[30]

4) 공사 · 공단

행정기관의 진화 중에서 자기완결적 의사결정을 할 수 있는 자율성을 갖춘 기관으로 진화하는 방법은 행정기관에서 법적으로 분리해 하나의 법인(legal person)으로 전환하는 것이다.[31] 행정기관의 독임제 기관장에 의한 일방적인 지시에서 벗어나 이사회에서 해당 기관의 의사를 결정하고 이를 바탕으로 기관장과 경영진이 자율적으로 업무를 수행하고 이에 대해 책임을 지도록 하는 방법이다. 자율적으로 운영되는 공공법인은 행정기관과 달리 직접적으로 국회의 예산 승인을 받지 않기 때문에 예산 수립 및 집행에도 자율성을 확보할 수 있다. 이와 같이 행정기관을 법인화하는 대표적인 방법에는 '공사화'와 '공단화'가 있다.[32]

공단(또는 지방공단)이란 정부(또는 지방자치단체)에서 100% 출연한 법인 형태로 사업을 수행하는 기관을 말한다. 공단은 정부에서 위탁한 사

30) 일부 지방자치치단체에서 책임운영기관을 지정하여 운영하고 있거나, 도입하려는 움직임을 보이고 있다. 서울시에서는 '교통방송', '서울역사박물관', '시립박물관'을 책임운영기관으로 운영하고 있고, 행정안전부에서는 지방상수도를 책임운영기관으로 운영하려고 검토한 바 있다.

31) A working definition of a public institution is an organization which: ① is more flexible and autonomous than the department and agency in financial execution with budgets deliberated and resolved by the board of directors, and ② uses managers, including the CEO, and members of the staff, to carry out tasks. Between the polar opposites of government bureaucracy and private corporations rests a dizzying array of public institutions. Public institutions are hybrids, having some of the freedom from rules and regulation that the private sector enjoys but retaining some of the accountability and responsiveness of government agencies (Mitchell, 1999).

32) 공공법인에는 공사 · 공단 외에도 재단(예: 한국연구재단, 사회보장정보원 등)이 있다. 우리나라 '민법' 제32조는 "학술, 종교, 자선, 기예, 사교 기타 영리 아닌 사업을 목적으로 하는 사단 또는 재단은 주무관청의 허가를 얻어 이를 법인으로 할 수 있다"고 규정하고 있다.

업에 대해 한정적으로 업무를 수행하는 일종의 준정부기관이다. 민간 출자가 불가능하고 해산 시 재산은 설립 행정기관에 귀속된다.

공사(또는 지방공사)란 정부(또는 지방자치단체)에서 소유지배권을 행사할 정도의 지분을 출자한(정부가 통상 50% 이상의 지분 소유) 회사를 말한다. 공사는 법령(설립법 등)에서 명시한 사업에 대해 자율적인 의사결정으로 업무를 수행하는 공기업이다. 민간 출자가 가능하고 해산 시 자본은 설립 출자자에 귀속된다.

정부에서 출자 또는 출연한 공사와 공단은 이들 기관에 적용되는 통칙법 외에도 설립과 관련된 특별법을 가지고 있다. 가령 한국전력의 경우 통칙법인 '공공기관의 운영에 관한 법률' 외에도 '한국전력공사법'을 가지고 있어 그 기관에 필요한 사항을 별도로 규정하고 있다. 이상에서 설명한 공사 및 공단의 특징을 정리하면 〈표 5-8〉과 같다.

우리나라에서 국가 공사 · 공단은 '공공기관의 운영에 관한 법률'과 '설립 관련 법률', 지방 공사 · 공단은 '지방공기업법'과 '설립 관련 조례'에 의해 설립 · 운영된다.

표 5-8 공사와 공단의 특징

구분	공사	공단
기본 성격	정부가 출자한 회사	정부가 출연한 준정부기관
자본 조달	민간 출자 가능(공사채 발행)	민간 출자 불가(공단채 발행)
예산 구성	자본금 + 판매 수익	출연금 + 수탁금 + 수수료 수익
해산 시 자산 귀속	출자자에게 귀속	설립 행정기관에 귀속

국가공공기관이란 정부의 투자 · 출자 또는 정부의 재정 지원 등으로 설립 · 운영되는 기관으로서 '공공기관의 운영에 관한 법률'의 요건에 해당해 기획재정부 장관이 지정한 기관을 의미한다(동법 제4조 제1항 각 호).

'동법'에서 규정하고 있는 '공기업'이란 직원 정원이 50인 이상이고, 자체수입액이 총수입액의 2분의 1 이상인 공공기관 중에서 기획재정부 장관이 지정한 기관을 말한다. 이 중 '시장형 공기업'은 자산 규모가 2조 원 이상이고, 총수입액 중 자체수입액이 85% 이상인 공기업으로 2018년 현재 한국전력공사, 한국공항공사 등 14개 기관이다. '준시장형 공기업'은 공기업 중에서 시장형 공기업이 아닌 공기업으로서 한국관광공사, 한국마사회 등 21개 기관이다.

'동법'에서 규정하고 있는 '준정부기관'이란 직원 정원이 50인 이상이고, 공기업이 아닌 공공기관 중에서 기획재정부 장관이 지정한 기관을 말한다. 이 중 '기금관리형 준정부기관'은 '국가재정법'에 따라 기금을 관리하거나, 기금의 관리를 위탁받은 준정부기관으로서 신용보증기금, 근로복지공단 등 16개 기관이다. '위탁집행형 준정부기관'은 기금관리형 준정부기관이 아닌 준정부기관으로서 한국장학재단, 한국승강기안전공단, 한국소비자원 등 72개 기관을 말한다.

기타 공공기관은 공기업, 준정부기관이 아닌 공공기관으로 국립박물관문화재단, 88관광개발 등 207개 기관으로 구성되어 있다(공공기관의 운영에 관한 법률 제5조; 공공기관 경영정보 공개시스템, 2018).

지방공기업이란 지방자치단체가 경영하는 사업 중 '지방공기업법'의 적용을 받는 사업을 말한다. 지방공기업에는 〈표 5-9〉에서 보는 바와 같이 지방자치단체가 직접 기업을 설치·운영하거나, 법인을 설립해 간접 경영하기도 한다. 직접경영 방식에는 '지방직영기업'이 있으며 간접경영 방식에는 '지방공단'과 '지방공사' 및 '제3섹터'가 있다.

표 5-9 지방공기업의 경영 형태

경영 형태	지방공기업의 유형		지방자치단체 출자 비율	비 고
직접경영	지방직영기업		100%	정부조직 형태
간접경영	지방공단		100%	민간출자 불허
	지방공사	전액 출자형	100%	
		제3섹터형	50% 이상	광의의 제3섹터

자료: 행정안전부(2015b).

지방자치단체가 직접 운영하는 지방직영기업에는 상·하수도, 공영개발 등이 있는데, 우리나라에는 2017년 기준으로 상수도 120개, 하수도 99개, 공영개발 32개 총 251개가 있다.

지방자치단체가 법인을 설립해 간접적으로 운영하는 지방공사·공단에는 도시철도공사, 도시개발공사, 시설공단 등이 있는데, 지방공사·공단에는 공사 60개, 공단 89개 등 총 149개가 있다.[33]

지방공사·공단 외의 '지방자치단체 출자·출연 기관의 운영에 관한 법률'에 따른 지방 출자·출연법인이 있다. 이들 지방 출자·출연법인인 제3섹터는 지방자치단체가 자본금 또는 재산의 100분의 10 이상, 2분의 1 미만을 출자·출연한 주식회사 또는 재단법인을 말한다.[34]

현행법상 설치 운영되고 있는 공사·공단의 핵심 관련법인 '공공기관의 운영에 관한 법률'과 '지방공기업'의 적용을 받고 있는 공공기관을 적

그림 5-12 공사·공단 관련법

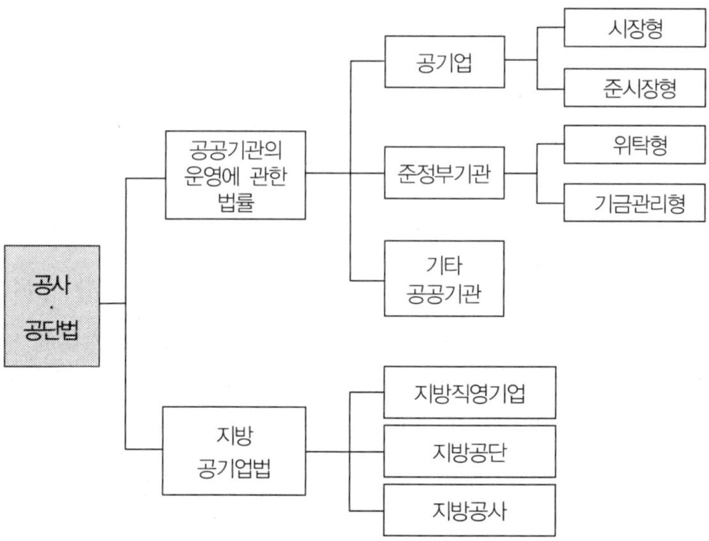

33) 행정안전부 지방공기업 현황 2017.7.31 기준.
34) 우리나라에서는 지방출자기관 90개, 지방출연기관 585개 총 675개가 있다(행정안전부, 2017).

시하면 [그림 5－12]와 같다.

5) 민영화 공기업

행정기관 진화의 마지막 단계는 민영화다. 이 책에서 말하는 민영화는 스타(Starr, 1988)가 말하는 것처럼 공공 부문의 소유지배권이 민간으로 완전히 넘어가는 것을 일컫는다. 민영화된 공기업은 이사회에 의한 자율적인 의사결정뿐만 아니라 회사 자체의 내규에 의해 조직이 운영된다.

그러나 민영화 공기업이 관련 법령에서 완전히 독립된 것은 아니다. 원칙적으로 민영화된 공기업은 특별히 관련 법규나 통칙법에서 규정한 것을 제외하고는 '상법' 등 일반 상사법의 적용을 받는다. 다만 우리나라에서는 민영화되었거나 민영화를 앞두고 있는 공기업에 대해 특별히 '공기업 경영구조 개선 및 민영화에 관한 법률'을 제정해 이들 공기업에 대해서는 별도로 관리하고 있다. 즉, '정부의 주주권 행사', '동일인의 주식 소유 제한,'[35] '외국인의 주식 소유 제한'[36] 등 다른 공기업과는 다른 별도의 규정을 두고 있다. 그 대상기관은 ① '한국담배인삼공사법 폐지 법률'에 의해 상법에 의한 주식회사로 전환된 한국담배인삼공사, ② '한국전기통신공사법 폐지 법률'에 의해 상법에 의한 주식회사로 전환된 한국전기통신공사, ③ '한국가스공사법'에 의해 설립된 한국가스공사, ④ 한국중공업주식회사, ⑤ '인천국제공항공사법'에 의해 설립된 인천국제공항공사, ⑥ '한국공항공사법'에 의해 설립된 한국공항공사 등이 있다.

이와 같이 행정기관에서 진화한 준정부조직은 그 범위에 있어 정도의

35) '공기업 경영구조 개선 및 민영화에 관한 법률' 제18조(동일인의 주식 소유 제한) ① 주주 1인 및 그와 대통령령이 정하는 특수 관계에 있는 자(동일인)는 대상 기업의 의결권 있는 발행 주식 총수의 100분의 15 이내에서 정관이 정하는 비율을 초과하는 주식을 소유하거나 사실상 지배하지 못한다.

36) '공기업 경영구조 개선 및 민영화에 관한 법률' 제19조(외국인의 주식 소유 제한) ① 외국인 또는 외국 법인에 의한 대상 기업의 주식 취득에 관하여는 제18조 제1항의 규정에 의한 제한에 추가하여 정관이 정하는 바에 의하여 따로 이를 제한할 수 있다. ② 제18조 제2항의 규정은 제1항의 규정에 의해 정관이 정하는 한도를 초과하여 주식을 소유하거나 사실상 지배하는 외국인 또는 외국법인에 대하여 이를 준용한다.

차이는 있으나 어느 나라에서나 발견될 수 있다. Quangos(Quasi Autonomous Non Governmental Organization), Quagos(Quasi Autonomous Governmental Organization), NDPB(Non Departmental Public Bodies), OGB(Other Governmental Bodies), DPGA(Distributed Public Governance Agencies or Authority), GSE(Governmental Sponsored Enterprises), HO (Hybrid Organizations) 등 나라에 따라 다양한 명칭으로 불리고 있다(이상철, 2007). 특히 MAB(More Autonomous Bodies)는 행정기관의 진화를 설명하는 데에는 아주 편리한 용어로 자주 활용된다. 즉, 해당 기관이 행정기관에서 분리되어 예산과 조직 및 인력 운영에 얼마만큼의 자율성을 가지고 있는가에 따라 〈표 5-10〉과 같이 하나의 지도(map)로 나타낼 수 있기 때문이다.

표 5-10 행정기관 진화와 자율성

구 분		행정부처 (ministry/department)	행정기업 (governmental enterprise)	책임운영기관 (executive agency)	공사 · 공단 (public institution)	민영화 공기업 (privatized public enterprise)
재정	자율성 · 탄력성	비자율성 · 비탄력성 (일반회계)	약간 자율성 · 탄력성 (특별회계)	다소 자율성 · 탄력성 (특별회계)	자율성 · 독립성	완전 자율성 · 독립성
	예산 의결기관	국회	국회	국회	이사회	이사회
	관련 법률	국가재정법	정부기업 예산법	정부기업예산법/책임운영기관 설치 · 운영에 관한 법률	공공기관의 운영에 관한 법률	공기업경영구조개선 및 민영화에 관한 법률
조직	형태	정부부처 실(국) · 과	정부부처 실(국) · 과/사업본부	정부부처 실(국) · 과/사업본부	법인	법인
	조직개폐 의결기관	국회/정부	국회/정부	국회/정부	이사회	이사회
	관련 법률	정부조직법	정부조직법	정부조직법/책임운영기관 설치 · 운영에 관한 법률	공공기관의 운영에 관한 법률/설립법	공기업경영구조개선 및 민영화에 관한 법률 설립법/상법

인사	신분	공무원	공무원	공무원/ CEO는 계약직	민간인	민간인
	인사의결 기관	국회/정부	국회/정부	국회/정부	이사회	이사회
	관련 법률	국가공무원법	국가공무원법	국가공무원법/ 책임운영기관 설치·운영에 관한 법률	공공기관의 운영에 관한 법률/설립법	공기업경영구조개선 및 민영화에 관한 법률 설립법/상법

자료: Lee(2010: 221).

참고문헌

국내 문헌

강신택(1987). 『사회과학연구의 논리』. 서울: 박영사.

강은숙(2003). 정부업무평가와 성과관리 연계. 『한국행정연구원 연구보고서』.

강황선(2003). 조직성과 측정의 재설계 방향: 조직학습이론의 관점에서. 『한국조직학회 추계학술대회 발표논문집』.

고관규 외(2013). 『성과관리(1) 성과제도편』. 서울: 대영문화사.

공병천(2003). 기관평가와 성과예산과의 연계. 『한국행정연구원 연구보고서』.

곽숙철(2011). 『곽숙철의 혁신이야기 홈페이지』.

국방부(2010). 2011년 운영을 위한 군책임운영기관 신규 지정(안). 『제4차 군책임운영기관 운영위원회』.

권순만 · 김란도(1995). 행정의 조직경제학적 접근: 대리인이론의 행정학적 함의를 중심으로. 『한국행정학보』, 29(1): 77−95.

기초기술연구회(2007). 『2006년 공공기관 혁신평가 실적보고서』.

기획예산처(2005). 『2005년도 정부투자기관 경영평가편람』.

______(2006). 『2005년 공공기관 혁신평가 결과보고서』.

______(2007a). 『2006년 공공기관 혁신평가 결과보고서』.

______(2007b). 『공공기관 경영혁신평가편람』.

기획재정부(2008). 『2005년도 정부산하기관 경영평가편람』.

______(2011a). 『공공기관 알리오시스템』.

______(2011b). *Proceeding Book in The 6th Meeting of the Asia Network on Corporate Governance of SOEs.*

김경우 · 양승일 · 강복화(2008). 『사회복지정책론』. 서울: 창지사.

김근세(2003). 『전략적 기획을 통한 성과관리 통합화 사례에 관한 노트』.

김근세 · 이경호(2005). 책임운영기관의 조직문화와 효과성에 관한 연구: 운전면허시험관리공단을 중심으로. 『한국행정학보』, 39(3).

김기태(1997). 『행정학』. 서울: 대왕사.

김동수(1999). 공기업 민영화에 대한 효율성 분석. 『산업조직연구』, 7(2).

김렬 · 권영주(2005). 책임운영기관 선정기준의 적합성에 관한 연구. 『한국행정논집』, 17(2): 575−594.

김명식(2005). 『특수법인론』. 서울: 한국학술정보.

김범성(2003). 최고경영자의 리더십 역할. 『대한경영학회지』, 16(7): 2421−2440.

김병섭 · 박광국(1999). 행정조직의 조직발전. (OD)에 관한 사례연구: MBO를 중심으로. 『행정논총』, 37(1).

김병섭 · 박광국 · 조경호(2009). 『휴먼조직론』. 서울: 대영문화사.

김성준(2002). 기관별 주요 업무에 대한 성과지표 개발. 『한국행정연구원 연구보고서』.

김수연 · 양승권(2007). 지방공기업의 성과관리시스템(BSC) 도입에 관한 연구: 강서구시설관리공단을 중심으로. 『한국경영학회 통합학술대회 발표 논문』.

김영조(1994). 『소유와 경영분리가 조직 특성 및 조직 성과에 미치는 영향에 관한 연구』. 연세대학교 경영대학원 박사학위 논문.

______(2000). 조직문화와 조직성과의 변화에 관한 종단적 연구. 『인사 · 조직연구』, 8(2).

김용우(2006). 『공기업원론』. 서울: 형설출판사.

김원실(1999). 『전사적 자원관리의 도입전략』. 한국과학기술원 석사학위 논문.

김의섭(1999). 한국 공기업 민영화 정책의 성과와 개선 방안. 『재정정책논집』, 1(1).

김재진(2000). ERP 구현 특성에 따른 변화관리 특성과 ERP 도입 성과 간 관계. 국민대학교 대학원 박사학위 논문.

김정일(2016). 『행정법각론특강자료』. 제7편 행정조직법 · 공무원법. 윌비스한림법학원.

김종희(2007). 지방공기업 경영평가의 수용도 제고 방안: 시설관리공단의 비계량지표를 중심으로. 『지방행정연구』, 21(1).

김준기(2001). 김대중 정부의 공기업 민영화정책에 대한 평가. 『행정논총』, 39(1).

김태룡(1994). 한국 지방정부의 권한배분 구조: 기초자치단체를 중심으로. 『한국행정학보』, 28(1).

김태훈(2006). 책임운영기관의 사업성과 메타평가에 관한 연구: 국립중앙극장을 중심으로. 성균관대학교 박사학위 논문.

김판석 · 오성호 · 이선우(2000). 업적평가 체계로서의 다면평가제도 도입과 추진 방법에 관한 사례연구. 『한국행정학보』, 34(4).

김현기(2003). 전략적 성과관리 시스템: BSC의 활용. 『인사행정』, 14.

김현숙(2007). 우리나라 공기업 민영화가 기업경영 성과에 미친 영향에 관한 실증분석. 『재정논집』, 22(1).

김호균(2007). 조직문화, 리더십, 조직몰입 간 인과관계 고찰. 『한국사회와 행정연구』, 18(2): 23－49.

김호섭 외(1999). 『새조직행태론』. 서울: 대영문화사.

______(2002). 『조직행태의 이해』. 서울: 대영문화사.

김호정(2002a). 한국행정문화 연구와 경쟁가치모형. 『한국정책학회보』, 11(3).

______(2002b). 행정조직문화가 조직몰입과 직무만족에 미치는 영향. 『한국행정학보』, 36(4): 87－105.

______(2003). 조직문화, 리더십, 조직효과성의 관계: 부산광역시를 대상으로. 『한국행정학보』, 37(4).

______(2004). 행정조직과 기업조직의 조직문화 비교. 『한국행정학보』, 38(3).

다음(2011). 『오픈사전』.

동북아역사재단(2007a). 『동북아재단 1년 활동 보고서』.

______(2007b). 『영유권 공고화 업무성과관리 방안』.

모창환(2005). 책무성을 적용한 지방공기업 경영평가제도에 대한 상위평가: 대구도시철도공사 사례분석을 중심으로. 『한국정책학회보』, 14(1).

문명재 · 이명진(2010). 책임운영기관의 조직·인사 자율성과 제도적 개선방향. 『한국조직학보』, 7(1): 39－63.

민　진(2003). 조직효과성에 관한 개념 정의의 분석 및 재개념화. 『한국행정학보』, 37(2).

______(2009). 『조직관리론』. 서울: 대영문화사.

______(2011). 『조직의 건강과 질병: 진단과 치료』. 서울: 대영문화사.

민남식(1999). 기업문화 개발 과정에서의 저항과 변화관리. 『산경논총』.

박경원 · 김희선(1998). 『조직이론 강의』. 서울: 대영문화사.

박광국 · 이상철(2007). 『영유권 공고화 업무성과관리 방안 연구』. 동북아역사재단.

박노윤(1996). 환경과 조직문화의 관계에 따른 조직성과의 차이에 관한 탐색적 연구. 『인사 · 조직연구』, 4(1).

______(1997). 조직문화와 전략의 관계에 관한 탐색적 연구. 『경영학연구』, 26(2).

박상언 · 김영조(1995). 조직문화 프로필과 조직효과성의 관계에 관한 연구. 『경영학연구』, 24(3).

박승록(2002). 『공기업과 민간기업의 생산성 분석 5』. 서울: 한국경제연구원.
박연호(1984). 『행정학신론』. 서울: 박영사.
박영원(2017). 『정부조직의 개편의 현황과 개선과제』. 국회입법조사처.
박영희 외(2005). 『공기업론』. 서울: 다산출판사.
박우순(2002). 『행정학의 새로운 패러다임』. 서울: 법문사.
박재완(2016). '좋은 행정'에서 본 행정현장과 행정학의 과제: 정부실패를 중심으로. 『행정논총』, 54(4): 39-68.
박재희(2002). 기관평가제도의 효과적 운영 방안. 『한국행정연구원 연구보고서』.
박중훈(1999). 결과 중심의 성과측정 및 성과관리 체제에 관한 연구. 한국행정연구원.
배용수(2000). 지방공기업 설립 여건의 적정화 방안. 『한국지방재정논집』, 5(1).
백평선(2001). 『공기업 민영화: 이론과 실제』. 서울: 연세대학교출판부.
부산 · 대구 · 대전 · 광주 · 인천광역시(1998-2008). 『통계연감』.
서순복(2001). 지방자치단체 목표관리제와 근무성적평정 간의 연계에 관한 연구. 『한국 사회와 행정연구』, 12(1).
서태윤(1985). 『한국정부조직론』. 서울: 박영사.
손상호(2000). 『한글 SPSSWIN을 이용한 통계분석』. 서울: 세학사.
신 열(2002). 지방공기업 경영평가제도의 전략적 발전 방안: SER-M SWOT 방법의 활용. 『한국정책학회보』, 11(4).
_____(2004). 지방공기업 경영평가제도에 대한 재검토. 『한국행정연구』, 13(3).
신유근(1982/1993). 『조직행위론』. 서울: 다산출판사.
신택수 · 유승록(2007). 국내 공기업의 BSC 시스템 구축 사례연구: 우정사업본부를 중심으로. *Information Systems Review*, 9(1).
심오택(2001). 정부업무 등의 평가에 관한 기본법 제정 필요성 및 기대효과. 『한국행정연구』, 10(1).
양기용(2004). 성과와 경쟁 중심의 지방정부 개혁의 한계와 과제. 『지방정부연구』, 8(2).
양승일(2011). 케인스주의. 『전자행정학사전』.
양승일 · 정혁인(2009), 『사회복지행정론』. 서울: 동문사.
양재진(2002). 대통령제, 이원적 정통성, 그리고 행정부의 입법부 통제와 지배: 한국 행정국가화 현상에 대한 함의를 중심으로. 『한국행정연구』, 11(1): 168-190.
양창삼(1994). 『조직이론』. 서울: 박영사.
여영현(2006). 지방공기업의 경영성과 분석 및 평가: 시 단위 13개 시설관리공단을 중심으로. 『한국정책과학학회보』, 10(2).
여영현 · 류숙원(2006). 한국 지방공기업의 현황과 과제. 『2006 한국지방공기업학회 정기학술회의 발표자료집』.
여영현 · 방준용 · 노승용 · 배용수 · 오희환(2007). 『지방공기업의 적정사업 영역 및 출자 범위 연구』. 서울: 한국자치경영평가원.
여영현 · 이상철(2008). 지방개발공사의 성장문제와 제도적 개선 방안. 『한국행정논집』, 20(1).
오석홍(1990). 『조직이론』. 서울: 박영사.
우양호(2009). 공공서비스 관리이론의 한국적 적실성에 관한 연구: 신공공관리론과 신공공서비스론을 중심으로. 부산대학교 대학원 박사학위 논문.
원구환(2000). 지방공기업의 효율적인 행정통제에 관한 연구. 『한국지방자치학회보』, 12(4).
유금록(2001). 지방하수도사업의 효율성: 확률변경분석. 『한국행정학보』, 35(4).
유종해(1985). 『현대행정학』. 서울: 박영사.
윤기석(2002). 역량 평가모형 개선 방안(Ⅱ). 한국행정연구원.
윤성식(1994). 『공기업론』. 서울: 박영사.
윤태범(2005). 정부위원회제, 정말 무엇이 문제인가. 『안국동窓』.
이광희(2003). 한국 지방전보의 성과지표 개발 및 측정. 『한국지방자치학회보』, 15(3).
이근주(2001). 정책추진역량평과 개선 방안(Ⅰ). 『한국행정연구원』.
이대용 · 이청호(2000). DEA/WINDOW 기법을 이용한 정보기술 산업의 경영효율성과 규모 경제성 평가에 관한 연구. 『경영정보학연구』, 10(3).
이명재(2003). 『조직발전론』. 서울: 대영문화사.
이병량 · 이재희(2003). 공기업 민영화에 대한 태도의 특성과 형성 요인에 관한 연구: 한국전력 민영화에 대한 여론조사를 중심으로. 『행정논총』, 41(1).
이상철(1996a). 『공기업과 정부규제 정책』. 서울: 형설출판사.
______(1996b). 전력사업 민영화 정책 추진 모델에 대한 게임론적 분석. 『한국행정논집』, 8(2).
______(1997). 공기업의 대리인 문제와 민영화 방안의 타당성 검토: 한국전력공사 사례를 중심으로. 『한국행정학보』, 31(1): 181－196.
______(1998). 『공기업 강의』. 서울: 대영문화사.
______(2000). 『공기업의 이해』. 서울: 대영문화사.
______(2001). 정부투자기관 이사회의 구조적 특징과 목표 지향적 구조로의 발전방안: 뉴거버넌스 관점에서. 『한국행정학보』, 35(2).
______(2002). 기초자치단체 문예회관의 효율적 관리 방안: 바람직한 행정관리주체 탐색. 『한국정책학회보』, 11(3).
______(2003a). 통칙법 비적용 공기업의 효율적 행정·관리 주체에 관한 연구: 뉴거버넌스 관점에서. 『한국정책학회보』, 12(3).

______(2003b). A Perspective on the Governance System Reform of Public Enterprises in S. Korea to Date. 『한국사회와 행정연구』, 14(3).

______(2004). 『공기업 지배구조 개선 방안』. 서울대학교 행정대학원 정책지식센터.

______(2006). 융합적 공기업 지배구조에 관한 연구: 발전적 · 민주적 · 조합주의 모델을 중심으로. 『한국행정논집』, 18(3).

______(2007/2016). 『한국공기업의 이해』. 서울: 대영문화사.

______(2009). 바보시리즈. 『부산대신문』.

______(2010). 상업화된 지방행정조직의 패러독스에 관한 연구. 『한국행정논집』, 22(4).

______(2010~2011). 『큰바위사랑』. Damu 카페－큰바위사랑－부산울산모임－혜철글 모음.

이상철 · 고수정 · 장철영(2006). 조직 운영 주체별 상대적 효율성 분석: 문화예술회관을 중심으로. 『행정논총』, 44(3).

이상철 · 권영주(2008). 경영 성과 제고를 위한 공공기관의 조직문화 유형: 공익형 공공공기관과 기업형 공공기관의 비교를 중심으로. 『한국행정학보』, 42(3).

이상철 · 문인수 · 성도경(2001). 『공기업의 이해』. 서울: 대영문화사.

이상철 · 성도경(1998). 지방공기업법의 문제점과 개정 방향. 『영남정치학회보』, 8.

______(2002). 지방공기업의 책임경영을 위한 성공 요건 분석: 뉴거버넌스 관점에서. 『한국행정학보』, 36(4).

이상철 · 성도경 · 장철영 · 허만용 · 하상군(2006). 행정조직의 변형 경로에 관한 기초연구: '지방정부 shadow 조직의 paradox' 규명. 『한국행정학보』, 40(3).

이세구(2001). 서울시 통합성과관리 방안에 관한 연구. 『서울특별시 연구용역보고서』.

이승우(2008). CEO 특성에 따른 공기업 경영평가의 타당성 연구: 지방자치 정부투자공기업을 중심으로. 호남대학교 대학원 박사학위 논문.

이재원(2002). 지방정부의 성과관리시스템 개발에 관한 연구. 『한국경영과학회지』.

이정주(2005). 지방공기업에서의 조직문화가 조직효과성에 미치는 영향에 관한 연구. 『지방정부연구』, 9(4).

이종수(2009). 『행정학사전』(개정판). 서울: 대영문화사.

이종찬(2001). 최고경영자의 리더십과 조직효과성. 『조직과 인사관리연구』, 24(2): 71－85.

______(2004). 조직문화 구성 형태에 따른 조직유효성의 차이분석. 『중소기업연구』, 26(1).

이종찬 · 이덕로(1998). 조직문화 구성 형태에 따른 조직구조의 차이분석. 『대한경영학회지』, 19.

이진형(2005). 한전에 있어서 독립사업부제 도입과 효율적 운영 방안에 대한 고찰. 『최고경영자과정 논문』. 서울대학교 경영대학원.

이창원 · 최창현(2006). 『새 조직론』. 서울: 대영문화사.

이태종(1995). 지방화 시대의 발전적 관광행정. 『한국행정학보』, 29(4).

이환범 · 송건섭 · 김병문(2005). 지방공기업의 경영성과관리와 평가지표 개발: 자료포락분석에 의한 효율성 측정. 『한국사회와 행정연구』, 15(4).

인천환경관리공단(2009). 『인천환경관리공단 현황』.

임도빈(2003). 한국 신공공관리적 개혁에 대한 비판적 고찰: 지방자치단체 행정서비스헌장제 도입 사례. 『한국행정논집』, 15(1).

임태균(1989). 컴퓨터와 조직성과. 『인제논총』, 5(2).

장덕희 · 신열(2006). 지방공기업 경영성과평가 방법으로서 BSC 기법 도입에 관한 연구: 도시개발공사와 시설관리공단의 평가 관련 종사자 인식조사 결과를 중심으로. 『지방행정연구』, 20(1).

장석오(2007). 재무적, 비재무적 성과 및 기업 규모가 지방공기업 경영평가 결과에 미치는 영향. 『지방행정연구』, 21(3).

전상호 · 신용존(1995). 조직문화와 리더십의 적합성이 행동적 유효성에 미치는 영향에 관한 실증연구. 『경영학연구』, 24(4).

전종순(2015). 군 책임운영기관 성과지표의 특성과 지표간 영향요인에 관한 실증연구: 관리역량이 고유사업에 미치는 영향을 중심으로. 강원대학교 대학원 일반대학원 박사학위 논문.

정준교 · 박상언 · 김영조(1995). 조직문화, 조직구조, 조직 성과의 관계에 관한 경험 연구. 『한국경영학회 추계학술연구 발표 논문집』.

정홍익 · 김호섭(1991). 위원회제도를 중심으로 한 시민참여의 활성화. 『한국행정학보』, 25(2).

조경호 · 김정필(2005). 지방자치단체장의 리더십, 조직문화, 조직효과성의 관계－경쟁가치모형의 적용. 『지방행정연구』, 19(4): 59－91.

조선일보(2010). 2010년 기획재정부 국정감사: 낙하산 때문에 외청들 내부승진 어려워. 2010.10.4.

조세일보(2010). 재정부 낙하산 때문에 외청들 내부승진 어려워. 2010.10.4.

조엘 피터슨 · 데이비드 캐플런(2017). 『신뢰의 힘』. 경기: 가나출판사.

조태훈(1992). 계획적 조직 변화에 있어서 개입자와 고객 간의 관계모형에 관한 연구. 『인사관리연구』.

조형석 · 문상호(2007). 지방하수도의 효율성 평가. 『지방행정연구』, 21(1).

주경태 · 윤성식(2006). 공기업 민영화정책의 효과성에 관한 연구. 『행정논총』, 44(3).

주효진(2004). 조직구조, 조직문화 및 조직효과성의 관계에 관한 연구: 업무 특성별 기관 분류를 중심으로. 『행정논총』, 42(2).

중앙일보(2009). 일본 우정 민영화 철회 논란. 2009.12.8.

지방공기업평가원(2012). 지방공사공단 구분기준 검토.

진종순(2017). 『공공조직론』. 경기: 법문사.

최성욱(2003). 상황맥락적 인적자원관리: HRM과 조직문화 간의 상호적합성 가설을 중심으로. 『한국행정학보』, 37(4).

______(2005). 한국 행정조직의 문화적 프로필에 관한 연구: 중앙부처를 중심으로. 『한국행정학보』, 25(3).

한국국방연구원(2016). 군 책임운영기관 성과평가체계 개선 및 발전방향 연구.

한국자치경영평가원(2008). 『지방개발공사 환경개선 연구 용역』.

한국전력공사(2007). 『2006년 공공기관혁신평가 실적보고서』.

한국조세연구원(2010). 공공기관 경영자율권 확대사업의 현황 및 정책방향.

한국조세재정연구원(2017). 수시과제 '우리나라 정부성과평가제도에 대한메타평가연구' 관련 해외국 평가제도 운영 현황.

한국철도시설공단(2005). 『사업관리(PM) 용역보고서』.

한국표준과학연구원(2007). 『2006년공공기관혁신평가 실적보고서』.

한국학술진흥재단(2007). 『2006년공공기관혁신평가 실적보고서』.

한국행정연구원(2014). 해외사례를 통해 본 책임운영기관평가제도. 연구보고서 2014-08.

한주희 · 황원일 · 박석구(1997). 조직문화 인식 유형이 조직몰입 유형에 미치는 영향에 관한 연구. 『인사조직연구』, 5(2).

한표환(2014). 역대정부의 특별지방행정기관 정비정책 비교평가. 『지방행정연구』, 28(4): 73-97.

행정안전부(1970-2010a). 『지방공기업 현황』.

______(1970-2010b). 『지방공사 · 공단 현황』.

______(2010a). 『정부조직관리』.

______(2010b). 『책임운영기관 운영 및 평가지침』.

______(2010c). 『정부위원회 현황』.

______(2011a). 『행정조직 현황』.

______(2011b). 『지방공기업 현황』.

______(2017a). 『지방자치단체 출자 · 출연기관 현황』.

______(2017b). 『2017 사업연도 지방공기업 결산지침』.

______(2017c). 『책임운영기관 관계 법령집』.
______(2017d). 『행정기관위원회 현황』.
행정안전부 책임운영기관운영위원회(2017). 2017년도 책임운영기관 종합평가.
허철행(2002). 신관리주의 지방정부혁신의 평가와 전망. 『한국정책학회보』, 11(3).
홍길표(2006). 현 정부의 정부혁신 방법론상의 쟁점과 향후 과제: 행정혁신 분야를 중심으로. 『행정연구원 2006년 혁신학술대회』.
환경부(1999–2009). 『환경연감』.
황명구(2008). 메타평가를 적용한 국가연구개발사업 평가시스템의 효율성 분석, 건국대학교 박사학위 논문.
황창연(2003). 행정조직문화와 성과관리의 관계. 『한국정책학회보』, 12(2).
황화정 · 남기찬 · 한유경(1999). SAP R3 구현의 주요 성공 요인과 성과분석. 『한국경영정보학회 춘계학술대회 논문집』.

국외 문헌

Adams, J. S.(1953). Toward an Understanding of Equity. *Journal of Abnormal and Social Psychology*, 68: 422–436.
Aiken, M.(1969). Routine Technology, Social Structure and Organizational Goals. *Administrative Science Quarterly*, 14: 366–376.
Albrow, M.(1970). *Bureaucracy*. New York: Praeger.
Aldrich, H. E.(1979). *Organizations and Environments*. Englewood Cliffs, N.J.: Prentice Hill.
Bass, B. M.(1985). *Leadership and performance beyond expectation*. N.Y.: Free Press.
Batley, R. & Larbi, G.(2004). *The Changing Role of Government: The Reform of Public Services in Developing Countries*. New York: Palgrave.
Batson, C. D.(1991). *The Altruism Question: Toward a Social Psychological Answer*. Hillsdale, N.J.: Lawrence Erlbaum.
Benson, K. J.(1975). The Inter–Organizational Network as a Political Economy. *Administrative Science Quarterly*, 20: 229–249.
Berg, S. V. & Smith, S. K.(1978). CEO and Board Chairman: A Quantitative Study of Dual vs. Unitary Board Leadership. *Directors & Boards*, 3(10): 34–39.
Berle, A. & Means, G.(1932). *The Modern Corporation and Private Property*.

New York: Macmillan.

Blacker, P.(1994). History of Strategic Planning. *Armed Forces Comptrolller*, 39(1).

Blake, R., & Mouton, J.(1964). *The Managerial Grid*. Houston: Gulf.

Blau, P. M., & Schonherr, R. A.(1971). *The Structure of Organizations*. New York: Basic Books.

Block, P.(1993). *Stewardship: Choosing Service over Self−interest*. San Francisco: Berrett−Koehler.

Bolino, M. C., Turnley, W. H., & Bloodgood, J. M.(2002). Citizenship behavior and the creation of social capital in organizations. *Academy of Management Review*, 27(4): 505−522.

Bozeman, B.(1987). *All Organizations Are Public*. San Francisco, CA: Jossy−Bass.

Brown, J., & McDonnell, B.(1995). The Balanced Score−card: Short−term guest or Long−term Resident? *International Journal of Contemporary Hospitality Management*, 7: 7−11.

Burns, B.(1992). *Managing Change: A Strategy Approach to Organizational Development and Renewal*. New York: Basic Books.

Burns, J. M.(1978). *Leadership*. N.Y.: Harper & Row.

Caldwell, C., Bischoff, S. J., & Karri, R.(2002). The Four Umpires: A Paradigm for Ethical Leadership. *Journal of Business Ethics*, 36: 153−163.

Chaganti. R. S., Mahajan, V., & Sharma, S.(1985). Corporate Board Size, Composition and Corporate Failures in Retailing Industry. *Journal of Management Studies*, 22: 400−417.

Charnes, A., Cooper, W., & Rhodes, E.(1978). Measuring the Efficiency of Decision Making Unit. *European Journal of Operational Research*, 2(6).

Chatman, J. A.(1989). Improving International Organizational Research: A Model of Person−Organization Fit. *Academy of Management Review*, 14: 333−349.

Child, J.(1972a). Organizational Structure, Environment and Performance: The Role of Strategic Choice. *Sociology*, 6: 2−22.

______(1972b). Organization Structure and Strategy of Control: A Replication of the Aston Study. *Administrative Science Quarterly*, 17: 163−177.

Chungang−Ilbo(2008). *Experiment on Autonomous Management−Incentive Based on Performance*. May, 20.

Chung, K. E., & Megginson, L. C.(1981). *Organizational Behavior*. New York: Harper and Row Co.

City of Charlotte(2002). *A Handbook for Developing Key Business Unit Scorecards and Business Plans: Becoming a Strategy-focused Organization*. Charlotte, NC: City of Charlotte.

Clegg, S. & Dunkerley, D.(1980). *Organization, Class, and Control.* London: Routlege & Kegan Paul.

Cline, N. M.(2003). Stewardship: The Janus Factor. *Journal of Library Administration*, 38(1): 7-17.

Coats, J. C.(2002). Applications of Principal-Agent Models to Government Contracting and Accountability Decision Making. *International Journal of Public Administration*, 25(4): 441-461.

Conlan, T. J., Wrightson, M. T., & Beam, D. R.(1990). *Taxing Choices: The Politics of Tax Reform*. Washington, D.C.: Congressional Quarterly Inc.

Crozier, M.(1964). *The Bureaucratic Phenomenon*. London: Tavistock.

Daft, R. L.(2004). *Organization Theory and Design*(8th). South-Western: Thomson.

Daily, C. M. & Dalton, D. R.(1994). Bankruptcy and Corporate Governance: The Impact of Board Composition and Structure. *Academy of Management Journal*, 37: 1603-1617.

Davis, J. H., Schoorman, F. D., & Donaldson, L.(1997). Toward a Stewardship Theory of Management. *Academy of Management Review*, 22(1): 20-47.

De Lancer Julnes, P. & Holzer, M.(2001). Promoting the Utilization of Performance Measures in Public Organizations: An Empirical Study of Factors Affecting Adoption and Implementation. *Public Administration Review*, 61: 693-708.

Denhardt, R. B. & Denhardt, J. V.(1999). *Leadership for Change: Case Study in American Local Government*. Arlington. VA: Price Water House Coopers Endowment for the Business of Government.

______(2007). *The New Public Service: Serving. Not Steering(Paperback/Expanded Edition)*. Armonk, N.Y.: M. E. Sharpe.

Dicke, L. A.(2002). Ensuring Accountability in Human Services Contracting: Can Stewardship Theory Fill the Bill. *American Review of Public Administration*, 32(4): 455-470.

Dicke, L. A. & Ott, J. S.(1999). Public Agency Accountability in Human Services Contracting. *Public Productivity and Management Review*, 22(4): 502-516.

______(2002). A Test: Can Stewardship Theory Serve as a Second Conceptual Foundation for Accountability Method in Contracted Human Services? *International Review of Public Administration*, 25(4): 463-487.

DiMaggio, P. J. & Powell, W. W.(1991). Politics and Programs: Organizational Factors in Public Television Decision Making. *Nonprofit Enterprise in the Arts*. 245–269.

Donaldson, L. & Davis, J. H.(1991). Stewardship Theory or Agency Theory: CEO Governance and Shareholder Returns. *Australian Journal of Management*, 16(1): 49–64. The University of New South Wales.

Doucouliagos, C.(1994). A Note on the Volution of Homo Economicus. *Journal of Economics Issues*, 3: 877–883.

Dror, Y.(1971). *Design for policy sciences*. New York, N.Y.: American Elsevier Publishing.

Drucker, P. F.(1980). Learning from Foreign Management. *Wall Street Journal*, Sept. 4: 24.

Dubnick, M.(2005). Accountability and the Promise of Performance: In Search of the Mechanisms. *Public Performance & Management Review*, 28(3): 376–417.

Duncan, W. J.(1989). Organization Culture: 'Getting a Fix' on an Elusive Concept. *Academy of Management Executive*, 3: 229–236.

Dwivedi, O. P. & Jabbra, J. G.(1998). Public Service Responsibility and Accountability, in J. G. Jabbra & O. P. Dwivedi(ed.). *Public Service Accountability*. West Hartford, CT: Kumarian.

Eduardo, G.(2006). *The World of Paradox*. 5. 20.

Eger Ⅲ, R. J.(2005). Casting Light on Shadow Government: A Typological Approach. *Journal of Public Administration Research and Theory*, 16: 125–137.

Emmanuel, C. R., Otley, D. T., & Merchant, K.(1990). *Accounting for Management Control*, London: Chapman & Hall.

Epstein, P.(1992). Measuring the Performance of Public Services, in M. Holzer(ed.). *Public Productivity Handbook*. New York: Marcel Dekker.

Etzioni, A.(1964). Mixed scanning: A Third Approach to Decision Making. *Public Administration Review*, 27(Dec): 385–392.

Fayol, H.(1978). *General Principle of Management*, in J. M. Shafriz & P. H. Whitebeck(1978). *Classics of Organization Theory*. 23–27. Oak Park, IL: Moore Publishing.

Fesler, James W.(1968). Centralization & Decentralization, in David L. Sills(ed.). *International Encyclopedia of the Social Science,* Vol.2. New York: TheMacmillan & Free Press.

Finer, H.(1941). Administrative Responsibility in Democratic Government. *Public Administration Review*, Ⅰ(4): 335–350.

Finkelstein, S., & D'Aveni, R. A.(1994). CEO Duality as a Double–edged Sword: How Boards of Directors Balance Entrenchment Avoidance and Unity of Command. *Academy of Management Journal*, 37: 1079–1108.

Fischer, F.(1997). *Evaluating Public Policy*. Chicago, IL: Nelson–Hall Publishers.

Flinders, M. V.(1999). Setting the Scene: Quangos in Context, in Flinders, M. & Smith, M.(ed.). *Quangos, Accountability and Reform*. New York: St. Martin's Press.

Flinders, M. V. & Smith, M.(eds.)(1999). *Quangos, Accountability and Reform: The Politics of Quasi–Government*, London: Macmillan.

Fry, R. E.(1995). Accountability in Organizational Life: Problem or Opportunity for Nonprofits. *Nonprofit Management & Leadership*, 6: 181–195.

Gains, F.(2004). Adapting the Agency Concept: Variations within "Next Steps," in C. Pollitt & C. Talbot(eds.). *Unbundled Government*. London: Taylor and Francis.

Gardiner, L. F.(1998). Why We Must Change: The Research Evidence. *The NEA Higher Education Journal*, 16(Spring): 71–88.

Gelles, E.(2000). The Role of the Economic Sector in the Provision of Care to Trusting Clients. *Nonprofit Management & Leadership*, 6: 233–249.

Gordon, G. G.(1991). Industry Determinants of Organizational Culture. *Academy of Managemental Review*, 16(2): 396–415.

Gouldner, A. W.(1971). *The Coming Crisis of Western Sociology*. London: Heinenmann.

Granovetter, M. S.(1985). Economic Action and Social Structure: the Problem of Embeddedness. *American Journal of Sociology*, 91(3): 481–510.

Gulick. L.(1978). Note on the Theory of Organization, in J. M. Shafriz & A. C. Hyd(eds.). *Classics of Public Administration*, 38–47. Oak Park, IL: Moore Publishing.

Hackman, J. R.(2002). *Leading Teams: Setting the Stage for Great Performances*.

Hage, J. & Aiken, M.(1969). Routine Technology, Social Structure and Organizational Goals. *Administrative Science Quarterly*, 14: 366–376.

Halachmi, A.(2004). Performance Measurement, Accountability, and Improving Performance, in Marc Holzer & Seok–Hwan Lee(eds.). *Public Productivity Handbook*, New York: Marcel Dekker.

Halachmi, A. & Montgomery, Vickie L.(2000). Best Value and Accountability:

Issues and Observations. *International Review of Administrative Sciences*, 66: 393–414.

Hall, P. A.(1966). Political Science and the Three New Institutionalisms. *Political Science Studies*, 44: 952–973.

Hamel, G.(2000). *Challenges of Information Technology Management in the 21st Century*. London: Idea Group Publishing.

Hardin, G.(1968). The tragedy of the commons. *Science*, 162: 1243–1248.

Harmon, M. M., & Mayer, R. T.(1986). *Organization Theory for Public Administration*. Boston: Little Brown.

Harris, J. S. & Garcia, T. V.(1966). The Permanent Secretaries: Britain's Top Administrators. *Public Administration Review*. Vol. XXVI. No. 1(March): 31–44.

Hedley, T.(1998). Measuring Public Sector Effectiveness Using Private Sector Methods. *Public Productivity & Management Review*, 21: 251–258.

Heinrich, C.(1999). Do Government Bureaucrats make Effective use of Performance Management Information? *Journal of Public Administration Research and Theory*, 9(3): 363–393.

Hersey, P. & Blanchard, K. H.(1982). *Management of Organizational Behavior: Utilizing Human Resources*. New York: Prentice–Hall.

Herzberg, F.(1966). *Work and the Nature of Man*. Cleveland, Ohio: World Publishing Co.

Hirsch, P., Michaels, S., & Friedman, R.(1987). "Dirty Hands" versus "Clean Models." *Theory and Society*, 16: 317–336.

Hofstede, G. H.(1984). *Culture's Consequences: International Differences in Work–Related Values*. Newbury Park. SAGE Publications, Inc.

Holzer, M.(2004). *Public Productivity Handbook*(2nd ed.). New York: Marcel Dekker.

Holzer, M. & Callaban, K.(1998). *Government at Work*. Thousand Oaks, CA: Sage.

Holzer, M. & Kang, Hwang–Sun(2004). Balanced Measurement in the Public Sector: Stakeholder–Driven Measurement, in Marc Holzer & Seok–Hwan Lee(eds.). *Public Productivity Handbook*. New York: Marcel Dekker.

Holzer, M., & Lee, Seok–Hwan(2001). Mastering Public Productivity and Performance Improvement; From a Productive Management Perspective, in Marc Holzer & Seok–Hwan Lee(eds.). *Public Productivity Handbook*. New York: Marcel Dekker.

Hornaday, J. A. & Aboud, J.(1971). Characteristics of Successful Entrepreneurs. *Personal Psychology*, 24: 141–153.

House, R. J.(1971). A Path Goal Theory of Leadership Effectiveness. *Alternative Science Quarterly*, 16: 321–339.

______(1976). *A 1976 Theory of Charismatic Leadership*. Working Paper Series 76–06.

Ikl, F. C.(1987). *How Nations Negotiate*. New York: Kraus Reprint.

Ivancevich, J. M. & Matteson, M. T.(1996). *Organizational Behavior and Management*. Chicago: Irwin.

Jackson, P. M. & Stainby, L.(2000). Managing Public Sector Networked Organizations, *Public Money and Management*, Jan–Mar: 11–16.

Jeavons, T. H.(1994). Ethics in Nonprofit Management: Creating a Culture of Integrity, in R. D. Herman(ed.). *Handbook of Nonprofit Leadership and Management*. San Francisco: Jossey–Bass.

Jensen, M. C. & Meckling, W. H.(1976). A Theory of the Firm: Governance, Residual Claims and Organizational Forms, *Journal of Financial Economics(JFE)*, 3(4). Harvard University Press.

______(1976). Theory of the Firm: Managerial Behavior, Agency Costs and Ownership Structure. *Journal of Financial Economics*, 3: 305–360.

Jordana, J. & Levi–Faur, D.(2004). *The Politics of Regulation: Institutions and Regulatory Reforms for the Age of Governance*. Chelfenham U.K. · Northampton, M.A., U.S.A.

Kaplan, R. S. & Norton, D. P.(1992). The balanced Scorecard–Measures that Drive Performance. *Harvard Business Review*, January–February: 71–79.

______(1993). Putting the Balanced Scoreard to Work. *Harvard Business Review*, September–Octorber: 134–142.

______(1996). Using the Balanced Scorecard as a Strategic Management System. *Harvard Business Review*, January–February: 75–85.

______(2001). *The Strategy–Focused Organization: How Balanced Scorecard Companies Thrive in the New Environment*. Boston, MA: Harvard Business School Press.

Kearns, K.(1996). *Managing for Accountability: Preserving the Public Trust in Public and Nonprofit Orangizations*. San Francisco: Jossey–Bass.

Kettle, D.(1993). *Sharing Power*. Washington, D.C.: Brookings Institution.

Kickert, K.(2001). Public Management of Hybrid Organizations: Governance of Quasi–Autonomous Executive Agencies, *International Public Management*

Journal, 2(4): 135－150.

Kim, Byoung－Joo & Caldwell, C.(2002). Social Contracts, Stewardship, and Trust: Affirming Values in Educational Leadership. *The Journal of Educational Administration*, 20(4): 81－105.

Kim, J. W. & Rowley, C.(2001). Managerial Problems in Korea: Evidence from the Nationalized Industries. *The International Journal of Public Sector Management*, 14(2): 129－148.

Kingsley, J. D.(1944). *Representative Bureaucracy: An Interpretation of the British Civil Service*. Yellow Springs: The Antioch Press.

Kohlberg, L.(1981). *The Philosophy of Moral Development*. San Francisco: Harper and Row.

Koppell, J. G. S.(2003). *The Politics of Quasi－government: Hybrid Organization and the Dynamics of Bureaucratic Control*. Cambridge, UK: Cambridge University Press.

Kotter, J. P. & Heskett, J. L.(1992). *Corporate Culture and Performance*. New York: The Free Press.

Krieger, S.(1991). *Social Science and the Self: Personal Essays on an Art Form*. New Brunswick, N.J.: Rutgers University Press.

Landau, M.(1969). Redundancy, Rationality, and the Problem of Duplication and Overlap. *Public Administration Review*, 29: 346－358.

Lane, J. E.(2000). *New Public Management*. Aldershot, Ashgate.

Lawrence, P. R. & Lorsch, J. W.(1967). *Organization and Environment*. Boston: Graduate School of Business Administration. Harvard University Press.

Leblebici, H.(2010). *Class Materials in Organizational Behavior*. University of Illinois.

Lee, S. C.(2010). *Local Quagos: Their Growth and Accountability with Decentralization*, in T. B. Lim et al.(eds.). *Decentralization and Development*, Seoul: Seoul National University Press.

Lee, S. C., et al.(2006). A Basic Study on the Transformation Path of Public Organization: Analysis on the Paradox of Local Government Shadow Organization. *Korea Public administration Review*, 40(3).

Lee, Seok－Hwan(2003). Balanced Scorecard in the Public Sector and Its Forward Looking Focus Revisited: Do We Need Another Balance? *Korean Society and Public Administration*, 16(1): 273－297.

Lee, Seok－Hwan & Holzer, M.(2004). Total Quality Management and Customer Focus: Linking the Philosophy of TQM to Responsive Public Agencies, in

Marc Holzer & Seok-Hwan Lee(eds.). *Public Productivity Handbook*. New York: Marcel Dekker.

Leeuw, F. L. & Theil, S. V.(1999). Quagocratization in the Netherlands, in Flinders et al.(ed.). *Quangos, Accountability and Reform: The Politics of Quasi-Government*. London: Macmillan.

Likert, R.(1967). *The Human Organization: Its Management and Value*. New York: McGraw-Hill.

Lindblom, C. E.(1995). *Inquiry and Change*. New Heaven, M.A.: Yale University Press.

Lofland, J. & Lofland, L. H.(1995). *Analyzing Social Settings: A Guide to Qualitative Observation and Analysis*(3rd ed.). Belmont, CA: Wadsworth.

Lynn, Jr., L. E.(2001). The Myth of the Bureaucratic Paradigm: What Traditional Public Administration Really Stood For. *Public Administration Review*, 61(2): 144-160.

March, J. G. & Simon, H. A.(1960). *Organizations*. New York: John Wiley & Sons.

Martin, J.(1992). *Cultures in Organizations: Three Perspectives*. Oxford: Oxford University Press.

Maslow, A. H.(1954/1970a). *Motivation and Personality*. New York: Harper & Bros.

______(1970b). *Religions, Values, and Peak Experiences*. New York: Penguin (Original work published 1966).

Maynard, Ⅲ., George F. & Poole, Dennis L.(1998). Stewardship: The Distinguishing Characteristic of Not-for-Profit Health Care. *Health and Social Work*, 23(4): 243-248.

Mazzolini, R.(1979). *Government Controlled Enterprise*. New York: Wiley.

McAdam, R. & Walker, T.(2003). An Inquiry into Balanced Scorecards within Best Value Implementation in UK Local Government. *Public Administration*, 18(4): 873-892.

McLeod, S. A.(2017). Maslow's Hierarchy of Needs. Retrieved from www.simplypsychology.org/maslow.html

Mechanic, D.(1987). Sources of Power of Low Participants in Complex Organizations, in J. M. Shafriz & J. S. Ott(eds.). *Classics of Organization Theory*, 335-345. Chicago, IL: Dorsey.

Merton, R. K.(1940). Bureaucratic Structure and Personality. *Social Forces*, 18(4): 560-568.

Meyer, M. W.(1982). "Bureaucratic" vs "Profit" Organization, in B. M. Staw & L. L. Cummings(eds.). *Research in Organizational Behavior*, 89–126. Greenwich: JAI Press.

Michell, J.(1999). *The American Experiment with Government Corporations*. New York: M. E. Sharpe, Inc.

Miles, R. H.(1980). *Macro Organizational Behavior*. Santa Monica: Good Year.

Ministry of Public Administration and Safety(1970–2008). *Local Public Corporation*.

Molz, R.(1988). Managerial Domination of Boards of Directors and Financial Performance. *Journal of Business Research*, 16: 235–249.

Mooney, J. D. & Rieley A. C.(1939). *The Principles of Organization*. Harper & Brothers.

Morgan, D., Bacon, Kelly G., Bunch R., Cameron, Charles D., & Deis, R. (1996). What Middle Managers Do In Local Govvernment: Stewardship of the Public Trust and the Limits of Reinventing Government. *Public Administration Review*, 56(4): 359–366.

Morris, S.(2002). *Shadow Organization in Public Sector*. New Delhi: Oxford University Press.

Mosher, F. C.(1968). *Democracy and the Public Service*. New York: Oxford University Press.

Mouzelis, N. P.(1975). *Organization and Bureaucracy: An Analysis of Modern Theories*. London: Loutlege & Kegan Paul.

National Center for Public Productivity(2003). *Citizen–Driven Government Performance Measurement Curricular Project*. Newark, New Jersey: Rutgers University.

Newell, A. & Simon, H. A.(1972). *Human Problem Solving*. Englewood Cliff, N.J.: Prentice–Hall.

OECD(2003). *Public Sector Modernization: Changing Organizations*. GOV/PUMA.

Ouchi, W. G.(1981). *Theory Z: How American Business can Meet the Japanese Challenge*. New York. Aveon.

Parker, R. & Bradley, L.(2000). Organizational Culture in the Public Sector: Evidence from Six Organizations. *International Journal of Public Sector Management*, 13(2): 125–141.

Perrow, C.(1986). *Complex Organizations: A Critical Essay*. New York: McGraw–Hill.

Peters, B. G.(1999). *Institutional Theory in Political Science*. London: Pinter.

Pfeffer, J.(1984). *Power in Organizations*. Mansfield, MA: Pitman.

Pierr, J.(2004). Cetral Agencies in Sweden: A Report from Utopia, in C. Pollit & C. Talbot(eds.). *Unbundled Government*. London: Taylor and Francis.

Poister, T. H. & Streib, G. D.(1999). Strategic Management in the Public Sector Public. *Productivity & Management Review*, 22: 308-325.

Pollitt, C.(2002). Clarifying Convergence: Striking Similarities and Durable differences in Public Management Reform. *Public Management Review*, 4(1): 471-492.

Pollitt, C., Caufield, J., Smullen, A., & Talbot, C.(2001). Agency Fever? Analysis of An International Fashion. *Journal of Comparative Policy Analysis*, 3: 271-290.

Pollitt, C., Talbot, C., Caulfield, J., & Smullen, A.(2004). *Agencies: How Governments Do Things Through Semi-Autonomous Organizations*, New York: Palgrave Macmillan.

Poter, L. W. & Lalwer, E. E.(1968). *Managerial Attitudes and Performance*. Homewood: Irwin.

Powell, W. W.(1990). Neither Market nor Hierarchy: Network Forms of Organization. *Research in Organizational Behavior*, 12: 295-336.

Powell, W. W. & DiMaggio, P.(eds.)(1991). *The New Institutionalism in Organizational Analysis*. Chicago, Ⅲ: University of Chicago Press.

Quinn, R. E., & Cameron, K.(1983). Organizational life cycles and shifting criteria of effectiveness: Some preliminary evidence. *Management Science*, 29(1): 33-51.

Quinn, R. E. & Kimberly, J.(1984). *Managing Organizational Transitions*. Homewood, IL: Dow Jones-Irwin.

Quinn, R. E., S. Faerman, M. Thompson & M. McGrath(2003). *Becoming a Master Manager: A competency Framework*(3rd ed.). New York: Wiley.

Rechner, P. L. & Dalton, D. R.(1991). CEO Duality and Organizational Performance: A Longitudinal Analysis. *Strategic Management Journal*, 12: 155-160.

Rest, James., Narvaes, Darcia, Bebeau, Muriel J., & Thoma, Stehpen J.(1999). *Postconventional Moral Thinking: A Neo-Kohlbergian Approach*. Mahwah, N.J.: L. Erlbaum Associates.

Robins, S. P.(1974). *Managing Organizational Conflict: A National Approach*. Englewood Cliffs, N.J.: Prentice-Hill.

______(1983). *Organization theory: The structure and design of organizations*.

Prentice-Hall.

Romzek, B. S. & Dubnick, M. J.(1994). Issues of Accountability in Flexible Personnel Systems, in P. W. Ingraham & B. S. Romzek(eds). *New Paradigms for Government*. San Francisco: Jossey-Bass.

Saffold, G. S.(1988). Culture Traits, Strength, and Organizational Performance: Moving Beyond 'Strong' Culture. *Academy of Management Review*, 13: 546-558.

Samuelson, P.(1973). *Economics*(9th ed.). New York: McGraw-Hill.

Schein, E. H.(1985). *Organizational Culture and Leadership*. San Francisco, CA: Jossey-Bass Publishers.

______(1987). Defining Organizational Culture, in Jay M. Shafritz & J. Steven Ott(eds.). *Classics of Organizational Theory*. The Dorsy Press.

Schultz, M. & Hatch, M. J.(1996). Living with Multiple Paradigms: the Case of Paradigm Interplay in Organizational Culture Studies. *AMR*, 21(2): 529-557.

Selznick, P.(1949). *TVA and the Grass Roots*. Berkeley, CA: University of California Press.

Shils, E.(1949). *The Methodology of Social Sciences*. Glencoe, IL: Free Press.

Short, L.(1972). Equal Opportunity in the Federal Government: A Comparative Analysis. *Public Administration Review*, 32(6): 851-858.

Simon, H. A.(1957). A Behavioral Model of Rational Choice, in H. A. Simon (eds.). *Models of Man*. New York: John Wiley and Sons.

______(1975). Administrative Decision Making, *Public Administrative Review*. 25(March).

______(1977). *The New Science of Management Decision Making*. Englewood Cliffs, N.J.: Prentice-Hall.

Smart, John C. & St. John., Edward P.(1996). Organizational Culture and Effectiveness in Higher Education: A Test of the "Culture Type" and "Strong Culture" Hypotheses. *Educational Evaluational and Policy Analysis*, 18(3): 219-241.

Stanley, David T., Mann, Dean E., & Doig, Jameson W.(1967). *Men Who Govern*. Washington, D.C.: Brookings Institutions.

Stanton, T. H.(2002). *Government-Sponsored Enterprises: Mercautilist Companies in the Modern World*. Natl Book Network.

Starr, P.(1988). The Meaning of Privatization. *Yale Law and Policy Review*, 6: 6-41.

Stevens, M. J. & Laplante, J. M.(1986). Factors Associated with Financial-Decision Support Systems in State Government: An Empirical Exploration. *PAR*, 46: 522-531.

Stewart, Debra W., Sprinthall, Norman A., & Kem, Jackie D.(2002). Moral Reasoning in the Context of Reform: A Study of Russian Officials. *Public Administration Review*, 62: 282-297.

Stewart, John D.(1985). The Functioning and Management of Local Authorities, in M. Loughin, Gelfand, M. D., & Young, K.(eds.). *Half a Century of Municipal Decline, 1935-1985*. London: Allen & Unwin.

Stogdill, R. M.(1974). *Handbook of Leadership*. New York: The Free Press.

Svara, J.(2007). *The Ethics Primer for Public Administrators in Government and Nonprofit Organizations*. Boston: Jones and Bartlett Publishers.

Talbot, C., Pollitt, C., Caulfield, J., & Smullen, A.(2004). *Agencies: How Governments Do Things Through Semi-autonomous Organizations*. London: Macmillan.

Taliercio, R.(2004). The Design, Performance and Sustainability of Semi Autonomous Revenue Authorities in Africa and Latin America, in C. Pollitt & C. Talbot(eds.). *Unbundled government*. London: Taylor and Francis.

Thomas, K. W.(1976). Conflict and Conflict Management, in M. D. Dunnette (ed.). *Handbook of Industrial and Organizational Psychology*, 889-936. Chicago, IL: Rand McNally.

Thomson, J. D. & McEwen, W. J.(1958). Organizational Goals and Environment. *American Sociological Review*, 23: 23-31.

Vroom, V.(1964). *Work and Motivation*. New York: John Wiley & Sons.

Waldo, D.(1971). Some Thoughts on Alternatives, Dilemas, and in a Time of Turbulence. *Public Administration in a Time of Turbulence*. Scranton, PA: Chandler.

Weber, M.(1948). "The Fundamental Concept of Sociology" and "The Types of Authority and Imperative Co-ordination," in A. Henderson & T. Parson (trans). *Max Weber: The Theory of Social and Economic Organization*. New York: Free Press.

White, Orion F. & Wolf, James F.(1995). Deming's Total Quality Management Movement and the Baskin Robbins Problem Part 1: Is It Time to GO Back to Vanila. *Administration & Society*, 27(2): 203-225.

Wholey, J.(1999). Performance-Based Management: Responding to the Challenges. *Public Productivity & Management Review*, 22(3): 288－307.

Wikipedia(2011). *Collegial Organization in the Free Encyclopedia.*

Williams, F., McShane, M., & Sechrest, D.(1994). Barriers to Effective Performance Review: The Seduction of Raw Data. *Public Administration Review*, 54: 537－552.

Wilson, R. M. S. & Chua, W. F.(1993). *Managerial Accounting: Method and Meaning*. London: Chapman & Hall.

Wolfe, A.(1998). What is Altruism, in W. W. Powell & E. S. Clemens(eds.). *Private Action and the Public Good*. New Heaven, CT: Yale University Press.

Yeo, Y. H. & Lee, S. C.(2008). Growth Problems and Institutional Improvement measures of Local Public Development Corporations in S. Korea. *Korean Public Administration Quarterly*, 20(1): 237－260.

Zammuto, R. & Krakower, J.(1991). Quantitative and Qualitative Studies of Organizational Culture. *Research in Organizational Change and Development*, 5: 83－114.

Zartman, W.(1983). *The 50% Solution*. New Haven: Yale University Press.

기 타

공공기관 경영정보 공개시스템(2018). http://www.alio.go.kr

국회(2018). http://www.assembly.go.kr

기획재정부 열린재정 홈페이지(2018). http://www.openfiscaldata.go.kr

법제처 국가법령정보센터(2018). http://www.law.go.kr

행정안전부(2010). 조직실 홈페이지.

행정안전부 정부조직관리정보시스템(2018). http://org.mois.go.kr/org

e－나라지표(2018). http://www.index.go.kr

http://wiki.answers.com/Q/What_is_the_unity_of_command_principle#ixzz1DoprrHaZ

http://www.me.go.kr(환경부/상하수도종합정보시스템/하수통계)

business insider. http://ibr.kr/3002

http://www.aistudy.co.kr/heuristic/heuristic.htm

http://www.happycampus.com/connect/search.html?no...

http://100.naver.com/100.nhn?docid=188261
http://biz.chosun.com/site/data/html_dir/2018/01/08/2018010800292.html
http://blog.naver.com/consult4you/50179426822
http://coolinfographics.com/blog/2011/6/30/humor-corporate-organizational-charts.htm
http://dbr.donga.com/article/view/1201/article_no/2824
http://en.wikipedia.org/.../Management_by_objectives
http://hrplus.tistory.com/178
http://ko.wikipedia.org/wiki
http://mindprogram.co.kr
http://mindprogram.co.kr/193
http://mybox.happycampus.com
http://mybox.happycampus.com/.../2205283
http://mybox.happycampus.com/.../483002
http://www.imnews.com
http://www.myorganisationalbehaviour.com/five-models-of-organisational-behaviour
http://www.starfishandspider.com/
https://blog.naver.com/koasv6/221146459065

찾아보기

인 명

사 항

ㄱ

ㅈ

저자 소개

이상철(李相哲, Sang-Cheoul Lee)

[현재 주요 직책]
- 부산대학교 경제통상대학 공공정책학부 교수, 공공정책연구센터장
- 공공기관운영위원회 운영위원 및 경영평가위원장(기획재정부), 지방공기업 정책위원 및 경영평가단장 · 지방출자출연기관 설립심사위원장(행정안전부), 철도산업위원(국토교통부), 부산광역시 갈등관리심의위원장

[주요 경력]
- 한국연구재단 파견 미국 교환교수(일리노이대학교)
- 부산대학교 평생교육원장
- 한국지방정부학회장, 한국행정학회 · 한국정부학회 · 서울행정학회 부회장
- 공공기관 경영평가 및 혁신평가위원(기획재정부)
- 공직자적격성평가(PSAT) 출제위원(행정안전부)
- 군책임운영기관 운영위원(국방부), 공공기관 선진화 자문위원(국토해양부)
- 각종 고시출제위원(경찰청, 경상북도, 전라북도 등)
- 한국철도공사 2급 승진고시 출제위원장(한국철도공사)
- 부산광역시 지방공기업 (이)사장 경영평가단장
- 한국전력공사 기획관리과장(한국전력공사)
- 영남대학교 대학원 행정학과 졸업(행정학박사)
- 서울대학교 행정대학원 졸업(행정학석사)
- 영남대학교 상경대학 경영학과 졸업(경영학사)

[주요 저서 및 논문]
- 『한국 공기업의 이해』(대영문화사, 2016)
- 『공기업 강의』(대영문화사, 1998)
- 『공기업과 정부규제정책』(형설출판사, 공저, 1996)
- 「공공기관의 조직 및 개인특성이 노사관계제도 변화의 수용성에 미치는 영향에 관한 연구: 기업단위 복수노조제도 허용을 중심으로」(한국행정논집, 2011)
- 「경영성과 제고를 위한 공공기관의 조직문화 유형분석」(한국행정학보, 2008)
- 「A Study on the Establishment and Transformation of Chinese Type Quangos」(*International Review of Public Administration*, 2005) 외 다수

[연락처] sclee7923@pusan.ac.kr

개정판

가치창조 조직론

- 정부조직 진화론 관점에서 -

펴낸날 제1판 제1쇄 발행 2012년 1월 10일
개정판 제1쇄 발행 2019년 1월 30일
지은이 이상철
펴낸이 임춘환
펴낸곳 도서출판 대영문화사
주소 (본사) 사무실: 경기도 고양시 일산서구 주화로 70
우신프라자 307호 (㊝ 10387)
(본사) 물류센터: 경기도 고양시 일산서구 덕산로
107번길 68-50 (㊝ 10205)
등록 1975년 12월 26일 제3-16호
전화 (031)913-3062, (031)914-3884~5
팩스 (031)913-3839
홈페이지 http://www.dymbook.co.kr

ISBN 978-89-7644-720-3
값 24,000원